LMD Parcours juridiques
COLLECTION

Introduction générale au droit

2e ÉDITION

Franck Petit
Sous la direction de Jean-Claude Masclet

Sup'FOUCHER

Dans la même collection Parcours Juridiques

Droit administratif général, Robert Etien
Droit civil, Michèle Muller
Droit commercial, Patrice Giron
Droit fiscal, Marie-Christine Esclassan
Droit public général, Robert Etien
Droit social, Marianne Keller, Franck Petit
Institutions juridictionnelles et procès, Florence Lasserre-Jeannin
Libertés publiques et droits fondamentaux, Dominique Turpin

Du même auteur

Aux éditions ***LGDJ – Montchrestien – Gualino***
– *La notion de représentation dans les relations collectives du travail*,
Préface de Pierre Rodière, Prix de l'Union des Industries Métallurgiques et Minières, LGDJ Bibliothèque de droit privé, 2000, n° 291.
– *Droit de la protection sociale*, Gualino, 2009.
– *Droit des relations individuelles de travail*, Gualino, 2007.
– *Droit des relations collectives du travail*, Gualino, 2007.
– *Droit de l'emploi, Etude juridique des politiques d'emploi*, Montchrestien, 2005.
– *Droit du travail*, Montchrestien, 2002.

Aux éditions ***Dalloz***
– *Comité d'entreprise Répertoire des sociétés, 2004.*
– *Représentants du personnel* (Élections), Répertoire du travail, 2e éd., 2009.

Aux éditions ***Foucher***
– *Droit social*, 4e éd., 2009-2010 (co-auteur : Marianne Keller).

Aux éditions ***Archétype 82***
Droit des contrats (co-auteur : Marie-Hélène de Laender), Les cours de droit, d'économie et de gestion, 4e éd. 2009-2010.

Je remercie particulièrement Mme Danielle Brun-Tabourot,
Maître de conférences à l'Université Paris I, d'avoir relu ce précis.

ISBN-978-2-216-11560-0

Sommaire

À Anne, Estelle et Jean-Baptiste Petit
à Adrien Wirth

Les chiffres du droit
(Source : « Les chiffres clés de la justice », 2009, ministère de la Justice et des Libertés)

A. Les juridictions

572 juges de proximité en avril 2008 (environ 1 000 en prévision)
210 conseils de prud'hommes (271 avant la réforme de la carte judiciaire) rendant environ 200 000 décisions par an
6 tribunaux du travail
135 tribunaux de commerce (191 avant la réforme de la carte judiciaire) rendant environ 200 000 décisions par an
26 tribunaux du contentieux de l'incapacité rendant environ 75 000 décisions par an
297 tribunaux d'instance (475 avant la réforme de la carte judiciaire) rendant environ 450 000 décisions par an
5 tribunaux de première instance
413 tribunaux des baux ruraux rendant environ 3 500 décisions par an
116 tribunaux des affaires de sécurité sociale rendant environ 100 000 décisions par an
158 tribunaux de grande instance (181 avant la réforme de la carte judiciaire) rendant environ 600 000 décisions par an
156 tribunaux pour enfants (96 002 mineurs en danger dont le juge des enfants a été saisi en 2008)
35 cours d'appel
2 tribunaux supérieurs d'appel
1 Cour de cassation
36 tribunaux administratifs (183 811 affaires réglées en 2008)
8 cours administratives d'appel (27 235 affaires réglées en 2008)
1 Conseil d'État (10 270 affaires réglées)

B. Les personnels de la justice

Environ 1 200 juges des tribunaux et cours administratives d'appel
7 896 magistrats de l'ordre judiciaire en 2009
10 236 greffiers en chef et greffiers en 2009
1 794 conciliateurs de justice
48 461 avocats
97 avocats au Conseil d'État et à la Cour de cassation
433 avoués près les cours d'appel
241 greffiers de tribunal de commerce
3 263 huissiers de justice
113 administrateurs judiciaires
314 mandataires liquidateurs
8 856 notaires
414 commissaires - priseurs judiciaires

C. Activité des juridictions en 2008

1. Justice civile
2 575 130 décisions en matière civile et commerciale dont 262 289 référés
132 594 divorces prononcés en 2008
146 030 pactes civils de solidarité enregistrés en 2008
698 347 nombre de majeurs protégés en 2008

2. Justice pénale
1 233 272 décisions en matière pénale

9 579 212 amendes forfaitaires majorées
4 726 539 affaires traitées par les parquets
1 500 411 affaires poursuivables dont 1 280 891 affaires poursuivies ou ayant donné lieu à procédure alternative ou composition pénale
1 108 782 condamnations et compositions pénales prononcées pour :
3 391 crimes,
673 985 délits,
67 456 contraventions de 5e classe
363 950 contraventions des quatre premières classes

3. Administration pénitentiaire
194 établissements pénitentiaires en milieu fermé
51 997 places au 1er janvier 2009
62 252 détenus [écroués] au 1er janvier 2009
89 054 entrants en prison en 2008
86 871 sortants de prison en 2008, dont 7 494 libérations conditionnelles
159 232 personnes prises en charge en milieu ouvert au 1er janvier 2009

4. Justice administrative
221 316 affaires réglées par les juridictions administratives

5. Admissions à l'aide juridictionnelle en 2008
886 337 demandes acceptées

6. Taux d'appel sur les jugements prononcés au fond en 2007
Tribunaux de grande instance : 14,5 %
Tribunaux d'instance : 4,2 %
Conseils de prud'hommes en 1er ressort : 58,7 %
Tribunaux de commerce 1er ressort : 9,4 %

Avant-propos

Trouvant naturellement sa place dans la collection « Parcours juridiques » créée par les Éditions Foucher, la 2e édition de ce précis expose une introduction générale au droit sous un angle à la fois classique, dynamique et précis.

– Classique, il l'est dans sa construction rigoureuse : en opposant les *manifestations* du droit (première partie) à la *réalisation* des droits (deuxième partie), l'auteur se préoccupe d'abord de reconnaître les modes d'expression du droit (à partir de la distinction – surtout pédagogique – établie entre le droit objectif et les droits subjectifs) avant de présenter les voies permettant d'assurer sa réalisation (juridictions, modes de preuve et sanctions).

– Dynamique, il l'est dans le contenu et l'articulation de ses développements ; animée de l'esprit d'un cours magistral, cette introduction au droit se veut « générale » : elle part d'une conception globale du droit qui, initialement, se moque de ses cloisonnements rigides et des spécialisations, même si, finalement, les grandes divisions entre droit privé et droit public imprègnent notre système juridique. Loin d'être l'exposé incolore d'une matière (comme le sont souvent les « mémentos »), elle se nourrit d'exemples multiples tirés des différentes branches du droit pour illustrer les instruments et les raisonnements juridiques. Chaque grand thème fait aussi l'objet d'exercices corrigés (cas pratique, commentaire d'arrêt, commentaire de texte, dissertation – voir le site www.editions-foucher.fr).

– Précis, il l'est à la fois dans son format volontairement réduit et dans la définition qu'il apporte des principes, des institutions et des concepts juridiques ; un lexique a aussi sa place à la fin de l'ouvrage ; l'on a préféré la compréhension de la discipline à l'accumulation de connaissances ; il s'agit donc de former chez l'étudiant un esprit juridique, qui est plus « une aptitude qualitative qu'une connaissance quantitative »[1] ; l'ambition de cet ouvrage est d'abord de l'aider à rechercher les règles nécessaires à la compréhension et au traitement d'une situation juridique ; elle est aussi de le conduire à une réflexion personnelle sur l'origine (les « sources du droit »), le sens et la nature des droits (leur contenu et leur finalité), l'articulation des règles entre elles (la « hiérarchie des normes ») et dans le temps (le droit « transitoire »).

Il se termine par une présentation de documents indispensables pour celui qui aborde l'étude du droit : l'on a ici privilégié une présentation des textes constitutionnels et internationaux les plus souvent invoqués devant nos juges pour assurer l'effectivité des droits de l'homme et des libertés fondamentales.

Ce précis est principalement à destination des étudiants de première année de droit, d'économie, de gestion et d'AES. Mais la science du droit est, par essence, à destination de tous les citoyens d'un État : l'on peut espérer que cette introduction apportera satisfaction autant au juriste confirmé qu'au lecteur profane.

1. J.-L. Bergel, Théorie générale du droit, Dalloz, Coll. Méthodes du droit, 4e éd. 2003, p. 68 n° 53.

Introduction

Présenter la notion de droit au moyen d'une définition générale (Section I) n'est pas d'une aide suffisante pour la cerner ; pour mieux l'approcher, il faut aussi la distinguer de situations voisines (Section II), connaître ses origines et évolutions historiques (Section III).

Section 1 - Définition générale du droit

Le droit peut être défini comme un « ensemble de règles de conduite socialement édictées et sanctionnées, qui s'imposent aux membres de la société »[1]. Il est constitué de normes destinées à produire des effets contraignants sur autrui. Il concerne les individus d'une société, comme l'exprime l'adage latin « *Ubi societas, ibi jus ; ibi societas, ubi jus* »[2] (il n'y a pas de société sans droit ; il n'y a pas de droit sans société).

1. Vocabulaire juridique, Association Capitant, PUF, 2000.
2. V. la présentation qu'en font R. Encinas de Munagorri et G. Lhuillier, Introduction au droit, 2002, Flammarion, Coll. Champs Université, p. 9 ; nouvelle édition de cet ouvrage en 2006 par R. Encinas de Munagorri.

– *Le droit naît de la société et l'aide à se construire*

Le phénomène juridique ne s'observe que dans le cadre de la société ; en effet, le droit « contribue à instaurer et à entretenir un lien social entre des individus »[1]. En ce sens, il est « porteur d'un ordre à la fois social et juridique »[2] : il offre un cadre dans lequel les individus vont s'organiser. Le droit n'a donc pas de raison d'être en dehors de servir les individus pour les aider à se regrouper : *le droit naît du groupe et l'aide à se construire.*
La question se pose alors de savoir si la forme juridique de l'État doit s'imposer pour structurer les sociétés humaines. D'aucuns affirment encore que l'État aurait le monopole du droit et que tout phénomène juridique devrait avoir une origine étatique. L'observation des modes de création des normes permet de repousser cette affirmation : certaines règles ne naissent pas de l'État ; il existe des règles qui se créent sans l'intervention au moins directe de l'État : la coutume, les usages, les conventions collectives, les règlements intérieurs d'entreprise demeurent des règles juridiques, même s'ils naissent de l'initiative de groupes sociaux – pour la coutume ou l'usage – ou professionnels – pour l'usage, le règlement intérieur ou la convention collective. Force est d'admettre que des individus se regroupent et s'organisent juridiquement dans ou à côté de l'État... voire contre lui (par exemple dans le cadre d'une révolution).

– *La création des ordres juridiques*

Le phénomène juridique naît avec la société et se manifeste à travers la création d'un ordre juridique – le plus souvent un ordre juridique étatique – qui ne prend pas nécessairement une forme unitaire : les États peuvent notamment se rassembler au sein d'une fédération ; ils peuvent aussi être à l'origine d'un ordre juridique supra-national s'imposant à eux : en témoigne l'ordre juridique communautaire que le célèbre arrêt Jacques Vabre[3] a mis en lumière, à la suite de la jurisprudence communautaire : « *Le Traité du 25 mars 1957, qui, en vertu de l'article susvisé de la Constitution (art. 55), a une autorité supérieure à celle des lois, institue un ordre juridique propre intégré à celui des États membres ; (...) en raison de cette spécificité, l'ordre juridique qu'il a créé est directement applicable aux ressortissants de ces États et s'impose à leurs juridictions.* »
D'aucuns appellent même de leurs vœux la création d'un ordre juridique mondial qui serait destiné à régir les rapports sociaux de l'ensemble des êtres humains et permettrait de dépasser les différences de conceptions des droits de chaque État. Ces aspirations, qui recoupent le projet d'un droit commun universel, ne sont guère nouvelles ; elles n'ont aujourd'hui qu'une traduction réduite, à travers par exemple la Cour Pénale Internationale (CPI)[4].
Ainsi défini dans sa finalité première, le droit reste toutefois proche d'autres institutions visant à organiser les rapports sociaux : il convient donc d'en affiner le sens.

Section 2 - Distinctions

Le droit doit être distingué des autres modes d'organisation des rapports sociaux que sont la morale (§1), la religion (§2), les pratiques sociales – notamment les mœurs – (§ 3) et l'équité (§ 4).
Au sein des obligations juridiques, on distingue les obligations naturelles (§ 5) des obligations civiles.
Imprégné de logique (§ 6), le droit se décompose en un droit objectif et en une multitude de droits subjectifs (§ 7).

1.R. Encinas de Munagorri et G. Lhuillier, préc. p. 9.
2.R. Encinas de Munagorri et G. Lhuillier, préc. p. 9.
3. Cass. Ch. mixte, 24 mai 1975, JCP 1975, II, 18180 bis.
4. La cour pénale internationale est née de l'idée, qui s'est fait jour au sein de l'ONU, de créer une juridiction pénale internationale permanente pour réprimer les crimes commis dans le cadre des conflits armés entre les pays ; ayant son siège à La Haye, elle est actuellement organisée par une convention du 17 juillet 1998 ; composée de 18 juges et d'un procureur, élus par les États signataires de la Convention, elle est compétente pour juger les personnes coupables de crimes contre l'humanité, de génocide et de crimes de guerre.

§1. *Droit et morale*

De nombreuses règles de droit sont empruntées à la morale ; l'on pourrait penser que le droit n'est que le relais de la morale et permet de la consolider à l'aide de sanctions. L'on peut aussi penser qu'en influençant les mœurs, le droit rejaillit sur la morale.

Même si ce double mouvement d'influence peut se vérifier, droit et morale sont bien à l'origine de règles différentes.

La morale se distingue d'abord du droit par ses sources[1] ; elle résulte le plus souvent de la révélation divine – par ex. la morale judéo-chrétienne – ou de la conscience de bien faire ; elle peut aussi s'imposer au nom de la science – par ex. la condamnation par les scientifiques des mariages consanguins, en raison des croisements génétiques insatisfaisants qui s'observent chez les enfants ; en revanche, les règles de droit sont édictées par des autorités selon des modes qui sont étroitement réglementés.

La morale a également un objet distinct de celui des règles de droit[2] ; la morale se préoccupe non pas seulement des devoirs entre les hommes, mais aussi des devoirs que l'homme s'impose à lui-même ; le domaine de la morale est donc plus large ; à l'inverse, le droit est parfois de nature à s'évader de la morale, à la choquer, même si, le plus souvent, le droit est moralement neutre ; on peut par exemple être surpris qu'un voleur devienne propriétaire après 30 ans de possession de la chose dérobée.

L'objectif poursuivi par la morale est aussi plus exigeant[3] : la morale tend à la perfection, elle encourage la charité, le dépassement de soi alors que le droit ne se préoccupe que de maintenir la sécurité, la paix publique ou l'ordre social ; on peut donc vouloir la mort de son voisin, sans que cette pensée soit sanctionnée par le droit.

Les sanctions de la morale et du droit sont enfin différentes[4] ; les violations de la morale intéressent la conscience humaine en faisant naître un sentiment de culpabilité ; en revanche, la violation du droit appelle une réaction externe, celle des pouvoirs publics : une condamnation au paiement de dommages-intérêts, une peine d'emprisonnement, etc.

Le droit n'est pas la morale, même s'il s'en nourrit et la soutient.

§2. *Droit et religion*

Dans certaines sociétés, droit et religion sont mêlés ; c'est notamment le cas des pays où il existe une religion d'État ; en droit français, on peut dire qu'il existe, à travers la consécration du principe de laïcité, une rupture entre le droit et la religion ; mais cela ne signifie nullement que la liberté de conscience et de religion soit niée ; au contraire, la séparation de l'activité religieuse et de l'activité politique a été le ciment de la liberté des croyances.

À tout le moins, le principe de laïcité ne signifie pas que notre droit a oublié la religion ; de nombreux préceptes religieux s'y retrouvent, tels que l'interdiction de vol ; mais, à l'inverse, d'autres préceptes religieux ont été délibérément rejetés : l'admission de l'interruption volontaire de grossesse peut être considérée comme une atteinte directe au caractère sacré de la vie ; on sait aussi que le principe de légitime défense peut difficilement se concilier avec la règle dictée par l'Évangile consistant à tendre l'autre joue en cas d'agression. L'influence qu'exerce la religion sur le droit est donc affaire de variations ; cette influence est comparable, au moins en partie, à celle de la morale sur le droit ; constatant une « alliance réelle et nécessaire » entre le droit civil, la morale et la religion, MM. Toullier et Duvergier[5] enseignaient que « La paix et l'ordre des sociétés ne trouveraient point une garantie suffisante dans les principes de la législation humaine, si ces principes n'étaient protégés par l'influence salutaire de la religion. Les lois civiles seules seraient insuffisantes pour régler la conduite de l'homme, si leur action n'était aidée, dirigée et supplée par la religion ; comme aussi la morale et la religion seraient presque impuissantes pour assurer la paix de la société, sans le secours des lois civiles. Ces lois n'ont point d'emprise sur les consciences ; leur grand objet est la paix plutôt que la vertu ». On

1. V. F. Terré, Introduction générale au droit, Dalloz, 7e éd., 2006 p. 11 ; 8e édition en 2010.
1. V. F. Terré, préc. p. 11.
3. V. F. Terré, préc., p. 12.
4. V. F. Terré, préc. p. 12.
5. V. Le droit civil français, 6e éd. par V. Marcade (Ed. Raynouard, Paris), vol. I, p. 6.

souscrit largement à ces propos formulés peu de temps après l'adoption du code civil ; mais si la règle juridique se nourrit parfois de la règle religieuse, on peut difficilement affirmer qu'elle la soutient aujourd'hui.

§3. *Droit et pratiques sociales*

Le droit est-il modelé par les pratiques sociales ?

Il existe effectivement des relations étroites et nombreuses entre les pratiques habituellement suivies par la population (pratiques familiales, professionnelles…) et les règles juridiques, les premières inspirant les secondes ; ainsi l'homosexualité s'est accompagnée d'un changement de droit, la reconnaissance du couple homosexuel par le pacte civil de solidarité (PACS). Mais parfois, c'est l'inverse qui se produit : on a voulu par exemple modifier les comportements sociaux en favorisant l'égal accès des femmes et des hommes aux fonctions électives ; c'était en effet l'objectif de la loi constitutionnelle du 8 juillet 1999 relative à l'égalité entre les hommes et les femmes ; par ce texte, on a voulu précipiter les mœurs, les orienter.

Ces quelques exemples montrent que le droit se distingue nettement des pratiques sociales ; il existe de nombreuses contraintes de caractère non-juridique (« ajuridique », pourrait-on dire) ; tel est le cas des usages de bienséance, d'éducation et de politesse[1] auxquels on se plie habituellement ; tel est le cas également des règles de jeu et des règles relatives au langage.

Sur la question des règles d'honneur, il faut être plus réservé sur la réalité d'une distinction avec le droit ; en ce domaine, il existe une parenté étroite qui ne peut être niée : on trouve en effet en droit des sanctions à l'atteinte à l'honneur (diffamation). L'honneur est donc autant une question relevant du for intérieur (il s'agit d'un sentiment) que de droit.

Concernant plus particulièrement les mœurs, il y a lieu également d'être prudent : apparemment sans rapport avec le droit, les mœurs sont en réalité situées au cœur du droit ; en témoigne l'art. 6 du code civil qui interdit de déroger par convention aux lois qui intéressent les bonnes mœurs ; ces dernières sont également visées par des textes ressortissant du droit pénal, ceux qui punissent les infractions constituées des outrages aux bonnes mœurs ; mais la tendance actuelle est de protéger les « mœurs » sans distinction, l'adjectif « bonnes » n'étant plus de mise ; l'esprit de cette ligne législative est marquée d'une libéralisation des mœurs ; on doit respecter les mœurs de chacun, celles-ci étant finalement très différentes d'un individu à l'autre ; c'est dans cet esprit qu'il faut replacer l'art. 225-1 du code pénal punissant la discrimination fondée sur les mœurs ; c'est inspiré de la même veine qu'il faut citer l'art. L. 1132-11 du code du travail, lorsqu'il interdit à l'employeur de prendre en considération les mœurs de son salarié pour décider des mesures – recrutement, affectation, formation, promotion, licenciement – qui vont ponctuer sa carrière.

– *Exemples de textes faisant référence aux mœurs*

Art. 6 C. civ. : « *On ne peut déroger, par des conventions particulières, aux lois qui intéressent l'ordre public et les bonnes mœurs* ».

Art. 225-1 C. pén. : « *Constitue une discrimination toute distinction opérée entre les personnes physiques à raison de leur origine, de leur sexe, de leur situation de famille, de leur grossesse, de leur apparence physique, de leur patronyme, de leur état de santé, de leur handicap, de leurs caractéristiques génétiques, de leurs mœurs, de leur orientation sexuelle, de leur âge, de leurs opinions politiques, de leurs activités syndicales, de leur appartenance ou de leur non-appartenance, vraie ou supposée, à une ethnie, une nation, une race ou une religion déterminée.*

Constitue également une discrimination toute distinction opérée entre les personnes morales à raison de l'origine, du sexe, de la situation de famille, de l'apparence physique, du patronyme, de l'état de santé, du handicap, des caractéristiques génétiques, des mœurs, de l'orientation sexuelle, de l'âge, des opinions politiques, des activités syndicales, de l'appartenance ou de la non-appartenance, vraie ou supposée, à une ethnie, une nation, une race ou une religion déterminée des membres ou de certains membres de ces personnes morales ».

Art. L. 1132-11 C. trav. : « *Aucune personne ne peut être écartée d'une procédure de recrutement ou de l'accès à un stage ou à une période de formation en entreprise, aucun salarié ne peut être sanctionné,*

1. V. F. Terré, préc. p. 31.

licencié ou faire l'objet d'une mesure discriminatoire, directe ou indirecte, telle que définie à l'art. 1er de la loi n° 2008-496 du 27 mai 2008 portant diverses dispositions d'adaptation au droit communautaire dans le domaine de la lutte contre les discriminations, notamment en matière de rémunération, au sens de l'article L. 3221-3, de mesures d'intéressement ou de distribution d'actions, de formation, de reclassement, d'affectation, de qualification, de classification, de promotion professionnelle, de mutation ou de renouvellement de contrat en raison de son origine, de son sexe, de ses mœurs, de son orientation sexuelle, de son âge, de sa situation de famille ou de sa grossesse, de ses caractéristiques génétiques, de son appartenance ou de sa non-appartenance, vraie ou supposée, à une ethnie, une nation ou une race, de ses opinions politiques, de ses activités syndicales ou mutualistes, de ses convictions religieuses, de son apparence physique, de son nom de famille ou en raison de son état de santé ou de son handicap (…) ».

§4. *Droit et équité*

L'évocation des dangers de l'équité aidera à traiter la question de la désobéissance aux lois injustes.

– *Les dangers de l'équité*

Le droit est-il la recherche de l'équité ? Est-il toujours équitable ?
A priori, il devrait toujours tendre vers la recherche de l'équité, celle-ci étant une manière d'atteindre la justice ; en réalité, le droit n'est pas exempt de rigidités, notamment lorsqu'il n'est pas modifié malgré l'évolution économique d'un pays ou les changements de ses mœurs. Le juge peut-il alors prendre ses distances avec les textes pour se prononcer en équité ? En d'autres termes, peut-il écarter un texte qu'il juge injuste et lui préférer une solution qui lui paraît plus équitable ?
Le système juridique français proscrit en principe le recours à l'équité, car il s'agit d'un critère trop flou et trop subjectif pour dicter une conduite. En conséquence, même s'il a perdu son travail pour cause de maladie, un débiteur doit toujours rembourser ses dettes. On rappellera également que la Cour de cassation est juge du droit et prend soin, dans ses arrêts de cassation, de toujours viser un texte précis – que l'on appelle le visa – éventuellement suivi d'un chapeau explicatif; plus largement, aucune décision de justice n'est rendue au nom d'un sentiment de justice ; elle doit toujours reposer sur une argumentation juridique[1] – ce que sont les motifs de la décision, qui précèdent le dispositif – et elle sera toujours cassée par la Cour de cassation si les motifs font défaut.
Toujours est-il que la loi elle-même invite parfois le juge à recourir à l'équité ; deux exemples célèbres peuvent être cités.
L'art. 1135 du code civil indique que « *Les conventions obligent non seulement à ce qui est exprimé, mais encore à toutes les suites que l'équité, l'usage ou la loi donnent à l'obligation d'après sa nature* ». Ce texte signifie qu'en présence d'un contrat resté vague sur le contenu des obligations qu'il prévoit, le juge pourra, au nom de l'équité, compléter ce contrat et dire ce qu'il faut faire. C'est sur ce fondement que le juge a pu en 1911 ajouter au contrat de transport une obligation de sécurité : tout transport oblige non pas seulement à déplacer une chose ou une personne, mais aussi à assurer la sécurité de cette chose ou de cette personne : elle doit être intacte à l'issue du voyage.
On sait également qu'à l'issue d'un procès, le juge condamne la partie perdante à payer à l'autre partie une somme qu'il détermine au titre des frais exposés et non compris dans les dépens[2]. Cette somme peut donc s'ajouter aux dépens sur le fondement de l'art. 700 du NCPC. Le juge tient compte pour la détermination de cette somme de l'équité ou de la situation économique de la partie condamnée[3].

1. Art. 12 NCPC : « *Le juge tranche le litige conformément aux règles de droit qui lui sont applicables (…)* ».
2. Les dépens correspondant à la partie des frais engendrés par le procès – tels que le droit de timbre et d'enregistrement, les vacations des experts – que le gagnant peut se faire payer par le perdant.
3. Art. 700 NCPC : « *Comme il est dit au I de l'article 75 de la loi n°91-647 du 10 juillet 1991, dans toutes les instances, le juge condamne la partie tenue aux dépens ou, à défaut, la partie perdante, à payer à l'autre partie la somme qu'il détermine, au titre des frais exposés et non compris dans les dépens. Le juge tient compte de l'équité ou de la situation économique de la partie condamnée. Il peut, même d'office, pour des raisons tirées des mêmes considérations, dire qu'il n'y a pas lieu à cette condamnation* ».

Mais ces exemples ne doivent pas faire perdre l'idée que le recours à l'équité, qui joue le plus souvent en suppléance de la loi, reste exceptionnel en droit français, les tribunaux ne pouvant statuer en équité.
L'équité exerce aussi un rôle important en matière d'arbitrage, c'est-à-dire lorsque des personnes en conflit confient à des personnes privées le soin de trancher leur litige ; cette possibilité est notamment ouverte entre commerçants et elle autorise les arbitres choisis à se prononcer en « amiables compositeurs », c'est-à-dire en équité[1].
De manière plus générale, l'équité peut enfin être amenée à jouer un *rôle correctif*[2] en remédiant aux insuffisances d'un système juridique ou judiciaire ; tel est le cas de la notion de procès « équitable » inscrite à l'art. 6 de la Convention européenne des droits de l'homme ; ce texte fonde le droit à un procès équitable, droit qui se décline non seulement comme le droit de voir sa cause jugée par un tribunal indépendant et impartial, mais aussi comme le droit de voir sa cause entendue publiquement et le droit de voir sa cause jugée dans un délai raisonnable.

– La question de la désobéissance aux lois injustes

La question se pose de savoir si l'on peut désobéir aux lois considérées comme injustes en raison, par exemple, de l'atteinte qu'elles porteraient au principe de la liberté individuelle.
En réalité, le citoyen ne peut être le juge de sa loi qui, au préalable, a pu faire l'objet d'un contrôle de constitutionnalité. Il y a donc lieu d'en revenir au respect du droit, comme l'enseigne l'adage « *Dura lex, sed lex* » (la loi est dure, mais c'est la loi).
Toujours est-il que certains juristes et moralistes proposent d'autoriser certaines formes de résistances à la loi manifestement injuste, lorsque le mal provoqué par son application est plus fort que le mal résultant de la résistance à celle-ci.
Deux types de résistance peuvent être distingués : la première forme de résistance – de caractère passif – consiste à ne céder à l'injonction de la loi que sous la contrainte, en usant des procédés légaux de protestation (libre expression, manifestation, grève), en vue de faire pression sur le législateur pour qu'il consente à modifier cette loi ; la seconde forme de résistance – de caractère actif – est plus radicale : elle consiste à appliquer aux dirigeants politiques qui se rendent coupables de tyrannie leurs méthodes, sur le modèle de la légitime défense connue du droit pénal ; les citoyens seraient alors autorisés à renverser un pouvoir politique en raison des graves excès commis par leurs gouvernants.
Cette seconde forme de résistance est, plus que la première, d'une utilisation très délicate, car elle laisse les individus maîtres de leur conduite, en repoussant le principe selon lequel nul ne peut se faire justice à soi-même. Elle trouve tout de même un fondement constitutionnel dans le droit – rangé dans la catégorie des « droits naturels et imprescriptibles de l'Homme » (art. 2 de la Déclaration des droits de l'homme et du citoyen de 1789) – de résister à l'oppression.

§5. *Droit et obligations naturelles*

À côté des obligations civiles[3], il existe des obligations naturelles qui en diffèrent par l'absence de sanctions en cas d'inexécution. Ces obligations dictées par le devoir de conscience ont été principalement découvertes par le juge.

– Exemples d'obligations naturelles

On est par exemple tenu d'une obligation naturelle alimentaire à l'égard de son frère ou de sa sœur ; on est également tenu du devoir naturel de réparer le dommage que l'on a causé par son fait – en dehors du cadre des règles de la responsabilité civile – par exemple en cas de rupture non fautive d'un concubinage.
Les effets des obligations naturelles se manifestent essentiellement de deux points de vue.
D'abord, l'exécution d'une obligation naturelle ne peut être obtenue à l'aide d'une action en justice ; mais le débiteur peut toutefois s'exécuter volontairement : l'exécution sera, dans cette

1. Art. 1474 NCPC : « *L'arbitre tranche le litige conformément aux règles de droit, à moins que, dans la convention d'arbitrage, les parties ne lui aient conféré mission de statuer comme amiable compositeur* ».
2. V. F. Terré, Introduction générale au droit, Dalloz, 7e éd., 2006 p. 15 ; 8e édition en 2010.
3. Les obligations civiles sont les obligations dont l'exécution peut être exigée en justice (Vocabulaire Capitant, par G. Cornu, PUF, 1987).

hypothèse, valable et aucune restitution ne peut être ordonnée ; par ailleurs, il ne s'agit pas d'un don ; c'est pourquoi on n'appliquera pas au paiement de l'obligation naturelle les règles des libéralités.

Ensuite, si le débiteur promet de s'exécuter, on considère que cette promesse engage civilement son auteur ; il n'était pas obligé de s'exécuter, mais il a promis de le faire : dès lors, le créancier pourra en exiger le paiement en justice.

– *Obligations naturelles et droit naturel*

Même si la notion d'obligation naturelle et la question du droit naturel ne sont pas sans lien – notamment parce qu'elles apparaissent comme dictées par la conscience morale –, elles doivent être distinguées.

Le problème du droit naturel déborde en effet celui des obligations naturelles ; il conduit à s'interroger sur les fondements du droit : n'existe-t-il pas, au-delà des peuples et de leurs systèmes juridiques, un droit immuable et commun à tous ? N'existe-t-il pas des principes supérieurs qui doivent s'imposer à la raison ou à la conscience morale ? On se contentera ici d'évoquer ce problème immense de manière schématique en mettant en présence les groupes de doctrine qui s'opposent sur ce point.

D'un côté, il y a ceux que nient l'existence d'un droit naturel ; adeptes de ce que l'on appelle le *positivisme juridique*, ils rejettent l'idée selon laquelle il existerait une vérité juridique universelle s'imposant à la raison humaine ; pour eux, le *droit naturel* – on dit également le *jusnaturalisme* – n'existe pas en soi, seul compte le droit positif, celui qui peut être connu avec certitude et qui diffère d'un système juridique à l'autre, d'un pays à l'autre. Une fois adoptées, les règles de droit échappent à la discussion et s'imposent aux individus : quel que soit leur contenu, elles doivent être appliquées, non parce qu'elles sont justes, mais parce qu'elles sont le droit.

De l'autre, il y a ceux qui expliquent et critiquent les systèmes juridiques au regard d'un droit naturel préexistant à la société ; il s'agit donc d'un droit supérieur au droit positif, permettant de l'apprécier, de l'inspirer et de le corriger lorsqu'il est contraire. Avant d'être intégré à la société, l'homme serait titulaire de droits fondamentaux et sacrés – axés notamment sur la liberté individuelle et l'égalité entre les individus – dont il faudrait admettre le caractère intangible ; c'est pourquoi on compte parmi les tenants de ces doctrines des théologiens, notamment Saint Thomas d'Aquin, qui a présenté, dans sa *Somme théologique*, une théorie complète de la doctrine du droit naturel. Plus récemment, les défenseurs des déclarations universelles de droits fondamentaux de la personne, d'une part, et les partisans d'un droit commun à toutes les nations, d'autre part, manifestent également un attachement certain aux doctrines de droit naturel.

Point n'est question ici de trancher en faveur des unes et des autres ; mais force est de constater, à travers la promotion et la protection des droits individuels, que les doctrines de droit naturel ont eu une influence immense sur l'organisation politique, économique, civile et sociale des pays d'Europe et d'Amérique.

§6. *Droit et logique*

La logique se trouve au cœur du raisonnement qui traverse le syllogisme judiciaire ; elle vient également au secours du juge qui, confronté à l'imprécision de la loi, est conduit à l'interpréter.

– *Le syllogisme judiciaire*

Le droit n'est pas étranger à la logique ; celle-ci se retrouve d'abord dans le raisonnement juridique qui permet d'aboutir à une solution ; on évoque à ce sujet le syllogisme judiciaire que s'efforce de mettre en œuvre le juge. Ce syllogisme ne diffère pas des modèles que l'on retrouve dans les autres disciplines : il est composé d'une mineure – il s'agit des faits de l'affaire –, d'une majeure – il s'agit des règles applicables aux faits – et d'une conclusion résultant de l'application des règles aux faits constatés ; ce schéma traverse tout raisonnement judiciaire ; il semble d'application simple, mais la réalité est tout autre, surtout lorsque les faits sont incertains ou lorsque la règle de droit est ambiguë, obscure ou absente.

Pour établir les faits, les plaideurs ont à leur disposition l'ensemble des modes de preuve que prévoit le code civil : l'écrit – qui prend la forme d'un acte authentique, d'un acte sous seing privé et d'un écrit électronique –, la preuve testimoniale, la preuve par présomption, l'aveu et le serment.

– *La question de l'imprécision du droit*

Quant au problème de l'imprécision du droit, il appelle un certain nombre de mécanismes logiques, qui peuvent se retrouver dans d'autres disciplines.
Le juriste peut d'abord raisonner par analogie (à l'aide de l'argument *a pari*) ; le raisonnement par analogie conduit à étendre l'application d'une règle déterminée à des situations comparables à celles que vise cette règle ; un exemple tiré du droit du travail illustrera ce mode de raisonnement : il existe à l'art. L. 2261-14 C.T. un dispositif permettant la survie de la convention collective lorsque l'entreprise fait l'objet d'une restructuration, notamment lorsqu'elle est absorbée par une autre. En 1995, la Cour de cassation a été saisie du problème de savoir ce qu'il devait advenir d'une convention collective qui avait été signée par un syndicat qui, par la suite, avait disparu[1] : le juge a appliqué à cette situation la règle de l'art. L. 2261-14 C.T. qui, pourtant, ne visait pas expressément l'hypothèse de la disparition d'une partie signataire.
Le juriste peut aussi se prononcer en adoptant un argument *a fortiori*, dit aussi « à plus forte raison » (répondant à la formule selon laquelle « qui peut le plus peut le moins ») ; ce raisonnement conduit à appliquer une règle à une hypothèse non prévue par cette même règle, parce que les raisons qui la justifiaient se retrouvent précisément dans cette nouvelle hypothèse. C'est ce raisonnement qui a été adopté dans l'affaire Clavaud[2] jugée par la Cour de cassation en 1988 : en l'espèce, un ouvrier de Dunlop travaillant la nuit s'était exprimé sur ses conditions de travail dans le journal L'Humanité ; l'article n'avait pas plu à l'employeur, lequel avait décidé de se séparer de ce salarié gênant, ses propos ayant, d'après l'employeur, porté préjudice à l'entreprise ; le problème s'est posé de savoir si le salarié disposait de la liberté d'expression ; la Cour de cassation s'est notamment appuyée sur le droit d'expression directe et collective institué à l'art. L. 2281-2 C.T., qui est mis en œuvre dans l'entreprise, pour reconnaître au salarié le droit de s'exprimer librement en dehors de l'entreprise. En d'autres termes, puisque le code du travail consacre un droit d'expression au sein de l'entreprise, il reconnaît *a fortiori* ce même droit en dehors de l'entreprise, sauf dans les cas où il est limité par la loi.
Le juriste peut aussi se prononcer au moyen d'un argument *a contrario* : lorsque les conditions d'une règle particulière ne sont pas réunies dans une hypothèse déterminée, on serait conduit à lui appliquer la règle inverse. Mais ce mode de raisonnement manque de précision, parce que l'inverse d'une règle n'est pas nécessairement adaptée aux hypothèses que la règle écartée ne vise pas.
Il existe un dernier type de raisonnement qui est doté, pour sa part, d'une grande importance pratique : le droit s'organisant le plus souvent à travers l'expression de principes articulés d'exceptions, il convient d'interpréter restrictivement les exceptions ; cette lecture est dictée par la nature même de l'exception : s'il en allait autrement, l'exception deviendrait elle-même règle ou principe, ce qui serait inexact, car l'exception ne se définit que par rapport à un principe qu'elle écarte.
Chacun de ces modes de raisonnement reste à la disposition du juge, sans s'imposer à lui. Leur application dépend de la méthode qu'adopte le juge pour interpréter la loi applicable, méthode qu'il est également libre de choisir.

– *Les méthodes d'interprétation de la loi*

Deux grandes méthodes d'interprétation de la loi s'opposent.
La plus ancienne – dite *méthode exégétique* – repose sur une interprétation que l'on peut dire « prisonnière » de ce que dit la loi (la lettre) ou, en l'absence de précisions textuelles, de ce que voulait le législateur (l'intention) ; elle est apparue au XIXe siècle en réaction à l'arbitraire des Parlements de l'Ancien Régime et à la suite des codifications napoléoniennes qui paraissaient avoir tout dit ou tout fixé. Les partisans[3] de cette méthode voulaient apporter aux justiciables

1. Cass. soc. 16 mars 1995, Dr. Soc. 1995 p. 370 concl. R. Kessous.
2. Cass. soc. 28 avril 1988, Dr. Soc. 1988, p. 115, concl. H. Ecoutin, note G. Couturier ; D. 1988, p. 437, note E. Wagner ; Dr. Ouv. 1988, p. 249, concl. préc. et note A. Jeammaud et M. Le Friand.
3. Aubry (1803-1883) et Rau (1803-1877), Demolombe (1804-1887), Laurent (1810-1887), Troplong (1795-1869).

une certaine sécurité juridique, en leur donnant une clé de lecture des textes à la fois objective et uniforme : *il faut se fier à ce que dit et veut le législateur.*

Lorsque le texte de loi est suffisamment clair, cette méthode s'appuie d'abord sur une *interprétation grammaticale et logique* des textes (notamment – mais pas exclusivement – sur l'interprétation littérale de la loi) ; c'est elle qui privilégie en particulier le raisonnement analogique (*a pari*), l'argument *a contrario* et l'argument *a fortiori*, de même que la règle selon laquelle les dispositions d'exception sont d'interprétation stricte.

En présence d'un texte imprécis, obscur ou ambigu, la méthode exégétique s'emploie à rechercher la volonté ou l'intention du législateur ; plusieurs voies s'offrent à l'exégète : il peut d'abord, en rapprochant différents textes comparables, essayer d'en éclairer le sens ; il peut aussi se référer à des précédents historiques, en particulier lorsqu'un texte de loi s'inspire d'une législation ancienne ; il peut enfin étudier ce que l'on appelle les travaux préparatoires de la loi (exposé des motifs, procès-verbaux des débats de l'Assemblée nationale ou du Sénat) pour en tirer une ligne directrice ou des indices d'interprétation.

Cette méthode d'interprétation a toujours cours, même si elle a été sévèrement critiquée par les tenants[1] de la « libre recherche scientifique », en raison des abus auxquels elle pouvait conduire : il est artificiel, en particulier dans le raisonnement analogique, de vouloir rechercher une intention que le législateur n'a pu exprimer. Plus exactement, cette méthode prête le flanc à la critique en voulant afficher une volonté ou une intention au législateur sur des situations qu'il n'a pas envisagées ; il est évident que la loi ne peut pas tout prévoir ; elle serait même envahissante si elle prétendait tout prévoir[2].

La seconde méthode – celle qu'ont inspirée l'école dite de la « *méthode historique* »[3] et l'école de la « *libre recherche scientifique* »[4] – est donc née en réaction à la première méthode exégétique ; elle ne l'écarte pas nécessairement, parce qu'il est naturel et raisonnable de vouloir s'inspirer de l'intention du législateur ; mais lorsqu'un texte a vieilli ou lorsque les codes n'ont pas envisagé une situation litigieuse, il faut avoir recours à d'autres repères pour comprendre la norme ; le juriste va plutôt, dans cette hypothèse, reconstruire la norme en s'inspirant des données sociales, des besoins sociaux de son époque et des autres disciplines (histoire, sociologie, psychologie, économie).

§7. *Droit objectif et droits subjectifs*

Les règles de droit contribuent à l'instauration d'un système juridique que l'on appelle un *ordonnancement juridique*. Ce dernier est constitué du droit objectif. À travers cette notion de droit objectif, on privilégie l'étude de la règle de droit qui s'impose aux hommes, en faisant abstraction des personnes auxquelles ces règles vont s'appliquer.

Si l'on s'intéresse par la suite aux droits que les membres de la société vont mettre en œuvre, on se tourne vers une autre dimension du droit, celle qui renvoie aux *droits subjectifs* : dans notre système juridique, chaque personne jouit de prérogatives, de facultés qui lui sont reconnues par le droit objectif. L'homme peut ainsi satisfaire ses intérêts, acquérir des biens et exercer des prérogatives individuelles : il peut se marier et devenir propriétaire d'un bien ; ces prérogatives qui appartiennent en propre à l'individu sont désignées sous l'appellation de droits subjectifs.

Le droit renvoie ainsi à deux éléments qui ne sont que les deux revers de la même médaille, les deux faces d'une même feuille. Il renvoie, d'une part, au droit objectif qui sert de cadre à l'exercice des droits subjectifs et, d'autre part, aux droits subjectifs qui s'exercent dans le cadre du droit objectif.

Un exemple permet d'illustrer cette dualité : la loi consacre la liberté d'agir en justice ; il s'agit donc d'une règle prévue par le droit objectif. Au cours de son existence, un individu peut choisir

1. Geny (1861-1959), Planiol (1853-1931) et Esmein (1848-1913).

2. V. aussi J. Brethe De La Gressaye et M. Laborde-Lacoste, Introduction générale à l'étude du droit, Recueil Sirey, 1947, p. 238 : « Cette méthode a le tort de faire dépendre la solution de problèmes entièrement nouveaux de l'intention présumée d'un législateur statuant il y a cent ou cent cinquante ans. Elle arrête ainsi le développement du droit. On fait abstraction de l'évolution et on suppose que le législateur statuerait comme en 1804. On prétend résoudre les problèmes les plus nouveaux par des solutions anachroniques ».

3. Le précurseur en est Raymond Salleilles (1855-1912), qui invitait l'interprète du texte de loi à se dégager de la volonté ancienne du législateur et à l'utiliser comme s'il venait d'être publié : « Au-delà du code civil, mais par le code civil ».

4. Le précurseur en est François Geny (1861-1959) ; v. son ouvrage Méthode d'interprétation et sources en droit privé positif, Essai critique, Préface de Raymond Saleilles, 1re édition, 1899.

d'engager une action en justice s'il a intérêt à le faire, par exemple pour obtenir réparation des dommages résultant d'un accident causé par un tiers : il est alors titulaire non plus seulement d'une simple faculté d'agir en justice, mais d'un droit à agir.

Section 3 - Historique du droit

Le droit répond à deux modes de créations.
Il y a d'abord le *droit écrit*, qui est créé par une institution – les Parlements de l'Ancien Régime, le roi, etc. – dont la fonction est d'élaborer des normes écrites (telles que les ordonnances signées par le roi).
La règle de droit peut aussi émaner de personnes ou de groupes sociaux qui n'ont pas pour fonction de créer par écrit des normes. Même si elle n'est pas écrite, cette règle reste contraignante : il en va ainsi de la coutume, qui est une règle issue des habitudes pratiquées depuis longtemps par tous les membres d'une collectivité donnée.
Cette dualité des sources du droit est une caractéristique du droit de l'Ancien Régime (§ 1). Un renversement des valeurs inspirant ce droit s'est fait sentir après la Révolution française, aboutissant à la formation d'un droit dit intermédiaire (§ 2). Ce dernier préfigurait déjà celui qui a formé la matière du droit issu, en 1804, de la codification napoléonienne (§ 3). Si le code civil a conservé intacte sa structure d'origine, il a fait l'objet dans son contenu de transformations importantes (§ 4).

§1. *Le droit de l'Ancien Régime*

Cette présentation rapide du droit de l'Ancien Régime distingue les formes sous lesquelles sont nées les règles de droit (A) de leur inspiration (B).

A. Les formes sous lesquelles sont nées les règles de droit

L'ancien droit français a connu la division du droit écrit et du droit coutumier.
La France était divisée en deux grandes zones. Au nord, il y avait les coutumes proprement dites ; elles étaient très diverses, formées des traditions combinées de la Gaule et des conquérants francs ou germains. Les régions situées au sud de la France – en dessous d'une ligne partant de l'océan atlantique, à l'embouchure de la Charente, remontant au nord de la Saintonge et du Limousin, traversant l'Auvergne pour aboutir au lac de Genève – étaient en revanche soumises principalement au droit romain, qui était un droit écrit ; s'y développaient également quelques coutumes, le plus souvent locales.
L'inconvénient du droit coutumier est qu'il implique un éparpillement du droit, celui-ci variant d'une province à l'autre, voire d'une ville à l'autre ; ses contours étant imprécis – fragilisés par la transmission orale – la coutume est aussi source de confusion, d'ambiguïté sur le contenu du droit. On réclama donc la rédaction des coutumes. Les États Généraux obtinrent ainsi de Charles VII l'ordonnance de Montils-Lès-Tours, de 1453, qui prescrivit la rédaction officielle de toutes les coutumes de France. Cette rédaction se fit surtout au XVIe siècle ; on en trouve une illustration particulière avec la transcription par écrit de la coutume de Paris en 1510. Ce phénomène eut pour effet de transformer les coutumes en lois.
À côté du droit romain et des coutumes – qui étaient caractéristiques de l'ancien droit français –, il fallait compter sur d'autres sources de droit marquant une tendance à l'unification du droit : il y avait d'abord le droit canonique, principalement constituées des décisions des conciles et du pape. La religion catholique influença de manière déterminante les mœurs et les règles coutumières, notamment dans le domaine du mariage.
Les ordonnances du roi constituaient une autre source du droit déterminante. Pour être exécutoires, elles devaient être enregistrées par les Parlements. Au titre des ordonnances les plus célèbres figurent celles de Colbert[1], sous Louis XIV, et du chancelier d'Aguesseau[2], sous Louis XV.

1. Ordonnance civile (1667), Ordonnance criminelle (1670), Ordonnance du commerce (1678), Ordonnance de la marine (1681)...
2. Ordonnance sur les donations (1731), Ordonnance sur les testaments (1735)...

Il faut aussi souligner l'importance de la doctrine sous l'Ancien Régime ; avant la rédaction des coutumes, il était fréquent que les juges et les avocats se réfèrent aux auteurs pour connaître le contenu des coutumes. Après la rédaction des coutumes, les auteurs firent toujours autorité : les théories qu'ils développaient à l'aide de la logique et du droit romain, en s'inspirant éventuellement de l'équité, permettaient de dépasser le silence ou l'imprécision des coutumes. Parmi les auteurs les plus connus, il faut citer Dumoulin[1] au XVIe siècle, Loysel[2] et Domat[3] au XVIIe siècle, Pothier[4] au XVIIIe siècle.

La jurisprudence rendue par les anciens Parlements – c'est-à-dire l'ensemble de leurs décisions – constituait une dernière source de droit significative : il leur revenait en effet d'appliquer les coutumes et pouvaient, à cette occasion, en préciser le sens ; les Parlements rendaient également des *arrêts de règlement* , c'est-à-dire qu'ils pouvaient non pas seulement trancher des litiges particuliers, mais également rendre des arrêts de principe qui fixaient le droit, pour l'avenir, sur telle ou telle question.

B. L'inspiration de l'ancien droit

L'ancien droit était très différent de celui que la France connaît aujourd'hui. Il était traversé de trois grandes constantes qui n'ont plus la même actualité.

L'ancien droit était largement soumis aux conceptions religieuses du christianisme. Le droit était censé être la traduction de révélations divines. Ainsi l'Église réglementait le mariage, en condamnant le divorce.

La société s'organisait en classes hiérarchisées ; au niveau de l'État, le pouvoir était délégué au roi, qui l'exerçait avec l'aide de la noblesse et du clergé ; le reste de la population, rassemblée dans ce que l'on appelait le tiers-état – soit environ 95 % de la population – était soumis à ce pouvoir ; au niveau de la famille, la hiérarchie était également très forte : le chef de famille avait autorité sur le reste de la famille, notamment sur sa femme, et sur son patrimoine.

La fortune se mesurait à l'aune de la propriété immobilière ; la terre était en effet source de toute richesse dans cette France largement agricole. Le droit organisait un régime très protecteur sur les immeubles – pour éviter sa sortie du patrimoine familial – alors qu'il se désintéressait du sort des meubles : en témoigne l'adage latin « *Res mobilis, res vilis* » (les choses meubles sont des choses viles), qui n'a plus guère de traduction aujourd'hui.

L'ensemble de ces valeurs a été partiellement remis en cause au moment de la Révolution, lorsqu'est apparu un droit intermédiaire.

§2. *Le droit intermédiaire*

Le droit intermédiaire caractérise la période révolutionnaire et a duré jusqu'au code civil de 1804. Il est né d'un renversement des principes antérieurement admis.

La différence s'est d'abord faite sentir en matière d'institutions politiques et judiciaires : profondément modifié, le droit public voit apparaître un droit constitutionnel ; l'organisation judiciaire et le droit pénal sont remodelés ; les règles fiscales sont transformées.

La Révolution avait permis la suppression des Provinces. De nouvelles collectivités territoriales – les communes, les départements, administrés par un représentant direct de l'État – voient le jour ; les Parlements, qui étaient les tribunaux suprêmes à la tête de chaque Province, ont disparus ; on a alors créé un nouveau système judiciaire dont la structure reste inchangée aujourd'hui ; les tribunaux de première instance rendent des décisions susceptibles d'être contestées devant une cour d'appel ; à la tête de l'organisation judiciaire a été mis en place un Tribunal de cassation – aujourd'hui la Cour de cassation – qui avait pour objet d'assurer une juste et homogène application du droit sur l'ensemble du territoire.

---

1. Dumoulin (1500-1566) commenta de nombreuses coutumes, surtout celle de Paris, dont il prépara la révision en 1580 ; dans son ouvrage intitulé *Discours sur la concorde et l'union des coutumes de France*, il préconisa l'unification du droit coutumier.
2. Loysel (1536-1617) est l'auteur d'un recueil original d'adages, intitulé *Institutes coutumières*.
3. Domat (1625-1696) était à la fois juriste et philosophe ; on lui doit un ouvrage intitulé *Lois civiles dans leur ordre naturel*, dans lequel il s'efforce de présenter les principes directeurs du droit romain.
4. Pothier (1699-1772) était professeur de droit et conseiller au présidial d'Orléans ; il est l'auteur de très nombreux traités de droit civil qui ont largement inspiré les rédacteurs du code civil, notamment son *Traité des obligations*.

L'Église voit son influence diminuée : le mariage devient une institution civile ; l'état-civil est tenu non plus par la paroisse (registres paroissiaux), mais par la commune (registres d'état-civil) ; les biens du clergé sont nationalisés.
À la forte hiérarchie sociale de l'Ancien Régime succède la proclamation du principe d'égalité : sont ainsi supprimés les institutions aristocratiques, les privilèges, les classes, les corporations ; les enfants naturels obtiennent des droits égaux à ceux des enfants légitimes.
Le principe de la liberté individuelle est affirmé et trouve à s'exprimer dans de nombreux domaines ; la propriété individuelle est proclamée, la liberté contractuelle est instituée.
Mais ce droit intermédiaire n'a pas survécu ; il a rapidement laissé sa place au code civil en 1804.

§3. *Le droit issu de la codification*

Il convient de partir des circonstances entourant l'adoption du code civil (A) pour en préciser ensuite le contenu (B).

A. Les circonstances entourant l'adoption du code civil

Dès 1790 est apparue la nécessité de doter la France d'un code civil unique, de telle manière à rassembler en un seul texte les lois applicables à l'ensemble des citoyens et sur l'ensemble du territoire. La Constitution de 1791 exprime le même souhait en indiquant qu'il sera fait « un code des lois civiles communes à tout le Royaume ». C'est Cambacérès et le comité de législation qui furent chargés de préparer un tel projet ; les débuts furent difficiles ; 4 projets sont successivement refusés (les trois premiers projets de Cambacérès et le quatrième de Jacqueminot) ; sous le Consulat, une commission composée de 4 magistrats – Tronchet, Bigot de Preameneu, Maleville et Portalis – présenta un 5e projet qui suscita l'approbation, après discussion devant le Conseil d'État – sous la présidence soit de Cambacérès, soit de Bonaparte – et le tribunat. Le vote des textes fut réalisé ensuite par 36 lois, correspondant aux 36 titres du code civil. Une dernière loi du 21 mars 1804 – 30 ventôse an XII – réunit ces lois en un corps unique, sous le nom de « code civil des Français » ou, pendant le premier et second Empire, sous celui de « code Napoléon ».
Ce qui fit le succès du code civil – succès non démenti aujourd'hui, puisqu'il est toujours en vigueur –, ce fut d'abord sa clarté, son accessibilité : ce code est l'œuvre de magistrats soucieux de répondre à des questions concrètes et de poser des règles claires. Le code civil n'est pas une œuvre théorique. Il se remarque aussi par la conciliation qu'il opère entre les différentes réformes nées de la Révolution et les héritages de l'Ancien Régime.

B. Le contenu du code civil

On présentera d'abord la structure du code civil, avant de s'attacher plus particulièrement au droit de la famille, au droit de propriété et aux obligations civiles.

– Structure du code civil

Le code civil trouve son inspiration dans la philosophie des lumières ; il est divisé en trois livres : il existe d'abord un titre préliminaire – réunissant les 6 premiers articles – qui traite de la publication, des effets et de l'application des lois. Le premier livre expose le droit des personnes (art. 7 à 515), le second a pour objet le droit des biens et de la propriété (art. 516 à 710), le troisième présente les différentes manières dont on acquiert la propriété (art. 711 à 2283).

– Le droit de la famille

Les rapports de famille sont marqués par la supériorité du mari : en 1804, la femme est soumise à son autorité et doit solliciter son accord pour passer les actes juridiques les plus importants. En matière de régimes matrimoniaux, le législateur laisse les époux choisir leur régime ; à défaut, c'est le régime de la communauté réduit aux acquêts qui s'applique. Le code civil réglemente également la filiation en faisant prévaloir la règle traditionnelle suivant laquelle le mari est présumé être le père des enfants de sa femme. L'enfant naturel et l'enfant adultérin étaient à

l'origine moins bien traités que l'enfant légitime. L'adoption est admise ; l'âge de la majorité est fixé à 21 ans et l'enfant reste sous le joug de la puissance paternelle jusqu'à cet âge.
Concernant les successions, le code reprend certaines solutions révolutionnaires, notamment celles de l'unité de la succession, qui n'est pas sans lien avec la théorie de l'unité du patrimoine. Le législateur attribue la succession aux parents par le sang, selon un ordre donnant priorité aux descendants.

– *Le caractère absolu du droit de propriété*

L'art. 544 du code civil consacre le caractère absolu du droit de propriété. Il dispose toutefois que l'usage de la chose peut être restreint pour le propriétaire par la loi ou les règlements. Au départ, ces restrictions devaient être exceptionnelles, mais elles sont devenues très nombreuses aujourd'hui. En toute hypothèse, les dispositions protégeant les immeubles sont bien plus nombreuses que celles intéressant les meubles, dont le transfert de propriété des meubles se fait par la simple remise de la possession du meuble : « En fait de meuble, la possession vaut titre »[1].

– *Les obligations civiles d'origine contractuelle ou extra-contractuelle*

La première source de l'obligation réside dans le contrat ; la personne se lie à autrui par sa volonté, à la suite d'un accord ; à l'art. 1134 du code civil est consacré le principe de la liberté contractuelle, celle qui reconnaît aux personnes la liberté de passer tous les contrats qu'elles souhaitent ; pour qu'un contrat soit valable, il est toutefois nécessaire de respecter les quatre conditions de validité suivante :
- la personne doit être capable ;
- la personne doit consentir librement au contrat ;
- l'objet du contrat et de ses obligations doit être licite ;
- la cause du contrat doit être licite.

Le code civil consacre également la *force obligatoire* du contrat, qui tient lieu de loi entre les parties ; ces dernières doivent donc respecter la loi du contrat, une fois qu'il est conclu, comme elles doivent respecter la loi votée par le Parlement. Sauf si l'impossibilité d'exécution résulte d'un cas fortuit ou d'un cas de force majeure, le débiteur défaillant s'expose à une condamnation à des dommages-intérêts ; à l'origine, il pouvait être contraint par corps – privé de liberté –, mais il a été mis fin à cette sanction au nom de la liberté individuelle. L'inexécution d'un contrat peut aussi conduire le juge à prononcer la résolution du contrat.
Le code civil organise un régime de droit commun pour l'ensemble des contrats, puis réglemente un certains nombres de contrats spéciaux, comme la vente et le prêt. À l'article 1165, est instituée la règle selon laquelle les conventions n'ont d'effet qu'entre les parties contractantes ; ce qui signifie qu'elles ne peuvent ni nuire, ni profiter au tiers (sauf dans le cadre de la stipulation pour autrui prévue par l'article 1121 C. civ.)
Les obligations civiles peuvent aussi prendre leur source dans des faits juridiques – tels que l'accident –, en dehors de tout contrat. Il s'agit de délits civils – lorsqu'ils sont intentionnels – ou de quasi-délits civils – lorsqu'ils ne sont pas intentionnels. À leur sujet, l'art. 1382 dispose que « Tout fait quelconque de l'homme qui cause à autrui un préjudice oblige celui par la faute duquel il est arrivé à le réparer ».
Une dernière source d'obligations civiles se trouve dans la loi et dans ce qu'il convient d'appeler les quasi-contrats, tels que la gestion d'affaire.

– *Extraits du code civil*

Art. 544 C. civ. : « *La propriété est le droit de jouir et disposer des choses de la manière la plus absolue, pourvu qu'on n'en fasse pas un usage prohibé par les lois ou par les règlements* ».
Art. 1108 C. civ. : « *Quatre conditions sont essentielles pour la validité d'une convention :*
Le consentement de la partie qui s'oblige ;
Sa capacité de contracter ;
Un objet certain qui forme la matière de l'engagement ;
Une cause licite dans l'obligation ».

1. Art. 2279 C. civ.

Art. 1134 C. civ. : « *Les conventions légalement formées tiennent lieu de loi à ceux qui les ont faites. Elles ne peuvent être révoquées que de leur consentement mutuel, ou pour les causes que la loi autorise. Elles doivent être exécutées de bonne foi* ».
Art. 1165 C. civ. : « *Les conventions n'ont d'effet qu'entre les parties contractantes ; elles ne nuisent point au tiers, et elles ne lui profitent que dans le cas prévu par l'article 1121* ».

§4. *Les grandes orientations du droit privé contemporain*

Seront d'abord présentées les évolutions (A) qu'a traversées le code civil depuis 1804 ; au-delà du code civil, il conviendra ensuite de s'arrêter sur les méthodes de codification (B) qui ont été suivies par la France.

A. Les évolutions du code civil

Le code civil continue de régir les rapports essentiels entre individus ; il a servi de modèles à de nombreux codes étrangers, particulièrement aux codes de Monaco, des Pays-bas, de l'Espagne, du Portugal, etc. Il a été plusieurs fois remanié depuis sa création, mais sa structure et sa numérotation sont restées quasiment intactes.
Le droit des personnes a été considérablement modifié ; sa transformation a poursuivi un objectif de libéralisation de la famille (mariage, union maritale, divorce, filiation) ; on en trouve une manifestation récente à travers l'adoption du PACS – loi du 15 nov. 1999 – lequel se définit comme « *un contrat conclu par deux personnes physiques majeures de sexe différent ou de même sexe, pour organiser leur vie commune* »[1]. La place de la femme dans la famille a également été reconsidérée : l'égalité entre les époux a été définitivement réalisée avec la loi du 23 déc. 1985.
On se souvient que le droit de propriété avait été magnifié dans le code civil de 1804 ; il est inscrit dans la Déclaration des Droits de l'homme et du citoyen de 1789 ; la Constitution du 4 oct. 1958 lui accorde une valeur constitutionnelle ; mais son caractère absolu est aujourd'hui battu en brèche : l'exercice du droit de propriété est considérablement restreint par des règles d'ordre social, environnemental et sécuritaire ; il doit satisfaire aux exigences tenant au logement, au transport, à la circulation et à l'urbanisme. Le droit rural constitue également une limite à la plénitude du droit de propriété immobilière.
L'art. 545 du code civil dispose toujours que : « *Nul ne peut être contraint de céder sa propriété, si ce n'est pour cause d'utilité publique, et moyennant une juste et préalable indemnité* » ; mais depuis 1804, les textes facilitant l'expropriation pour cause d'utilité publique se sont multipliés ; le Préambule de la Constitution du 27 oct. 1946, relayé par celui de la Constitution du 4 oct. 1958, indique que « *Tout bien, toute entreprise, dont l'exploitation a acquis les caractères d'un service public national ou d'un monopole de fait, doit devenir la propriété de la collectivité* » ; c'est précisément ce qui arriva massivement en 1944 et 1945 avec les nationalisations postérieures à la Libération ; elles furent relancées en 1981, mais à partir de 1986, c'est un mouvement inverse de privatisations qui prit le pas ; il ne cesse de se poursuivre aujourd'hui.
Le droit des contrats n'a pas cessé d'évoluer depuis 1804[2] ; le code civil était parti de l'idée que le contrat était source de toute justice ; ses rédacteurs pensaient à tort que l'individu ne pouvait consentir, en vertu de sa raison, à des obligations qui lui étaient défavorables. « Qui dit contractuel dit juste », proclamait le philosophe Fouillée au XIXe siècle ; c'est pourquoi l'on insista à l'art. 1134 al. 1 du code civil sur le fait que les conventions devaient avoir force de loi entre les parties ; mais les faits ont apporté un démenti à cette vision idyllique du contrat : ce dernier peut être source d'injustice pour les plus faibles (ouvriers, consommateurs, locataires) ; la législation a donc évolué en vue d'établir un socle de droits intangibles au profit de ces personnes. Les dispositions d'ordre public – celles auxquelles on ne peut déroger par convention – se sont faites plus nombreuses, surtout en matière de droit du travail et de droit des assurances, également en matière de bail à usage d'habitation ; les années 1970 ont vu apparaître un droit de la consommation.

1. Art. 515-1 code civ.
2. V. par ex. M.-H. de Laender et F. Petit, Droit des contrats, Archétype 82, coll. Les cours du droit, d'éco et de gestion, 4e éd. 2010, p. 16 et s.

Aujourd'hui, le besoin de réviser le droit des contrats est devenu urgent ; un premier groupe de travail, placé sous la direction du Professeur Catala, a d'abord présenté un avant-projet (septembre 2005) qui est resté au stade d'une étude. En 2006, un autre groupe de travail a été formé sous la direction du Professeur Terré, de l'Académie des sciences morales et politiques, avec pour même objectif de présenter une réforme du droit des contrats. Les résultats de ses travaux ont été communiqués au garde des Sceaux en décembre 2008, peu de temps après la rédaction d'un autre projet qui avait été élaboré au sein même de la Chancellerie (Direction des affaires civiles)[1]. Ne peut-on pas dire que trop de projets tuent le projet ? Pour l'instant, aucun de ces avant-projets ou projets n'a franchi la porte de nos assemblées législatives.

Le droit de la responsabilité a lui-même évolué, car on s'est rendu compte qu'un grand nombre d'accidents – notamment dans le cadre des relations du travail salarié – laissait les victimes sans réparation en raison des difficultés rencontrées pour prouver l'existence d'une faute. Une loi du 9 avril 1898 a permis à l'ouvrier victime d'un accident du travail d'obtenir une indemnité au moins partielle, sans avoir à prouver une faute de son employeur ; peu à peu, presque chaque domaine de responsabilité s'est vu doté d'une loi spéciale ; concernant les accidents de la circulation, c'est la loi du 5 juillet 1985 qui a amélioré la situation des victimes, notamment en permettant d'accélérer les procédures d'indemnisation. Dans le cadre de la vente de produits, on applique le régime issu de la loi du 19 mai 1998 relative à la responsabilité du fait des produits défectueux.

B. Les méthodes de codification

À la suite du code civil de 1804, quatre autres codes furent adoptés : en 1806 un code de procédure civile, en 1807 un code de commerce, en 1808 un code d'instruction criminelle et en 1810 un code pénal. Même si la méthode suivie par le législateur procédait du même esprit que celui qui inspira le code civil, ces codes n'eurent pas le même prestige que le code civil.

Actuellement, la codification obéit à deux méthodes[2] : elle peut soit s'inspirer de la méthode suivie à l'époque de la codification napoléonienne (on l'appellera codification réformatrice),

1. V. par ex. J. Ghestin (sous la dir.), Observations sur le projet de réforme du droit des contrats, Les Petites Affiches, 12 février 2009, n° spécial, n° 31 ; F. Terré (sous la dir.), Pour une réforme du droit des contrats, D. 2009 ; v. également : D. Mazeaud, Une nouvelle rhapsodie doctrinale pour une réforme du droit des contrats, D. 2009, p. 1364 ; D. Mainguy, Défense, critique et illustration de certains points du projet de réforme du droit des contrats, D. 2009, p. 308 ; H. Lemaire et A. Maurin, L'opportunité d'une refonte du droit français des obligations, Répertoire du notariat Defrénois, 30 mai 2004 n° 10, p. 683 ; L. Leveneur, Projet de la Chancellerie de réforme du droit des contrats : à améliorer, Contrats Concurrence Consommation n° 11, novembre 2008, repère 10 ; X. Henry, Brèves observations sur le projet de réforme de droit des contrats... et ses commentaires, D. 2009, p. 28 ; J. Béguin, Rapport sur la réforme du droit des contrats élaboré par un groupe de travail de l'Académie des sciences morales et politiques, JCP Ed. G n° 50, 10 décembre 2008, act. 727 ; P. Ancel, Points de vue convergents sur le projet de réforme du droit des contrats, JCP Ed. G., n° 48, 26 novembre 2008, I 213 ; P. Malaurie, Petite note sur le projet de réforme du droit des contrats, JCP Ed. G, n° 44, 29 octobre 2008, I 204 ; M. Fabre-Magnan, Réforme du droit des contrats : « Un très bon projet », JCP Ed. n° 43, 22 octobre 2008, I 199 ; R. Cabrillac, Le projet de réforme du droit des contrats. - Premières impressions, JCP Ed. G. n° 40, 1er octobre 2008, I 190 ; R. Cabrillac, Réforme du droit des contrats : révision-modification ou révisioncompilation ?, RDC 1er janvier 2006, n°1, p. 25 ; D. Mazeaud, Rapport de synthèse, RDC, 1er janvier 2009, n°1, p. 397 ; P. Rémy, Réviser le titre III du livre troisième du Code civil, RDC 1er octobre 2004, n°4, p. 1169 ; P.-Y. Gautier, Crise du contrat…ou crise du juge et de la doctrine, RDC 1er décembre 2003, n°1, p. 277 ; G. Rouhette, Regard sur l'avant-projet de réforme du droit des obligations, RDC 1er octobre 2007, n°4, p. 1371 ; H. Lemaire et A. Maurin, L'opportunité d'une refonte du droit français des obligations, Répertoire du notoriat Defrénois, 30 mai 2004, n°10, p. 683 ; F. Rome, Le masque de verre, D. 2009, p. 2209. (sic !) ; D. Mazeaud, Réforme du droit des contrats : haro, en hérault, sur le projet !, D. 2008, p. 2675 ; B. Fauvarque-Cosson, Droit européen et international des contrats : l'apport des codifications doctrinales, D. 2007, p. 96 ; A. Ghozi et Y. Lequette, La réforme du droit des contrats : brèves observations sur le projet de la chancellerie, D. 2008, p. 2609 ; F. Terré, La réforme du droit des contrats, D. 2008, p. 2992 ; B. Fauvarque-Cosson, Faut-il un Code civil européen ?, RTD Civ. 2002, p. 463 ; F. Zenati-Castaing, La proposition de refonte du livre II du Code civil, RTD Civ. 2009, p. 211 ; R. Sefton-Green, Les codes manqués, RTD Civ. 2005, p. 539.

2. V. B. Beignier (sous la dir.), La codification, Dalloz, Coll. Thèmes et Commentaires, 1996 : v. en particulier B. Oppetit, De la codification, p. 7 ; J.-L. Gazzaniga, Le code avant le code, p. 21 ; A. Cabanis, Le code hors la France, p. 33 ; J. Foyer, Le code après le code, p. 63 ; G. Cornu, L'élaboration du code de procédure civile, p. 71 ; J. Heron, Le nouveau code de procédure civile, p. 81 ; G. Roujou de Boubee, Le nouveau code pénal, p. 91 ; G. Braibant, La commission supérieure de la codification, p. 97 ; P.-Y. Gautier, Le l'art d'être furtif, Le « droit constant » des codes de la propriété intellectuelle et de la consommation, p. 107.

soit procéder de la volonté de compiler « à droit constant » les textes relevant d'une même discipline.

– La codification réformatrice

Comme en 1804, elle peut être l'occasion non pas seulement de lutter contre la dispersion des textes en rassemblant en un seul bloc ceux qui portent sur un sujet commun, mais aussi de les refondre en vue d'adapter le droit aux nécessités de la société ; loin d'avoir seulement un caractère technique, cette méthode conduit à modifier le fond du droit et à le structurer pour le rendre à la fois cohérent et accessible ; naturellement, les nouveaux textes ne sont pas créés *ex nihilo* ; ils peuvent aussi procéder de lois anciennes, lesquelles ne sont conservées qu'au prix d'une adaptation aux nécessités de la société moderne.
C'est dans cet esprit qu'ont été élaborés le Nouveau code de Procédure Civile (NCPC) en 1975 et le code Pénal de 1992.

– La codification à droit constant

La codification peut aussi procéder de la seule idée de rassembler en un seul bloc et d'ordonner ce qui est épars ; de caractère purement technique – il n'est pas question, *a priori* de créer de nouvelles règles –, cette méthode de mise en forme est dite « codification à droit constant » et s'organise, depuis 1989, sous la surveillance d'une *Commission supérieure de la codification*[1] chargée d'œuvrer à la simplification et à la clarification[2] du droit. La plupart des codes modernes ont été révisés ou ont été créés selon cette méthode, qui est actuellement en pleine expansion ; l'art. 3 de la loi du 12 avril 2000 relative aux droits des citoyens dans leurs relations avec les administrations en donne une définition éclairante : « *La codification législative rassemble et classe dans des codes thématiques l'ensemble des lois en vigueur à la date d'adoption de ces codes. Cette codification se fait à droit constant, sous réserve des modifications nécessaires pour améliorer la cohérence rédactionnelle des textes rassemblés, assurer le respect de la hiérarchie des normes et harmoniser l'état du droit* ».
La place du législateur dans cette codification est malheureusement réduite, puisqu'il s'agit non pas de transformer le droit, mais d'en donner une présentation différente[3] ; c'est pourquoi l'opération de codification pouvait se faire par décret, mais cette voie n'est pas souhaitable, car une modification même minime de l'organisation et de la présentation d'un code entraîne très souvent une modification du fond du droit ; sous la IVe République, de nombreux codes ont été adoptés par décrets en Conseil d'État, sans validation par le Parlement ; par la suite, les codes sont entrés en vigueur par l'intermédiaire d'un projet de loi adopté par le Parlement ; une loi du 16 déc. 1999 a ensuite habilité le Gouvernement à procéder par ordonnance[4] pour accélérer le processus de codification, ce qui n'a pas manqué de susciter la critique d'une grande partie des juristes[5] : parce que toute codification, même à droit constant, peut avoir des répercussions sur le fond du droit, il est discutable de vouloir la faire échapper à une discussion approfondie devant le Parlement.
La liste des codes est impressionnante et s'est même considérablement allongée au début du XXIe siècle : code du travail maritime (1926), code du blé et code du vin (1936), code des douanes (1948), code général des impôts (1950), code forestier (1952), code de l'artisanat (1952), code des caisses d'épargne (1952), code des postes et télécommunications (1952), code

1. Créée par un décret du 12 décembre 1989.
2. On ne peut que déplorer l'inflation des textes législatifs ; chaque année, environ 150 nouvelles lois sont adoptées ; en habilitant le Gouvernement à simplifier le droit par ordonnances, les lois du 2 juillet 2003 et du 9 décembre 2004 ont permis un certain nombre de simplifications. Par une circulaire du 19 janv. 2006 (JO du 20 janv. 2006), le Premier ministre a également enjoint son gouvernement à mieux respecter le partage entre l'art. 34 (domaine de la loi) et l'art. 37 (domaine du règlement) de la Constitution ; il entendait mettre fin à la pratique consistant à introduire dans les lois des dispositions réglementaires ou qui n'ont aucun pouvoir normatif.
3. V. déjà dans la circulaire du 30 mai 1996 relative à la codification des textes législatifs et réglementaires (JO du 5 juin 1996, p. 8263 et s.) : « La stratégie retenue est celle de la codification du droit existant, dite « à droit constant » ; celle-ci entraîne déjà, par le regroupement et la clarification qu'elle opère, une amélioration du droit. Elle précède l'effort de simplification des textes, qu'elle prépare et facilite ».
4. L'ordonnance du 12 mars 2007 a, par exemple, procédé à la renumérotation du code du travail.
5. V. par ex. l'article critique d'E. Dockes, La décodification en droit du travail, Dr. soc. avril 2007 p. 388.

de la santé publique (1953), code de la nationalité (1954, intégré en 1993 dans le code civil), code rural (1955), code de l'aviation civile (1955), code des débits de boissons (1955), code des ports maritimes (1956), code du domaine public fluvial et de la navigation intérieure (1956), code électoral (1956), code de la famille et de l'aide sociale (1956), code de procédure pénale (1956), code de la route (1958), code des marchés publics (1964), code des pensions civiles et militaires de retraite (1964), code de justice militaire (1965), code du service national (1971), code du travail (1973), code de l'urbanisme (1973), code des tribunaux administratifs et des cours administratives d'appel (1973), intégré en 2000 dans le code de la justice administrative, Nouveau code de procédure civile (1975), code des assurances (1976), code des communes (1977), code de l'expropriation (1977), devenu ensuite le code de l'expropriation pour cause d'utilité publique, code de l'organisation judiciaire (1978), code de la sécurité sociale (1985), code de la mutualité (1985), code de la voirie routière (1989), nouvelle version du code pénal (1992), code de la propriété intellectuelle (1992), code des juridictions financières (1994), code général des collectivités territoriales (1996), nouvelle version d'un code de commerce (2000), nouvelle version du code de la santé publique (2000), nouvelle version d'un code de la route (2000), code monétaire et financier (2000), code de justice administrative (2000), code de l'éducation (2000), nouvelle version d'un code de l'action sociale et des familles (2000), nouvelle version du code rural (2000), code de l'environnement (2000), code des communes de la Nouvelle-Calédonie (2001), code de l'entrée et du séjour des étrangers et du droit d'asile (2003, entré en vigueur en 2004), nouvelle version d'un code des marchés publics (2004), code du patrimoine (2004), code de la recherche (2004), code du tourisme (2004), code général de la propriété des personnes publiques (2006), code du sport (2006), nouvelle version d'un code du travail (2007)...[1]

Le Gouvernement a également annoncé la création future d'un code des métiers et de l'artisanat, d'un code des transports... ; les éditeurs eux-mêmes proposent des modèles de codes qui n'ont pas d'existence légale ou réglementaire : chez Dalloz, le code des baux et de la propriété, le code des procédures collectives... ; chez Litec, le code des procédures administratives contentieuses, le code constitutionnel et parlementaire, le code de droit social européen ; chez Bruylant (Belgique), le code de droit international privé... ; cette pratique est fort ancienne et permet parfois d'anticiper la création officielle d'un code : un code Pénal avait ainsi été imprimé en 1752, un code corse en 1788 (par l'Imprimerie royale)...

***

Discours d'ouverture du « colloque des étudiants »
qui a eu lieu en Avignon le 5 juin 2009 sur :
Codification et recodification,
entre droit des contrats et droit des biens
(sous la direction de Bérengère Gleize et Patricia Partyka)

Codification, recodification, voilà des thèmes qui suscitent l'engouement renouvelé non pas seulement des juristes, mais également des gouvernements et des parlements, aussi bien au niveau des États qu'au plan international.

Considérée comme une voie idéale d'accessibilité et d'intelligibilité du droit, la codification a souvent été souhaitée pour ses vertus pédagogiques ; l'idée de faire du code un instrument pour tous s'était particulièrement développée au Siècle des Lumières ; le Code devait être « simple comme la nature »[2] ; tout citoyen devait pouvoir en comprendre les dispositions ;

1. Il existe également un code de la construction et de l'habitation, un code de la déontologie des agents de police municipale, un code de la déontologie des architectes, un code de la déontologie de la profession de commissaire aux comptes, un code de la déontologie de la police nationale, un code du domaine de l'État, un code de la Légion d'honneur et de la médaille militaire, un code minier, un code des pensions civiles et militaires de retraite, un code des pensions militaires d'invalidité et des victimes de la guerre, un code des pensions de retraite des marins français du commerce, de la pêche ou de plaisance.

2. Rémy Cabrillac, Les codifications, coll. Droit, éthique et société, PUF, 2002. p. 218.

Jean-Jacques Rousseau prônait des codes « clairs, courts et précis autant qu'il sera possible »[1] ; Montesquieu ne disait pas autre chose lorsqu'il écrivait que « Les lois ne doivent point être subtiles ; elles sont faites pour des gens de médiocre entendement ; elles ne sont point un art de logique, mais la raison d'un simple père de famille »[2].

Cette idée n'était pas étrangère au père du Code civil, comme le rappelle Portalis dans son discours préliminaire.

Mais rien ne sert de dissimuler qu'un code est aussi et surtout un symbole de caractère politique, voire idéologique, permettant à l'Autorité publique de faire admettre une nouvelle législation : mises au service de la réforme, la codification et la recodification marquent mieux la rupture avec le droit antérieur[3] ; auréolées de modernisme, elles mettent fin aux luttes politiques qui ont participé à la genèse de la loi et facilitent ainsi son application ; même non souhaitée par tous, la loi s'imposera plus facilement à tous.

Il est vrai qu'aujourd'hui un code sert souvent, dans le contexte d'inflation législative, à rassembler ce qui est épars ; faut-il codifier seulement ce qui est existe déjà, éventuellement en incorporant la jurisprudence, ou faut-il aller au-delà ? Traditionnelle, cette question est celle de l'opposition entre codification compilatrice, dite aussi « à droit constant », et codification réformatrice.

Dans le premier cas, la codification procède de la seule idée de rassembler en un seul bloc et d'ordonner ce qui est épars ; l'art. 3 de la loi du 12 avril 2000 relative aux droits des citoyens dans leurs relations avec les administrations en donne une définition éclairante : « La codification législative rassemble et classe dans des codes thématiques l'ensemble des lois en vigueur à la date d'adoption de ces codes. Cette codification se fait à droit constant, sous réserve des modifications nécessaires pour améliorer la cohérence rédactionnelle des textes rassemblés, assurer le respect de la hiérarchie des normes et harmoniser l'état du droit ».

La plupart des codes modernes, notamment le Code du travail dans sa version 2008, ont été créés ou ont été révisés selon cette méthode, qui est actuellement en pleine expansion ; la place du législateur dans cette codification est malheureusement réduite, puisqu'il s'agit non pas de transformer le droit, mais d'en donner une présentation différente.

Dans le second cas, le Code naît de la volonté non pas seulement de lutter contre la dispersion des textes, mais aussi de les refondre en vue d'adapter le droit aux nécessités de la société ; loin d'avoir seulement un caractère technique, loin de poursuivre un simple objectif de « maintenance », cette codification permet de modifier le fond du droit et de le structurer pour le rendre à la fois cohérent et accessible ; naturellement, les nouveaux textes ne sont pas créés *ex nihilo* ; certains procèdent de lois anciennes, lesquelles ne sont conservées qu'au prix d'une adaptation aux nécessités de la société moderne.

Plusieurs signes montrent que la réforme du droit des contrats et des biens participe activement de cette démarche.

Elle renoue d'abord avec la pratique consistant à rassembler des universitaires pour faire progresser la réflexion ; les projets ou les avant-projets de réforme portent déjà le nom de ceux qui les ont inspirés : Avant-projet Catala ! Projet Terré ! Avant-projet Périnet-Marquet ! N'est-ce pas là le symbole d'une codification réformatrice, à l'image de la refonte du Code pénal en 1994, menée sous la direction de Mme Delmas-Marty, ou de la réforme du NCPC, sous l'égide du Doyen Cornu ?

Autre signe, on s'interroge sur le point de savoir s'il faut prévoir, par exemple en droit des contrats, des principes directeurs ; là encore, c'est la marque d'une sage ambition ; on sait qu'une codification entend souvent produire un effet de « cristallisation », selon l'expression de M. Rémy Cabrillac ; les codificateurs peuvent avoir la prétention de figer l'état du droit : ils tendent à considérer le code comme un « univers autonome qui se suffit à lui-même ». Le risque de la codification est d'aboutir à un « ensemble complet et donc fermé, excluant

1. Jean-Jacques Rousseau, Considérations sur le gouvernement de Pologne et sur sa réformation projetée en avril 1772, Garnier, p. 382 ; cité par R. Cabrillac.

2. Montesquieu, De l'esprit des lois, livre XXIX, chap. XVI.

3. Rémy Cabrillac, préc., p. 90. : « Toute codification produit un effet de rupture, clôt un monde juridique ancien en donnant naissance à un monde juridique nouveau ».

tout appel à des règles extérieures »[1]. En prévoyant de tels principes directeurs, il semble qu'on puisse en partie remédier à ce danger : en cas de défaillance des dispositions du Code, du fait par exemple de l'ambiguïté des règles ou de l'évolution des moeurs et des besoins de la société, il est important qu'un juge puisse se reporter sur des principes suffisamment généraux.

Par Franck Petit

***

À ce stade, la notion de droit n'est toujours qu'approchée ; une présentation historique a permis d'en saisir les origines et les orientations ; il convient désormais d'en étudier plus précisément les *manifestations* (Partie I) ou, selon la locution utilisée par MM. Brethe De La Gressaye et Laborde-Lacoste[2], les *modes d'expression* : seront présentés, d'une part, les différentes sources du droit (Chapitre 1) et, d'autre part, le problème de l'application des normes dans le temps, lorsque le législateur décide de remplacer une loi par une autre (Chapitre 2).

Cet exposé appellera ensuite une étude des modes de *réalisation* des droits (partie II) ; participent de cette « réalisation » les moyens offerts au citoyen pour obtenir le respect de la règle de droit et le « paiement » de ses créances : seront alors présentés, d'une part, les sanctions du droit (Chapitre 1) et, d'autre part, les modes de preuve dont dispose le justiciable pour obtenir la réalisation de ses droits subjectifs (Chapitre 2)

1. Rémy Cabrillac, préc., p. 105.
2. J. Brethe De La Gressaye et M. Laborde-Lacoste, Introduction générale à l'étude du droit, Recueil Sirey, 1947, p. 168 et s.

Les manifestations du droit

PARTIE 1

Évoquer les « manifestations » du droit, c'est s'intéresser à ses différents modes d'expression. À ce sujet, on oppose traditionnellement, au sein des sources de droit (Chapitre 1), le droit objectif (organisé en système juridique) aux droits subjectifs (protégés par le système juridique).

Le droit objectif se définit comme l'ensemble des règles qui encadrent la conduite des hommes dans la société ; la finalité de ces règles est d'indiquer aux membres de la société ce qu'ils peuvent faire ou ne peuvent pas faire.

Les droits subjectifs sont les prérogatives – on dit aussi les « intérêts juridiquement protégés », selon l'expression de Ihering – que le droit objectif consacre et sauvegarde au profit des sujets de droit. Ainsi s'expliquent l'adjectif « subjectif » et l'utilisation du pluriel : les sujets sont ici non pas soumis à un souverain, mais bénéficiaires de prérogatives reconnues et protégées par le système juridique.

L'étude des différentes sources du droit conduit aussi à s'intéresser à la succession des lois dans le temps ; l'entrée en vigueur d'une loi nouvelle soulève en effet la question de savoir dans quelles conditions s'opère sa substitution à la loi antérieure ; le justiciable est-il en position d'invoquer la survie de droits qu'il pensait acquis ? Cette question est celle de l'application des lois dans le temps ou, dit-on également, du droit transitoire (Chapitre 2).

chapitre 1 Les sources du droit

L'étude des sources de droit conduit à s'intéresser au droit objectif, celui qui détermine les règles de conduite des individus (Section I) en leur réservant le bénéfice de droits subjectifs (Section 2).

Section I - Le droit objectif : la règle de droit

Le droit objectif se définit comme l'ensemble des règles qui encadrent la conduite des hommes dans la société ; la finalité de ces règles est d'indiquer aux membres de la société ce qu'ils peuvent faire ou ne peuvent pas faire.
L'étude du droit objectif conduit alors à reconnaître les règles juridiques ; on sera donc amené à déterminer leurs caractères (§ 1). Il convient aussi de s'interroger sur l'origine de ces règles : seront étudiées les différentes sortes de règles en fonction de leur source et de leur portée (§ 2). La reconnaissance de ces règles conduit enfin à leur répartition au sein d'entités, de blocs appelés « branches du droit » (§ 3).

§1 *Les caractères de la règle de droit*

La règle de droit se reconnaît par son caractère général et impersonnel (A). Elle n'est pas élaborée (B) par ceux qui la reçoivent : ce qui signifie également, *a contrario*, qu'elle s'impose de manière coercitive aux individus (C).

A. Le caractère général et impersonnel de la règle de droit

La règle de droit se reconnaît par son caractère général : elle s'applique en principe sur tout le territoire national et pour tous les faits qui s'y produisent. On dit alors de la règle de droit qu'elle est générale dans l'espace.

La règle de droit est, en outre, impersonnelle ; commune à tous, elle n'est pas faite pour un cas particulier ; elle concerne chacun et ne désigne personne ; la règle de droit vaut pour tous ceux qui se trouvent ou se trouveront dans la situation qu'elle définit objectivement ; par essence abstraite, elle détermine la conduite à tenir par tout sujet de droit si la situation qu'elle vise se produit.

B. Le caractère extérieur de la règle de droit

L'organisation de la vie en société nécessite l'existence de règles qui seront imposées ; les règles de droit ne peuvent être des contraintes choisies. L'homme étant surtout guidé par ses intérêts personnels, il n'est pas concevable de le laisser choisir ses règles de conduite.
La règle de droit émane donc d'une source extérieure qui prend en considération l'intérêt général du groupe, non pas l'intérêt individuel d'un ou de certains membres du groupe.
Comment concilier cette caractéristique avec l'affirmation de J.-J. Rousseau selon laquelle l'homme serait né libre et participerait librement, en déléguant ses pouvoirs aux représentants du peuple, à la création de la règle de droit ? Selon la doctrine du Contrat social, la norme juridique serait bien le fruit de la volonté individuelle ; en réalité, la position de J.-J. Rousseau repose sur une vue de l'esprit qui n'a pas de traduction directe dans nos systèmes juridiques. Même dans les régimes démocratiques, la volonté individuelle ne participe qu'indirectement au processus d'édiction des règles. La norme procède davantage de la volonté collective du groupe social, laquelle transcende les volontés individuelles de chaque membre du groupe. Le caractère extérieur de la règle de droit participe donc de son essence.

C. Le caractère coercitif de la règle de droit

Une règle devient juridique dès lors qu'elle est assortie d'une sanction étatique – sauf en ce qui concerne les obligations naturelles – l'État devenant le garant du respect de celle-ci. C'est le caractère coercitif de la règle de droit qui permet de la distinguer des règles religieuses, des préceptes moraux et des usages de courtoisie. Certes, les règles de la religion, de la morale et de la courtoisie peuvent être assorties de sanctions : les catholiques risquent l'excommunication en cas de graves manquements ; ceux qui violent les règles de courtoisie ou la morale qu'un groupe a adoptées risquent d'être exclus de ce même groupe ; mais ces « sanctions » ne peuvent être mises en œuvre avec le concours de l'autorité étatique. La force publique est au service exclusif du droit ; le droit en a le monopole.

2. Variations dans la force obligatoire de la loi

Toutefois, toute règle de droit n'est pas obligatoire selon la même échelle. En tant que règle de conduite humaine, la règle de droit est susceptible de degrés : elle est soit impérative soit supplétive.
La règle de droit est impérative lorsqu'elle ordonne ou interdit une conduite sans que les sujets puissent s'y soustraire par un acte de volonté. On dit aussi dans cette hypothèse que la règle est d'ordre public.
La règle de droit supplétive est celle que les sujets de droit peuvent écarter par convention, en stipulant autre chose que ce qui est prévu par la loi. Par exemple, le code civil dispose que les époux seront régis par le régime matrimonial de la communauté réduite aux acquêts, s'ils n'ont pas choisi par contrat un autre régime, tel que le régime de la communauté universelle ou celui de la séparation de biens.
En général, c'est la loi elle-même qui décide de son caractère impératif ou supplétif ; si rien n'est indiqué sur ce point, il revient au juge de trancher la question.

3. Diversité des sanctions

Il ne suffit pas d'affirmer que la règle de droit a un caractère coercitif ; encore faut-il déterminer les différentes sanctions qui sont à la disposition du juge ; sur ce point, la richesse du droit se manifeste dans la diversité des sanctions qu'il offre ; elles peuvent être préventives – par exemple empêcher la publication d'un article qui violerait le droit au respect de la vie privée ou ordonner la fermeture d'un hôtel qui ne respecte pas les règles de sécurité – ou répressives –

tel l'emprisonnement ou l'amende ; les sanctions peuvent aussi être réparatrices : tel est le cas d'une condamnation à des dommages-intérêts en vue de réparer le préjudice subi par la victime d'un accident.
Il ne faut toutefois pas exagérer l'importance de la coercition dans le jeu de la règle de droit ; la mise en œuvre de sanctions reste accidentelle, exceptionnelle, le sujet de droit se soumettant le plus souvent au droit ; la sanction reste donc latente ; elle garantit l'effectivité du droit par la menace qu'elle fait peser sur tout récalcitrant.

4. Application

Essayons maintenant de mettre en œuvre ces différents critères – généralité, extériorité et coercition – pour reconnaître une règle de droit ; l'art. 1382 du code civil selon lequel « *Tout fait quelconque de l'homme, qui cause à autrui un dommage, oblige celui par la faute duquel il est arrivé, à le réparer* » servira de matière à une application pratique :
La généralité de la règle et son caractère abstrait se reconnaissent dans l'utilisation de locutions impersonnelles telles que « tout », « quelconque », « homme », « autrui » et « celui » ; son extériorité est avérée : issue du code civil, la règle a la valeur d'une loi.
La coercition se manifeste dans l'obligation de réparer le dommage.

§2. *Les différentes sources du droit*

Le terme « source du droit » désigne les formes sous lesquelles naissent les règles de droit, les différentes façons dont les règles de droit sont établies. Kelsen a montré, en recourant à la métaphore de la pyramide, que ces sources étaient hiérarchisées : chaque degré de l'ordre juridique fonde la validité de la norme de niveau inférieur ; sa construction trouve son origine dans une norme fondamentale qui, en tant que fondement de la validité de l'ordre juridique, lui donne cohérence et unité : « L'ordre juridique n'est pas un système de normes juridiques placées toutes au même rang, mais un édifice à plusieurs étages superposés, une pyramide ou hiérarchie formée (pour ainsi dire) d'un certain nombre d'étages ou couches de normes juridiques. Son unité résulte de la connexion entre éléments qui découle du fait que la validité d'une norme qui est crée conformément à une autre norme repose sur celle-ci ; qu'à son tour, la création de cette dernière a été elle aussi réglée par d'autres, qui constituent à leur tour le fondement de sa validité ; et cette démarche progressive débouche finalement sur la norme fondamentale – norme supposée. La norme fondamentale hypothétique – en ce sens – est par conséquent le fondement de validité suprême, qui fonde et scelle l'unité de ce système de création »[1].
Dans notre système juridique, c'est la Constitution qui joue le rôle de « norme fondamentale » ; à ce titre, elle est située au plus haut degré de l'ordre juridique étatique ; les conventions internationales susceptibles d'être adoptées par la France doivent s'y conformer et ne peuvent être ratifiées par notre Parlement qu'à cette condition (A) ; les règles de droit interne (B), situées à un niveau inférieur, ne peuvent aller à l'encontre des conventions internationales régulièrement adoptées, lesquelles s'intègrent elles-mêmes dans l'ordre juridique interne.
Une hiérarchie s'établit également au sein de la catégorie des sources internes, imposant au règlement administratif, à la coutume et à la jurisprudence de se conformer à la loi, qui, elle-même, doit être conforme à la Constitution.

A. Les sources internationales

Même si le droit communautaire (2) trouve d'abord son origine dans une convention internationale, il mérite, en raison de sa capacité à créer un droit « dérivé » et de la particularité de l'ordre juridique communautaire qu'il institue, une place particulière dans la présentation des conventions internationales (1).
Il faut également faire le point sur l'autorité de la Constitution française sur ces conventions internationales (3), y compris sur le droit communautaire. La question se posera de savoir qui, de la Constitution ou de la convention internationale, doit l'emporter sur l'autre.

1. Hans Kelsen, Théorie pure du droit, trad. française de la 2e éd. par C. Eisenmann, Paris, Dalloz, 1962, p. 299.

1. Les conventions internationales

On étudiera, en s'aidant de la Constitution (b), le mode de négociation des conventions internationales (a) avant d'examiner leur autorité sur notre droit national (c) ; on présentera ensuite quelques conventions invoquées devant nos juridictions nationales : les Pactes internationaux des droits de l'homme (d), la Convention européenne de sauvegarde des droits de l'homme (e), la Convention de New York relative aux droits de l'enfant (f).

a. La négociation et l'adoption des conventions internationales

La France a conclu de nombreux traités internationaux[1] avec les autres pays. Ces traités ont pour but d'harmoniser les rapports entre les États dans la mesure où il peut exister des divergences entre les droits nationaux.

Le titre VI de la Constitution établit une distinction entre deux types d'engagements internationaux de la France : il oppose les « traités » – négociés et ratifiés par le Président de la République – aux « accords » qui, sans être négociés et ratifiés par le Président de la République, procèdent d'une « approbation » par le Gouvernement. Cette différence dans la procédure de négociation est sans incidence sur la nature juridique de l'acte.

La procédure de ratification et d'approbation doit, dans les hypothèses visées à l'art. 53 de la Constitution, nécessiter l'intervention du Parlement. En réalité, très peu d'engagements internationaux échappent au contrôle parlementaire. Dans certaines hypothèses, la ratification ou l'approbation devra être précédée d'un referendum : l'al. 3 de l'art 53 de la Constitution prévoit d'abord le « consentement des populations intéressées » lorsqu'il est question de cession, d'échange ou d'adjonction de territoire (consultation de 1962 pour l'Algérie, de 1974 pour les Comores, de 1976 pour Mayotte, de 1967 et 1977 pour Djibouti, de 1988 et 1998 pour la Nouvelle-Calédonie) ; l'art. 11 de la Constitution habilite le Président de la République à recourir au référendum pour l'adoption d'un projet de loi « *tendant à autoriser la ratification d'un traité qui, sans être contraire à la Constitution, aurait des incidences sur le fonctionnement des institutions* » ; cette procédure a été suivie, par exemple, pour obtenir la ratification du Traité de Maastricht du 7 février 1992 ; à cette occasion, il a été nécessaire de modifier la Constitution française qui, en consacrant le principe de la souveraineté nationale, s'opposait à l'admission d'une souveraineté européenne (loi constitutionnelle du 25 juin 1992 qui est à l'origine du titre XV de la Constitution « Des communautés européennes et de l'Union européenne », art. 88-1 à 88-4).

Une fois régulièrement ratifié ou approuvé, le traité ou l'accord acquiert, dès sa publication, une autorité supérieure à celle des lois internes (art. 55 de la Constitution) ; il s'agit là d'une manifestation du *monisme* français qui, en consacrant l'unité du système juridique, repose sur l'intégration des traités et accords internationaux dans notre droit interne et leur supériorité sur le droit national.

b. Fondements constitutionnels

Art. 52 de la Constitution : « *Le Président de la République négocie et ratifie les traités.*
Il est informé de toute négociation tendant à la conclusion d'un accord international non soumis à ratification ».

Art. 53 de la Constitution : « *Les traités de paix, les traités de commerce, les traités ou accords relatifs à l'organisation internationale, ceux qui engagent les finances de l'État, ceux qui modifient des dispositions de nature législative, ceux qui sont relatifs à l'état des personnes, ceux qui comportent cession, échange ou adjonction de territoire, ne peuvent être ratifiés ou approuvés qu'en vertu d'une loi.*
Ils ne prennent effet qu'après avoir été ratifiés ou approuvés.
Nulle cession, nul échange, nulle adjonction de territoire n'est valable sans le consentement des populations intéressées ».

Art. 54 de la Constitution : « *Si le Conseil Constitutionnel, saisi par le Président de la République, par le Premier Ministre, par le Président de l'une ou l'autre assemblée ou par soixante députés ou soixante sénateurs, a déclaré qu'un engagement international comporte une clause contraire à la Constitution,*

1. Le traité international se définit comme un accord conclu entre États en vue de produire des effets de droit dans leurs relations mutuelles.

l'autorisation de ratifier ou d'approuver l'engagement international en cause ne peut intervenir qu'après révision de la Constitution ».

c. L'autorité des conventions internationales

Selon l'art. 55 de la constitution[1], le traité régulièrement adopté possède une autorité supérieure à celle de la loi interne ; en conséquence, si la loi est non conforme au traité et qu'elle est antérieure à ce dernier, le juge doit considérer qu'elle a été abrogée par le traité ; dans un litige soumis au droit français, il doit donc repousser la loi interne pour lui préférer le traité. Si la même loi est postérieure au traité, le juge doit également laisser la loi inappliquée. Cette solution résulte d'un arrêt Jacques Vabre dans lequel la Cour de cassation a pris position en faveur d'une supériorité sans condition du traité sur la loi interne, qu'elle soit antérieure ou postérieure à celui-là (solution finalement audacieuse, car elle conduit le juge à écarter la loi dont il est habituellement le gardien).

Quant au Conseil d'État, il s'est refusé pendant très longtemps à admettre cette supériorité ; il établissait une distinction entre les lois antérieures – qu'il considérait comme abrogées si elles étaient incompatibles avec le nouveau traité – et les lois postérieures au traité qui l'emportaient toujours sur la convention internationale. Mais l'arrêt Nicolo opéra en 1989 un alignement de la position du Conseil d'État sur celle de la Cour de cassation.

Toutefois, cette autorité supérieure du traité reste conditionnée par le principe de réciprocité : l'application du traité est subordonnée à son respect par l'autre partie signataire.

d. Les Pactes internationaux des droits de l'homme

Parmi les sources internationales du droit les plus célèbres, il faut nommer les Pactes internationaux des droits de l'homme, adoptés par l'Assemblée Générale des Nations Unies le 16 déc. 1966 et auxquels la France a adhéré tardivement, le 4 nov. 1981. Le premier Pacte des Nations unies relatif aux droits économiques, sociaux et culturels a vocation à corriger les insuffisances du droit interne ; il constitue, avec le second Pacte sur les droits civils et politiques et la Déclaration Universelle des Droits de l'Homme, « la Charte internationale des droits de l'Homme ».

Le caractère contraignant de ces pactes ne fait pas de doute ; la Chambre sociale n'a pas hésité à faire une application directe en droit interne de l'article 6.1 du Pacte international relatif aux droits économiques, sociaux et culturels du 16 décembre 1966, qui garantit le droit qu'a toute personne d'obtenir la possibilité de gagner sa vie par un travail librement choisi ou accepté, pour s'opposer à ce qu'un salarié tenu au respect d'une obligation de non-concurrence soit privé de toute contrepartie financière au seul motif qu'il a été licencié pour faute grave[2].

e. La Convention européenne de sauvegarde des droits de l'homme

Il faut naturellement citer la Convention européenne de sauvegarde des droits de l'homme (CESDH), conclue en 1950, qui a recueilli la signature de plus de 40 États européens. Son respect est garanti par la Cour européenne des droits de l'homme, dont le siège est à Strasbourg. Cette juridiction internationale est compétente surtout pour trancher les litiges entre un État et un particulier sur l'interprétation des dispositions de la CESDH. La France a été parfois condamnée, par exemple pour avoir refusé d'accorder un statut au transsexualisme ou pour avoir nié l'égalité entre les enfants adultérins et les autres enfants. Elle a donc dû modifier son état du droit pour se conformer à ces jurisprudences.

Lorsqu'un État refuse de procéder aux modifications induites par sa condamnation, les décisions de la Cour européenne des droits de l'homme ont vocation, en toute hypothèse, à infléchir la jurisprudence des juridictions de l'État condamné. Les particuliers sont admis à se prévaloir devant la Cour européenne des droits de l'homme et devant leurs juridictions nationales des dispositions de la CESDH, dès lors qu'elles ont un caractère normatif et fixent, à ce titre, des règles à l'usage immédiat des sujets de droit. L'art. 6 de la CESDH, qui établit certains droits relatifs à l'administration du procès – droit à un procès équitable et diligent, droit à la

1. Art. 55 de la Constitution : « *Les traités ou accords régulièrement ratifiés ou approuvés ont, dès leur publication, une autorité supérieure à celle des lois, sous réserve, pour chaque accord ou traité, de son application par l'autre partie* ».
2. Cass. soc. 16 décembre 2008, n° 05-40876.

présomption d'innocence, etc. – est souvent invoqué par les plaideurs. L'art. 8, qui reconnaît à chacun un « *droit au respect de sa vie privée et familiale, de son domicile et de sa correspondance* », l'est également : il a notamment servi à faire reconnaître le phénomène du transsexualisme et à priver d'efficacité les clauses de changement de domicile imposées aux salariés[1].

f. La Convention de New York relative aux droits de l'enfant

Il existe également des conventions internationales qui concernent non pas seulement les particuliers, mais surtout les États signataires ; elles ne peuvent pas toujours être invoquées directement par les justiciables devant les tribunaux internes. Tel a été le cas, en particulier, de la Convention de New York du 26 janv. 1990 relative aux droits de l'enfant, dont la plupart des dispositions s'adresse ouvertement aux seuls États ; on y trouve ainsi des locutions telles que « Les États parties s'engagent… », « Les États parties reconnaissent… », « Les États parties veillent… » ; pendant longtemps, on a considéré que de telles dispositions n'étaient pas constitutives de droits que les particuliers pouvaient directement invoquer devant leurs juges ; mais cette position a fait l'objet d'un revirement : en mettant un terme à la jurisprudence Lejeune[2], la Cour de cassation a accepté l'applicabilité directe de la Convention de New York[3] ; l'art. 3.1 de cette convention, qui renvoie à la notion d'intérêt supérieur de l'enfant, peut désormais être invoqué devant les tribunaux français, ces derniers pouvant également s'y référer directement.

2. Le droit communautaire

La primauté du droit communautaire sur le droit interne oblige le juge national à écarter toute disposition législative ou réglementaire contraire au droit communautaire ; celui-ci est composé d'un droit dit originaire (a) ou institutionnel – issu du Traité de Rome et des conventions qui l'ont révisé – et d'un droit dérivé (b), créé par les institutions communautaires mises en place par le Traité de Rome.

a. Un droit originaire

La construction européenne, qui s'est traduite par la mise en place d'institutions créatrices de droit (a-1), s'est faite par étapes (a-2).

• *Historique*

À l'origine, les communautés européennes se sont formées entre 6 états qui ont donné naissance à 3 communautés : la Communauté Européenne du Charbon et de l'Acier (Traité CECA de 18 avril 1951), la Communauté Économique Européenne (Traité CEE du 25 mars 1957) et la Communauté Européenne de l'Énergie Atomique (Traité CEEA ou EURATOM du 25 mars 1957).

L'acte Unique de 1986 a accéléré la construction européenne en prévoyant l'adoption à la majorité qualifiée de certaines décisions au sein du Conseil ; mais il demeure des décisions où l'unanimité est requise.

Le Traité de Maastricht du 7 février 1992, instituant l'Union européenne – cette locution venant remplacer celle de communauté européenne – a marqué une autre étape importante dans l'affirmation du droit communautaire, en consacrant par exemple la notion de citoyenneté européenne.

1.Cass. soc. 12 janv. 1999, D. 1999, p. 645, note J.-P. Marguenaud et J. Mouly ; Dr. Soc. 1999, p. 287, obs J.-E. Ray ; J. Richard de la Tour, Le libre choix du domicile du salarié et le contrat de travail, RJS 2/99.

2. Cass. civ. 1re 10 mars 1993, D. 1993, Jurisp. p. 361, note J. Massip ; M.-C. Rodeau-River, D. 2003, chron. p. 203 ; D. 2004, somm. p. 34, obs. F. Dekeuwer-Defossez ; JCP 1993, I, 3688, note Rubellin-Devichi ; Rev. crit. DIP 1993 p. 449, note P. Lagarde.

3. Cass., civ. 1re, 18 mai 2005, D. 2005, Jur., p. 1909, note V. Egea ; AJ Famille 2005, p. 274, obs. T. Fossier ; RTD civ. 2005, p. 556, obs. R. Encinas De Munagorri ; ibid. p. 585, note J. Hauser ; ibid. p. 627, obs. P. Thery ; 14 Juin 2005, D. 2005, Jur., p. 2790, note F. Boulanger ; JCP éd. G, 2005, II, 10115, concl. C. Petit et note C. Chabert ; RTD civ. 2005, p. 556, obs. R. Encinas De Munagorri ; v. aussi Cass. civ. 1re, 22 nov. 2005, D. 2005 IR, p. 3036, obs. I. Gallimeister.

L'étape suivante est constituée le 2 oct. 1997 de la signature du Traité d'Amsterdam entre les quinze États membres (traité ratifié par la France le 23 mars 1999), qui a notamment renforcé les pouvoirs du Parlement européen.
La rencontre entre les quinze États membres à Nice le 7 déc. 2000 s'est traduite, après plus de trente ans d'attente, par l'adoption d'une structure sociétaire européenne (Traité de Nice, signé le 26 fév. 2001, puis entré en vigueur le 1er fév. 2003). Celle-ci offre, dans certaines conditions, la possibilité aux représentants des salariés d'être présents dans les organes d'administration et de surveillance de la société européenne (mécanisme inspiré du modèle allemand de la cogestion : mitbestimmung)[1]. La rencontre de Nice a également été l'occasion d'une « proclamation » solennelle par le Conseil de l'Union européenne, la Commission européenne et le Parlement européen de la Charte des droits fondamentaux de l'Union européenne (cette charte figure en annexe de cet ouvrage). Mais cette dernière n'a pas été immédiatemment intégrée dans les traités communautaires[2]. On se rappelle notamment qu'il avait été tenté d'intégrer ces droits fondamentaux dans le projet de Constitution européenne ; mais ce dernier avait été rejeté par les Français lors du référendum organisé en 2005. L'intégration de cette Charte des droits fondamentaux dans les traités communautaires s'est finalement réalisée par la signature du traité de Lisbonne le 13 décembre 2007 et sa ratification en 2009 par les 27 États membres de l'Union européenne, lui donnant ainsi « valeur contraignante ». Depuis lors, la Cour de cassation considère que cette Charte des droits fondamentaux de l'Union européenne est directement applicable en droit interne et n'hésite plus à la citer dans ses visas[3].

• *Institutions communautaires*
Les principales institutions communautaires sont le Conseil européen, le Conseil de l'Union européenne (dit aussi « Conseil des ministres de l'Union européenne »), la Commission européenne, la Cour de justice de l'Union européenne (CJUE), anciennement Cour de justice des Communautés européennes (CJCE), qui regroupe trois juridictions : la Cour de justice, le Tribunal de première instance et le Tribunal de la fonction publique. Les autres institutions, qui ne seront pas examinées ici, sont la Cour des comptes (chargée de contrôler la légalité et la régularité des recettes et des dépenses de l'Union européenne), le Comité économique et social européen (chargé d'assister le Conseil européen et la Commission européenne dans leurs missions), le Comité des régions (qui peut être consulté par le Conseil européen et la Commission européenne), la Banque européenne d'investissement (chargée d'accorder des prêts et des garanties pour la mise en valeur des régions moins développées et pour la reconversion d'entreprises) et la Banque centrale européenne (chargée de la politique monétaire de l'Union européenne).

– *Le Conseil européen*

Héritier des conférences au sommet réunissant les chefs d'État ou de gouvernement des États membres de la Communauté, le Conseil européen est une institution créée par le Traité de Lisbonne. Son président est désigné par les chefs d'État et de gouvernement pour deux ans et demi.
Le Conseil européen est composé des chefs d'État ou de gouvernement et du président de la commission européenne. Le président du Conseil européen ainsi que le Haut représentant de l'Union pour les affaires étrangères et la politique de sécurité participent également à ses travaux.
Sans exercer de fonction législative, il fournit à l'Union « l'impulsion nécessaire à son développement » et définit « les orientations politiques générales ». Son rôle est notamment de définir les priorités et le calendrier de la construction européenne. Les grandes décisions concernant cette construction portent par exemple sur la réforme des traités et des institutions, le financement du budget européen, l'élargissement de l'Union européenne à d'autres pays, les positions de l'Europe sur la scène internationale, le passage à la monnaie unique, etc.

1. M. Menjucq, La société européenne : enfin l'aboutissement !, D. 2001, Cahier droit des affaires, p. 1085.
2. F. Benoit-Rohmer, La Charte des droits fondamentaux de l'Union européenne, D. 2001, Chron. p. 1483.
3 V. par exemple, Cass. soc. 14 avril 2010, n° 09-60426 et 09-60429, dans lequel la Cour de cassation a visé l'art. 28 de la Charte des droits fondamentaux de l'Union européenne.

– Le Conseil de l'Union européenne

Le Conseil de l'Union européenne, réuni à Bruxelles ou au Luxembourg, est l'organe exécutif qui dispose du pouvoir de décision ; il est composé des ministres de chaque État membre en fonction de leur domaine de compétences : par exemple, lorsqu'il s'agit de décider en matière d'agriculture, ce sont les ministres de l'agriculture qui se réuniront. Depuis l'entrée en vigueur du traité de Lisbonne, les modalités de présidence du Conseil de l'UE ont été modifiées. La présidence du Conseil de l'UE, qui est distincte de celle du Conseil européen, est assurée par un groupe de 3 États membres (principe de la troïka) qui tourne, selon un ordre de rotation préétabli, tous les 6 mois. Mais en matière d'affaires étrangères, elle revient au Haut-représentant de l'Union pour les Affaires étrangères et la politique de sécurité (nouvelle institution de l'Union européenne créée par le traité de Lisbonne).
Pendant longtemps, le Conseil des ministres était seul compétent pour adopter les règlements et les directives sur proposition de la Commission. Mais depuis le Traité d'Amsterdam, il doit, dans certaines conditions, partager son pouvoir de décision avec le Parlement dans un certain nombre de matières (procédure de la codécision). Le Conseil exerce notamment le pouvoir budgétaire avec le Parlement ; il arrête les accords internationaux négociés par la Commission. Les décisions prises par la Conseil sont principalement adoptées, selon les cas prévus par les traités, soit à la majorité qualifiée, soit à l'unanimité (notamment pour l'admission d'un nouvel État).

– La Commission européenne

Installée à Bruxelles, la Commission européenne est un organe supranational composé de 27 membres désignés pour 5 ans par les États membres (en réalité, un nombre de commissaires équivalant au nombre d'États membres) et soumis à un vote d'investiture du Parlement européen. Elle représente l'administration de l'Union européenne (elle dispose à ce titre de 36 directions générales, réparties entre Bruxelles et Luxembourg) ; porte-parole de l'intérêt général de l'Union, elle affirme son indépendance à l'égard des États qui désignent ses membres. Elle a pour principale fonction de préparer les projets de règlements et de directives qu'elle soumet au Conseil. Elle a également pour rôle d'exécuter les décisions du Conseil européen, de contrôler l'application du droit communautaire (au besoin en saisissant la Cour de justice des communautés européennes) et de coordonner les politiques communes.
La Commission peut être contrainte à la démission collective dans l'hypothèse d'une censure par la Parlement européen devant lequel elle est responsable.

– Le Parlement européen

Installé à Strasbourg, le Parlement européen est l'organe qui représente non pas les gouvernements des États membres, mais les peuples de l'Union européenne. Composé de 736 membres élus au suffrage universel direct[1], il participe au pouvoir de décision du Conseil européen (à travers les procédures de coopération, d'avis conforme et de codécision), participe à l'investiture des membres de la Commission et peut voter à son encontre une motion de censure.

– La Cour de justice

La Cour de justice, (dite autrefois « Cour de justice des communautés européennes » - CJCE) est l'organe juridictionnel chargé d'assurer l'uniformité dans l'application et l'interprétation du droit communautaire ; divisée en 5 chambres, elle est composée de 27 juges et de 8 avocats généraux désignés par les États membres pour une durée de 6 ans ; ayant son siège à Luxembourg, cette juridiction peut d'abord être saisie par la Commission ou par un État membre – dans le cadre d'un recours en manquement – pour faire constater le non-respect des dispositions communautaires par un État membre, son gouvernement, son Parlement, ses juridictions et son administration. Elle est également compétente pour connaître d'un recours en annulation d'un acte, adopté par une institution communautaire, qui ne serait pas conforme

1. Le 8 juin 2009, le nombre de députés européens est passé de 785 à 736 députés. Avant l'adhésion de la Roumanie et la Bulgarie en 2007, le Parlement européen était composé de 732 membres.

aux traités communautaires. La CJCE peut aussi être saisie – dans le cadre d'un recours en carence – pour faire constater l'inaction fautive du Conseil ou de la Commission. À travers la technique des questions préjudicielles d'interprétation que posent les juridictions propres à chaque État membre, elle contribue enfin à assurer une uniformité dans l'interprétation du droit communautaire : il est possible en effet pour un juge national confronté, à l'occasion d'un procès particulier, à une difficulté d'interprétation du droit communautaire de surseoir à statuer (c'est-à-dire de suspendre le cours du procès) et de soumettre cette question à la CJCE ; cette dernière va ensuite rendre une décision que devra respecter le juge qui l'avait saisie, ainsi que toutes les juridictions des États-membres.

– *Le Tribunal*

Depuis 1988, la Cour de justice est aidée dans ses missions d'un tribunal de première instance (autrefois appelé « tribunal de première instance des communautés européennes » - TPICE), lui-même installé à Luxembourg. Il connaît du contentieux des recours en carence et en annulation, des actions en responsabilité engagées contre l'Union européenne. Il connaît notamment des recours directs introduits par les personnes physiques ou morales et dirigés contre les actes des institutions et des organes et organismes de l'Union européenne (dont elles sont les destinataires ou qui les concernent directement et individuellement), ainsi que contre les actes réglementaires (qui les concernent directement et qui ne comportent pas de mesures d'exécution) ou encore contre une abstention de statuer de ces institutions, organes et organismes.
Mais les questions préjudicielles d'interprétation lui échappent nécessairement ; ses décisions peuvent faire l'objet d'un recours devant la CJCE.

– *Le Tribunal de la fonction publique*

Ce tribunal est spécialisé dans le domaine du contentieux de la fonction publique de l'Union européenne. Il est compétent pour connaître en première instance des litiges entre les Communautés et leurs agents.

b. Un droit dérivé

Le Traité de Rome dote l'Union européenne d'institutions – le Conseil, la Commission, le Parlement européen élu au suffrage universel – qui produisent elles-mêmes des règles de droit, que l'on présente sous l'appellation d'un droit dérivé. On se limitera à une présentation des règlements, des directives et des décisions.

– *Les règlements*

Sur proposition de la Commission, le Conseil adopte, pour assurer l'application du Traité de Rome, des règlements s'imposant aux États membres et s'intégrant directement dans l'ordre juridique de chacun d'eux. Les règlements sont de véritables règles de droit immédiatement applicables dans tout État membre, sans qu'il soit nécessaire de les transposer dans les ordres internes. Un justiciable est donc autorisé à les invoquer devant sa juridiction nationale. Leur seule adoption par les institutions communautaires suffit à les rendre efficaces ; ils sont obligatoires autant dans les objectifs qu'ils fixent que dans les moyens utilisés pour les atteindre.

– *Les directives*

Le Conseil agit également par voie de directives, lesquelles ont pour destinataires les autorités étatiques de chaque État membre. Elles fixent des objectifs que les États membres doivent s'efforcer d'atteindre en mettant en œuvre leur législation interne ou en la modifiant ; les États conservent le choix des moyens et de la forme de cette transposition. Ils sont tenus toutefois d'opérer cette transposition dans un délai précisé par la directive concernée ; si cette transposition n'a pas lieu, la CJCE a cependant décidé que les directives posant des obligations suffisamment précises et non assorties de conditions devaient être directement applicables devant les tribunaux des États membres.

– *Les décisions*

Il s'agit d'actes contraignants de caractère individuel pris à l'égard d'un État-membre, d'une entreprise ou d'un individu.

3. L'autorité de la Constitution sur les conventions internationales

Les textes internationaux et la Constitution française ne se situent pas, les uns par rapport à l'autre, au même niveau. Quel est le texte qui doit l'emporter sur l'autre ?
On sait avec certitude, depuis l'arrêt Fraisse de la Cour de cassation en date du 2 juin 2000, qu'au sommet de la hiérarchie des normes figurent effectivement la Constitution et les lois constitutionnelles. La Constitution est la norme suprême ; elle a une autorité supérieure à celle des traités internationaux.
Le principe en la matière est que l'efficacité des traités est subordonnée à leur ratification ou approbation et à leur publication. Mais cette ratification ou approbation est subordonnée à la conformité du traité à la Constitution ; c'est ce qui résulte de la rédaction qui a été donnée à l'art. 54 de la Constitution par la loi constitutionnelle du 25 juin 1992 : « *Si le Conseil constitutionnel (...) a déclaré qu'un engagement international comporte une clause contraire à la Constitution, l'autorisation de ratifier ou d'approuver l'engagement international en cause ne peut intervenir qu'après la révision de la Constitution* ». Cela implique qu'aucune ratification n'est possible tant que la révision n'est pas opérée : en définitif, le texte constitutionnel contraire au traité s'oppose à la ratification de ce dernier, ce qui marque nettement la prééminence de la Constitution. Ces exigences valent pour tout traité, même communautaire ; il faut rappeler à ce sujet que l'admission de la citoyenneté européenne s'est traduite par une modification nécessaire de notre Constitution.
Mais il faut sans doute isoler la situation du droit communautaire dérivé, tels que les règlements. Ce droit est dit dérivé parce qu'il est le produit d'institutions mises en place par des traités communautaires dûment ratifiés et publiés ; par là même, il se trouve directement investi d'une pleine efficacité ; en effet, parce que les traités qui ont investi les institutions communautaires du pouvoir de créer un droit dérivé sont conformes à notre Constitution, on doit admettre que ce droit dérivé est lui-même conforme à notre Constitution. On doit aussi rappeler que, selon la CJCE, l'ordre juridique communautaire est un ordre juridique propre intégré au système juridique des États membres. En d'autres termes, les dispositions du droit dérivé s'insèrent dans l'ordre juridique français par le seul effet de leur publication au Journal Officiel des Communautés Européennes. Elles y figurent au même rang que les traités et, conformément à l'art. 55 de la Constitution, doivent être regardées comme supérieures à la loi.

B. Les sources internes

Les sources propres au droit interne sont nombreuses ; il existe entre elles une hiérarchie, organisée sur le modèle de la pyramide de Kelsen : d'après sa théorie, les normes de source inférieure ne peuvent aller à l'encontre des prévisions d'une norme de source supérieure. Au sommet de cette hiérarchie se trouve la Constitution (1) ; la loi (2) se situe immédiatement après, complétée le cas échéant de règlements administratifs (3) ; viennent ensuite les coutumes (4) et la jurisprudence (5) ; l'ensemble de ces normes est expliqué par la doctrine (6).

1. La Constitution

Après avoir défini la Constitution (a), on en présentera le contenu (b), le but (c) et la forme d'adoption (d). Son respect est assuré par un organe juridictionnel particulier, le Conseil constitutionnel (e).

a. Définition

La Constitution est l'ensemble des textes qui déterminent la forme de l'État, la dévolution et l'exercice du pouvoir, les libertés publiques et civiles des sujets de droit ; son élaboration et sa modification obéissent à une procédure différente de la procédure législative ordinaire.

b. Contenu

Adoptée le 4 oct. 1958, notre Constitution est constituée non pas seulement d'un corps d'une centaine d'articles (intéressant principalement le fonctionnements des pouvoirs publics), mais également d'un Préambule qui se réfère lui-même au Préambule de la Constitution de 1946, à la Déclaration des droits de l'homme et du citoyen de 1789 et à la Charte de l'environnement de 2004. On parle ainsi de bloc de constitutionnalité : selon L. Favoreu, il s'agit de « l'ensemble des principes et règles à valeur constitutionnelle dont le respect s'impose au pouvoir législatif comme au pouvoir exécutif, et d'une manière générale à toutes les autorités administratives et juridictionnelles ainsi, bien sûr, qu'aux particuliers »[1].
Si l'on se reporte au Préambule de la Constitution de 1946, on notera que sont intégrés à la Constitution – donc au bloc de constitutionnalité – les « *principes fondamentaux reconnus par les lois de la République* »[2] et les « *principes particulièrement nécessaires à notre temps* ».

– *Fonctionnement des pouvoirs publics*

Caractérisée par son contenu, la Constitution regroupe l'ensemble des règles les plus importantes de l'État : elle détermine notamment la nature de l'État – une République –, les relations entre les pouvoirs publics et leur fonctionnement : par exemple, son titre II est consacré aux pouvoirs du président de la République, le titre III traite de ceux du Gouvernement, le titre IV porte sur les prérogatives du Parlement ; les relations entre le Gouvernement et le Parlement ressortissent de son livre V ; le titre VIII concerne les pouvoirs de l'autorité judiciaire, etc.

– *Droits de la personne et des libertés fondamentales*

Une partie importante de la Constitution est aussi consacrée aux droits de la personne et aux libertés fondamentales : caractère indivisible, laïc, démocratique et social de la République (art. 1), principe d'égalité devant la loi (art. 1), droit au respect de toutes les croyances (art. 1), principe de la souveraineté nationale (art. 3), principe d'égalité, d'universalité et de secret du suffrage (art. 3), liberté de formation et d'activité des partis et groupements politiques (art. 4), principe de l'indépendance de la magistrature, principe de l'inamovibilité des magistrats du siège (art. 64), droit à liberté individuelle et prohibition de toute détention arbitraire (art. 66), principe de la libre administration des collectivités territoriales (art. 72), sans parler des libertés et droits découverts dans le Préambule de la Constitution.

– *Déclaration des droits de l'homme et du citoyen*

L'intégration de la Déclaration des droits de l'homme et du citoyen dans le bloc de constitutionnalité a permis au Conseil constitutionnel d'étoffer sensiblement la liste des principes de valeur constitutionnelle : sur le fondement de cette Déclaration, qui a valeur constitutionnelle dans sa totalité, sont fréquemment invoqués les principes de liberté (art. 1er et 6), d'égalité, de sûreté, de défense de la propriété (art. 2 et 4) – distinct de la reconnaissance du droit de propriété (art. 17) –, de légalité des délits et des peines, de non-rétroactivité des lois pénales (art. 7 et 8), de présomption d'innocence, de liberté d'opinion et de communication des pensées et des opinions (art. 10 et 11), d'égalité devant l'impôt et les charges publiques (art. 13 et 14). L'art. 16 de cette déclaration fonde également les principes du procès équitable, de la séparation des pouvoirs et du droit au recours juridictionnel effectif.

– *Charte de l'environnement*

Depuis la loi constitutionnelle du n° 2005-205 du 1er mars 2005, a été intégrée dans la Constitution la Charte de l'environnement, dont l'objet est de préciser les droits et les devoirs de l'homme dans le domaine environnemental ; ses articles 1 et 7 fondent d'abord le droit de vivre dans un environnement équilibré et respectueux de la santé, ainsi que le droit d'être informé en matière de décision publique ayant une incidence sur l'environnement. Plus nombreux que les droits, les devoirs que fixe également cette charte pèsent, selon le cas, sur les autorités

1. Dictionnaire constitutionnel, Paris, PUF, 1992, p. 87.
2. V. Les principes fondamentaux reconnus par les lois de la République, *in* B. Mathieu et M. Verpeaux, La République en droit français, Paris, Economica, 1996, p. 232.

publiques ou sur les citoyens : devoir de prendre part à la préservation de l'environnement (art. 2), devoir de prévenir les atteintes potentielles à l'environnement (art.3), devoir de réparation des dommages causés à l'environnement (art. 4), devoir des autorités publiques de promouvoir un développement durable (art. 6), devoir d'assurer une éducation et une formation sur les problèmes de l'environnement (art. 8), devoir de contribuer, par la recherche et l'innovation, à la préservation et à la mise en valeur de l'environnement (art. 9) ; l'art. 10 rappelle que les principes de la Charte doivent inspirer l'action européenne et internationale de la France.
À l'art. 5 de la charte de l'environnement figure enfin le principe de précaution, principe qui doit conduire les décideurs soit à réduire une activité, soit à interdire une activité ou un produit lorsqu'il existe des raisons suffisantes de croire que cette activité ou ce produit risque de causer des dommages graves et irréversibles à la santé ou à l'environnement.

– Principes fondamentaux reconnus par les lois de la République

Les « principes fondamentaux reconnus par les lois de la République » correspondent à des normes à valeur constitutionnelle dont l'existence est constatée par le Conseil constitutionnel, à partir de textes législatifs pris sous les trois premières Républiques : ont été consacrés comme principes fondamentaux reconnus par les lois de la République la liberté d'association, le droit au respect des droits de la défense, la liberté individuelle, la liberté d'enseignement (qui intègre la liberté de l'enseignement supérieur), la liberté de conscience, le principe de l'indépendance de la juridiction administrative, le principe d'indépendance des professeurs d'université, le principe de la compétence de la juridiction administrative en matière de contentieux des actes de puissance publique, le principe de la compétence de l'autorité judiciaire en matière d'atteinte à la propriété immobilière privée et l'existence d'une justice spécialisée pour les mineurs[1].

– Principes particulièrement nécessaires à notre temps

Les « principes particulièrement nécessaires à notre temps » sont des principes explicitement énoncés par le préambule de la Constitution de 1946. Certains sont de nature *sociale* et *économique* : principe d'égalité entre les hommes et les femmes – al. 3 –, principe de non-discrimination dans le travail – al. 5 –, liberté syndicale – al. 6. –, droit de grève – al. 7 –, principe de participation des travailleurs – al. 8 –, principe de nationalisation – al. 9 –, droit à la protection de la santé et au minimum vital – al. 10 et 11 – et droit à l'éducation et à la formation – al. 13 ; les autres principes ont une portée plus *politique* : par exemple, le droit d'asile – al. 4 –, l'engagement de se conformer aux règles de droit international – al. 14 – et l'acceptation de limites apportées à la souveraineté par des engagements internationaux, sous réserve de réciprocité – al. 15.

c. But

En s'intéressant au contenu de la Constitution, on ne règle pas immédiatement la question de son but : vers quoi fait-elle sens ?
La réponse se trouve non pas dans le corps même de la Constitution de 1958, mais dans celui de la Déclaration des droits de l'homme et du citoyen : le « *but de toute institution politique* » est de garantir le maintien des « *droits naturels, inaliénables et sacrés de l'Homme* » et le « *bonheur de tous* ». Dans l'esprit du pouvoir constituant, il existe même un lien entre la conservation de ces droits fondamentaux et le bonheur du peuple[2].

d. Forme

La Constitution est également caractérisée par sa forme : elle n'est pas adoptée comme une simple loi ; il existe deux formes d'élaboration des constitutions dans les régimes démocratiques ; la Constitution peut d'abord être rédigée et adoptée par une assemblée constituante, celle-ci étant élue par les citoyens ; elle peut également être approuvée directement par les citoyens, comme ce fut le cas de la Constitution du 4 oct. 1958.

1. R. Drago, Contentieux constitutionnel français, PUF, 2006, p. 264.
2. « (...)*considérant que l'ignorance, l'oubli ou le mépris des droits de l'Homme sont les seules causes des malheurs publics (...)* ».

La révision de la Constitution obéit ensuite au régime de l'art. 89 de la Constitution ; selon ce texte, l'initiative de la révision appartient concurremment au Président de la République sur proposition du Premier Ministre et aux membres du Parlement. Le projet ou la proposition de révision doit ensuite être voté par les deux assemblées en termes identiques, puis soumis à l'approbation du peuple dans le cadre d'un référendum. Toutefois, le projet de révision n'est pas présenté au référendum lorsque le Président de la République décide de le soumettre au Parlement convoqué en Congrès (réunion des membres de l'Assemblée nationale et du Sénat dans une aile du château de Versailles) ; dans ce cas, le projet de révision n'est approuvé que s'il réunit la majorité des trois cinquièmes des suffrages exprimés.

e. Rôle du Conseil constitutionnel

L'ensemble du droit interne procède de la Constitution, c'est-à-dire qu'il doit être conforme à la Constitution, plus exactement au bloc de constitutionnalité. C'est au Conseil constitutionnel qu'il revient de contrôler la constitutionnalité des lois avant leur promulgation. Si le législateur veut tout de même adopter une loi contraire à la Constitution, il doit d'abord obtenir une modification de la Constitution selon les directives de l'art. 89.

– La force obligatoire des décisions du Conseil constitutionnel

On s'est parfois interrogé sur la force obligatoire d'une décision du Conseil constitutionnel. Cette juridiction a pour mission de vérifier la conformité de la loi à la Constitution ; auparavant, ce contrôle ne pouvait avoir lieu qu'*a priori (avant la promulgation de la loi)*[1], notre système juridique ayant exclu pendant longtemps tout contrôle de constitutionnalité *a posteriori* (après la promulgation de la loi), notamment par la voie d'une *exception d'inconstitutionnalité* ou d'une question préjudicielle ; depuis la réforme opérée par l*a loi constitutionnelle n° 2008-724 du 23 juillet 2008 et la loi organique n° 2009-1523 du 10 décembre 2009 relative à l'application de l'article 61-1 de la Constitution, une loi déjà promulguée peut aussi faire l'objet d'un contrôle de constitutionnalité si elle n'a pas été déférée devant le Conseil constitutionnel avant sa promulgation. Désormais, un contrôle de constitutionnalité peut donc être envisagé dans le cadre d'une « question prioritaire de constitutionnalité » présentée par le Conseil d'État ou la Cour de cassation au Conseil constitutionnel à l'occasion d'une instance en cours, s'il est soutenu par une partie que la disposition législative porte atteinte aux droits et libertés que la Constitution garantit.*

Dans tous les cas, la décision rendue par le Conseil n'est susceptible d'aucun recours ; elle s'impose aux pouvoirs publics et à toutes les autorités administratives et juridictionnelles, même si le Conseil constitutionnel est dépourvu de moyens pour veiller à l'application de sa décision ; à l'heure actuelle, personne n'a jamais osé ne pas respecter ses décisions.

Lorsqu'il décide qu'une loi est conforme à la Constitution, le texte de loi devient inattaquable. En revanche une disposition qui est déclarée inconstitutionnelle ne peut pas ou ne peut plus être mise en application ; on conçoit aisément qu'une décision d'inconstitutionnalité gêne considérablement le travail du législateur, et marque parfois un frein à la politique voulue et suivie par un gouvernement. C'est pourquoi il n'est pas rare que la loi soit acceptée à la condition d'être appliquée conformément à l'interprétation qu'en donne le Conseil constitutionnel. Aujourd'hui, ce dernier use même largement de ces « *réserves d'interprétation* » qui s'imposent aux juges.

1. Avant la promulgation de la loi soumise à son contrôle, le Conseil constitutionnel ne peut être saisi que par le président de la République, le Premier ministre, le président de l'Assemblée nationale, le président du Sénat, 60 députés ou 60 sénateurs (art. 61 de la Constitution).

***

La question prioritaire de constitutionnalité
(extrait du site internet du Conseil d'État)

« La réforme constitutionnelle du 23 juillet 2008 a ouvert à tout justiciable la possibilité de soutenir, à l'occasion d'une instance en cours devant une juridiction administrative comme judiciaire, « qu'une disposition législative porte atteinte aux droits et libertés que la Constitution garantit », selon les nouveaux termes de l'article 61-1 de la Constitution.
Si le Conseil constitutionnel estime effectivement que la disposition législative ainsi mise en cause n'est pas conforme à la Constitution, son application sera non seulement écartée dans le procès concerné mais, ainsi que le prévoit l'article 62 de la Constitution, elle sera abrogée.
Les conditions dans lesquelles une « question prioritaire de constitutionnalité » peut ainsi être posée au juge ont été organisées par la loi organique n° 2009-1523 du 10 décembre 2009 relative à l'application de l'article 61-1 de la Constitution.
La loi a prévu qu'une telle question devra faire l'objet d'un double filtre par le juge du fond, tout d'abord, puis par le Conseil d'État ou la Cour de cassation, selon la nature de la juridiction devant laquelle la question aura été posée, ensuite.
Il ne s'agit pas, à proprement parler, d'une question préjudicielle que le juge n'aurait été tenu de transmettre que pour autant qu'elle aurait commandé l'issue du litige dont il est saisi. Il s'agit d'une « question prioritaire de constitutionnalité » qui doit être examinée « sans délai » par les juridictions de fond et transmise au Conseil d'État ou à la Cour de cassation si les trois conditions posées par la loi organique s'avèrent remplies, à savoir que « la disposition contestée (soit) applicable au litige », qu'elle n'ait pas « déjà été déclarée conforme à la Constitution dans les motifs et le dispositif d'une décision du Conseil constitutionnel, sauf changement des circonstances » et qu'elle ne soit pas « dépourvue de caractère sérieux ».
Le Conseil d'État ou la Cour de cassation sont, quant à eux, chargés, dans un délai de trois mois, de vérifier les deux premières conditions et s'agissant de la troisième, d'apprécier si « la question est nouvelle ou présente un caractère sérieux ». Si ces conditions sont remplies, la question doit être transmise au Conseil constitutionnel qui dispose lui-même également d'un délai de trois mois, pour se prononcer.
Le décret n° 2010-148 du 16 février 2010 a précisé les modalités procédurales selon lesquelles les « questions prioritaires de constitutionnalité » devront être présentées par les parties et examinées par le juge. S'agissant des tribunaux administratifs, des cours administratives d'appel et du Conseil d'État, ce décret ajoute ainsi un nouveau chapitre au code de justice administrative.
Cette réforme entre en vigueur le 1er mars prochain. La juridiction administrative est prête pour examiner les questions prioritaires de constitutionnalité qui lui seront alors soumises, dans les conditions et les délais prévus par la loi organique. Elle le fera, consciente de la responsabilité qui est la sienne dans la garantie de l'État de droit ».

***

– Juridiction ou organe politique ?

Il n'était pas exclu, avant la réforme constitutionnelle de 2008, qu'une loi contraire à la Constitution échappe au contrôle du Conseil constitutionnel avant sa promulgation. D'aucuns affirmaient qu'il existait, dans notre droit, un « vaste espace juridique incontrôlé » où pouvaient s'inscrire des atteintes aux droits fondamentaux des citoyens [1], dans la mesure où les saisines du Conseil, loin d'être systématiques, avaient souvent une origine parlementaire, donc politique. D'autres auteurs[2] n'hésitaient pas à affirmer que le Conseil constitutionnel était surtout un instrument de contre-pouvoir : « Il est un organe qui, lorsqu'un nouveau pouvoir se met en

1. Pour une critique de cet état du droit : R. Badinter, L'exception d'inconstitutionnalité, garantie nécessaire du citoyen, JCP éd. gén. 1992, I, 3584.
2. B. Chantebout, La Constitution française – Propos pour un débat, Dalloz, Coll. Connaissances du droit, 1992 p. 114-119.

place, l'empêche d'aller trop loin dans l'application de son idéologie et de méconnaître les fondements essentiels du pacte social qui fait l'unité de la Nation (...) ».
Ces points de vue doivent être partiellement révisés, depuis que le Conseil d'État ou la Cour de cassation se sont vus reconnaître le droit de présenter une question prioritaire de constitutionnalité à l'occasion d'un litige particulier. On peut s'attendre à un accroissement de la portée de la jurisprudence du Conseil constitutionnel et, partant, du rôle du Conseil lui-même, qui, par le jeu de la question prioritaire de constitutionnalité, se trouve aujourd'hui renforcé dans son statut de juridiction.

– Fondements constitutionnels

Art. 56 de la Constitution : « *Le Conseil Constitutionnel comprend neuf membres, dont le mandat dure neuf ans et n'est pas renouvelable. Le Conseil Constitutionnel se renouvelle par tiers tous les trois ans. Trois des membres sont nommés par le Président de la République, trois par le Président de l'Assemblée nationale, trois par le Président du Sénat. « La procédure prévue au dernier alinéa de l'article 13 est applicable à ces nominations. Les nominations effectuées par le président de chaque assemblée sont soumises au seul avis de la commission permanente compétente de l'assemblée concernée » (article 46-I de la loi constitutionnelle n° 2008-724 du 23 juillet 2008).*
En sus des neuf membres prévus ci-dessus, font de droit partie à vie du Conseil constitutionnel les anciens Présidents de la République.
Le Président est nommé par le Président de la République. Il a voix prépondérante en cas de partage ».
Art. 61 de la Constitution : « *Les lois organiques, avant leur promulgation, et les règlements des assemblées parlementaires, avant leur mise en application, doivent être soumis au Conseil constitutionnel qui se prononce sur leur conformité à la Constitution.*
Aux mêmes fins, les lois peuvent être déférées au Conseil constitutionnel, avant leur promulgation, par le Président de la République, le Premier Ministre, le Président de l'Assemblée nationale, le Président du Sénat ou soixante députés ou soixante sénateurs.
Dans les cas prévus aux deux alinéas précédents, le Conseil constitutionnel doit statuer dans le délai d'un mois. Toutefois, à la demande du Gouvernement, s'il y a urgence, ce délai est ramené à huit jours.
Dans ces mêmes cas, la saisine du Conseil constitutionnel suspend le délai de promulgation ».
Art. 61-1 de la Constitution : [Entrée en vigueur le 1er mars 2010 (combinaison des articles 46-I de la loi constitutionnelle n° 2008-724 du 23 juillet 2008 et 5 de la loi organique n° 2009-1523 du 10 décembre 2009 relative à l'application de l'article 61-1 de la Constitution)] Lorsque, à l'occasion d'une instance en cours devant une juridiction, il est soutenu qu'une disposition législative porte atteinte aux droits et libertés que la Constitution garantit, le Conseil constitutionnel peut être saisi de cette question sur renvoi du Conseil d'État ou de la Cour de cassation qui se prononce dans un délai déterminé. Une loi organique détermine les conditions d'application du présent article.
Art. 62 de la constitution : « *Une disposition déclarée inconstitutionnelle ne peut être promulguée ni mise en application.*
Une disposition déclarée inconstitutionnelle sur le fondement de l'article 61-1 est abrogée à compter de la publication de la décision du Conseil constitutionnel ou d'une date ultérieure fixée par cette décision. Le Conseil constitutionnel détermine les conditions et limites dans lesquelles les effets que la disposition a produits sont susceptibles d'être remis en cause.
Les décisions du Conseil constitutionnel ne sont susceptibles d'aucun recours. Elles s'imposent aux pouvoirs publics et à toutes les autorités administratives et juridictionnelles ».

2. La loi

Pris dans un sens général, le terme « Loi » peut viser l'ensemble des normes juridiques ; on y inclut alors aussi bien la Constitution, le règlement, la coutume, la jurisprudence... que la loi *strict sensu*, celle qui est votée par le Parlement.
Ce n'est pas de cette loi – au sens général – dont il est question ici ; on s'intéressera uniquement à la loi au sens formel, c'est-à-dire à l'acte qui émane du Parlement, la loi qui est votée par l'Assemblée nationale et le Sénat. Elle a une origine étatique, elle est la manifestation d'une volonté étatique.

Deux questions principales vont se poser : dans quel domaine le législateur est-il compétent (a) ? Dans quelles conditions la loi devient-elle obligatoire (b) ?

a. Le domaine de compétence du législateur

C'est l'art. 34 de la Constitution qui définit le domaine d'intervention du législateur, alors que l'art. 37 est relatif au domaine d'intervention du pouvoir exécutif ; la Constitution a considérablement réduit le domaine d'intervention de la loi : elle réserve au Parlement le droit d'édicter des lois dans un certain nombre de matières limitées, les autres matières relevant du domaine réglementaire. Sont enfin organisées diverses procédures destinées à prévenir ou corriger d'éventuels empiètements du législateur sur le domaine d'intervention du gouvernement.

– L'art. 34 de la Constitution

Art. 34 de la Constitution : « La loi fixe les règles concernant :
• La loi fixe également les règles concernant :
• le régime électoral des assemblées parlementaires, des assemblées locales et des instances représentatives des Français établis hors de France ainsi que les conditions d'exercice des mandats électoraux et des fonctions électives des membres des assemblées délibérantes des collectivités territoriales ;
• la création de catégories d'établissements publics ;
• les garanties fondamentales accordées aux fonctionnaires civils et militaires de l'État ;
• les nationalisations d'entreprises et les transferts de propriété d'entreprises du secteur public au secteur privé.
La loi détermine les principes fondamentaux :
• de l'organisation générale de la Défense nationale ;
• de la libre administration des collectivités territoriales, de leurs compétences et de leurs ressources ;
• de l'enseignement ;
• de la préservation de l'environnement ;
• du régime de la propriété, des droits réels et des obligations civiles et commerciales ;
• du droit du travail, du droit syndical et de la sécurité sociale (...).

– La répartition des compétences entre le Parlement et le Gouvernement

Aujourd'hui, tout ce qui ne relève pas du domaine de la loi peut faire l'objet de règlements pris par le Gouvernement, à la condition toutefois que ces règlements restent conformes aux textes qui leur sont supérieurs ; le Parlement n'a plus qu'une *compétence d'exception*, celle du Gouvernement étant devenue de principe.
L'art. 34 de la Constitution prévoit 2 types de matières dans lesquelles le législateur peut intervenir. D'une part, il existe un domaine dans lequel le pouvoir législatif dispose d'une compétence totale ; ces matières sont relatives, par exemple, aux droits civiques et aux libertés publiques du citoyen, à la condition des personnes – état et capacité des personnes –, au droit de la famille, aux régimes matrimoniaux, au droit des successions et des libéralités. Elles concernent également la détermination des crimes et des délits, du régime des peines et de la procédure pénale. D'autre part, la loi détermine les principes fondamentaux d'un certain nombre de matières que l'art. 34 énumère – ces principes fondamentaux devant être nettement distingués des principes généraux du droit que découvre la jurisprudence ; sont par exemple concernés le régime de la propriété, celui des droits réels, des obligations civiles et commerciales, le droit du travail et de la sécurité sociale ; dans ce type de matières, le pouvoir législatif est limité aux seuls principes fondamentaux et il appartient au pouvoir exécutif de déterminer les modalités d'application de la loi par la voie de règlements.

– Empiètement du législateur sur le domaine règlementaire

Que se passe t-il si le législateur empiète sur le domaine de compétence du Gouvernement ? La Constitution du 4 oct. 1958 organise diverses procédures destinées à assurer le respect de ses art. 34 et 37. Parce que le pouvoir constituant voulait affaiblir le Parlement, ces procédures

servent principalement à préserver la compétence réglementaire des empiètements du pouvoir législatif.
Il est d'abord possible de saisir le Conseil constitutionnel, après le vote de la loi, mais avant sa promulgation ; ce dernier va alors considérer que la loi est anticonstitutionnelle.
À titre préventif, il est également possible au Gouvernement – et, depuis la réforme constitutionnelle du 23 juillet 2008, au président de l'assemblée saisie -, lorsqu'une proposition de loi porte sur une question qui ne relève pas de la compétence du législateur, d'opposer une irrecevabilité sur le fondement de l'art. 41 de la Constitution[1] ; cette voie suffit alors à arrêter la procédure législative, sauf si le Président de l'Assemblée devant laquelle est présentée la proposition de loi s'y oppose ; il appartient dans cette hypothèse au Conseil constitutionnel de se prononcer.
Une dernière procédure de correction trouve son fondement à l'art. 37 al. 2 de la Constitution[2] ; elle concerne la loi qui, votée et promulguée, va devenir applicable ; lorsque cette loi empiète sur le domaine réglementaire, la Constitution ouvre au Premier Ministre la possibilité de rectifier cette irrégularité à travers ce que l'on appelle une procédure de « délégalisation »[3] de la loi contraire à la compétence réglementaire. Lorsque la loi est antérieure à la date d'entrée en vigueur de la Constitution de 1958, elle est corrigée par décret pris après avis du Conseil d'État ; lorsque la loi a été promulguée sous l'empire de la Constitution de 1958, la procédure est plus complexe : le Premier Ministre doit saisir le Conseil constitutionnel afin de faire reconnaître la nature réglementaire de la disposition litigieuse ; le Premier Ministre peut ensuite la modifier ou l'abroger par décret.

– *Élaboration d'une loi ordinaire*

Comment élabore-t-on une loi ?
La loi est l'œuvre commune de l'Assemblée nationale et du Sénat ; elle peut être d'initiative parlementaire – issue d'une *proposition de loi* ; dans la très grande majorité des cas, elle était, avant la réforme constitutionnelle du 23 juillet 2008, d'origine gouvernementale – issue d'un *projet de loi*[4]. Depuis que l'ordre du jour est partagé entre le Gouvernement et les deux assemblées, il s'est opéré un rééquilibrage entre le nombre de projets de lois et le nombre de propositions de loi :
« (...)Deux semaines de séance sur quatre sont réservées par priorité, et dans l'ordre que le Gouvernement a fixé, à l'examen des textes et aux débats dont il demande l'inscription à l'ordre du jour (...).
Une semaine de séance sur quatre est réservée par priorité et dans l'ordre fixé par chaque assemblée au contrôle de l'action du Gouvernement et à l'évaluation des politiques publiques (...) » (art. 48 de la Constitution).
Lors de la discussion du texte en séance, – qui ne peut avoir lieu qu'après l'écoulement d'un délai de 6 semaines après son dépôt et qui nécessite en principe son examen préalable par l'une des commissions permanentes dont le nombre est limité à huit dans chaque assemblée[5]

---

1. Art. 41 de la Constitution : « S'il apparaît au cours de la procédure législative qu'une proposition ou un amendement n'est pas du domaine de la loi ou est contraire à une délégation accordée en vertu de l'article 38, le Gouvernement ou le président de l'assemblée saisie peut opposer l'irrecevabilité.
En cas de désaccord entre le Gouvernement et le président de l'assemblée intéressée, le Conseil Constitutionnel, à la demande de l'un ou de l'autre, statue dans un délai de huit jours »..
2. Art. 37 al. 2 de la Constitution : « *Les textes de forme législative intervenus en ces matières peuvent être modifiés par décrets pris après avis du Conseil d'État. Ceux de ces textes qui interviendraient après l'entrée en vigueur de la présente Constitution ne pourront être modifiés par décret que si le Conseil constitutionnel a déclaré qu'ils ont un caractère réglementaire en vertu de l'alinéa précédent* ».
3. J.-L. Aubert, Introduction générale au droit, Armand Colin, 9e édition, 2002, p. 71 ; 12e édition en 2008.
4.Art. 39 de la Constitution : « *L'initiative des lois appartient concurremment au Premier Ministre et aux membres du Parlement.*
Les projets de loi sont délibérés en Conseil des Ministres après avis du Conseil d'État et déposés sur le bureau de l'une des deux assemblées (...) ».
5.Art. 43 de la Constitution : « Les projets et propositions de loi sont envoyés pour examen à l'une des commissions permanentes dont le nombre est limité à huit dans chaque assemblée.
À la demande du Gouvernement ou de l'assemblée qui en est saisie, les projets ou propositions de loi sont envoyés pour examen à une commission spécialement désignée à cet effet ».

–, le Gouvernement et les parlementaires disposent ensemble du pouvoir de déposer des *amendements* en vue de modifier le texte débattu par les assemblées.
Mais force est de constater que la procédure d'élaboration des lois reste encore largement maîtrisée par le Gouvernement : d'abord, les propositions et amendements formulés par les membres du Parlement ne sont pas recevables lorsque leur adoption aurait pour conséquence soit une diminution des ressources publiques, soit la création ou l'aggravation d'une charge publique (art. 40 de la Constitution) ; ensuite, après l'ouverture du débat, le Gouvernement peut s'opposer à l'examen de tout amendement qui n'a pas été antérieurement soumis à la commission. Enfin, si le Gouvernement le demande, l'assemblée saisie se prononce par un seul vote sur tout ou partie du texte en discussion en ne retenant que les amendements proposés ou acceptés par le Gouvernement (art. 44 de la Constitution).

En principe, le projet ou la proposition de loi doit être discutée et votée par les deux assemblées, en vue de l'adoption d'un texte unique ; lorsque surgit un désaccord entre les deux assemblées, après deux lectures du texte projeté par chaque assemblée ou, si le Gouvernement a décidé d'engager la procédure accélérée (sans que les Conférences des présidents s'y soient conjointement opposées), après une seule lecture par chacune d'entre elles, le Premier Ministre ou, pour une proposition de loi, les présidents des deux assemblées agissant conjointement, ont la faculté de provoquer la réunion d'une *commission mixte paritaire* chargée de proposer un texte sur les dispositions restant en discussion. Le texte élaboré par la commission mixte peut être soumis par le Gouvernement pour approbation aux deux assemblées. Aucun amendement n'est alors recevable, sauf accord du Gouvernement.
Si la commission mixte ne parvient pas à l'adoption d'un texte commun, le Gouvernement peut, après une nouvelle lecture par l'Assemblée nationale et par le Sénat, demander à l'Assemblée nationale de statuer définitivement. Ainsi s'affirme la suprématie de l'Assemblée nationale sur le Sénat, la première bénéficiant, en raison de l'élection de ses membres au suffrage universel direct, d'une légitimité démocratique supérieure à celle du second : les députés peuvent reprendre soit le texte élaboré par la commission mixte, soit le dernier texte voté par elle, modifié le cas échéant par un ou plusieurs des amendements adoptés par les sénateurs (art. 45 de la Constitution).

– L'engagement de la responsabilité du Gouvernement devant l'Assemblée nationale

Après délibération du Conseil des Ministres, le Premier Ministre, engage devant l'Assemblée nationale la responsabilité du Gouvernement sur son programme ou, éventuellement, sur une déclaration de politique générale. L'Assemblée nationale peut alors mettre en cause la responsabilité du Gouvernement – en vue de le destituer – par le vote d'une motion de censure.
Le Premier Ministre peut aussi, après délibération du Conseil des Ministres, engager la responsabilité du Gouvernement devant l'Assemblée nationale sur le vote d'un texte global. Dans ce cas, ce texte est considéré comme adopté, sauf si une motion de censure, déposée dans les vingt-quatre heures qui suivent, est votée (art. 49 de la Constitution). Depuis la réforme constitutionnelle du 23 juillet 2008, le gouvernement ne peut recourir à cette pratique régie par l'art. 49-3 de la Constitution que pour le budget, la loi de financement de la Sécurité sociale et un autre texte seulement par session.
Lorsque l'Assemblée nationale adopte une motion de censure ou lorsqu'elle désapprouve le programme ou une déclaration de politique générale du Gouvernement, le Premier Ministre doit remettre au Président de la République la démission du Gouvernement (art. 50 de la Constitution).

– Les différentes catégories de lois

La procédure précédemment décrite concerne surtout la loi ordinaire ; il existe d'autres types de lois qui obéissent, pour tout ou partie, à un régime particulier.

Il y a d'abord les *lois constitutionnelles* , qui sont des lois visant à réviser ou à abroger certaines dispositions de la Constitution ; ces lois sont soumises à la procédure spéciale de l'art. 89 de la Constitution.

Il existe également des *lois organiques* dont l'objet spécifique est de compléter et mettre en œuvre certaines règles directement inscrites dans la Constitution ; la procédure des lois ordinaires leur est applicable, sous réserve des adaptations prévues à l'art. 46 de la Constitution. Il y a lieu de respecter un délai minimum de réflexion entre le moment du dépôt et celui de la discussion de la loi ; les lois organiques doivent par ailleurs être soumises avant leur promulgation au Conseil constitutionnel, qui en vérifie la conformité à la Constitution[1].

Au sein de la catégorie des lois ordinaires, on distingue les *lois de finances* des *lois de financement de la sécurité sociale*, des *lois de programmation* , des *lois d'orientation* et des *lois-cadres* ; les lois de finances[2] prévoient pour une année civile les ressources et les charges de l'État ; elles ont la particularité d'obéir à des délais impératifs, ce qui permet d'assurer leur vote en temps utile. Les lois de financement de la sécurité sociale[3] déterminent les conditions générales de son équilibre financier et fixent des objectifs de dépenses en la matière. Les lois de programmation sont celles qui « *déterminent les objectifs de l'action de l'État* » (art. 34 de la Const.) ; les lois d'orientation, de même que les lois-cadres, sont issues de la pratique législative : en même temps qu'elles posent des règles de droit directement applicables, les premières servent aussi à dessiner une politique future dans un domaine socio-économique particulier, en faisant état de principes d'orientation ; les secondes sont en revanche moins contraignantes dans l'immédiat, puisqu'elles se limitent à définir des principes visant à orienter dans l'avenir l'activité législative.

Une dernière catégorie de lois est constituée des *lois référendaires* , qui restent rares en France ; selon l'art. 11 al. 1 de la Constitution, le Président de la République peut soumettre au référendum (sur proposition du Gouvernement pendant la durée des sessions ou sur propositions conjointes des deux assemblées) tout projet portant sur « l'organisation des pouvoirs publics, sur des réformes relatives à la politique économique, sociale ou environnementale de la nation et aux services publics qui y concourent, ou tendant à autoriser la ratification d'un traité qui, sans

---

1. Art. 46 de la Constitution : « Les lois auxquelles la Constitution confère le caractère de lois organiques sont votées et modifiées dans les conditions suivantes.
Le projet ou la proposition ne peut, en première lecture, être soumis à la délibération et au vote des assemblées qu'à l'expiration des délais fixés au troisième alinéa de l'article 42. Toutefois, si la procédure accélérée a été engagée dans les conditions prévues à l'article 45, le projet ou la proposition ne peut être soumis à la délibération de la première assemblée saisie avant l'expiration d'un délai de quinze jours après son dépôt.
La procédure de l'article 45 est applicable. Toutefois, faute d'accord entre les deux assemblées, le texte ne peut être adopté par l'Assemblée nationale en dernière lecture qu'à la majorité absolue de ses membres.
Les lois organiques relatives au Sénat doivent être votées dans les mêmes termes par les deux assemblées.Les lois organiques ne peuvent être promulguées qu'après la déclaration par le Conseil Constitutionnel de leur conformité à la Constitution ».

2. Art. 34 de la Constitution : « *(...) Les lois de finances déterminent les ressources et les charges de l'État dans les conditions et sous les réserves prévues par une loi organique (...)* ».
Art. 47 de la Constitution : « *Le Parlement vote les projets de loi de finances dans les conditions prévues par une loi organique.*
Si l'Assemblée nationale ne s'est pas prononcée en première lecture dans le délai de quarante jours après le dépôt d'un projet, le Gouvernement saisit le Sénat qui doit statuer dans un délai de quinze jours. Il est ensuite procédé dans les conditions prévues à l'article 45.
Si le Parlement ne s'est pas prononcé dans un délai de soixante-dix jours, les dispositions du projet peuvent être mises en vigueur par ordonnance.
Si la loi de finances fixant les ressources et les charges d'un exercice n'a pas été déposée en temps utile pour être promulguée avant le début de cet exercice, le Gouvernement demande d'urgence au Parlement l'autorisation de percevoir les impôts et ouvre par décret les crédits se rapportant aux services votés.
Les délais prévus au présent article sont suspendus lorsque le Parlement n'est pas en session ».

3. Art. 34 de la Constitution : « *(...) Les lois de financement de la sécurité sociale déterminent les conditions générales de son équilibre financier et, compte tenu de leurs prévisions de recettes, fixent ses objectifs de dépenses, dans les conditions et sous les réserves prévues par une loi organique (...)* ».
Art. 47-1 de la Constitution : « *Le Parlement vote les projets de loi de financement de la sécurité sociale dans les conditions prévues par une loi organique. Si l'Assemblée nationale ne s'est pas prononcée en première lecture dans le délai de vingt jours après le dépôt d'un projet, le Gouvernement saisit le Sénat qui doit statuer dans un délai de quinze jours. Il est ensuite procédé dans les conditions prévues à l'article 45. Si le Parlement ne s'est pas prononcé dans un délai de cinquante jours, les dispositions du projet peuvent être mises en œuvre par ordonnance.*
Les délais prévus au présent article sont suspendus lorsque le Parlement n'est pas en session et, pour chaque assemblée, au cours des semaines où elle a décidé de ne pas tenir séance, conformément au deuxième alinéa de l'article 28 ».

être contraire à la Constitution, aurait des incidences sur le fonctionnement des institutions »1. La réforme du 23 juillet 2008 a également prévu la possibilité d'organiser un référendum d'initiative parlementaire (à l'initiative d'un cinquième des membres du Parlement, soutenue par un dixième des électeurs inscrits sur les listes électorales).

Le référendum a été utilisé 9 fois depuis l'adoption de notre Constitution, principalement sur le mode de l'art. 11 de la Constitution : le 8 janv. 1961 pour décider de l'organisation des pouvoirs publics en Algérie ; deux fois en 1962 – d'abord pour proclamer l'indépendance de l'Algérie (8 avril), ensuite pour instituer l'élection du Président de la République au suffrage universel direct (28 octobre) ; le 27 avril 1969 pour tenter de réformer le statut des régions ; le 23 avril 1972 pour procéder à l'élargissement de la CEE ; le 6 novembre 1988 pour déterminer le statut de la Nouvelle-Calédonie ; le 20 septembre 1992 pour adopter le traité de Maastricht, notamment pour créer la notion de citoyenneté européenne ; en 2001 pour réduire le mandat présidentiel de 7 à 5 ans ; en 2005 pour tenter de doter l'Union européenne d'une Constitution.

On remarquera que les autorités publiques font une utilisation mesurée du référendum, celui-ci ne correspondant pas à un mode habituel de fonctionnement de nos institutions ; le référendum n'a jamais passionné les français, comme le montrent les taux d'abstention importants que l'on a pu observer à chaque fois qu'il est organisé ; par ailleurs, avant la réforme du 23 juillet 2008, les citoyens ne participaient guère à son déclenchement, puisqu'il ne pouvait être mis entre les mains du Président de la République que sur l'impulsion du Gouvernement ou sur proposition des parlementaires ; l'utilisation en forme de plébiscite qu'en avait faite le Général de Gaulle en 1969 montre aussi qu'il comporte un risque politique de nature à dissuader de son recours.

b. La force obligatoire de la loi

Étudier la force obligatoire de la loi conduit à s'intéresser à ses conditions d'entrée en vigueur, à son application dans l'espace – sa territorialité – et à son abrogation.

• *Les conditions d'entrée en vigueur de la loi*

Deux opérations devront être effectuées pour qu'un texte législatif devienne obligatoire : d'abord celle de sa promulgation, ensuite celle de sa publication.

– *La promulgation*

La promulgation consiste pour le Président de la République à authentifier, par décret, le texte de la loi. Par cette opération, il constate que le Parlement a définitivement clos les débats législatifs en votant le texte de la loi et ordonne, en le signant, que cette loi soit exécutée. Une fois promulguée, la loi acquiert force exécutoire. Mais si le Président de la République a un doute sur l'opportunité de cette loi, il a la possibilité de demander au Parlement de revoir le texte de la loi avant de la promulguer.

---

1. Art. 11 de la Constitution : « *(…) Lorsque le référendum est organisé sur proposition du Gouvernement, celui-ci fait, devant chaque assemblée, une déclaration qui est suivie d'un débat.*
[Entrée en vigueur dans les conditions fixées par les lois et lois organiques nécessaires à leur application (article 46-I de la loi constitutionnelle n° 2008-724 du 23 juillet 2008)]. Le président de la République, sur proposition du Gouvernement pendant la durée des sessions ou sur proposition conjointe des deux Assemblées, publiées au Journal officiel, peut soumettre au référendum tout projet de loi portant sur l'organisation des pouvoirs publics, sur des réformes relatives à la politique économique, sociale ou environnementale de la nation et aux services publics qui y concourent, ou tendant à autoriser la ratification d'un traité qui, sans être contraire à la Constitution, aurait des incidences sur le fonctionnement des institutions.
Lorsque le référendum est organisé sur proposition du Gouvernement, celui-ci fait, devant chaque assemblée, une déclaration qui est suivie d'un débat.
Un référendum portant sur un objet mentionné au premier alinéa peut être organisé à l'initiative d'un cinquième des membres du Parlement, soutenue par un dixième des électeurs inscrits sur les listes électorales. Cette initiative prend la forme d'une proposition de loi et ne peut avoir pour objet l'abrogation d'une disposition législative promulguée depuis moins d'un an.
Les conditions de sa présentation et celles dans lesquelles le Conseil constitutionnel contrôle le respect des dispositions de l'alinéa précédent sont déterminées par une loi organique.
Si la proposition de loi n'a pas été examinée par les deux assemblées dans un délai fixé par la loi organique, le président de la République la soumet au référendum.
Lorsque la proposition de loi n'est pas adoptée par le peuple français, aucune nouvelle proposition de référendum portant sur le même sujet ne peut être présentée avant l'expiration d'un délai de deux ans suivant la date du scrutin.
Lorsque le référendum a conclu à l'adoption du projet de loi, le Président de la République promulgue la loi dans les quinze jours qui suivent la proclamation des résultats de la consultation ».

À la suite de la promulgation, intervient l'étape – elle aussi obligatoire – de la publication.

– *La publication*

L'objectif est ici de faire porter à la connaissance du public le texte voté ; par cette publication, le texte de loi est censé être connu de tous ; en vertu de l'adage « Nul n'est censé ignorer la loi » (*Nemo censetur ignorare legem*), personne ne peut se retrancher derrière son ignorance de l'existence ou de la teneur de la loi pour éviter son application.
La publication se fait au Journal Officiel.
Avant l'ordonnance du 20 fév. 2004, la loi ne devenait obligatoire qu'un jour franc après la parution au Journal Officiel ; l'écoulement d'un jour franc signifiait qu'il fallait attendre 24 heures à l'issue de la journée de publication ; en conséquence, si la publication avait lieu le 11 juillet à 14 h, il fallait ajouter 24 heures à compter de minuit ; la loi devenait obligatoire le 13 juillet. En province, le délai d'un jour franc était décompté par référence à la date d'arrivée par voie postale du Journal Officiel au chef-lieu d'arrondissement ; cette règle ancienne, qui n'est plus en vigueur, prenait en compte la durée d'acheminement du courrier… et ses aléas.
Depuis l'ordonnance du 20 fév. 2004 – qui a pris en compte la rapidité de la publication par voie électronique sur le site officiel Légifrance –, les lois et, lorsqu'ils sont publiés au Journal Officiel, les actes administratifs entrent en vigueur à la date qu'ils fixent ou, à défaut, le lendemain de leur publication. En revanche, l'entrée en vigueur des dispositions dont l'exécution nécessite des mesures d'application est reportée à la date d'entrée en vigueur de ces mesures[1].
L'al. 2 de l'art. 1 du code civil indique cependant qu'en cas *d'urgence*, entrent en vigueur dès leur publication les lois dont le décret de promulgation le prescrit, et les actes administratifs pour lesquels le Gouvernement l'ordonne par une dispositions spéciale.

– *La technique de l'erratum*

Que se passe t-il si le texte publié est différent du texte voté ? Le Gouvernement est-il autorisé à publier un *erratum* au Journal Officiel ? La Cour de cassation l'admet « *lorsque, s'agissant d'une simple erreur matérielle, l'existence d'une telle erreur est, eu égard aux circonstances, assez apparente pour qu'il convienne de faire prévaloir sur le texte primitivement publié le texte ainsi rectifié* »[2] *; mais il est impossible que cette rectification ait pour effet de modifier le sens de la loi : l'erratum* qui apparaît comme « une disposition nouvelle ayant pour but de restreindre considérablement la portée du texte primitif publié au Journal Officiel »[3] sera sans valeur, ne pourra prendre corps avec le texte initial.

– *Portée de l'adage « Nul n'est censé ignorer la loi »*

On a évoqué précédemment un adage – « Nul n'est censé ignorer la loi » – dont il faut préciser la portée. Cette maxime n'institue qu'une présomption de connaissance de la règle de droit ; elle a pour objet d'assurer l'application de la norme par les citoyens. Cette présomption est irréfragable : il est inutile – pour celui qui, ne l'ayant pas respectée, souhaite échapper à sa responsabilité – d'apporter la preuve qu'il ne connaissait pas la règle.
L'art. 122-3 du code pénal apporte toutefois une importante exception à cette règle en énonçant que « *N'est pas pénalement responsable la personne qui justifie avoir cru, par une erreur sur le droit qu'elle n'était pas en mesure d'éviter, pouvoir légitimement accomplir l'acte* ». Ce texte se justifie par la prolifération des textes et leur rédaction parfois imprécise ; lorsqu'un individu a été dans l'erreur en raison d'une méconnaissance d'un texte, il est légitime qu'il échappe aux poursuites pénales, s'il avait pris toutes les précautions nécessaires pour se faire préciser la portée du texte ; mais il serait dangereux de donner une large portée à cette exception ; c'est pourquoi on préfère ne reconnaître cette erreur que dans des hypothèses limitées ; selon la circulaire du 14 mai 1993, qui n'a fait que rappeler les débats législatifs, l'art. 122-3 n'a effet qu'en présence d'une information erronée fournie par l'administration interrogée préalablement à l'acte ou qu'à défaut de publication du texte en cause (loi ou règlement) ; même si elle ne se considère

1. Art. 1er, al. 1 C. civ.
2. Cass. civ. 3e, 12 juillet 1976, Bull. III, n° 314.
3. Ch. Réunies, 5 fév. 1947, D. 1947, p. 177.

pas liée par les circulaires administratives, la Cour de cassation n'est pas allée au-delà de ces hypothèses ; elle décide notamment qu'il y a lieu de refuser le bénéfice de l'erreur de droit à ceux qui n'ont pas consulté l'administration en cas de doute sur le sens d'un texte[1] ; l'erreur de droit doit être « invincible » ; elle l'a été dans une affaire où un chef d'entreprise avait appliqué un accord collectif contraire au code du travail, auquel pourtant cet accord se référait, parce que l'accord litigieux avait été élaboré avec l'aide d'un médiateur désigné par le Gouvernement[2].

Il est aussi admis que celui qui a commis une erreur de droit en signant un contrat peut invoquer son ignorance de la loi pour demander la nullité du contrat vicié par son erreur[3]. Par exemple, un héritier a cédé ses droits dans une succession, moyennant un prix déterminé, mais il s'est trompé sur ce qu'il a cédé : il avait en effet des droits supérieurs à ceux qu'il croyait être les siens (par exemple, il pensait être seulement nu-propriétaire, alors qu'il était propriétaire à part entière) ; il a pu demander la nullité de ce contrat pour erreur de droit[4].

Mais ces deux exceptions ne font pas perdre à la maxime « Nul n'est censé ignorer la loi » sa valeur de principe ; le droit a pour finalité d'organiser la vie en société[5] ; cet objectif serait desservi si chacun pouvait invoquer la méconnaissance d'un texte pour échapper à son application. C'est également le principe d'égalité des citoyens devant la loi qui serait malmené.

Toujours est-il que la connaissance de la loi est « l'une des plus mal partagées »[6] ; plusieurs raisons expliquent cette situation : une première raison se trouve dans la brièveté du délai entre la publication et la mise en application de la loi ; il est très difficile, en si peu de temps, d'assimiler la loi ; certains professionnels suivent donc de très près les différentes étapes d'élaboration de la loi pour ne pas être pris au dépourvu au moment de la mise en application du texte ; il faut aussi déplorer une augmentation significative de la production du droit, alors qu'en même temps, lois et règlements deviennent plus compliqués ; il devient même fréquent qu'ils soient mal rédigés ; on notera que la complication ne se situe pas seulement dans la formulation de la règle ; elle résulte aussi de la méthode suivie par le législateur pour présenter la loi nouvelle : celle-ci apparaît non pas comme un texte nouveau, mais comme une adjonction à d'autres textes ; il s'ensuit qu'il est impossible de lire une phrase d'un texte de loi sans se référer aux textes anciens ; cette présentation nuit gravement à la clarté de la loi nouvelle, à son accessibilité.

De tout cela, il résulte que la présomption qui fonde l'adage « Nul n'est censé ignorer la loi » constitue très largement une *fiction*[7] ; la connaissance de la loi reste très exceptionnelle ; elle est le fait de spécialistes qui, domaine par domaine, accèdent à la maîtrise du droit par une étude du texte de la loi et de la jurisprudence. L'objectif constitutionnel d'accessibilité et d'intelligibilité de la loi[8] n'a pas encore en droit positif la traduction qu'il mérite.

– *Distinction entre les lois impératives et les lois supplétives*

La compréhension de l'adage « Nul n'est censé ignorer la loi » doit enfin tenir compte des distinctions tenant au degré d'impérativité de la loi ; les lois impératives sont en effet plus contraignantes que les lois supplétives ; rappelons que les lois impératives sont celles qui ne peuvent être écartées par les sujets de droit : il s'agit par exemple des règles sur le divorce ou le mariage ; en droit du travail – où se sont développées de très nombreuses règles d'ordre public –, on citera les règles qui imposent un repos hebdomadaire, le respect du SMIC ou celui des congés payés ; de manière comparable, les règles qui définissent le droit de construire sont

1. Cass. crim., 5 mars 1997, (2e espèce), Droit pénal, comm. n° 107, note M. Veron ; 17 fév. 1998, Bull. crim., n° 60.
2. Cass. crim. 24 nov. 1998, D. 2000, somm. 114.
3. Decottignies, L'erreur de droit, RTDciv. 1951, p. 309.
4. Cass. civ. 17 nov. 1930, D. 1932, 1, 161, note J. Ch. Laurent ; S. 1932, 1, 17, note A. Breton.
5. J.-L. Aubert, Introduction au droit, Armand Colin, 2002, p. 87.
6 J.-L. Aubert, préc. p. 87.
7 J.-L. Aubert, préc. p. 87.
8. Dans sa décision du 16 décembre 1999, le Conseil constitutionnel a reconnu valeur constitutionnelle à l'objectif d'accessibilité et d'intelligibilité de la loi ; il a reconnu la conformité à la Constitution de la pratique consistant à codifier par ordonnances, en considérant que l'urgence est au nombre des causes qui justifient les lois d'habilitation prises sur le fondement de l'art. 38 de la Constitution et en ajoutant « que cette finalité répond à l'objectif de valeur constitutionnelle d'accessibilité et d'intelligibilité de la loi ; qu'en effet, l'égalité devant la loi énoncée par l'art. 6 de la Déclaration des droits de l'homme et du citoyen et la garantie des droits requises par son art. 16 pourraient ne pas être effectives si les citoyens ne disposent pas d'une connaissance suffisante des normes qui leur sont applicables (...) ».

hostiles à la dérogation conventionnelle ; à l'inverse, il existe des lois supplétives de volonté dont l'application peut être écartée par contrat ; par exemple, l'art. 1651 du code civil dispose que : « *S'il n'a rien été réglé à cet égard lors de la vente, l'acheteur doit payer au lieu et dans le temps où doit se faire la délivrance* » ; ce qui signifie qu'il est possible de prévoir lors de la passation du contrat de vente d'autres modalités de paiement du prix, notamment un crédit ; la force obligatoire de la loi est dans cette hypothèse « atténuée » : le texte ne s'applique que si les parties ne parviennent pas à s'accorder pour l'écarter.

Cette distinction entre lois impératives et lois supplétives pose donc le problème de leur reconnaissance ; comment distinguer les premières de secondes ? Le critère réside dans la notion d'ordre public, notion assez floue qui englobe « tous les principes et toutes les règles que le législateur juge essentiels pour le bon ordre des rapports sociaux et qui, à ce titre, s'imposent au respect de tous »[1]. Mais énoncer le critère n'est pas d'une aide suffisante pour opérer le partage, si le législateur ne désigne pas la loi d'ordre public ; il le fait assez souvent en instituant ce que l'on appelle un ordre public textuel ou exprès ; ainsi les termes de l'article 1130 al. 2 du code civil sont sans ambiguïté sur la teneur de la règle qu'il énonce : « *On ne peut renoncer à une succession non ouverte, ni faire aucune stipulation sur une pareille succession, même avec le consentement de celui de la succession duquel il s'agit* » ; la loi prohibe clairement tout pacte sur une succession future ; dans d'autres cas, c'est la prévision d'une nullité de l'acte conclu en violation de la règle qui permettra d'affirmer que cette dernière était d'ordre public : il en va ainsi lorsque la règle est édictée, nous dit la loi, « *à peine de nullité de toute convention contraire* » ou lorsqu'il est indiqué que « *tout acte contraire est nul et de nul effet* » ; enfin, le législateur accentue parfois la prohibition en l'assortissant d'une sanction pénale : là encore, il faut en déduire qu'il s'agit d'une règle d'ordre public.

Mais le législateur n'apporte parfois aucun indice pour mesurer la force obligatoire de la loi ; la question peut alors être posée au juge qui devra se prononcer sur le caractère impératif de la règle ; il la rattachera à l'ordre public, s'il constate que le respect de cette règle est nécessaire à la sauvegarde des intérêts de la société.

• *L'application de la loi dans l'espace*

L'application de la loi dans l'espace répond au principe de territorialité, sauf cas particuliers.

– *Principe de territorialité*

En principe, la loi s'applique sur l'ensemble du territoire français et régit toutes les personnes qui s'y trouvent : elle répond au principe de territorialité (art. 3 C. civ.).

Mais il est vrai qu'une situation juridique peut être affectée d'un *élément d'extranéité* ; par exemple, on doit se demander si la loi française doit nécessairement s'appliquer à un étranger situé sur le territoire français. On appliquera alors les règles que détermine le droit international privé ; on sait notamment que tout ce qui touche aux droits de la famille, au « statut personnel » de l'individu peut relever de la loi étrangère, même si l'étranger se trouve sur le territoire français ; en revanche, les lois de police et de sûreté s'appliqueront à tous, même aux étrangers, en raison de leur objet : garantir l'ordre public et la sécurité.

– *« Les lois de police et de sûreté obligent tous ceux qui habitent le territoire » (al. 1 de l'art. 3 C. civ.).*

La question se pose de reconnaître ces lois de « police et de sûreté » : assurément, les lois pénales relèvent de cette catégorie ; on trouvera une confirmation de ce rattachement à l'art. 113-2 C. pén., selon lequel « *La loi pénale française est applicable aux infractions commises sur le territoire de la République. L'infraction est réputée commise sur le territoire de la République dès lors qu'un de ses faits constitutifs a eu lieu sur ce territoire* ». Figurent aussi au nombre des lois de police et de sûreté

1. J.-L. Aubert, préc. p. 90.

tout ce que l'on peut rattacher à l'ordre public (hygiène, sécurité[1], santé, réglementation des funérailles et législation des prélèvements d'organes[2], statut protecteur des salariés[3]...).

– « Les immeubles, même ceux possédés par des étrangers, sont régis par la loi française » (al. 2 de l'art. 3 C. civ.)

L'immeuble est naturellement soumis à la loi française, quelle que soit la nationalité de son propriétaire ; il s'ensuit qu'une sûreté consentie sur un immeuble situé en France sera régie par le droit français[4]. Le sort d'un meuble dépend en revanche du lieu où il se trouve : il ne sera soumis à la loi française que s'il est gagé[5] ou retenu[6] en France.

– « Les lois concernant l'état et la capacité des personnes régissent les Français, même résidant en pays étranger » (al. 3 de l'art. 3 C. civ.).

L'art. 3 C. civ. conduit à appliquer au français situé à l'étranger la loi française, s'il le demande, pour tout ce qui concerne le mariage, le divorce, la séparation de corps, la filiation, la parenté, l'alliance et la capacité.

– Exceptions au principe de territorialité

Certains départements, régions et collectivités rattachés à la France obéissent à des règles particulières qui ne sont pas celles en vigueur dans le reste du pays.
Ainsi dans les départements d'Alsace-Moselle – Haut-Rhin, Bas-Rhin, Moselle –, il existe un droit local issu des lois françaises antérieures à 1871 et des lois antérieures à 1918.
Il convient également de tenir compte du statut propre, d'une part, des départements et régions d'outre-mer et, d'autre part, des collectivités d'outre-mer (qui comprennent la Polynésie française, Saint-Pierre et Miquelon, Mayotte, Wallis et Futuna, Saint-Martin, Saint-Barthélémy).
Chez les premiers – Martinique, Guadeloupe, Guyane et Réunion (Mayotte deviendra département d'outre-mer en 2011) –, le régime législatif et l'organisation administrative peuvent faire l'objet de mesures d'adaptation nécessitées par leurs situations particulières (art. 73 de la Constitution). Sous réserve de ces adaptations éventuelles, les dispositions législatives adoptées par le Parlement y sont applicables de plein droit, en vertu du principe dit de « l'assimilation législative ».
En revanche, les collectivités d'outre-mer se caractérisent en pratique par des régimes juridiques variés (marquées par une plus grande autonomie) ; leur statut, défini par une loi organique, « tient compte des intérêts propres de chacune d'elles au sein de la République » (art. 74 de la Constitution).
D'autres territoires disposent enfin d'une organisation spécifique qui ne permet pas de les rattacher aux collectivités visées par les articles 73 et 74 de la Constitution : sont concernées la Nouvelle-Calédonie, les Terres australes et antarctiques françaises, l'île de Clipperton.

L'abrogation de la loi

La loi est prévue pour durer dans le temps. Mais elle peut aussi être abrogée par l'autorité qui l'a édictée : seul le législateur a le pouvoir d'abroger la loi, en vertu de ce que l'on dénomme le « parallélisme des formes ». Mais il faut tempérer ce principe par les principes gouvernant la hiérarchie des normes : la loi ne pourra abroger un décret autonome ; en revanche, l'abrogation d'une loi est de nature à faire disparaître le décret d'application de la loi abrogée. Il y a lieu

1. Cass. civ. 27 oct. 1964, D. 1965, p. 81 : les dispositions sur l'assistance à l'enfance en danger sont applicables sur le territoire français, à tous les mineurs qui s'y trouvent, quelle que soit leur nationalité ou celle de leurs parents ; v. également 16 janv. 1979, Bull. I, n° 22 ; crim., 4 novembre 1992, Bull. crim., n° 355, D. 1994, p. 11, note F. Boulanger.
2. Cass. 1re civ., 17 fév. 1982, Rev. crit. DIP, 1984, p. 451, note Labrusse.
3. AP10 juil. 1992, JCP 1993, II, 22063, note P. Rodiere ; Rev. crit. DIP, 1994, p. 69, note B. Audit ; v. aussi Cass. soc., 3 mars 1988, Bull. V, n° 164.
4. Cass. civ. 1re, 19 juin 1999, Bull. I, n° 21 ; 17 nov. 1999, Bull. I, n° 305.
5. Cass. civ. 1re, 8 juillet 1969, JCP 1970, II, 16182, note Gaudemet-Tallon ; 3 mai 1973, Bull. I, n° 143 ; Cass. com., 11 mai 1982, D. 1983, p. 271, note Witz.
6. Cass. com. 2 mars 1999, Bull. IV, n° 52.

également de respecter la hiérarchie existant entre les différentes lois : par exemple, seule une loi constitutionnelle est de nature à abroger une loi de même nature.

– *Abrogation tacite ou expresse*

L'abrogation d'une loi par une autre peut être tacite ou expresse.
L'abrogation expresse concerne le cas où le législateur prend soin d'énumérer les dispositions de la loi antérieure qui sont abrogées par l'entrée en vigueur de la nouvelle loi.
Lorsque rien n'est prévu par la loi, l'abrogation peut avoir un caractère tacite : elle va résulter de l'incompatibilité logique qui existe entre l'ancien et le nouveau texte. Il appartient alors au juge d'interpréter la loi pour dire dans quelle mesure une loi peut en abroger une autre. On sait notamment qu'une disposition particulière antérieure n'est pas abrogée par une disposition générale nouvelle, lorsqu'elles ne sont pas incompatibles – *Legi speciali per generalem non derogatur,* qui se formule également de la façon suivante : *Generalia specialibus non derogant.* Cette règle se justifie par l'idée que la survie d'une exception n'est pas incompatible en soi avec l'apparition d'un principe nouveau ; par exemple, la loi de 1901 sur les associations n'a pas fait disparaître le régime spécial de déclaration des syndicats (loi de 1884) ; à l'inverse, on trouve un autre principe d'interprétation de la loi dans la règle selon laquelle une disposition générale antérieure sera partiellement abrogée par une disposition particulière nouvelle dans les limites de cette disposition nouvelle – *Specialia generalibus derogant* (ce qui est spécial déroge à ce qui est général) ; la règle nouvelle peut en effet être analysée comme une exception à la règle générale. Il ressort même de ces deux principes que l'ordre de succession des textes importe finalement peu[1] : la loi spéciale va l'emporter sur la loi générale.

– *Abrogation par désuétude*

La question s'est également posée de savoir si une loi pouvait être abrogée par désuétude. La jurisprudence n'y est pas favorable[2], même si elle a parfois été conduite à écarter certaines règles jugées désuètes ; en principe, le fait de ne pas appliquer une loi ne peut entraîner son abrogation. Cette solution s'explique par le principe de la hiérarchie des sources du droit ; la désuétude s'apparente à une coutume, dont on sait qu'elle ne peut aller, en tant que règle de source inférieure à la loi, à l'encontre des prévisions d'une loi ; mais la jurisprudence s'est aussi arrogée le pouvoir de faire évoluer les textes de loi, lorsque le législateur ne les adapte pas aux nouvelles exigences de la société ; elle a validé, par exemple, la pratique du don manuel, consistant en la remise de la main à la main d'objets mobiliers et valant transfert de propriété, alors que l'art. 931 du code civil exige la rédaction d'un acte notarié pour toute donation.

– *Cas particuliers des lois à caractère temporaire*

Le droit contemporain présente enfin la particularité de comporter des lois à caractère temporaire. Ces dernières sont devenues fréquentes en matière de lois de finances. Dans les autres domaines, elles sont plus rares et correspondent le plus souvent à des périodes de crises aiguës ; il en va ainsi d'une loi édictée « pour la durée de la guerre ». D'autres lois sont temporaires en raison de leur caractère expérimental[3] : si elles ne sont pas relayées à l'issue du terme fixé par des dispositions à caractère définitif, elles cessent d'être en vigueur au jour de l'arrivée de ce terme ; on peut citer à titre d'exemple la loi n° 2003-6 du 3 janvier 2003 qui offrit aux entreprises envisageant de prononcer le licenciement d'au moins dix salariés sur une même période de trente jours la possibilité, à titre expérimental, de conclure un accord de méthode

1. La règle *Speciali generalibus derogant* permet, en définitive, de comparer deux textes sans qu'il y ait lieu de s'inquiéter de leur succession dans le temps ; on en trouvera une application, par exemple, en droit de la famille : sous le régime de la communauté, il est interdit à l'un des époux de disposer entre vifs à titre gratuit, sans l'accord de son conjoint, d'un bien commun (art. 1422 C. civ.) ; mais cette règle générale ne fait pas obstacle à ce qu'un des époux dispose seul, même à titre gratuit, d'une catégorie de biens communs, ses « gains et salaires » (art. 223 C. civ.), dès lors qu'il s'est acquitté des charges du mariage.
2. Cass. crim. 12 mai 1960, JCP 1960, II, 11765, note R. Rodière : « *Les lois et règlements ne peuvent tomber en désuétude par suite d'une tolérance plus ou moins prolongée, et ne peuvent être abrogés que par des dispositions supprimant expressément celles en vigueur ou inconciliables avec elles* ».
3. Art. 37-1 de la Constitution : « *La loi et le règlement peuvent comporter, pour un objet et une durée limités, des dispositions à caractère expérimental* ».

fixant des modalités dérogatoires d'informations et de consultation de leur comité d'entreprise. L'expérience fut reconnue concluante et le législateur consacra, avec la loi du 18 janvier 2005, ce dispositif actuellement codifié à l'art. L. 320-3 du code du travail.
Ont vu également le jour des lois suspendant pour une durée déterminée l'application de textes antérieurs : cette méthode législative sert en général à susciter une réflexion sur le devenir des textes antérieurs, elle est une alternative à l'abrogation – jugée parfois blessante à l'égard d'anciennes majorités politiques – en repoussant à plus tard, hors des passions politiques, la question du maintien d'un dispositif qui avait suscité une polémique. Tel fut le cas de la loi Fillon du 3 janv. 2003 qui décida de la suspension de nombreuses dispositions de la loi de modernisation sociale du 17 janv. 2002 ; dans ces cas, il faut appliquer les règles anciennes ; la loi Borloo du 18 janvier 2005 mis fin à cette suspension en abrogeant purement et simplement les dispositifs critiqués.

3. Les règlements administratifs

Les règlements sont des actes de portée générale et impersonnelle édictés par le pouvoir exécutif (c'est-à-dire par le Président de la République, le Premier Ministre, et par délégation, les ministres, les préfets, les présidents de Conseil régional et de Conseil général, les maires).
Lorsqu'un règlement administratif intervient dans le domaine réservé du législateur ou n'est pas conforme à la loi, il peut être l'objet d'un *recours pour excès de pouvoir* devant le juge administratif (Tribunal administratif ou Conseil d'État). L'étude de cette voie de recours relève du droit administratif. Il est également possible de soulever, en cas de litige porté devant le juge civil ou pénal, une *exception d'illégalité* , c'est-à-dire un moyen de défense par lequel un justiciable allègue en cours d'instance l'illégalité de l'acte administratif qui lui est opposé.
Ces règlements se répartissent en plusieurs catégories : ordonnances (a), décisions prise sur le fondement de l'art. 16 de la Constitution (b), décrets du Président de la République et du Premier Ministre (c), arrêtés (d) et circulaires ou instructions réglementaires (e).

a. Les ordonnances

Les ordonnances que le Président de la République signe sur le fondement de l'art. 38 de la Constitution[1] sont des textes qui, dans leur forme, s'apparentent aux règlements mais qui interviennent, sur autorisation du législateur, dans un domaine qui relève normalement de la loi.
Les ordonnances ont été instituées par la Constitution du 4 octobre 1958 pour faciliter l'action du pouvoir exécutif, lui permettre d'agir avec rapidité et efficacité : elles permettent en effet de faire l'économie d'une discussion devant le Parlement ; mais elles peuvent aussi menacer l'équilibre politique d'un pays, les représentants du peuple étant, en quelque sorte, dessaisis temporairement de leurs prérogatives ; c'est pourquoi elles nécessitent toujours, au départ, une loi d'habilitation qui précise le domaine législatif dans lequel interviendront les ordonnances, la période pendant lequel le pouvoir exécutif agira par ordonnances et les fins que poursuit le pouvoir exécutif.
Les ordonnances, qui, par essence, empiètent sur le domaine réservé au législateur, peuvent modifier, voire abroger des lois antérieures. Elles sont d'application immédiate, dès l'instant où elles sont prises régulièrement, c'est-à-dire dans le délai d'habilitation, après avis du Conseil d'État et délibération du Conseil des Ministres, avec le contreseing du Premier Ministre et des ministres concernés, et la signature du Président de la République.
Malgré cette habilitation accordée par le Parlement, les ordonnances n'équivalent pas à des lois. Elles restent de nature règlementaire et peuvent être contrôlées par la voie du recours pour excès de pouvoir devant le Conseil d'État. Ce régime particulier des ordonnances dure tout le

1. Art. 38 de la Constitution : « *Le Gouvernement peut, pour l'exécution de son programme, demander au Parlement l'autorisation de prendre par ordonnances, pendant un délai limité, des mesures qui sont normalement du domaine de la loi.*
Les ordonnances sont prises en Conseil des Ministres après avis du Conseil d'État. Elles entrent en vigueur dès leur publication mais deviennent caduques si le projet de loi de ratification n'est pas déposé devant le Parlement avant la date fixée par la loi d'habilitation. Elles ne peuvent être ratifiées que de manière expresse.
À l'expiration du délai mentionné au premier alinéa du présent article, les ordonnances ne peuvent plus être modifiées que par la loi dans les matières qui sont du domaine législatif ».

temps du délai d'habilitation ; le Gouvernement doit toutefois, dans le délai précisé dans la loi d'habilitation, déposer un projet de loi de ratification ; car les ordonnances ne peuvent rester en tant que telles : elles sont amenées à être ratifiées par le Parlement (cette ratification pouvait autrefois être implicite, lorsque le Parlement votait une nouvelle loi incluant des dispositions contenues dans une ordonnance ; mais la loi constitutionnelle du 23 juillet 2008 impose désormais que la ratification soit expresse) ; dès leur ratification, elles prennent la valeur d'une loi. En cas de refus de ratification, en l'absence de dépôt d'un projet de loi de ratification dans le délai prescrit ou en l'absence de ratification implicite, l'ordonnance, devenue caduque, perd toute force obligatoire.

b. Les décisions du Président de la République prises sur le fondement de l'art. 16 de la Constitution

L'art. 16 de la Constitution[1] confère au Président de la République tous les pouvoirs législatifs ou règlementaires dans le cas de circonstances d'une exceptionnelle gravité. Pour exercer ce pouvoir, il faut que les « *institutions de la République, l'indépendance de la Nation, l'intégrité de son territoire ou l'exécution de ses engagements internationaux soient menacés d'une manière grave et immédiate et que le fonctionnement régulier des pouvoirs publics soit interrompu* » ; tel fut le cas pendant la guerre d'Algérie ; sont alors concentrés tous les pouvoirs entre les mains d'un seul, le Président de la République ; il s'agit d'une situation exorbitante du droit commun qui échappe à tout contrôle, lorsque le pouvoir s'exerce dans les matières législatives ; en revanche les décisions qui relèvent du domaine réglementaire demeurent soumises au contrôle de légalité des règlements.

c. Les décrets pris par le Président de la République et le Premier Ministre

Les articles 13, 21 et 37 de la Constitution opèrent un partage du pouvoir règlementaire entre le Président de la République et le Premier Ministre.

– *Pouvoir règlementaire du Président de la République*

Selon l'art. 13 de la Constitution, il incombe au Président de la République de signer les ordonnances et les décrets délibérés en Conseil des Ministres. Il lui revient en particulier de nommer aux emplois civils et militaires de l'État. En vertu de l'alinéa 3 de l'art. 13 de la Constitution, sont nécessairement nommés en Conseil des ministres les conseillers d'État, le grand chancelier de la Légion d'honneur, les ambassadeurs et envoyés extraordinaires, les conseillers maîtres à la Cour des comptes, les préfets, les représentants de l'État dans les collectivités d'outre-mer régies par l'article 74 et en Nouvelle-Calédonie, les officiers généraux, les recteurs des académies, les directeurs des administrations centrales.
Une loi organique détermine les autres emplois auxquels il est pourvu en Conseil des Ministres ainsi que les conditions dans lesquelles le pouvoir de nomination du Président de la République peut être par lui délégué pour être exercé en son nom.
Depuis la loi constitutionnelle du 23 juillet 2008, il est enfin prévu d'associer les assemblées parlementaires à l'exercice du pouvoir de nomination dévolu au président de la République. Une loi organique, non encore adoptée, doit déterminer les emplois ou fonctions (autres que ceux mentionnés au troisième alinéa de l'art. 13), pour lesquels, en raison de leur importance

1. Art. 16 de la Constitution : « *Lorsque les institutions de la République, l'indépendance de la Nation, l'intégrité de son territoire ou l'exécution de ses engagements internationaux sont menacées d'une manière grave et immédiate et que le fonctionnement régulier des pouvoirs publics constitutionnels est interrompu, le Président de la République prend les mesures exigées par ces circonstances, après consultation officielle du Premier Ministre, des Présidents des assemblées ainsi que du Conseil constitutionnel. Il en informe la Nation par un message.*
Ces mesures doivent être inspirées par la volonté d'assurer aux pouvoirs publics constitutionnels, dans les moindres délais, les moyens d'accomplir leur mission. Le Conseil constitutionnel est consulté à leur sujet.
Le Parlement se réunit de plein droit.
L'Assemblée nationale ne peut être dissoute pendant l'exercice des pouvoirs exceptionnels.
Après trente jours d'exercice des pouvoirs exceptionnels, le Conseil constitutionnel peut être saisi par le président de l'Assemblée nationale, le président du Sénat, soixante députés ou soixante sénateurs, aux fins d'examiner si les conditions énoncées au premier alinéa demeurent réunies. Il se prononce dans les délais les plus brefs par un avis public. Il procède de plein droit à cet examen et se prononce dans les mêmes conditions au terme de soixante jours d'exercice des pouvoirs exceptionnels et à tout moment au-delà de cette durée. ».

pour la garantie des droits et libertés ou la vie économique et sociale de la Nation, le pouvoir de nomination du président de la République s'exerce après avis public de la commission permanente compétente de chaque assemblée. Le président de la République ne peut procéder à une nomination lorsque l'addition des votes négatifs dans chaque commission représente au moins trois cinquièmes des suffrages exprimés au sein des deux commissions. La loi détermine les commissions permanentes compétentes selon les emplois ou fonctions concernés.

– Pouvoir règlementaire du Premier Ministre

Parce qu'il dirige l'action du Gouvernement et assume la responsabilité de la Défense nationale, le Premier Ministre dispose à titre personnel d'un pouvoir règlementaire[1].
Il revient en particulier au Premier Ministre, en vertu de l'art. 37 de la Constitution, d'adopter ce qu'il convient d'appeler les décrets autonomes[2] ; ce pouvoir attribué au Premier Ministre s'est affirmé en opposition avec celui du Parlement : les décrets autonomes sont édictés dans les matières autres que celles qui sont réservées à la loi. Ils doivent être distingués des décrets d'application, qui ne servent qu'à préciser les termes d'une loi : ces derniers d'application concernent les hypothèses où la loi régit les principes fondamentaux d'une matière et prévoit l'intervention d'un décret d'application pour compléter les lacunes de la loi ou pour régler les détails non prévus par la loi.
Aux termes de l'art. 22 de la Constitution, les actes du Premier Ministre sont contresignés, le cas échéant, par les ministres chargés de leur exécution.

– Forme

Sur le plan de la forme, il y a lieu de distinguer trois sortes de décrets : au niveau inférieur on trouve les *décrets simples* , ordinairement signés par le Premier Ministre, avec le contreseing des ministres qui ont la charge de leur exécution (lorsqu'ils sont codifiés, ils sont en général numérotés en commençant par la lettre D.) ; au niveau intermédiaire se situent les *décrets en Conseil des ministres* , qui sont signés par le Président de la République, avec le contreseing de tous les ministres ; au sommet de cette hiérarchie sont placés les *décrets en Conseil d'État*, pris spontanément ou sur prescription du législateur, après avis du Conseil d'État (lorsqu'ils sont codifiés, ils sont en général numérotés en commençant par la lettre R.).

d. Les arrêtés

Les arrêtés ont pour objet de réglementer un point relevant de la compétence, accordée par délégation, des ministres, des préfets, des présidents de Conseil général et de Conseil régional, des maires.

e. Les circulaires et instructions administratives

Au bas de l'échelle des règlements se situent les circulaires administratives – appelées également instructions administratives ; il s'agit de textes par lesquelles un ministre donne des instructions aux fonctionnaires qui relèvent de son autorité pour le fonctionnement du service.
Les circulaires se voient reconnaître, sous certaines conditions, et uniquement aux yeux du Conseil d'État, valeur réglementaire. Le juge administratif distingue en effet les circulaires interprétatives des circulaires réglementaires : les premières, qui ne servent qu'à expliquer un décret ou un arrêté, n'ont pas de valeur juridique particulière[3] – et, à ce titre, ne font pas grief –, alors que les secondes s'analysent en de véritables actes administratifs pouvant être attaqués par la voie du recours pour excès de pouvoir[4].
Pour la Cour de cassation, les circulaires ne sont pas considérées comme des sources du droit autonomes : « *Les instructions et circulaires administratives, sans lier les juges, n'obligent que les*

1. V. art. 21 de la Constitution : « *Le Premier Ministre dirige l'action du Gouvernement. Il est responsable de la Défense nationale. Il assure l'exécution des lois. Sous réserve des dispositions de l'article 13, il exerce le pouvoir réglementaire et nomme aux emplois civils et militaires.*
Il peut déléguer certains de ses pouvoirs aux ministres (…) ».
2. Art. 37 al. 1 de la Constitution : « *Les matières autres que celles qui sont du domaine de la loi ont un caractère réglementaire* ».
3. CE 5 mai 1961, D. 1961, p. 407.
4. CE 29 janvier 1954, Rec. 54.

fonctionnaires auxquels elles sont adressées et dans les sphères de leur compétence »[1] ; le juge judiciaire n'est donc pas tenu de s'y référer ; la Cour de cassation s'est d'ailleurs à de nombreuses reprises prononcée à l'encontre de ce que pouvaient indiquer les circulaires.

4. La coutume

Les coutumes sont des règles de droit non écrites qui se forment avec le temps ; elles deviennent règles de droit dès lors qu'elles présentent les éléments constitutifs qui les caractérisent (a) ; dès lors qu'elles deviennent normes, se pose naturellement la question de leur place dans la hiérarchie des normes, notamment celle de leurs rapports avec la loi (b).

a. Les éléments constitutifs de la coutume

Une coutume exprime une règle de droit dès lors qu'elle réunit les deux conditions traditionnelles qui correspondent à ses éléments caractéristiques : l'élément matériel et l'élément moral.

• *L'élément matériel : une pratique collective et répétée*
La coutume repose sur un usage ancien. Elle correspond à une pratique suivie depuis longtemps, elle s'est inscrite dans les mœurs. Elle a donc pour base une façon d'agir collective fondée sur la répétition, qui constitue ce que l'on appelle l'élément matériel de la coutume. En principe, cette pratique collective et répétée doit être *durable, notoire* – c'est-à-dire connue de toutes les personnes qu'elle concerne – et *générale.*
Mais l'élément matériel ne suffit en lui-même à constituer une coutume ; encore faut-il y ajouter un élément moral, dit également psychologique.

• *L'élément moral : la conviction de se conformer au droit*
Pour qu'une coutume se constitue et soit reconnue en tant que telle, il faut qu'en agissant d'une certaine manière, les sujets de droit aient la conviction de se conformer au droit. L'élément psychologique de la coutume réside dans la certitude du caractère obligatoire de la pratique suivie. La coutume apparaît avec le sentiment populaire que l'acte accompli correspond à une règle de droit.
C'est de cette façon qu'est née la règle selon laquelle la femme mariée peut porter le nom de son mari ; si ce dernier fait obstacle au port de ce nom, la femme pourra le revendiquer en justice.

b. Les rapports de la coutume et de la loi

Trois sortes de rapports vont s'établir entre la coutume et la loi : la coutume peut d'abord s'appliquer en vertu de la loi ; elle peut aussi servir à combler une lacune du droit ; moins fréquente est l'hypothèse où la coutume se développe en réaction à la loi.

• La coutume s'appliquant en vertu de la loi : la coutume *secundum legem*
La coutume peut d'abord s'appliquer sur invitation de la loi, en vertu de celle-ci ; le législateur renvoie à la coutume pour réglementer tel ou tel point : on l'appelle coutume *secundum legem.*
Dans le code civil, les exemples d'un renvoi à la coutume ne sont pas rares, même si notre droit contemporain ne privilégie pas cette source du droit. On en trouve des exemples dans le domaine du droit des personnes, dans celui des contrats, enfin en droit des biens : à l'art. 389-3 du code civil, le législateur consacre pour les mineurs une capacité juridique d'usage ; il exclut la représentation des mineurs lorsque l'usage les autorise à agir eux-mêmes ; ainsi un mineur pourra t-il seul acheter une baguette ou un magazine, alors qu'il devra être représenté par ses parents pour l'achat d'une voiture. Il existe aussi certains usages et coutumes en matière contractuelle et l'art. 1135 du code civil s'y réfère expressément[2] : « *Les conventions obligent non seulement à ce qui est exprimé, mais encore à toutes les suites que l'équité, l'usage ou la loi donnent à l'obligation d'après sa nature* ». Mais c'est surtout l'art. 671 du code civil qui est exemplaire dans le domaine : il dispose qu'il convient de se référer aux usages pour déterminer à quelle distance de la ligne séparatrice de deux fonds peuvent être établies des plantations ; à défaut d'usage, le

1. Cass. com. 23 oct. 1950, Bull. II, n° 302.
2. Les art. 1159 et 1160 se réfèrent également aux usages, de même que l'art. 1736 C. civ.

texte fixe la distance de 2 mètres pour les arbres, de 50 centimètres pour les arbustes. Le recours à la coutume est aussi prévu aux art. 645[1], 663[2] et 674[3].
On trouve également dans d'autres branches du droit privé une référence aux usages et coutumes ; le droit du travail en connaît une application particulière à travers les usages professionnels, propres à une branche professionnelle ou à une localité donnée. Le code du travail y fait parfois référence : ainsi l'art. L. 1237-1 C ; trav. dispose que l'existence et la durée du délai-congé – préavis dû par le salarié lorsqu'il démissionne – résultent des usages pratiqués dans la localité et la profession, en l'absence de dispositions légales, de convention ou accord collectif de travail. De même, l'art. L. 1242-2, 3° C ; trav. dispose que le contrat de travail sera conclu à durée déterminée dans le cas des emplois « *pour lesquels, dans certains secteurs définis par décret ou par voie de convention ou d'accord collectif étendu, il est d'usage constant de ne pas recourir au contrat de travail à durée déterminée en raison de la nature de l'activité exercée et du caractère par nature temporaire de ces emplois* »[4].

• La coutume s'appliquant pour combler les lacunes de la loi : la coutume *praeter legem*.
La coutume peut également s'appliquer pour combler une lacune du droit. Elle complète donc la loi sur des points qu'elle n'avait pas réglés. On l'appelle coutume *praeter legem*.
On donne habituellement comme exemple de coutumes de ce type la règle permettant à la femme mariée de porter le nom de son mari, de même que la règle donnant à l'enfant légitime le nom de son père (lorsque les parents n'ont pas choisi de donner tous les deux leur nom respectif à l'enfant).
Dès lors qu'elles n'ont pas reçu une traduction dans nos codes et lois, on peut aussi y ajouter toutes les règles anciennes qui sont exprimées sous forme d'adages[5], de maximes, ou de locutions latines[6], traditionnellement rassemblées sous l'appellation de « coutumes savantes » ; on peut citer à titre d'exemple la règle *Nemo auditur propriam turpitudinem allegans* – nul ne peut se prévaloir de sa propre turpitude – par laquelle il est défendu d'invoquer devant le juge un acte immoral pour obtenir, en raison de la nullité de l'acte, la restitution des prestations échangées.
On trouve également de nombreuses coutumes en matière commerciale – cristallisées parfois dans le cadre de parères[7] –, plus particulièrement dans le commerce international où elles sont rassemblées sous la locution *lex mercatoria* .
En droit du travail, les usages d'entreprise constituent assurément un exemple de norme coutumière constituée en complément de la loi. Ils sont uniquement à la source d'avantages au profit de tout ou partie du personnel. En général, l'employeur est maître de la création de ces usages : ce peut être le fait d'accorder une prime de treizième mois ou un crédit d'heures de délégation plus important pour les représentants du personnel. L'usage peut naître également du fait d'appliquer volontairement un accord collectif qui ne lie pas l'employeur. Cette source de droit se reconnaît par sa *constance* – l'avantage issu de l'usage se renouvelle d'une période à l'autre –, par sa *généralité* – il est applicable à toutes les personnes remplissant les mêmes

1. Art. 645 C. civ. : « *S'il s'élève une contestation entre les propriétaires auxquels ces eaux peuvent être utiles, les tribunaux, en prononçant, doivent concilier l'intérêt de l'agriculture avec le respect dû à la propriété ; et, dans tous les cas, les règlements particuliers et locaux sur le cours et l'usage des eaux doivent être observés* ».
2. Art. 663 C. civ. : « *Chacun peut contraindre son voisin, dans les villes et faubourgs, à contribuer aux constructions et réparations de la clôture faisant séparation de leurs maisons, cours et jardins assis ès dites villes et faubourgs : la hauteur de la clôture sera fixée suivant les règlements particuliers et les usages constants et reconnus ; et à défaut d'auges ou de règlements, tout mur de séparation entre voisins, qui sera construit ou rétabli à l'avenir, doit avoir au moins 32 décimètres de hauteur, compris le chaperon, dans les villes de 50 000 âmes et au-dessus, et 26 décimètres dans les autres* ».
3. Art. 674 C. civ. : « *Celui qui fait creuser un puits ou une fosse d'aisance près d'un mur mitoyen ou non ;*
Celui qui veut y construire cheminée ou âtre, forge, four ou fourneau,
Y adosser une étable,
Ou établir contre ce mur un magasin de sel ou amas de matières corrosives,
Est obligé à laisser la distance prescrite par les règlements et usages particuliers sur ces objets, ou à faire les ouvrages prescrits par les mêmes règlements et usages, pour éviter de nuire au voisin ».
4. Autres exemples : v. L. 1234-1, L. 1234-8 et L. 1234-11 C. trav.
5. H. Roland et L. Boyer, Adages du droit français, Litec, 4e éd., 1999.
6. H. Roland et L. Boyer, Locutions latines du droit français, 4e éd., Litec, 1998.
7. La parère est un certificat délivré soit par des organismes professionnels, notamment une chambre de commerce, soit par des commerçants notables, pour établir l'existence d'un usage déterminé (Vocabulaire juridique, Ass. Capitant, Puf, 2000).

conditions – et sa *fixité* – il est d'un même montant ou d'une même quotité[1]. Ainsi, l'usage se distingue d'une simple libéralité ou d'une tolérance.

• La coutume s'appliquant en réaction à la loi : la coutume *contra legem*
On peut s'étonner qu'une coutume puisse aller à l'encontre de la loi ; en tant que source de droit secondaire et accessoire par rapport à la loi, elle ne devrait pas pouvoir la renverser ; pourtant, quelques rares exemples de coutumes *contra legem* ont pu être repérés.
On peut citer la pratique du don manuel, consistant en la remise de la main à la main d'objets mobiliers, alors que l'art. 931 du code civil exige la rédaction d'un acte notarié pour toute donation. Est également notoire le fait de présumer la solidarité[2] en matière commerciale, alors que le code civil considère qu'elle ne se présume pas en matière civile.
Très souvent, ces coutumes ou pratiques « hétérodoxes » ne sont devenues contraignantes que par le relais de la jurisprudence ; cette dernière joue en effet un rôle non négligeable d'adaptation de la loi. En définitive, c'est moins la force obligatoire de la coutume que celle de la jurisprudence qui permet d'établir qu'une pratique peut aller à l'encontre d'une loi.

5. La jurisprudence

L'application de la loi, du règlement, de la coutume n'est pas toujours aisée. Il arrive fréquemment que certaines situations ne soient pas prévues par ces sources du droit. Ces dernières peuvent également être imprécises ou obscures. Il revient pourtant au juge de se prononcer, sous peine de se rendre coupable d'un *déni de justice* (art. 4 du code civil[3]), civilement et pénalement sanctionné (art. 434-7-1 du code pénal). En effet, le juge ne peut se soustraire à sa mission qui consiste notamment à dire le droit.
Il arrive ensuite que plusieurs juridictions adoptent la même interprétation du droit : apparaît ainsi une jurisprudence que d'aucuns considèrent comme une source du droit.
Mais avant de mesurer la place de la jurisprudence dans la hiérarchie des sources du droit (b), il faudra en présenter les conditions de formation (a).

a. La formation de la jurisprudence

Pour reconnaître une jurisprudence, il faut être en présence, en principe, d'une série de décisions judiciaires rendues sur le même sujet et dans le même sens. L'élément *répétition* est donc une composante essentielle de la jurisprudence.
La naissance d'une jurisprudence est souvent fonction, par ailleurs, du rang hiérarchique de la juridiction qui a rendu les décisions ; en pratique, les jurisprudences naissent des décisions de la Cour de cassation, celle-ci ayant pour rôle d'unifier en France l'interprétation de la loi. Il est vrai que certaines juridictions de fond jouissent d'une autorité particulière leur permettant de prétendre créer une jurisprudence ; mais cela n'est finalement possible qu'avec l'aval implicite de la Cour de cassation, celle-ci conservant la possibilité de casser les décisions qui remonteront jusqu'à elle.
On propose donc de retenir la définition suivante : la jurisprudence est l'ensemble des décisions rendues par le juge judiciaire sur le même objet et dans le même sens.
La question se pose alors de savoir si elle peut s'élever au rang de source du droit.

b. La place de la jurisprudence dans la hiérarchie des sources du droit

Quelques rares auteurs ne reconnaissent pas à la jurisprudence la qualité de règle de droit ; à l'appui de leur affirmation, ils indiquent que le juge ne fait que trancher des litiges particuliers, conformément aux règles qui leur sont applicables. De ce fait, la jurisprudence ne pourrait avoir valeur de règle générale et impersonnelle. Cette idée procède classiquement de l'application du principe de séparation des pouvoirs, le pouvoir législatif étant chargé d'élaborer la loi que l'autorité judiciaire doit appliquer.

1. Par ex., Cass. soc. 28 fév. 1996, Bull. V, n° 74.
2. Il y a solidarité entre débiteurs lorsque le créancier peut exiger de l'un quelconque de ses débiteurs le paiement de la totalité de sa créance, à charge pour celui qui paie la totalité de se retourner contre les autres débiteurs en remboursement de leur part respective.
3. Art. 4 C. civ. : « *Le juge qui refusera de juger, sous prétexte du silence, de l'obscurité ou de l'insuffisance de la loi, pourra être poursuivi comme coupable de déni de justice* ».

Leur affirmation est renforcée par les trois propositions suivantes :
* D'une part les décisions de justice n'ont que l'autorité relative de la chose jugée, c'est-à-dire qu'elles ne s'imposent qu'entre les parties ayant pris part au procès, pour l'objet et la cause particuliers de celui-ci.
* D'autre part, il résulte de l'art. 5 du code civil que les juges ne peuvent se prononcer par voie de dispositions générales et réglementaires. L'autorité judiciaire serait ainsi limitée à l'édiction de la solution du litige. Elle ne peut donc dire à l'avance qu'elle statuera dans un sens identique pour les espèces semblables qui lui seront soumises (à la différence de ce que font les tribunaux des pays anglo-américains, qui restent liés par les « *précédents* »). La règle de l'art. 5 du code civil avait été adoptée pour faire respecter le principe de séparation des pouvoirs, plus particulièrement pour éviter de renouer avec la pratique des Parlements de l'Ancien Régime consistant à statuer de manière générale à l'occasion des affaires particulières qui leur étaient soumises (arrêts dits de *règlement*).
* Présentée comme une preuve de son instabilité, la possibilité d'un revirement serait enfin de nature à dénier à la jurisprudence la qualité de règle.
Pourtant, en reconnaissant à l'autorité judiciaire le pouvoir de dire le droit, c'est-à-dire de l'interpréter, il devient possible de reconnaître à la jurisprudence la qualité de source du droit. Le juge ne se contente pas d'appliquer la loi, n'en est pas seulement le gardien : il en explique le sens en ajoutant des précisions que la loi n'avait pas prévue.
Ce pouvoir créateur de droit se manifeste de trois façons : par la possibilité pour le juge d'interpréter la loi, de la compléter (lorsqu'elle fait défaut ou se révèle insuffisante) ou de l'adapter[1].

– *Le juge est compétent pour interpréter la loi*

On s'est autrefois demandé s'il revenait au juge d'interpréter la loi.
Montesquieu s'y était fermement opposé en affirmant que le juge n'était que la « *bouche de la loi* » : « Dans le Gouvernement républicain, il est de la nature de la Constitution que le juge suive la lettre de la loi. Il n'y a point de citoyen contre qui on puisse interpréter une loi quand il s'agit de ses biens, de son honneur, de sa vie »[2] ; il ajoutait : « Si les tribunaux ne doivent pas être fixes, les jugements doivent l'être à un tel point qu'ils ne soient jamais qu'un texte précis de la loi. S'ils étaient une opinion particulière du juge, on vivrait dans la société sans savoir précisément les engagements que l'on contracte »[3].
S'inspirant de l'opinion de Montesquieu, la loi du 16 août 1790 ferma aux juges la possibilité d'interpréter directement la loi ; toutes les fois qu'ils croyaient nécessaire soit de l'interpréter, soit d'en faire une nouvelle, ils devaient s'adresser au corps législatif – dans le cadre d'un « *référé législatif* » – en vue de solliciter une interprétation du droit ; la règle selon laquelle le recours en cassation n'était admis, à l'origine, qu'en cas de contravention expresse au texte de la loi procédait de la même idée – celle qui interdisait aux juges d'aller au-delà de la lettre du texte.
Mais ce système provoqua un blocage des institutions judiciaires, les juges s'abstenant le plus souvent de juger en raison de l'obscurité de la loi, dans l'attente d'une prise de position du législateur. Le système du référé législatif fut abandonné en 1837, après que la Cour de cassation en ait étroitement contrôlé les conditions de recours.
Aujourd'hui, il est acquis que le juge – en particulier la Cour de cassation – dispose du pouvoir d'interpréter la règle de droit ; les juges sont les premiers à en être persuadés ; dans un discours prononcé, en 1904, lors des fêtes du centenaire du code civil, M. Ballot Beaupré, Premier président de la Cour de cassation, insistait déjà sur l'ampleur de ce pouvoir d'interprétation : « Lorsque le texte présente quelques ambiguïtés, lorsque des doutes s'élèvent sur sa signification et sa portée, lorsque, rapproché d'un autre, il peut, dans une certaine mesure, être ou contredit ou restreint, ou, à l'inverse, développé, j'estime que le juge, alors, a les pouvoirs d'interprétation les plus étendus, il ne doit pas s'attarder à rechercher obstinément quelle a été, il y a cent ans, la pensée des auteurs du code en rédigeant tel ou tel article ; il doit se demander ce qu'elle

1. V. la présentation que fait le Professeur Jean-Luc Aubert de ces trois fonctions (Introduction au droit, Armand Colin, 2002 p. 171 et 172).
2. Esprit des lois, VI, 3.
3. Esprit des lois, XI, 6.

serait si le même article était aujourd'hui rédigé par eux ; il doit se dire qu'en présence de tous ces changements qui, depuis un siècle, se sont opérés dans les idées, dans les mœurs, dans les institutions, dans l'état économique et social de la France, la justice et la raison commandent d'adapter libéralement, humainement, le texte aux réalités et aux exigences de la vie moderne. Par cette évolution nécessaire, le code civil est, entre les mains des juristes, un instrument d'une singulière puissance »[1].
Il faut bien admettre qu'il revient à la jurisprudence d'assurer le passage de la règle abstraite aux cas concrets en en définissant le sens et la portée. Ainsi, pour assurer l'application de la règle de l'article 1382 du code civil selon laquelle « *Tout fait quelconque de l'homme, qui cause à autrui un dommage, oblige celui par la faute duquel il est arrivé, à le réparer* », le juge a dû déterminer les fautes, les dommages possibles et les liens de causalité qui doivent exister entre la faute et le dommage. Il a également précisé certaines notions imprécises – telles que la bonne foi, l'intérêt de l'enfant, les bonnes mœurs – auxquelles le législateur renvoie parfois ; cette interprétation est fortement créatrice de droit, car elle a permis d'ajouter des éléments indispensables à l'application de la loi. Par ailleurs, des cas nouveaux se présentent à chaque instant, que le législateur n'a pu prévoir. Il est sur ce point illusoire de dire que le juge se borne à révéler la volonté du législateur. Il existe aussi un système permettant aux juges du fond de solliciter leur cour régulatrice en vue d'être fixés sur l'interprétation du droit ; le législateur a prévu la possibilité, d'une part, pour les juges administratifs de saisir le Conseil d'État (art. 12 de la loi du 31 déc. 1987) et, d'autre part, pour les juges judiciaire de saisir la Cour de cassation (art. 151 COJ) en vue d'obtenir un avis sur une question de droit nouvelle lorsqu'elle présente une difficulté sérieuse d'interprétation. L'institution d'un tel procédé conduit à admettre que la jurisprudence est bien une source d'interprétation du droit.

– *Le juge peut compléter la loi, voire l'adapter*

Cette fonction résulte de ce que le silence de la loi n'autorise pas le juge à refuser de statuer (art. 4 du code civil) ; au contraire, il a l'obligation de dépasser le silence, l'obscurité ou l'insuffisance de la loi ; il arrive aussi que la loi soit dépassée, sans relation avec les évolutions économiques et sociales ; le juge adapte alors la loi aux besoins de la société, « à l'évolution de la vie et du milieu social » (François Geny) et peut, à cette occasion, aller en dehors des textes. Il règle alors l'affaire après une réflexion qu'il mène sur l'ensemble du droit et les travaux préparatoires de la loi, mais aussi sur l'état des mœurs et les besoins économiques et sociaux de la société.
Cette fonction de suppléance et d'adaptation a présidé à la création de nombreux principes généraux du droit, tels que le principe, assez ancien, de l'enrichissement sans cause ou celui, plus récent, selon lequel nul ne doit causer à autrui un trouble excédant les inconvénients normaux de voisinage[2], que la loi n'avait pas prévus. Elle est également assurée par le Conseil d'État, qui dans son célèbre arrêt Aramu du 26 oct. 1945, consacra l'existence de principes généraux « applicables même en l'absence de textes ».
Comment distingue-t-on ces « principes généraux du droit » des simples règles de droit ? Quelle force obligatoire faut-il leur attribuer ?
On s'accorde à dire qu'il existe une différence de nature entre ces principes et les règles classiques : c'est la généralité qui permet de distinguer les premiers des secondes ; même si toute règle est générale, cette généralité ne s'entend pas de la même façon ; une règle est générale en ce qu'elle s'applique à un nombre indéterminé d'actes ou de faits ; encore faut-il que ces différentes situations juridiques relèvent toutes d'un même objet, celui que vise la règle ; le principe général est d'une généralité plus importante, puisqu'il peut concerner des faits ou des actes de différente nature et, même, dépasser les frontières des branches du droit (le juge a découvert, par exemple, des *principes généraux du droit du travail* pour les appliquer à des relations de travail dans le secteur public : ainsi, des principes ont été tirés d'une branche du droit privé pour s'appliquer à des actes de droit public).

1. Le centenaire du code civil, p. 26 et s.
2. Cass. civ. 3e, 23 nov. 1994, Rachez c/Andréani, inédit ; civ. 3e, 10 oct. 1995, Consorts Forget c/Brimont ; civ. 2e, 28 juin 1995, Bull. II, n° 222 ; D. 1996 som. 59, obs. A. Robert ; RDimm. 1996, p. 175, obs. J.-L. Bergel.

Egalement, on s'accorde en général à dire que ces principes, découverts par le juge et empruntés à la morale, à l'équité ou au droit naturel, ont une valeur équivalente à celle des lois[1] ; sans apparaître dans la lettre de la loi, ces principes peuvent être considérés comme la résultante, la synthèse de textes légaux. Ils existent comme s'ils avaient inspiré le législateur et, parfois, finissent par être consacrés dans la loi (en témoigne le principe de l'indisponibilité du corps humain, qui fut repris par le législateur en 1994 : 16-1 et 16-5 C. civ.).

– Force obligatoire de la jurisprudence

La force obligatoire de la jurisprudence se reconnaît surtout par l'autorité de la juridiction qui la rend : lorsqu'elle émane de la plus haute juridiction de l'ordre judiciaire et parce qu'elle repose sur une argumentation construite (la motivation)[2], la jurisprudence aura toutes les chances d'être suivie par les juges du fond et finira pas s'imposer à l'ensemble des juridictions qui ne souhaitent nullement voir leurs décisions remises en cause au plus haut niveau de l'ordre judiciaire (sauf à vouloir résister dans l'espoir de susciter un revirement de jurisprudence).

Le fait qu'une jurisprudence ne soit pas immuable n'est pas davantage de nature à affaiblir sa force obligatoire. Certes, une jurisprudence peut faire l'objet d'un revirement ; mais la loi elle-même peut faire l'objet d'une abrogation ; on ne voit pas en quoi la possibilité d'un revirement viendrait ôter à la jurisprudence sa capacité à faire évoluer le droit, à le créer ; la pratique consistant, pour la Cour de cassation, à rendre des *arrêts de principe* – dont l'objectif est sans conteste de poser une solution d'ordre général – montre au contraire qu'elle participe à la formation du droit objectif.

6. La doctrine

La doctrine est constituée de l'ensemble des opinions émises par les auteurs – on les appelle encore les *jurisconsultes* (professeurs de droit et maîtres de conférences, avocats, voire magistrats) – dans leurs ouvrages et dans les revues juridiques sur les différents problèmes de droit. Ces opinions trouvent leur place dans les cours de droit, dans les commentaires de lois et règlements, dans les notes de jurisprudence et dans les chroniques publiées dans des revues spécialisées – telles que la Revue trimestrielle de droit civil (RTDciv.), le Recueil Dalloz (D.) ou la Semaine Juridique (JCP éd. Générale, Entreprise et affaires, Sociale ou Notariale).

Cette doctrine ne fait que proposer des solutions au législateur et aux juges qui restent libres de les adopter ; elle ne peut donc prétendre créer directement des règles de droit, même si les autorités créatrices de droit n'hésitent pas à puiser dans la réflexion qu'elle présente ; la doctrine n'a qu'un rôle indirect dans la formation du droit. Elle est parfois présentée comme une source secondaire du droit.

Mais cette source du droit fait actuellement l'objet d'une profonde évolution.

Force est de constater que la loi et le règlement sont devenus d'une complexité anormale ; le praticien – qu'il soit avocat ou juge – est donc amené à s'aider des commentaires de la doctrine pour bien comprendre les nouveaux textes ; se pose alors la question de la légitimité de cette source de droit ; l'attention se porte sur le mode et la qualité du recrutement des enseignants-chercheurs (Chargés d'enseignement, ATER[3], PRCE[4], PRAG[5], PAST[6], Professeurs associés, Maîtres de conférences, Professeurs) et des chercheurs (par exemple, les chargés et directeurs de recherche du CNRS) dont la fonction les conduit naturellement à occuper une place majoritaire au sein de la doctrine ; il faut aussi, sur la question de la sélection des contributions qu'opèrent les revues et autres moyens de communication, faire une distinction entre les organes de communication disposant d'un comité scientifique de lecture et ceux qui n'en ont pas.

Parallèlement, la Cour de cassation, le Conseil d'État et, plus généralement, les magistrats de toute juridiction, autant administrative que judiciaire, ont peu à peu trouver une place à part entière au sein de la doctrine ; il n'est pas rare que les rapports des conseillers rapporteurs ou

1. J.-L. Bergel, Théorie générale du droit, Dalloz, Coll. Méthodes du droit, 4e éd. 2003, p. 104, n° 81.
2. V. F. Zenati-Castaing, La motivation des décisions de justice et les sources du droit, D. 2007 p. 1553.
3. Attachés temporaires d'enseignement et de recherche.
4. Professeurs certifiés.
5. Professeurs agrégés.
6. Maîtres de conférences et professeurs associés à temps partiel.

les conclusions des avocats généraux de la Cour de cassation soient publiés dans les revues scientifiques ; il arrive également que certains magistrats s'expriment sur les décisions auxquelles ils ont participé, parfois en réaction à une note critique d'un jurisconsulte. L'expression « doctrine de la Cour de cassation » est même apparue dans certains de ses arrêts[1] ; surtout, la Cour de cassation et le Conseil d'État procèdent à une sélection des décisions qu'ils publient, affichant ainsi la volonté d'établir une gradation dans l'importance des arrêts rendus.
En particulier, la signalétique utilisée par la Cour de cassation dans la publication de ses arrêts procède assurément d'une politique de communication : dans leur présentation, les décisions font l'objet d'abréviations qui permettent à la fois de mesurer leur importance « doctrinale » (ainsi que « normative » !) et d'identifier le ou leur support de publication, le principe étant que les arrêts les plus importants font l'objet de la diffusion la plus large. Il y a ainsi des arrêts rendus en formation simple (FS) et des arrêts rendus en formation plénière (F) ; les arrêts en D feront l'objet d'une diffusion restreinte ; les arrêts en P seront publiés au Bulletin officiel des arrêts de la Cour de cassation ; la lettre B signifie qu'ils ont leur place dans le Bulletin hebdomadaire ; la lettre R indique qu'ils seront aussi présentés dans le Rapport annuel de la Cour de cassation. La lettre I avertit qu'ils sont mis en ligne sur le site internet de la Cour de cassation. Ainsi un arrêt présenté en FP - P + B + R + I figure parmi les décisions les plus importantes de l'année.
En définitive, le juge judiciaire se positionne autant comme un auxiliaire du législateur (et non plus seulement comme un serviteur de la loi, notamment lorsque la Cour de cassation fait œuvre jurisprudentielle) que comme un élément de la doctrine.

***

§2. *Les différentes branches du droit*

Les règles juridiques sont réparties entre deux grandes branches. La première est celle du droit public, qui regroupe les règles relatives aux rapports entre les personnes publiques – dont l'État – et les particuliers, ou aux rapports entre personnes publiques. La seconde est celle du droit privé qui est constituée des règles relatives aux rapports entre particuliers.
Cette division, qui n'existe pas dans tous les pays, est souvent critiquée ; on sait notamment que l'État intervient de plus en plus souvent et de manière de plus en plus directe dans les sphères économiques du droit privé. Une entreprise publique peut notamment exercer une activité économique de droit privé ; à l'inverse, certaines entreprises de droit privé sont chargées d'une mission de service public ; ces exemples montrent que la subdivision classique entre droit public et droit privé est incertaine.
Pourtant, chacune de ces subdivisions garde ses spécificités ; il convient alors de les envisager successivement.

A. Le droit public

Le droit public comprend plusieurs subdivisions.
Il comprend d'abord le droit constitutionnel, qui regroupe les dispositions relatives à l'organisation des pouvoirs publics et aux rapports entre les organes politiques de la Nation.
Au droit public est également rattaché le droit administratif, qui définit les règles concernant l'organisation des services publics et des collectivités publiques, ainsi que leurs rapports avec les administrés.
Il conduit aussi à l'étude des libertés publiques, qui déterminent le contenu et le mode d'exercice des libertés octroyées aux particuliers dans leurs rapports avec l'État.
Il renvoie à l'étude des finances publiques, qui fixent l'ensemble des règles de gestion des finances de l'État et des collectivités publiques, leurs ressources, leurs dépenses et les méthodes de tenue du budget.

1. R. Libchaber, Une doctrine de la Cour de cassation ?, RTDciv., 2000, n° 1, p. 200.

Il comprend enfin le droit international public, qui réglemente les rapports entre les différents États ; cette matière traite non pas seulement des rapports juridiques entre les États mais aussi du rôle et du fonctionnement des organisations internationales.

B Le droit privé

Le droit privé comprend lui-même plusieurs subdivisions.
Au cœur du droit privé se trouve le droit civil, applicable aux rapports entre particuliers en l'absence de toute règle spéciale. Cette matière est dite de droit commun : si aucune règle spéciale ne permet de trancher un litige, le juge pourra puiser dans le vivier du droit civil pour ébaucher une solution ; le droit civil regroupe le droit des personnes, le droit des biens, le droit des obligations et le droit de la famille.
Le droit privé comprend aussi le droit des affaires, qui régit l'activité commerciale et le statut des sociétés commerciales et des commerçants.
Au droit privé est rattaché le droit judiciaire privé, qui regroupe les règles relatives à l'organisation judiciaire et à la procédure civile.
Le droit privé comprend également le droit social, qui lui-même regroupe le droit du travail – applicable aux rapports entre employeurs et salariés –, le droit de la sécurité sociale – qui règlemente les rapports entre les caisses de sécurité sociale et les cotisants – et le droit de l'aide sociale. Il n'est pas rare de regrouper le droit de la sécurité sociale et celui de l'aide sociale dans une branche commune, celle du droit de la protection sociale.
Le droit privé comprend enfin le droit international privé, qui a pour objet le règlement des relations internationales entre personnes privées et la condition des étrangers.
Quant au droit pénal et la procédure pénale, on les rattache en général au droit privé, dans la mesure où ils protègent la personne et les biens contre les infractions qu'ils définissent ; les particuliers disposent ainsi de la faculté de mettre en œuvre la machine judiciaire à l'encontre d'une infraction qui leur a causé un préjudice par la voie d'une plainte ou en se constituant partie civile[1] devant le ministère public. Mais il est vrai que le droit pénal et la procédure pénale intéressent aussi le droit public, puisque le procès pénal implique la participation active de l'État.

Section II - Les droits subjectifs : les obligations

Les droits subjectifs sont les prérogatives – on dit aussi les intérêts juridiquement protégés – que le droit objectif consacre et sauvegarde au profit des sujets de droit ; ainsi s'explique l'adjectif « subjectif ». Les sujets de droit ne sont pas ici soumis à un souverain, mais comme les bénéficiaires de prérogatives reconnues et protégées par le système juridique.
Après avoir classé ces droits subjectifs (§ 1), on s'intéressera à la façon de les acquérir (§2).

§1. *Classification des droits subjectifs*

Les droits subjectifs se répartissent en deux catégories : celle des droits patrimoniaux (A) et celle des droits extrapatrimoniaux (B).

A Les droits patrimoniaux

Pour bien reconnaître les droits patrimoniaux (2), il faut nécessairement approcher la notion de patrimoine (1).

1. Notion de patrimoine

Le patrimoine désigne, selon la définition qu'en donnent Aubry (1803-1883) et Rau (1803-1877), « l'ensemble des biens et des obligations d'une personne, envisagés comme formant une universalité de droit », c'est-à-dire un tout, une unité juridique. Ainsi défini, le patrimoine sera composé des biens d'une personne et des droits dont elle dispose contre autrui (les créances) ;

1. La constitution de partie civile devant le ministère public est un acte ayant pour objet, lorsque la victime a subi un préjudice à la suite d'une infraction, de pouvoir obtenir du juge une condamnation de l'auteur de l'infraction à payer des dommages-intérêts en compensation des préjudices subis ; elle oblige par ailleurs le parquet à poursuivre.

les biens et les créances forment l'actif du patrimoine, lequel comprend également les dettes constituant le passif. En évoquant l'idée d'une universalité, d'une unité, on indique que l'actif ne peut être séparé du passif : l'actif va répondre du passif. Ainsi les créanciers d'un individu peuvent se faire payer sur l'ensemble de son actif.

Si l'actif et le passif sont nuls, la patrimoine ne disparaît pas pour autant, car il est distinct des éléments qui le composent ; le patrimoine est un contenant – l'actif et le passif en sont le contenu – et reste attaché à la personne jusqu'à sa mort ; on dit ainsi que le patrimoine est une universalité évolutive : il peut s'appauvrir, s'enrichir, les biens peuvent s'y accumuler, disparaître, etc. Le patrimoine est donc une entité en mouvement, fluctuant au jour le jour en fonction des entrées et des sorties de valeurs.

La doctrine majoritaire considère que le patrimoine est une émanation de la personnalité juridique ; il est attaché à l'existence même de la personne et la doctrine en déduit trois conséquences.

– Seules les personnes ont un patrimoine (qu'elles soient personnes physiques ou personnes morales).

– Toute personne a un patrimoine et n'en a qu'un seul, conformément au principe d'unité du patrimoine ; ainsi un commerçant personne physique n'a qu'un seul patrimoine ; les biens de son patrimoine répondent de toutes ses dettes civiles et commerciales ; en cas de liquidation de son commerce, s'il reste des dettes, les créanciers pourront saisir ses biens personnels.

– Le patrimoine est inséparable de la personne ; il sera transmis à cause de mort, alors qu'il est intransmissible entre vifs ; les héritiers vont recueillir le solde de l'actif et du passif ; ils peuvent refuser la succession si le solde est négatif, ou l'accepter sous bénéfice d'inventaire.

Cette conception classique du patrimoine a été souvent critiquée, car elle ne permettait pas – comme le préconise la théorie du patrimoine d'affectation[1] – de réserver, d'affecter une partie de son patrimoine aux risques d'une activité commerciale, libérale, agricole ou artisanale.

Aujourd'hui, dès lors qu'une personne exerce une activité professionnelle de nature à créer des dettes, on considère par principe que les créanciers peuvent, en cas de défaillance de l'entrepreneur ou de l'exploitant, se faire payer sur l'ensemble de son patrimoine, en raison de son unicité. Mais il existe des solutions qui permettent d'établir une distance entre le patrimoine individuel et les créanciers à l'occasion d'une activité particulière ; la première, classique, passe par la constitution d'une personne morale et l'apport d'un capital venant garantir le paiement des dettes créées par cette personne morale. La seconde, longtemps attendue, est née de la loi n° 2007-211 du 19 février 2007 sur la fiducie[2] : elle consiste, pour une personne appelée le constituant, à passer un contrat en vue de transmettre un bien ou un droit à quelqu'un, appelé le fiduciaire, qui s'engage à le gérer au profit du constituant pendant une durée déterminée et à le lui restituer à l'issue du contrat. Cette opération trouve sa place en particulier dans les activités bancaires, à travers la gestion de biens et la constitution de sûretés. Elle peut également servir, dans les entreprises, à mettre en place des structures de gestion de participations au sein d'un groupe de sociétés. Elle pourrait également offrir un support à la gestion d'épargne salariale.

2. Classifications de droits patrimoniaux

Ainsi définie, la notion de patrimoine permet de mieux comprendre ce qu'est un droit patrimonial ; il correspond à un droit appréciable en argent ; il est, selon l'art. 1128 du code

1. La théorie du patrimoine d'affectation conduit, chez un individu, à isoler dans son patrimoine un ensemble de biens déterminés en vue de l'affecter à une destination particulière. Pendant, longtemps, cette théorie n'avait pas été admise en tant que telle dans notre système juridique ; le droit positif a développé des situations dans lesquelles une personne peut apporter une partie de son capital à une personne morale en vue d'une destination particulière : entreprise unipersonnelle à responsabilité limitée (loi du 11 juillet 1985), société par action simplifiée instituée par une seule personne (loi du 12 juillet 1999), etc. Avec l'admission en 2007 de la fiducie, les éléments d'actif et de passif transférés dans le cadre de cette opération forment désormais un patrimoine d'affectation. Les opérations affectant ce dernier font l'objet d'une comptabilité autonome chez le fiduciaire.

2. Aux termes de l'art. 2011 du C. civ., « *La fiducie est l'opération par laquelle un ou plusieurs constituants transfèrent des biens, des droits ou des sûretés, ou un ensemble de biens, de droits ou de sûretés, présents ou futurs, à un ou plusieurs fiduciaires qui, les tenant séparés de leur patrimoine propre, agissent dans un but déterminé au profit d'un ou plusieurs bénéficiaires* » ; v. le dossier spécial du Dalloz du 24 mai 2007, p. 1347.

civil[1], « *dans le commerce* »[2] et représente à ce titre une valeur économique ; le titulaire de droits patrimoniaux peut les vendre ou les céder à titre gratuit ; on dit que les droits patrimoniaux sont cessibles entre vifs ; mais la règle n'est pas absolue : bien que de nature patrimoniale, certains droits sont frappés d'indisponibilité, lorsqu'ils sont inhérents à la personne de leur titulaire ; par exemple, une pension alimentaire est indisponible, car elle a pour finalité de répondre au besoin personnel qu'en éprouve son titulaire.
Les droits patrimoniaux se répartissent en trois catégories : celle des droits réels (a), celle des droits personnels (b), enfin celle des droits intellectuels (c).

a. Les droits réels

Le droit réel peut être défini comme le pouvoir juridique exercé directement sur une chose et permet d'en retirer tout ou partie de ses utilités économiques ; les droits réels se subdivisent en deux catégories : les droits réels principaux et les droits réels accessoires.

– *Les droits réels principaux*

Les droits réels principaux permettent une utilisation directe de la chose.
Le plus complet de ces droits est le droit de propriété ; le titulaire d'un tel droit détient sur la chose dont il est propriétaire trois types de prérogatives, *l'usus,* le *fructus* et *l'abusus.*
L'usus est le droit d'utiliser la chose *:* le propriétaire peut se servir personnellement de la chose ou permettre à quelqu'un d'autre de s'en servir.
Le *fructus* correspond au droit de percevoir les fruits naturels (une récolte) ou civils (un loyer) de la chose, ainsi que ses produits (il s'agit de ce que la chose produit sans périodicité, comme la pierre d'une carrière) ; ce droit de percevoir les fruits et les produits résulte de l'art. 546 C. civ. selon lequel la propriété d'une chose soit mobilière, soit immobilière donne droit sur tout ce qu'elle produit et sur ce qui s'y unit accessoirement, soit naturellement, soit artificiellement ; cette règle est la transcription de l'adage « L'accessoire suit le principal ».
L'abusus confère le droit de disposer librement de la chose ; le propriétaire peut ainsi vendre la chose, modifier sa substance, la donner, la détruire, l'abandonner, l'hypothéquer (pour un immeuble) ou la mettre en gage (pour un meuble).
Les droits réels principaux comprennent également ce que l'on appelle les droits réels démembrés du droit de propriété ; il sont ainsi dénommés parce qu'ils confèrent à leurs titulaires une partie des prérogatives du droit de propriété ; sont notamment concernés l'usufruit, la nue-propriété ou les servitudes.
Dans l'usufruit, qui naît par application de la loi – surtout en matière de succession – ou par convention, le titulaire du droit, que l'on appelle usufruitier, dispose seulement de l'usus et du fructus de la chose, l'abusus revenant au nu-propriétaire.
Dans le cas des servitudes, le titulaire du droit dispose seulement d'une partie de l'usus, tel qu'un droit de passage sur le terrain d'autrui.

– *Les droits réels accessoires*

Ces droits sont l'accessoire d'un droit de créance dont ils constituent la garantie ; en d'autres termes, ils existent pour garantir le paiement d'une dette d'argent ; ils confèrent à leurs titulaires, en cas de défaillance de leur débiteur, un droit sur la valeur de la chose ;
Les droits réels accessoires sont de deux types : il prend la forme d'un gage, lorsqu'il consiste, pour un débiteur, à remettre à son créancier un bien meuble en garantie de sa dette ; il prend la forme d'une hypothèque, lorsqu'il consiste, pour un débiteur, à donner un immeuble en garantie de sa dette.
Dans ces deux hypothèses, si un créancier n'est pas payé à l'échéance, il peut faire vendre le bien meuble ou immeuble afin de se faire payer sur le prix de vente par préférence aux autres créanciers.

1. Art. 1128 C. civ. : « *Il n'y a que les choses qui sont dans le commerce qui puissent être l'objet des conventions* ».
2. G. Loiseau, Typologie des choses hors du commerce, RTDciv. 2000, p. 47.

b. Les droits personnels

Le droit personnel est le droit qu'une personne exerce contre une autre personne. On l'appelle également droit de créance ; il permet d'exiger du débiteur qu'il exécute une prestation ; par exemple, le vendeur d'un bien détient une créance contre l'acheteur ; il peut exiger de l'acheteur qu'il paie le prix ;
Il existe des différences fondamentales entre droit personnel et droit réel ; le droit réel est opposable à tous, à la différence du droit personnel ; il offre également un droit de suite et un droit de préférence.

– Caractère relatif du droit personnel

En tant qu'il porte sur une chose, le droit réel est un droit opposable à tous ; en revanche, le droit personnel n'existe que dans les rapports entre deux personnes. On distingue ainsi le caractère absolu du droit réel au caractère relatif du droit personnel.

– Le droit de suite

Le titulaire d'un droit réel peut suivre la chose en quelques mains qu'elle se trouve ; c'est ce qu'on appelle le droit de suite ; il en va autrement pour le titulaire d'un droit personnel qui ne peut le réclamer qu'à son débiteur.

– Le droit de préférence

Le titulaire d'un droit réel dispose également d'un droit de préférence ; il peut opposer son droit à tout détenteur actuel de son bien ; il sera préféré à tout créancier du détenteur, c'est-à-dire que les créanciers pourront vendre ce bien pour se faire payer ; rien de tel n'existe pour le droit personnel ; le titulaire d'un simple droit de créance est dit créancier chirographaire : il ne bénéficie d'aucune garantie particulière pour le recouvrement de son dû ; il ne bénéficie d'aucune préférence et reste en concours avec les autres créanciers chirographaires dans le partage du produit de la vente des biens du débiteur insolvable.

c. Les droits intellectuels

Le droit intellectuel est un droit qui porte sur une chose immatérielle, incorporelle, cette chose étant le fruit de l'activité créatrice de son titulaire ; tel est le cas d'une création industrielle, littéraire ou artistique. Les droits intellectuels confèrent à leurs titulaires un monopole d'exploitation (par ex. sur un brevet, une enseigne, un nom commercial, une marque...), c'est-à-dire le droit d'exploiter la création, d'en retirer des revenus.

3. Les droits extrapatrimoniaux

Les droits extrapatrimoniaux sont des droits subjectifs qui ne sont pas appréciables en argent (même si leur violation peut donner lieu à réparation sous forme monétaire) ; à ce titre, ils ne rentrent pas dans le patrimoine ; ces droits se subdivisent en plusieurs catégories : celle des droits de l'homme et des libertés fondamentales (1), celle du droit à l'intégrité du corps humain (2) et des droits de la personnalité (3), enfin celle des droits de la famille (4).

1. Les droits de l'homme et les libertés fondamentales

Ces droits et libertés ont été reconnus, à l'origine, à toute personne dans ses rapports avec l'État – on évoque dans ce cas l'existence de libertés publiques ; avec le développement de certaines formes de pouvoir en droit privé, notamment dans l'entreprise avec la reconnaissance du pouvoir règlementaire de l'employeur, ils se sont progressivement affirmés dans les rapports entre les personnes de droit privé – on évoque alors plutôt l'existence de libertés civiles.
Pour dépasser cette dualité, on regroupe le plus souvent ces droits politiques et civils sous l'appellation de « libertés et droits fondamentaux ». Ils sont formulés sous la forme de principes qui trouvent leur fondement principalement dans notre Constitution et les conventions internationales, également dans la loi. L'appartenance de ces libertés et droits fondamentaux au droit positif ne fait plus de doute aujourd'hui, même s'ils ont été longtemps considérés comme

issus de déclarations généreuses, dépourvues de toute portée juridique. Ces principes peuvent être désormais invoqués devant le juge national.

Ces droits et libertés peuvent être répartis par catégorie.

Sont d'abord apparus les droits et les libertés impliquant une abstention de la puissance publique, en réaction aux atteintes qu'elle a pu porter à la liberté individuelle. Cette première génération de droits et libertés trouve son origine dans les premières déclarations nationales de droits de l'homme (XVII-XVIIIe siècles) ; par exemple, l'Angleterre les voit apparaître dans le Bill of rights de 1689 ; les États-Unis les ont inscrits dans leur déclaration d'indépendance de 1776 ; en droit français, ces droits et libertés sont affirmés avec une ampleur particulière, pour la première fois, dans la Déclaration des Droits de l'homme et du citoyen de 1789, toujours en vigueur actuellement. Pour montrer la spécificité de ces principes – qui se sont construits pour apporter un frein à la domination de la puissance publique –, on les rangera dans la catégorie des « libertés – abstention » (a).

Une deuxième génération de libertés et droits fondamentaux voit surtout le jour au lendemain de la seconde guerre mondiale ; il est question non plus seulement de renforcer les droits civils et politiques de l'individu, mais de le sortir de la précarité économique, de l'isolement social et de l'inculture, en faisant appel à la solidarité nationale ; en d'autres termes, il s'agit d'assurer à tous la santé, un travail, un logement, une éducation, etc. ; c'est dans ce contexte qu'apparaissent, par exemple, les « *principes particulièrement nécessaires à notre temps* » (Préambule de la Constitution française de 1946) et, en droit international, les Pactes internationaux des droits de l'homme (adoptés par l'Assemblée générale des Nations Unies le 16 déc. 1966) dans leur volet relatif à la protection des droits économiques, sociaux et culturels. Pour montrer la spécificité de ces principes – qui appellent le plus souvent une action positive de la puissance publique, par exemple sous une forme contributive –, on les rangera dans la catégorie des « libertés – attribution » (b), dites le plus souvent « droits-créance »[1].

Une troisième génération de libertés et droits fondamentaux marque un *renforcement* de l'ensemble des principes précédemment évoqués, ce renforcement étant marqué par la volonté d'assurer l'épanouissement de l'homme dans son corps, dans son esprit et dans son contexte social et environnemental ; cet épanouissement de la personnalité humaine passe notamment par la nécessité d'assurer à la personne *l'effectivité* de ses libertés et droits fondamentaux, au besoin par voie judiciaire. Pour montrer la spécificité de ces principes, on les rangera dans la catégorie des « libertés – épanouissement » (c).

a. Les libertés-abstention (1re génération)

On trouve aux articles 1 et 2 de la Déclaration des droits de l'homme et du citoyen[2] les principales libertés que toute association politique doit assurer : la liberté, l'égalité des droits, la propriété, la sûreté et la résistance à l'oppression.

– *La liberté et ses déclinaisons*

Avec le principe d'égalité, le principe de liberté est sans doute le plus fréquemment invoqué par le Conseil constitutionnel ; on en trouve une définition générale à l'art. 2 de la déclaration des droits de l'homme et du citoyen (« *La liberté consiste à pouvoir faire tout ce qui ne nuit pas à autrui : ainsi, l'exercice des droits naturels de chaque homme n'a de bornes que celles qui assurent aux autres membres de la société la jouissance de ces mêmes droits. Ces bornes ne peuvent être déterminées que par la loi* »), ainsi qu'une manifestation générale à l'art. 5 (« *Tout ce qui n'est pas défendu par la loi ne peut être empêché, et nul ne peut être contraint à faire ce qu'elle n'ordonne pas* »). Le principe de liberté peut être invoqué en tant que tel (cette liberté, dite personnelle ou individuelle, se trouve placée

1. Les droits-créance sont aussi appelés « droits à », par opposition aux « droits de », relevant de la 1re génération de libertés et droits fondamentaux. Ces locutions sont inspirées de la formulation traditionnelle de ces libertés et droits : on évoque le droit « au » logement, le droit « à » l'emploi, le droit « à » la santé, le droit « à » la formation, etc… (2e génération de libertés et droits fondamentaux) par opposition au droit « de » réunion, à la liberté « de » conscience, à la liberté « du » travail, à la liberté « de » religion, etc... (1re génération de libertés et droits fondamentaux).

2. Art. 1 de la Déclaration des droits de l'homme et du citoyen : « *Les hommes naissent et demeurent libres et égaux en droits. Les distinctions sociales ne peuvent être fondées que sur l'utilité commune.* Art. 2 : « *Le but de toute association politique est la conservation des droits naturels et imprescriptibles de l'homme. Ces droits sont la liberté, la propriété, la sûreté et la résistance à l'oppression* ».

sous la protection du juge judiciaire, aux termes de l'art. 66 de la Constitution), mais il est associé, le plus souvent, à une activité particulière de l'homme : au premier chef, la liberté est physique (liberté d'aller et venir) ; elle est aussi consacrée dans le domaine des opinions (liberté de pensée, associée à la liberté d'expression[1]) et autorise chacun à se déterminer dans le respect de son for intérieur et de ses convictions philosophiques, religieuses ou morales (liberté de conscience). Elle se traduit, en particulier, par la liberté des croyances religieuses[2]. Elle suppose la liberté de défendre librement ses intérêts, au besoin en s'associant avec d'autres (liberté de réunion et liberté d'association).
En matière d'activité économique, on évoque la liberté d'entreprendre du chef d'entreprise, qui trouve un prolongement dans la liberté de choisir ses collaborateurs. Le salarié se voit reconnaître la liberté du travail et peut, sur son fondement, paralyser le jeu de la clause de non-concurrence qui l'empêcherait de retrouver un emploi.

– *L'égalité et ses déclinaisons*

L'égalité entre les individus conduit à accorder à tous les mêmes droits ; elle trouve alors à s'appliquer dans chaque branche du droit ; par exemple, l'égalité est un des principes directeurs de la procédure civile ; il existe, en matières de finances publiques, un principe d'égalité devant les charges publiques ; la Cour de cassation a dégagé, en droit du travail, le principe « à travail égal, salaire égal » ; l'accès aux emplois publics est lui-même gouverné par un principe d'égalité. Ce n'est qu'en présence de situations différentes que le législateur et le juge peuvent adopter des règles ou des solutions différentes d'un individu à l'autre.

– *Le droit de propriété*

Notre Nation reconnaît au droit de propriété[3] un caractère fondamental et absolu, même s'il a fait l'objet, dans ses conditions d'exercice, de profondes évolutions. Certes, il a vu son champ d'application élargi (en concernant les biens incorporels, par exemple) ; mais il s'est produit un recul significatif de son caractère absolu sous l'influence de pressions multiples ; son usage est aujourd'hui restreint par des règles d'ordre social, environnemental et sécuritaire ; il doit également satisfaire aux exigences tenant au logement, au transport, à la circulation et à l'urbanisme. Le droit rural constitue également une limite à la plénitude du droit de propriété immobilière. Les textes facilitant l'expropriation pour cause d'utilité publique se sont enfin multipliés, sous condition d'une juste indemnisation des intéressés ; le Préambule de la Constitution du 27 oct. 1946, relayé par celui de la Constitution du 4 oct. 1958, indique que « *Tout bien, toute entreprise, dont l'exploitation a acquis les caractères d'un service public national ou d'un monopole de fait, doit devenir la propriété de la collectivité* » ; c'est précisément ce qui arriva massivement en 1944 et 1945 avec les nationalisations postérieures à la Libération ; elles furent relancées en 1981, mais à partir de 1986, c'est un mouvement inverse de privatisations qui vit le jour.

– *Le droit à la sûreté*

Dans un sens étroit, le droit à la sûreté est celui qui fait obstacle aux arrestations, détentions et condamnations arbitraires de l'homme ; il est inscrit de manière solennelle à l'article 7 de la Déclaration des droits de l'homme et du citoyen – « *Nul homme ne peut être accusé, arrêté ou détenu que dans les cas déterminés par la loi et selon les formes qu'elle a prescrites. Ceux qui sollicitent, expédient, exécutent ou font exécuter des ordres arbitraires doivent être punis (…)* » – et trouve un prolongement naturel dans le droit à la présomption d'innocence que protège l'art. 8 de la même Déclaration – « *Tout homme étant présumé innocent jusqu'à ce qu'il ait été déclaré coupable, s'il est jugé*

1. Art. 11 de la Déclaration des droits de l'homme et du citoyen : « *La libre communication des pensées et des opinions est un des droits les plus précieux de l'homme ; tout citoyen peut donc parler, écrire, imprimer librement, sauf à répondre de l'abus de cette liberté dans les cas déterminés par la loi* »
2. Art. 10 de la Déclaration des droits de l'homme et du citoyen : « *Nul ne doit être inquiété pour ses opinions, mêmes religieuses, pourvu que leur manifestation ne trouble pas l'ordre public établi par la loi* ».
3. Art. 17 de la Déclaration des droits de l'homme : « *La propriété étant un droit inviolable et sacré, nul ne peut en être privé, si ce n'est lorsque la nécessité publique, légalement constatée, l'exige évidemment, et sous la condition d'une juste et préalable indemnité* ».

indispensable de l'arrêter, toute rigueur qui ne serait pas nécessaire pour s'assurer de sa personne doit être sévèrement réprimée par la loi ». Le droit à la sûreté se trouve consolidé par d'autres principes, par exemple celui de la non-rétroactivité des lois répressives plus sévères. Dans les autres domaines, les lois rétroactives – notamment la validation d'actes illégaux – ne sont tolérées que pour des raisons d'intérêt général que le juge constitutionnel se réserve d'apprécier.

– Le droit de résister à l'oppression

Ce droit, qui donne une certaine légitimité à la riposte révolutionnaire, avait été voulu initialement dans un contexte marqué par la crainte des régimes despotiques. Dans un régime démocratique, il est fait pour rester lettre morte, le recours au juge suffisant à combattre les mesures oppressives.

b. Les libertés – attribution (2e génération)

Les libertés-attribution sont nées de l'idée de corriger l'inégalité constatée entre les individus dans leurs conditions de vie et de travail. Elles trouvent leur place, pour la plupart, dans la catégorie des principes proclamés « comme particulièrement nécessaires à notre temps » : chacun a le devoir de travailler et le droit d'obtenir un emploi[1] : c'est le principe du droit à l'emploi (alinéa 2 du Préambule de la Constitution de 1946), qui trouve aujourd'hui son prolongement dans l'obligation de reclassement[2] mise à la charge des employeurs ; nul ne peut être lésé, dans son travail ou son emploi, en raison de ses origines, de ses opinions ou de ses croyances (principe de non-discrimination, alinéa 3) ; tout homme peut défendre ses droits et ses intérêts par l'action syndicale et adhérer au syndicat de son choix (principe de la liberté syndicale, alinéa 3 du Préambule) ; tout travailleurs dispose du droit de grève, lequel s'exerce dans le cadre des lois qui le réglementent (alinéa 4 du Préambule) ; également, tout travailleur participe, par l'intermédiaire de ses délégués, à la détermination collective des conditions de travail ainsi qu'à la gestion des entreprises (principes de la négociation collective et de la participation à la gestion des entreprises, alinéa 6 du préambule) ; la Nation garantit l'égal accès de l'adulte à la formation professionnelle (principe du droit à la formation professionnelle, alinéa 10). Un droit à la sécurité sociale fonde le droit de tout être humain qui se trouve dans l'incapacité de travailler d'obtenir des moyens convenables d'existence. Plus largement, s'est imposé le devoir de la Nation d'assurer à tous la protection de la santé, la sécurité matérielle, le repos, l'éducation et les loisirs.

Le Conseil constitutionnel veille au respect de ces différents principes en les conciliant avec d'autres droits d'égale valeur : droit de propriété[3], liberté du travail[4], liberté d'entreprendre, liberté personnelle du salarié dans ses rapports avec le syndicat[5].

c. Les libertés – épanouissement (3e génération)

Parmi ses libertés-épanouissement, figurent d'abord des droits nouveaux dont on attend encore, pour certains, la reconnaissance : si le droit à un environnement sain (« droit de vivre dans un environnement équilibré et respectueux de la santé »), le droit au développement durable et le principe de précaution ont été consacrés par la Charte de l'environnement de 2004 (art. 1, 6 et 5), le droit à la paix et le droit au respect du patrimoine restent embryonnaires ; on peine d'ailleurs à reconnaître leurs titulaires (les individus, les peuples, les États ou la communauté

---

1. Sur cette question, v. F. Petit, *Droit de l'emploi, Etude juridique des politiques d'emploi*, Montchrestien, 2005, p. 21.
2. Cette obligation de reclassement s'est vue reconnaître un caractère constitutionnel : Cons. const., déc. n° 2004-509 DC du 13 janvier 2005 : « *Le législateur a ainsi opéré entre le droit de chacun d'obtenir un emploi, dont le droit au reclassement de salariés licenciés découle directement, et la liberté d'entreprendre, à laquelle la réintégration de salariés licenciés est susceptible de porter atteinte, une conciliation qui n'est entachée d'aucune erreur manifeste.* »
3. Cons. const., 16 janv. 1982.
4. Sur la liberté du travail comme principe constitutionnel : Soc., 18 déc. 1997, Dr. soc. 1998, p. 194, obs. J. Savatier ; Soc., 7 avril 1998, rendu au visa du « principe constitutionnel de la liberté du travail », Dr. soc. 1998, p. 546, note R. Vatinet.
5. Cons. const., 25 juillet 1989 ; G. Lyon-Caen, « La jurisprudence du Conseil constitutionnel intéressant le droit du travail », D. 1989 chron. p. 289 ; X. Prétot, « La conformité à la constitution de la loi relative à la prévention du licenciement économique et au droit à la conversion », Dr. soc. 1989, p. 701.

internationale ?). Sont également apparus un « droit à la ville » (loi du 13 juillet 1991, art. 1) et un « droit au transport » (loi du 30 décembre 1982, art. 1 et 2).
Cette catégorie des libertés-épanouissement ne comprend pas seulement des droits nouveaux ; on peut aussi y ranger des droits qui, situés dans le prolongement des libertés-abstention ou des libertés-attribution, se mettent au service de leur réalisation ou de leur perfectionnement ; le développement du droit à un procès équitable sert l'ensemble des libertés et droits fondamentaux ; le droit à la dignité, qui interfère particulièrement dans l'exercice du droit à l'emploi et du droit au logement, vient les consolider ; le droit de faire respecter le choix de son domicile et le droit à l'inviolabilité du domicile ne sont pas sans relation avec la protection du droit au respect de la vie privée ; la liberté d'expression s'enrichit d'un « droit à une communication audiovisuelle libre et pluraliste » (loi du 29 juillet 1982, art. 2).
Le corps fait aussi l'objet de droits fondamentaux qui se complètent et se consolident ensemble : droit au respect de son corps (art. 16-1 C. civ. issu de la loi du 29 juillet 1994), venant consacrer le principe général de l'inviolabilité du corps humain, droit au respect de l'être humain dès le commencement de sa vie (art. 16-1 C. civ. issu de la loi du 29 juillet 1994), droit de recevoir les soins les plus appropriés (art. L. 1110-5 du code de la santé publique), droit de bénéficier des thérapeutiques dont l'efficacité est reconnue et qui garantissent la meilleure sécurité sanitaire au regard des connaissances médicales avérées (art. L. 1110-5 du code de la santé publique), droit d'accéder à des soins palliatifs et à un accompagnement (art. L. 1110-9 du code de la santé publique), principe fondamental du libre choix de son praticien (art. L. 1110-8 du code de la santé publique). Au niveau collectif, on a même vu apparaître un droit au respect de l'intégrité de l'espèce humaine (Art. 16-4 C. civ).
Enfin, la loi reconnaît un « droit à l'habitat » (loi du 22 juin 1982, art. 1) qui s'est ensuite transformé en un « droit au logement » (loi du 31 mai 1990, art. 1) que l'on voudrait « opposable » à l'État.

2. Le droit au respect de l'intégrité physique

En vertu de ce droit, chacun peut faire obstacle à une intervention sur son corps et obtenir réparation du préjudice né de l'atteinte à son corps.
Longtemps abandonnée aux juges, la protection du corps humain a fait l'objet d'une réglementation intégrée au code civil aux art. 16 à 16-12 depuis la loi du 29 juillet 1994, partiellement révisée par la loi du 6 août 2004. Articulé sur un droit au respect du corps humain (dit également droit à l'inviolabilité du corps humain), cette protection se prolonge par un droit au respect de l'intégrité de l'espèce humaine et une règlementation de l'identification des personnes par les empreintes génétiques.

a. Droit à l'inviolabilité du corps humain

L'art. 16 pose plusieurs principes fondamentaux intéressant la personne humaine : il insiste sur la primauté de la personne, interdit toute atteinte à la dignité de la personne et garantit le respect de l'être humain dès le commencement de la vie. L'art. 16-1 consacre ensuite au profit de chaque personne un droit au respect de son corps, ce dernier étant « inviolable ». Pour garantir l'effectivité de cette inviolabilité, l'art. 16-2 prévoit que le juge peut prescrire toutes mesures propres à empêcher ou faire cesser une atteinte illicite au corps humain ou des agissements illicites portant sur des éléments ou des produits de celui-ci. Il existe aussi des sanctions pénales à l'égard des auteurs de coups et blessures, ou d'homicides, qu'ils soient volontaires ou commis par imprudence.
Cette inviolabilité du corps humain conduit à exiger le consentement de la personne pour pratiquer sur elle une intervention chirurgicale ou lui administrer un traitement[1] ; mais il existe des tempéraments à cette inviolabilité : le Gouvernement peut imposer des vaccinations obligatoires dans le but d'assurer la protection de la santé publique qui est elle-même consacrée en tant que principe constitutionnel[2]. Par ailleurs, le consentement de l'individu qui est en

1. V. art. 16-3 al. 1 C. civ.
2. CE 26 nov. 2001, RFDadm. 2002, p. 164.

danger n'a pas à être recueilli lorsque « *son état rend nécessaire une intervention thérapeutique à laquelle il n'est pas à même de consentir* »[1].

Le droit au respect du corps humain se caractérise ensuite par la dimension extra-patrimoniale du corps humain : à l'art. 16-1 al. 3 du code civil, il est indiqué que « *Le corps humain, ses éléments et ses produits ne peuvent faire l'objet d'un droit patrimonial* » ; dans le même esprit, l'art. 16-5 C. civ. dispose que « *Les conventions ayant pour effet de conférer une valeur patrimoniale au corps humains, ses éléments et ses produits sont nulles* ».

Cela signifie que le corps humain, ses éléments et ses produits sont « *hors du commerce* », au sens de l'art. 1128 du code civil ; faut-il aller plus loin, en affirmant qu'ils ne peuvent jamais être l'objet de convention, même à titre gratuit ? D'après l'art. 16-6 du code civil, c'est d'abord la prévision d'une rémunération qui est interdite, celle-ci tendant précisément à donner au corps humain une valeur patrimoniale ; certaines conventions portant sur le corps humain restent possibles (sur prescription expresse du législateur), dès lors qu'elles sont passées à titre gratuit : tel est le cas par exemple des dons de gamètes, de sperme ou de sang. Il existe même quelques hypothèses – expressément prévues par le législateur – où la rémunération est autorisée ; en revanche, toute convention portant sur la procréation ou la gestation pour le compte d'autrui – celle qu'on dénomme dans la pratique la convention de maternité pour autrui[2] – est nulle, même passée à titre gratuit[3].

– Les textes

Art. 16 C. civ. : « *La loi assure la primauté de la personne, interdit toute atteinte à la dignité de celle-ci et garantit le respect de l'être humain dès le commencement de sa vie* ».

Art. 16-1 C. civ. : « *Chacun a droit au respect de son corps.*
Le corps humain est inviolable.
Le corps humain, ses éléments et ses produits ne peuvent faire l'objet d'un droit patrimonial ».

Art. 16-3 C. civ. : « *Il ne peut être porté atteinte à l'intégrité du corps humain qu'en cas de nécessité médicale pour la personne ou à titre exceptionnel dans l'intérêt thérapeutique d'autrui.*
Le consentement de l'intéressé doit être recueilli préalablement hors le cas où son état rend nécessaire une intervention thérapeutique à laquelle il n'est pas à même de consentir ».

16-5 C. civ. : « *Les conventions ayant pour effet de conférer une valeur patrimoniale au corps humain, à ses éléments ou à ses produits sont nulles* ».

16-6 C. civ. : « *Aucune rémunération ne peut être allouée à celui qui se prête à une expérimentation sur sa personne, au prélèvement d'éléments de son corps ou à la collecte de produits de celui-ci* ».

Art. 16-7 C. civ. : « *Toute convention portant sur la procréation ou la gestation pour le compte d'autrui est nulle* ».

b. Droit au respect de l'intégrité de l'espèce humaine

Le droit au respect du corps humain se prolonge d'un droit au respect de l'intégrité de l'espèce humaine[4]. Le législateur fait comme si l'espèce humaine devenait sujet de droit ; l'existence d'un « patrimoine commun de l'humanité » et la prévision de « crimes contre l'humanité » participent de la même idée ; en réalité, c'est toujours de personne humaine dont il est question, même si elle est appréhendée au niveau d'un groupe.

Ce droit au respect de l'intégrité de l'espèce humaine se traduit concrètement par l'interdiction des pratiques tendant à l'organisation de la sélection des personnes (pratique de l'eugénisme) et des interventions ayant pour but de faire naître un enfant génétiquement identique à une autre personne vivante ou décédée (pratique du clonage) ; est également prohibée la pratique ayant pour objet de transformer les caractères génétiques d'une personne dans le but de modifier sa descendance ; sont en revanche autorisées les recherches tendant à la prévention et au traitement des maladies génétiques (al. 3 de l'art. 16-4 C. civ. ; al. 1 de l'art. 16-10 C. civ.) ;

1. Art. 16-3 C. civ.
2. AP, 31 mai 1991, Bull. n° 4 ; D. 1991, p. 417, rapp. Chartier, note Thouvenin ; JCP 1991, II, 21752, communication J. Bernard ; concl. Dontewille, note Terré ; RTDciv. 1991, p. 517, obs. Huet-Weiller.
3. Art. 16-7 C. civ.
4. Art. 16-4 C. civ.

dans cette hypothèse, tout examen des caractéristiques génétiques nécessite le consentement exprès de l'intéressé, après qu'il a été dûment informé de la nature et de la finalité de l'examen.

– Les textes

Art. 16-4 C. civ. : « *Nul ne peut porter atteinte à l'intégrité de l'espèce humaine.*
Toute pratique eugénique tendant à l'organisation de la sélection des personnes est interdite. $Est interdite toute intervention ayant pour but de faire naître un enfant génétiquement identique à une autre personne vivante ou décédée. Sans préjudice des recherches tendant à la prévention et au traitement des maladies génétiques, aucune transformation ne peut être apportée aux caractères génétiques dans le but de modifier la descendance de la personne ».

Art. 16-10 C. civ. : « *L'examen des caractéristiques génétiques d'une personne ne peut être entrepris qu'à des fins médicales ou de recherche scientifique.*
Le consentement exprès de la personne doit être recueilli par écrit préalablement à la réalisation de l'examen, après qu'elle a été dûment informée de sa nature et de sa finalité. Le consentement mentionne la finalité de l'examen. Il est révocable sans forme et à tout moment ».

c. Identification du corps humain par empreintes génétiques

La loi du 6 août 2004 a enfin réglementé l'identification d'une personne par ses empreintes génétiques (art. 16-11 C. civil), celle-ci ne pouvant être recherchée que dans le cadre de mesures d'enquête ou d'instruction diligentées lors d'une procédure judiciaire, à des fins médicales ou de recherche scientifique, ou en vue d'identifier un militaire décédé à l'occasion d'une opération conduite par les forces armées ; lorsqu'elle est prescrite en matière civile par un juge – qui ne peut l'utiliser que dans le cadre d'une action tendant soit à l'établissement ou la contestation d'un lien de filiation, soit à l'obtention ou à la suppression de subsides – ou à des fins médicales et scientifiques, cette identification nécessite toujours le consentement préalable et exprès de l'intéressé.

– Les textes

Art. 16-11 C. civ. : « *L'identification d'une personne par ses empreintes génétiques ne peut être recherchée que dans le cadre de mesures d'enquête ou d'instruction diligentée lors d'une procédure judiciaire ou à des fins médicales ou de recherche scientifique ou d'identification d'un militaire décédé à l'occasion d'une opération conduite par les forces armées ou les formations rattachées.*
En matière civile, cette identification ne peut être recherchée qu'en exécution d'une mesure d'instruction ordonnée par le juge saisi d'une action tendant soit à l'établissement ou la contestation d'un lien de filiation, soit à l'obtention ou la suppression de subsides. Le consentement de l'intéressé doit être préalablement et expressément recueilli. Sauf accord exprès de la personne manifesté de son vivant, aucune identification par empreintes génétiques ne peut être réalisée après sa mort. Lorsque l'identification est effectuée à des fins médicales ou de recherche scientifique, le consentement exprès de la personne doit être recueilli par écrit préalablement à la réalisation de l'identification, après qu'elle a été dûment informée de sa nature et de sa finalité. Le consentement mentionne la finalité de l'identification. Il est révocable sans forme et à tout moment ».

Art. 16-12 C. civ. : « *Sont seules habilitées à procéder à des identifications par empreintes génétiques les personnes ayant fait l'objet d'un agrément dans des conditions fixées par décret en Conseil d'État. Dans le cadre d'une procédure judiciaire, ces personnes doivent, en outre, être inscrites sur une liste d'experts judiciaires* ».

3. Les droits de la personnalité

Les droits de la personnalité sont des droits inhérents à la personne : non appréciables en argent, ils protègent les caractéristiques physiques, morales et sociales de la personne. À ce titre, ils se rattachent à une conception philosophique de la personne.

Le droit au respect du corps humain (droit à l'inviolabilité du corps humain) peut lui-même être rattaché à cette catégorie juridique ; quelques auteurs font aussi entrer les libertés civiles reconnues aux individus dans la catégorie des droits de la personnalité.

Sont également considérés comme tels le droit au respect de la vie privée (a), le droit à l'image (b), le droit à la voix (c), le droit au secret des correspondances (d), le droit à la considération et à l'honneur (e), le droit à la dignité (f), le droit au nom (g), le droit au respect des croyances (h), le droit à l'inviolabilité du domicile (i) et le droit à la présomption d'innocence (j) ; le droit moral que la personne détient sur l'œuvre artistique qu'elle crée a, pour une partie de la doctrine, la qualité d'un droit de la personnalité (k).

a. Le droit au respect de la vie privée

Le droit au respect de la vie privée est protégé autant en droit interne – art. 9 du C. civ.[1] – qu'en droit international – par ex., art. 12 de la déclaration universelle des droits de l'homme de 1949, art. 8 de la Convention européenne de sauvegarde des droits de l'homme et des libertés publiques, art. 17 du Pacte des Nations Unies sur les droits civils et politiques de 1966, art. 17 de la convention des droits de l'enfant signée à New York en 1990, art. 7 de la charte des droits fondamentaux de l'union européenne du 18 décembre 2000. Il est de nature à protéger l'individu dans sa sphère d'intimité en faisant obstacle à l'immixtion d'autrui : il s'apparente ainsi à un droit à la « tranquillité ».
Mais les différents textes protégeant la vie privée ne la définissent pas. Il importe en conséquence d'en rechercher une définition avant d'en présenter les modes de protection.

– *Définition de la vie privée et domaine de la protection*

La vie privée est une notion évolutive, en raison des interférences qui peuvent exister entre la vie publique et le domaine de la vie personnelle et familiale, notamment pour les artistes et les hommes politiques. C'est pourquoi il est difficile d'en donner une définition ; par son silence, le législateur lui-même a laissé le soin à la jurisprudence d'en cerner les contours.
Une distinction assez nette se dessine entre ce qui relève nécessairement de la vie privée et ce qui ne relève jamais de la vie privée ; par ailleurs, entre ces deux limites se trouve une zone-frontière qui voit ses contours variés en fonction du degré de notoriété de la personne concernée.
Certaines données font d'abord partie de manière absolue de la vie privée. D'après la jurisprudence, sont considérés comme tels tous les éléments qui ont trait à la vie et aux relations affectives ; leur rattachement à la vie privée et à la protection qui l'accompagne présente un caractère absolu : par exemple, celui qui fait des révélations sur la vie affective d'une personne, même notoire, viole nécessairement son droit au respect de la vie privée. Cette protection s'étend notamment à l'identité[2], à l'origine raciale[3], au caractère[4], aux mœurs[5], à l'état de santé et à l'état de grossesse.
Le domicile et la résidence sont également des éléments relevant du domaine de la vie privée[6]. On est donc en droit, pour échapper aux indiscrétions, de ne pas faire connaître aux tiers le lieu de son domicile et de sa résidence ; mais il en va autrement lorsque cette dissimulation est dictée par la volonté de se dérober à l'exécution de ses obligations et de faire échec aux droits des créanciers[7].
Certaines données font ensuite toujours partie de la vie publique : il s'agit des renseignements purement patrimoniaux sur une personne, à moins que ces renseignements aient en même temps trait à la vie privée de l'intéressé[8]. En conséquence, porte tout de même atteinte au droit au respect de la vie privée la révélation d'informations sur la situation de fortune d'un chanteur lorsqu'elle s'accompagne d'indications sur son mode de vie et sur sa personnalité[9] ; de manière

---

1. Art. 9 C. civ. : « *Chacun a droit au respect de sa vie privée. Les juges peuvent, sans préjudice de la réparation du dommage subi, prescrire toutes mesures, telles que séquestre, saisie et autres, propres à empêcher ou faire cesser une atteinte à l'intimité de la vie privée : ces mesures peuvent, s'il y a urgence, être ordonnées en référé* ».
2. Cass. civ. 1re, 13 fév. 1985, D. 1985, IR, p. 322, obs. R. Lindon ; JCP 1985, II, 20467, 2e esp., note R. Lindon.
3. TGI, paris, 6 nov. 1974, Gaz. Pal. 1975, 1, 180.
4 CA, Paris 28 fév. 1989, D. 1989, IR, p. 128.
5. CA, Paris 14 juin 1985, D. 1986, IR, p. 50, obs. R. Lindon ; 20 fév. 1986, D. 1986, IR, p. 447, obs. R. Lindon et D. Amson.
6. Cass. civ. 1re 6 nov. 1990, D. 1990, IR, p. 278.
7. Cass. 1re civ., 19 mars 1991, Bull. I, n° 96, p. 63 ; 30 juin 1992, D. 1993, p. 421.
8. Cass. 1re civ., 28 mai 1991, D. 1992 p. 213, note Kayser : Le respect dû à la vie privée de chacun n'est pas atteint par la publication de renseignement d'ordre purement patrimonial ne comportant (...) aucune allusion à la vie privée de l'intéressé.
9. Cass. 1re civ., 30 mai 2000, Bull. I, n° 167, p. 108 ; JCP 2001, II, 10524, note Montels ; D. 2001, somm. 1989, obs. A. Lepage ; RTDC 2000, p. 801, note J. Hauser.

comparable, la reproduction de bulletins de paie des filles et du gendre du président d'un parti politique a constitué une telle atteinte parce qu'elle s'accompagnait de la reproduction du numéro de sécurité sociale et des références bancaires[1].

Enfin, il existe un certain nombre de faits qui doivent être appréciés de manière relative, en fonction du degré de notoriété de la personne concernée. Tout dépend sur ce point des caractéristiques de la personne qui est visée par les révélations et des circonstances concrètes dans lesquelles les faits se sont déroulés. Il arrive même que des éléments autrefois considérés comme revelant de la vie publique deviennent finalement protégés par le droit au respect de la vie privée ; telle est le cas de la pratique religieuse ; autrefois, la révélation d'une participation publique à des pratiques religieuses ne portait pas nécessairement atteinte à la vie privée, dès lors qu'elle n'était pas inspirée par la volonté de nuire ou de susciter des attitudes discriminatoires ou agressives[2]. Ajourd'hui, la Cour de cassation semble reconnaître systématiquement une atteinte au respect dû à la vie privée dans la publication ayant pour but de révéler la pratique religieuse de l'intéressé[3].

Il ressort de cette appréciation *in concreto* que les personnes connues du public disposent d'un cercle d'intimité plus restreint ; mais ces personnes conservent, de manière irréductible, une vie privée[4] et la divulgation d'un acte en relevant, sans leur consentement, demeure illicite.

– *Tempéraments à la protection de la vie privée*

Il existe un premier tempérament à la protection de la vie privée : aucune sanction ne peut être infligée à une personne qui diffuse un évènement de la vie privée d'une autre personne avec son consentement.

Naturellement, se pose la question de l'extériorisation de ce consentement. Lorsqu'il n'est pas exprès, ce dernier peut être donné tacitement, ce que confirme l'art. 226-1 C. pén.[5] ; encore faut-il qu'il soit certain : lorsqu'un journaliste s'annonce en tant que tel, dévoile sa volonté d'écrire un article sur la personne qui le reçoit et recueille des confidences sur sa vie privée, il est tacitement autorisé à les publier ; en revanche, la publication dans la presse de photographies ou de récits relativement à la vie privée d'un individu porte atteinte à l'intimité de sa vie privée, si ces photographies et ses renseignements ont été captés par indiscrétion. La charge de la preuve de l'autorisation de publication pèse sur celui qui procède à la divulgation.

Par ailleurs, le consentement ne peut se présumer d'un accord précédemment obtenu à l'occasion d'une circonstance passée. En d'autres termes, le consentement est donné au cas par cas : obtenu pour la révélation d'un fait particulier à une personne particulière, il ne vaut que pour cette personne et que pour ce fait. Aussi, le fait d'avoir toléré l'intrusion de la presse dans sa vie privée pendant un certain temps n'implique pas renonciation de se prévaloir pour l'avenir de l'atteinte à l'intimité de la vie privée[6]. Plus exactement, le fait de ne pas avoir agi en justice dans le passé pour faire cesser cette intrusion ne vaut pas consentement à de nouvelles intrusions[7]. Certaines décisions ont toutefois autorisé la redivulgation de faits rendus publics par l'intéressé.

Il existe un deuxième tempérament à la protection de la vie privée, tempérament tirée de la connaissance déjà partagée d'un évènement tiré de la vie privée d'un individu ; en effet, la notoriété d'éléments relevant d'une vie privée, révélés par exemple à l'occasion de débats judiciaires, est de nature à dispenser leur divulgation d'autorisation expresse[8]. De cet arrêt, on

1. Cass. 1re civ., 9 déc. 2003, Bull. I, n° 254, p. 202 ; JCP 2004, IV, 1264.
2. CA, Paris 11 fév. 1987, D. 1987, somm. 385, obs. R. Lindon et D. Amson.
3. Cass. 1re civ., 6 mars 2001, Bull. I, n° 60, p. 39.
4. Cass. 1re civ., 13 avril 1988, JCP 1989, II, 21320, note Putman : l'exercice d'une activité publique n'exclut pas le respect de la vie privée ; Cass. 1re civ. 23 oct. 1990, Bull. I, n° 222, p. 158 : le droit au respect de la vie privée est reconnu à « *toute personne, quels que soient son rang, sa naissance, sa fortune, ses fonctions présentes ou à venir* » ; la formule a été reprise dans l'arrêt du 27 fév. 2007 (Cass. 1re civ., n° 06-10393 ; D. 2007, Act. Jurisp. p. 804).
5. Lorsque les actes portant atteinte à la vie privée « ont été accomplis au vu et au su des intéressés sans qu'ils s'y soient opposés, alors qu'ils étaient en mesure de le faire, le consentement de ceux-ci est présumé ».
6. Cass. 2e civ., 6 janv. 1971, Bull. II, n° 6 : une tolérance et même une complaisance passées à l'égard de la presse ne sauraient faire présumer que le demandeur ait permis définitivement et sans restriction à tout périodique de rassembler et de reproduire des affirmations parues dans d'autres journaux.
7. Cass. 2e civ., 25 nov. 1966, Bull. II, n° 929.
8 Cass. 1re civ., 20 nov. 1990, Bull. I, n° 256 ; TGI Paris, 27 fév. 1979, Papillon, JCP 1970, II, 16293, note R. Lindon ; 25 mars 1987, D. 1988, somm. p. 198 note D. Amson.

en tire souvent l'idée qu'il n'existerait pas de droit à l'oubli, en particulier à l'égard des fautes pénales ayant fait l'objet d'une condamnation, hormis dans l'hypothèse d'une grâce, d'une réhabilitation ou d'une amnistie[1].

Plus largement, la protection de la vie privée peut se trouver réduite par les nécessités de l'information[2].

Ainsi conçu, le droit au respect de la vie privée s'entend comme le droit à une certaine sphère d'intimité venant marquer une limite à la liberté de la presse et à la liberté d'expression d'autrui.

– Modes de protection

On trouvera en particulier à l'art. 9 du C. civ. un arsenal de sanctions visant à protéger le droit au respect de la vie privée.

Certaines sanctions servent d'abord à empêcher la divulgation d'une information protégée auprès du public. Il s'agit de loin des sanctions les plus appropriées, dans la mesure où elles peuvent être ordonnées en référé, avant que le mal ne soit fait.

Est envisageable, en premier lieu, la saisie, qui consiste en la mise sous mains de justice des publications litigieuses. Eu égard à la gravité de cette mesure et à l'atteinte importante qu'elle pose à la liberté d'expression, la jurisprudence exige qu'elle ne soit utilisée que dans des cas extrêmes, où aucune autre forme de réparation ne peut convenir.

Le séquestre est, en second lieu, une possibilité offerte au juge en vue d'obtenir le dépôt des publications litigieuses pendant le temps du procès.

Le plaignant peut, en troisième lieu, obtenir la censure des passages litigieux de la publication.

D'autres sanctions visent ensuite à obtenir réparation du préjudice subi ; elles consistent le plus souvent en l'octroi de dommages-intérêts, sur le fondement de l'application des principes du droit commun de la responsabilité civile. Ces sanctions montrent rapidement leurs limites, puisqu'elles interviennent lorsque le dommage a été causé : elles ne peuvent donc que tenter de réparer le tort ou le préjudice qui a été fait à la victime à la suite de la divulgation des évènements concernant sa vie privée ; le montant des dommages-intérêts est par ailleurs difficile à apprécier, puisqu'il faut passer par l'évaluation d'un préjudice moral ; pour qu'ils soient accordés, il suffit que l'atteinte à la vie privée soit démontrée. En d'autres termes, la seule preuve de cette atteinte caractérise un dommage[3], sans qu'il soit nécessaire pour la victime de démontrer l'existence d'un préjudice ; il arrive que le juge, en forçant le montant des dommages-intérêts accordés, leur attribue une valeur punitive.

Le juge peut aussi demander la publication *in extenso* du jugement de condamnation, ou la publication d'un encart rectificatif. Il s'agit sans doute de la sanction réparatrice la mieux adaptée aux préjudices moraux subis par les intéressés.

La victime peut enfin agir au pénal sur le fondement des articles 226-1 et s. C. pén.

---

1. « (…) le droit à l'oubli a cessé d'être un principe, pour n'être qu'une norme, parmi d'autres, que le juge met dans le plateau de la balance des intérêts en compétition » (Théo Hassler, « Droits de la personnalité : rediffusion et droit à l'oubli », *Recueil Dalloz*, 2007, n°40, p. 2829).

2. V. par ex. Cass. 2e civ., 19 fév. 2004, Bull. II, n° 72, p. 61 ; D. 2004, somm. p. 1633, obs. C. Caron ; D. 2004, 2596, 3e esp., note Bigot : l'annonce faite au public d'une naissance dans une famille princière, sans son accord, peut répondre aux nécessités de l'information si elle est susceptible d'avoir des conséquences politiques et dynastiques. Mais cette décision doit être nuancée depuis l'arrêt du 27 fév. 2007 (Cass. 1re civ., n° 06-10393 ; D. 2007, Act. Jurisp. p. 804) : « Mais attendu que toute personne, quel que soit son rang, sa naissance, sa fortune, ses fonctions présentes ou à venir a droit au respect de sa vie privée ; que l'arrêt relève d'une part que, à la date de la parution de l'article, l'existence et la filiation de l'enfant étaient inconnues du public, que d'autre part, la constitution de la principauté exclut que, né hors mariage, il puisse accéder au trône, situation que, du reste, les conclusions de la société ne soutenaient ni être en débat dans les sociétés française ou monégasque, ni être étudiée par la publication litigieuse, et, enfin, que l'article comportait de nombreuses digressions sur les circonstances de la rencontre et de la liaison de Mme X… et du prince Albert, les réactions de celui-ci à l'annonce de la grossesse et son comportement ultérieur à l'égard de l'enfant ; qu'au vu de ces constatations et énonciations, la cour d'appel a exactement retenu l'absence de tout fait d'actualité comme de tout débat d'intérêt général dont l'information légitime du public aurait justifié qu'il fût rendu compte au moment de la publication litigieuse (…) ».

3. Cass. 1re civ., 5 nov. 1996, Bull. I, n° 378 ; Cass. 1re civ., 25 fév. 1997, JCP 1997, II, 2873, note Ravanas.

b. Le droit à l'image

Tout individu a droit au respect de son image, c'est-à-dire au droit d'interdire aux tiers la fixation, la reproduction et la publication de son image. Longtemps s'est posée la question de l'autonomie de ce droit à l'image par rapport au droit au respect de la vie privée ; le premier dérive t-il du second ou en reste t-il distinct ? On se penchera d'abord sur la question de la nature du droit à l'image avant d'exposer les tempéraments à la protection apportée au droit à l'image.

– Nature du droit à l'image

Reconnu par la jurisprudence avant le droit au respect de la vie privée, le droit à l'image s'est construit comme une notion autonome, il est vrai avec l'aide des principes de la responsabilité civile ; à l'appui de cette autonomie, on pu affirmer que, si, très souvent, la violation du droit à l'image s'accompagne d'une violation du droit au respect de la vie privée, il n'existe pas en la matière d'automaticité ; ce pourrait être le cas, par exemple, lorsque l'intéressé est photographié sur un lieu public : même lorsque la personne dont l'image a été diffusée a été photographiée dans un lieu public, il y a atteinte au droit à l'image lorsque la personne apparaît isolément sur la photographie grâce au cadrage voulu par le photographe. Le droit à l'image ne serait donc pas réductible au droit au respect de la vie privée : il le déborderait.
Cette autonomie se justifierait aussi par l'idée qu'il y a atteinte au droit à l'image dès la prise de vue, avant même sa reproduction et sa diffusion.
Mais la jurisprudence considère aujourd'hui que le droit à l'image relève de la vie privée et, à ce titre, de l'application de l'art. 9 C. civ. ; le droit à l'image se situe donc dans le prolongement du droit au respect de la vie privée, au même titre que le droit au secret des correspondances. Ce rattachement ne doit pas surprendre, dès lors qu'on appréhende le droit à l'image comme un droit à la « tranquillité », comme le droit de s'échapper du regard d'autrui – ce qu'est le droit au respect de la vie privée.
De l'existence d'un droit à l'image, il résulte que la prise d'image d'une personne se trouvant sur un lieu privé nécessite toujours son consentement ; par exemple, l'investigation dans la vie privée au moyen d'un puissant téléobjectif permettant de capter des images dans une piscine privée ne saurait minimiser le préjudice d'une personne, même publique[1].
Sur un lieu public, la prise de vue en premier plan d'une personne nécessite également son consentement, sauf pour des raisons de sécurité et d'ordre public[2] (par exemple pour des raisons de sécurité routière ou dans le cadre de la publicité de débats judiciaires). La reproduction et la diffusion de cette image suivent le même régime d'autorisation : il y a lieu de recueillir le consentement de la personne intéressée ; toute personne peut interdire la reproduction de ses traits[3] ; là encore, il appartient à celui qui se prévaut d'une autorisation d'en rapporter la preuve.

– Tempéraments au droit à l'image

Un premier tempérament à la protection de l'image se trouve dans l'accord donné en vue de la fixation, la reproduction et la diffusion de l'image. Celui qui a consenti à être photographié ne pourra plus se plaindre de la captation de son image sur le fondement de l'atteinte au droit à l'image. Mais, là encore, se pose la question de l'extériorisation de ce consentement.
On s'est notamment demandé si la présence sur un lieu public de la personne concernée valait consentement de se laisser photographier ; en réalité, ce fait n'est pas de nature à faire présumer un tel consentement lorsque la personne est, par le cadrage de l'image, le sujet principal de la photographie.

1. TGI, Paris 8 janv. 1986, D. 1987, somm. p. 137, obs. R. Lindon et D. Amson.
2. TGI, Lyon, 29 août 1980, D. 1981, p. 507, note R. Lindon ; T. Pol. Paris, 25 mai 1984, JCP 1986, II, 20531, note F. Taquet ; loi n° 95-73 du 21 janv. 1995 d'orientation et de programmation relative à la sécurité, art. 10-II.
3. CA Paris, 14 mai 1975, D. 1976, p. 291, note R. Lindon ; sur pourvoi, Cass. 2e civ. 17 mars 1977, D. 1977, IR, p. 316 ; TGI Paris, 8 janv. 1986, D. 1987, somm. p. 137, obs. R. LINDON et D. Amson ; Cass. 1re civ., 10 juin 1987, Bull. I, n° 191, p. 141 ; sur la nécessité de recueillir l'autorisation du représentant légal de l'handicapé mental dont l'image est reproduite : Cass. civ. 1re, 24 fév. 1993, D. 1993, p. 614, note T. Verheyde ; RTDciv. 1993, p. 326, obs. J. Hauser.

Par ailleurs, comme pour le droit au respect de la vie privée, l'information du public peut nécessiter la mise à l'écart du droit à l'image[1] ; on peut donc photographier et diffuser l'image d'une personne pour les besoins de l'actualité ; il importe peu, sur ce point, que la personne en cause soit le sujet principal de la photographie ; le sujet ne pourra se plaindre de la reproduction de son image que si sa photographie fait l'objet d'une utilisation autre qu'informative[2], par exemple commerciale ou publicitaire.

c. Le droit à la voix

La voix est considérée comme un attribut de la personnalité ; elle est une émanation de la personne physique ; son imitation de nature à entraîner une confusion de personnes est illicite[3], sauf dans le cadre d'imitations et de parodies d'hommes publics. La captation et la reproduction de conversations privées (écoute clandestine) sont également illicites, autant du point de vue civil que pénal[4].

d. Le droit au secret des correspondances

Le juge s'est attaché à protéger le secret des correspondances privées. Il prohibe par exemple, sur le fondement de l'art. 9 C. civ., la production en justice d'une lettre révélant des éléments de la vie privée de son auteur en l'absence de son consentement. Le droit pénal lui-même contribue à protéger le secret des correspondances (art. 226-15 pour l'atteinte commise par un particulier, art. 432-9 pour l'atteinte commise par un dépositaire de l'autorité publique).

Sur le fondement de l'art 9 C. civ., l'arrêt Nikon rendu le 2 octobre 2001[5] interdit à l'employeur de prendre connaissance des messages personnels émis par le salarié ou reçus par lui grâce à l'outil informatique. Mais il restait à la cour de cassation de préciser dans quelles conditions l'employeur peut faire ouvrir les fichiers personnels du salarié, s'il suspecte une activité illicite : dans l'arrêt du 17 mai 2005[6], elle a décidé que « *sauf risque ou évènement particulier, l'employeur ne peut ouvrir les fichiers identifiés par le salariés comme personnels contenus sur le disque dur de l'ordinateur mis à sa disposition qu'en présence de ce dernier ou celui-ci dûment appelé* ». Deux autres arrêts, rendus le 18 octobre 2006[7], nous éclaire sur le partage qu'il faut faire entre *documents personnels* et *documents professionnels* : concernant les dossiers et fichiers créés par un salarié grâce à l'outil informatique mis à sa disposition par l'employeur pour l'exécution de son travail, le premier de ces arrêts a décidé qu'ils sont, « *sauf si le salarié les identifie comme étant personnels, avoir un caractère professionnel de sorte que l'employeur peut y avoir accès hors sa présence* » ; s'agissant des documents autres qu'informatiques que le salarié détient dans le bureau mis à sa disposition par l'entreprise (par exemple, des dossiers « papier »), le deuxième arrêt a décidé qu'ils sont, « *sauf si le salarié les identifie comme personnels, présumés avoir un caractère professionnel, de sorte que l'employeur peut y avoir accès hors sa présence* ».

Mais ces arrêts n'ont pas fait taire le contentieux portant sur la reconnaissance des fichiers professionnels créés par le salarié ; ils taisaient notamment la question de la consultation des sites internet consultés par le salarié grâce à un outil informatique mis à sa disposition pour son travail ; le salarié peut-il s'opposer, sur le fondement du secret de ses communications personnelles, à ce que l'employeur prenne connaissance de ses consultations électroniques sur internet ? Dans un premier arrêt du 9 juillet 2008 (06-45800), la Cour de cassation a

1. Cass. 2e civ., 30 juin 2004, JCP 2004, II, 10160, 1er arrêt, note Bakouche ; Bull. II, n° 340, p. 286 : le droit exclusif et absolu d'une personne sur son image doit se combiner avec l'exercice de la liberté de communication des informations, ce dont il résulte qu'une personne ne peut s'opposer à la réalisation et à la divulgation de son image chaque fois que le public a un intérêt légitime à être informé.

2. Est également prohibée l'utilisation de l'image de la photographie d'une personne dans un contexte étranger à celui dans lequel elle a été prise : Cass. 2e civ. 30 juin 2004, JCP 2004, II, 10160, 2e arrêt (Photographie prise sur un champ de course, utilisée pour illustrer un sujet traitant du dopage dans le milieu cycliste).

3. Par exemple, imitation de la voix de Claude Piéplu dans une émission publicitaire : TGI Paris, 19 déc. 1984, G.P. 1985, II, somm. 406.

4. Selon l'art. 226-1 C. pén., « *est puni d'un an d'emprisonnement et de 45 000 euros d'amende le fait, au moyen d'un procédé quelconque, volontairement de porter atteinte à l'intimité de la vie privée d'autrui : 1° en captant, enregistrant ou transmettant, sans le consentement de leur auteur, des paroles prononcées à titre privé ou confidentiel (...)* ».

5. Cass. soc., 2 oct. 2001, D. 2001, note P.-Y. Gauthier, p. 3148 ; Chron. J.-E. Ray, Dr. soc., 2001 p. 915.

6. V. la note de J.-E. Ray, L'ouverture par l'employeur des dossiers personnels du salarié, Dr. soc. 2005, p. 789.

7. Rendus par la Chambre sociale de la Cour de cassation : n° 04-48025 et 04-47400.

considéré que « les connexions établies par un salarié sur des sites Internet pendant son temps de travail grâce à l'outil informatique mis à sa disposition par son employeur pour l'exécution de son travail sont présumées avoir un caractère professionnel de sorte que l'employeur peut les rechercher aux fins de les identifier, hors de sa présence ».
Dans une autre affaire jugée le 21 octobre 2009 (07-43877), un huissier avait ouvert l'ordinateur d'un salarié en son absence, puis avait accédé après ouverture de l'explorateur à un répertoire portant les initiales de l'intéressé, lequel comportait un sous-répertoire nommé personnel et un sous-répertoire désigné par le nom du salarié ; il avait été ensuite reproché à cet huissier d'avoir reproduit les documents trouvés dans le sous-répertoire portant le nom de « salarié », que l'on aurait pu croire protégé au même titre que le fichier dénommé « personnel » ; mais la Cour de cassation écarta cette argumentation : « Les fichiers créés par le salarié à l'aide de l'outil informatique mis à sa disposition par l'employeur pour les besoins de son travail sont présumés avoir un caractère professionnel, sauf si le salarié les identifie comme étant personnels, en sorte que l'employeur est en droit de les ouvrir hors la présence de l'intéressé ».

e. Le droit à l'honneur et à la considération

Le droit à l'honneur reste distinct du droit à la considération, même si ces deux notions sont nécessairement liées.
Intimement lié à l'essence même de la personne humaine, l'honneur repose sur le sentiment personnel – il s'agit donc d'un état d'esprit, d'un état de conscience – de n'avoir rien à se reprocher qui soit contraire à la morale, à l'honnêteté ou à la justice.
La considération est « l'image » (qui n'est pas visuelle, ici) que la personne donne d'elle-même : il s'agit du sentiment qu'elle a fait naître dans l'esprit d'autrui[1] ; cette personne peut donc souffrir d'une dégradation de sa considération, lorsqu'un propos ou une publication est venu jeter un doute sur la moralité ou l'honnêteté de son activité.
L'atteinte à l'honneur et à la considération constitue le délit de diffamation lorsqu'elle résulte de « l'allégation ou de l'imputation d'un fait qui porte atteinte à l'honneur ou à la considération de la personne ou du corps auquel le fait est imputé » (c'est-à-dire lorsqu'elle s'appuie sur un fait précis : par exemple dire d'un fonctionnaire qu'il a rédigé un faux) ; elle est constitutive du délit d'injure lorsqu'elle procède d'une expression outrageante, d'un terme de mépris ou d'une invective qui ne renferme l'imputation d'aucun fait (c'est-à-dire lorsqu'elle résulte d'une parole prononcée en vue de salir la réputation d'une personne, sans relation avec un fait précis) ; ces deux infractions, la diffamation et l'injure, sont réprimées par l'art. 29 de la loi du 29 juillet 1881 sur la liberté de la presse.
L'atteinte à l'honneur et à la considération constitue également un délit civil : la victime est en droit de prétendre à des dommages-intérêts. Le mode de réparation le plus approprié en la matière passe pourtant par la publication du jugement de condamnation que le tribunal peut ordonner aux frais de l'auteur des propos diffamatoires ou injurieux.
La mise en cause d'une personne dans un périodique (ou dans d'autres modes de communication) peut aussi justifier l'exercice d'un droit de réponse – même en l'absence de faute civile ou pénale –, permettant ainsi à la victime de faire connaître son point de vue.

f. Le droit à la dignité

De valeur constitutionnelle, le droit à la dignité est une notion délicate à définir ; il n'en est pas moins solidement implanté en droit positif : le principe de sauvegarde de la dignité humaine trouve aujourd'hui à s'appliquer dans les situations les plus variées, plus particulièrement dans les relations du travail.

– *Fondements du droit à la dignité*

À la suite de l'examen de la loi du 29 juillet 1994, qui a inscrit à l'art. 16 du code civil le principe de sauvegarde de la dignité de la personne humaine, le Conseil constitutionnel trouva l'occasion d'attribuer à ce dernier valeur constitutionnelle. Il réalisa ainsi le vœu que

1. À ce titre, une personne morale peut souffrir du préjudice né d'une perte de considération, mais, en tant qu'entité dénuée de sentiments, elle n'a pas d'honneur à protéger (V. notre article : Les droits de la personnalité confrontés au particularisme des personnes morales, D. Aff., n° 117 du jeudi 14 mai 1998, p. 826).

l'Assemblée constituante élue le 21 octobre 1945 avait en vain formulé. Celle-ci avait en effet adopté le 19 avril 1946 une Déclaration des droits de l'homme qu'elle avait proposé d'intégrer à la nouvelle Constitution ; son article 22 définissait les droits sociaux et économiques comme ceux que « *Tout être humain possède, à l'égard de la société, (et) qui garantissent, dans l'intégrité et la dignité de sa personne, son plein développement physique, intellectuel et moral* » ; son article 27 al. 1 disposait que « *La durée et les conditions du travail ne doivent porter atteinte ni à la santé ni à la dignité ni à la vie familiale du travailleur* » ; son article 28 proposait enfin que : « *Hommes et femmes ont droit à la juste rémunération selon la quantité et la qualité de leur travail, en tout cas aux ressources nécessaires pour vivre dignement eux et leur famille* ». Mais cette Déclaration des droits de l'homme avait été rejetée, sans d'ailleurs que l'idée de reconnaître à l'homme un droit à la dignité soit à l'origine de ce rejet.

C'est également en 1994 que le code pénal se dota, dans son livre II sur les « Crimes et délits contre les personnes », d'un titre II comportant un chapitre V intitulé « Des atteintes à la dignité de la personne », où figurent notamment une section traitant des discriminations et une section sur les conditions de travail et d'hébergement contraires à la dignité de la personne.

Le principe de sauvegarde de la dignité humaine trouve aujourd'hui à s'appliquer dans les situations les plus variées, aussi bien dans les relations de droit public que de droit privé ; il bénéficie parfois du relais d'une disposition spéciale – notamment celles du code pénal ou de l'art. 16 du code civil –, mais sa valeur de principe constitutionnellement reconnu le dote d'une grande capacité à embrasser toutes les disciplines, même sans le support de textes spéciaux.

On peut remarquer qu'il a servi d'abord à protéger la condition humaine dans le domaine de la bioéthique ; il intéresse donc la personne humaine en devenir, non pas seulement celle qui est déjà constituée.

Il a vocation également à sauvegarder l'intégrité du corps humain et l'intégrité morale de la personne : il a ainsi été invoqué, avant l'intervention du législateur par la loi du 4 mars 2002, pour fonder le devoir d'information du médecin vis-à-vis de son patient1 ; la Chambre Criminelle de la Cour de cassation a pu également considérer que l'interrogatoire d'une personne placée en garde à vue, nue, au milieu d'une pièce, constituait un traitement humiliant et une atteinte à la dignité humaine[2] ; la même atteinte a été caractérisée dans un supermarché lors d'une fouille publique du sac et des vêtements d'une cliente suspectée de vol[3].

Le principe de sauvegarde de la dignité est surtout un rempart contre toute tentative de réification de la personne humaine ou, dit autrement, contre tout processus de déshumanisation : il a ainsi fondé le droit à un logement décent[4] et a permis la condamnation de l'attraction du « lancer de nains » – qui consiste à assimiler un nain à un projectile et à le faire lancer par des spectateurs[5] ; il protégea aussi de l'indécence et des risques d'exclusion et de discrimination des porteurs du virus HIV en condamnant la campagne publicitaire de la société Benetton de l'automne 1993 montrant un torse humain, un bas-ventre et un fessier nus avec la mention « HIV Positive »[6].

La condition de la personne vivante n'est pas la seule cible du principe de sauvegarde de la dignité ; il est enfin de nature à protéger la condition et l'image des morts ; c'est sur son fondement que le juge condamna, d'une part, le propos d'un animateur de la radio Skyrock qui s'était réjoui à quatre reprises du meurtre d'un policier lors d'une fusillade avec des malfaiteurs[7] et, d'autre part, de la publication d'une photographie représentant le corps et le visage d'une personne assassinée gisant sur la chaussée[8].

---

1. Cass. civ. 1re, 9 oct. 2001, Bull. I, n° 249 ; D. 2001, p. 3470, rapp. Sargos, note Thouvein ; JCP 2002, II, 10045, note Cachard ; Contrats Conc. Consom. 2002, n° 22, note Leveneur ; Gaz. Pal. 25-27 nov. 2001, note Guigue ; Petites Affiches du 6 déc. 2001, note Clement, du 13 mars 2002, note Marmoz ; RTDciv. 2002, p. 176 obs. R. Libchaber.
2. Cass. crim., 10 janvier 1995, D. 1996, IR, p. 173.
3. Cass. civ. 2e, 1er avril 1999, Bull. II, n° 66 ; D. 1999, p. 387, note D. Mayer.
4. v. notamment déc. C.C. 19 janvier 1995, AJDA 1995, p. 455 note Jorion ; D. 1997, somm. p. 137, obs. Gaïa.
5. CE ass., 27 oct. 1995, D. 1996, p. 177, note Lebreton ; JCP 1996, II, 22630, note F. Hamon ; RFDAdm. 1995, p. 1204, concl. Frydman ; Petites Affiches du 24 janvier 1996, note Rouault.
6. CA Paris, 28 mai 1996, D. 1996, p. 617, note B. Edelman (v. le jugement confirmé : TGI Paris, 1er février 1995, D. 1995, p. 569, note B. Eedeloman).
7. CE, 20 mai 1996, D. 1997, somm. 82, obs. Hassler et Lapp.
8. Cass. civ. 1re, 20 déc. 2000, Bull. I, n° 341 ; D. 2001, p. 872, note Gridel ; p. 1990, somm. obs. A. Lepage ; JCP 2001, II, 10488, concl. Sainte-Rose, note Ravanas ; Petites Affiches du 7 mars 2001, note Derieux ; RTDciv. 2001, p. 329 obs. J. Hauser.

La Cour européenne des droits de l'Homme a elle-même découvert toutes les richesses de ce principe, sur le fondement de l'art. 3 de la CEDH, pour condamner certaines mesures privatives de liberté, telles que celles qui consistent à placer des détenus dans des cellules exigües et surpeuplées, sans possibilité de circulation et sans dispositif d'aération en dépit d'une chaleur étouffante[1].

– *Définition du droit à la dignité*

Ce panorama de jurisprudences montre que la dignité est souvent invoquée pour obtenir réparation des atteintes portées à l'intégrité physique et morale de l'être humain et, ainsi, pour faire échec aux tentatives de dégradation du corps humain. Elle a servi également à réparer les dommages nés de la dévalorisation de la personne humaine, lorsque celle-ci était atteinte en tant que personne insérée dans des relations sociales[2].

Le droit à la dignité sert, en définitive, à protéger les hommes dans leur corps et dans leur personne : il offre une garantie contre les atteintes résultant de la dégradation du corps humain et de la déconsidération de la personne humaine.

Mais ces éléments ne suffisent pas à caractériser le droit à la dignité, car ce dernier n'est pas de nature à faire double emploi avec la protection de l'intégrité morale et physique de l'homme, ni même avec le droit au respect de l'intimité de la vie privée. L'atteinte à la dignité ne se réalise finalement qu'à l'occasion d'une utilisation de la personne humaine qui confine à sa réification. C'est pourquoi elle trouve un terrain privilégié dans la relation de travail.

– *Atteinte à la dignité dans le travail*

En même temps qu'il a modifié en 2001 la conception du harcèlement sexuel, le législateur s'est insensiblement rapproché de l'idée qu'un tel délit se reconnaît à l'atteinte portée à la dignité humaine. Il est regrettable, d'ailleurs, qu'il ne l'ait pas dit expressément, alors qu'il n'a pas hésité à inscrire le harcèlement moral, ou au moins une grande partie de ses manifestations (voir sur ce point l'art. L. 1152-1 du code du travail), dans le cadre d'une atteinte à la dignité humaine.

La dignité au travail est aussi garantie par les textes issus du code pénal ; dans le chapitre traitant des « atteintes à la dignité de la personne », figurent en effet deux textes protégeant les travailleurs considérés comme vulnérables ou dépendants.

Selon le premier de ces textes (l'article L. 225-13 C. pén.), est d'abord puni de 5 ans d'emprisonnement et de 150 000 euros d'amende le « *fait d'obtenir d'une personne dont la vulnérabilité ou l'état de dépendance sont apparents ou connus de l'auteur, la fourniture de service non rétribués ou en échange d'une rétribution manifestement sans rapport avec l'importance du travail accompli* » ; cette disposition a permis de condamner un employeur qui, profitant d'une « conjoncture économique très défavorable », employait des salariés sans les rémunérer correctement, en leur imposant des horaires excessifs ; pour retenir une telle condamnation, le juge s'est fondé sur le fait que l'intéressé, qui n'avait jamais cessé de répéter ce comportement, usait de sa qualité d'employeur pour « exploiter la vulnérabilité sociale et la dépendance économique d'une grande partie de ses employés », qui avaient subi « la fatigue inhérente à de tels horaires, des difficultés familiales pour organiser leur vie personnelle, et notamment la garde de leurs enfants, sans obtenir de contrepartie, et en étant totalement déconsidérés et atteints dans leur dignité »[3].

La Cour de cassation a appliqué le même texte à des étudiants en situation de stage, considérés en situation de dépendance « en raison, notamment, du caractère obligatoire de leur stage pour l'obtention du brevet de technicien supérieur » ; ces étudiants, attachés à une école hôtelière, devaient effectuer un stage à l'issue de leur formation, donnant lieu à la rédaction d'un rapport noté ; le prévenu avait abusé de cette situation en les affectant « à la réception de l'hôtel, de

1. CEDH, sect. II, 19 avril 2001, Peers/Grèce : requête n° 28524/95.
2. M.-L. Pavia, La découverte de la dignité de la personne humaine, in La dignité de la personne humaine, M.-L. Pavia et T. Revet, Economica, 1999, p. 3.
3. CA Bordeaux, 7 janvier 1997, JCP 1997, IV, 2420 ; RS crim. 1998, p. 541, obs Y. Mayaud.

23 heures à 7 heures, 7 jours sur 7, pour une durée de travail hebdomadaire comprise entre 56 et 63 heures et pour une rémunération fixée à 1 760 francs pour 190 heures »[1].

Selon le second de ces textes – l'article L. 225-14 C. Pén. –, est aussi puni de 5 ans d'emprisonnement et de 150 000 euros d'amende le « *fait de soumettre une personne, dont la vulnérabilité ou l'état de dépendance sont apparents ou connus de l'auteur, à des conditions de travail ou d'hébergement incompatibles avec la dignité humaine* » ; le recours a cette disposition s'est fait plus fréquent ces dernières années ; ce texte s'adresse aux mêmes personnes – celles qui sont « vulnérables » ou en « état de dépendance » – que celles que protège l'art. 225-13 du code pénal ; mais il vise toutes sortes d'atteinte à la dignité, non pas seulement celles qui résultent, dans le cadre d'un travail salarié, d'une absence de rétribution ou d'une rétribution manifestement sans rapport avec le travail fourni ; doté d'un champ d'application plus large, il est promis à un développement plus important que le précédent ; la jurisprudence offre déjà des repères suffisamment précis pour reconnaître ces conditions de travail considérées comme « incompatibles avec la dignité humaine » ; dans une première affaire[2], il était reproché à l'employeur, qui profitait de la situation de vulnérabilité sociale et économique de ses salariés en raison de leur absence de qualification et de la situation particulièrement difficile de l'emploi en milieu rural notamment dans le secteur de la confection, de les diriger en « ayant recours à des hurlements permanents », de leur faire subir des vexations en les insultant publiquement et en utilisant divers procédés inadmissibles pour les humilier, enfin de leur imposer des cadences et des conditions matérielles de travail faisant d'eux « le prolongement d'une machine-outil ». Dans une seconde espèce[3], la directrice d'un grand magasin s'était rendue coupable à l'égard de ses salariés, pendant le travail et devant les clients, « d'actes de violences, de brimades, d'injures et autres vexations ». L'arrêt ajoutait des précisions quant à la notion de personnes « vulnérables » ou « dépendantes » : ont été considérés comme inopérants les motifs tirés de ce que les « *plaignants, étant de nationalité française et titulaires d'un contrat de travail, ne sauraient se trouver en situation de dépendance ou de vulnérabilité vis-à-vis de leur employeur, même si la conjoncture économique rendait leur choix de rompre le contrat plus difficile et même si certains étaient plus fragiles* ».

Il ressort clairement de ces décisions que les victimes de cette infraction ne sont pas nécessairement des étrangers, des travailleurs sans contrats de travail ou des mineurs[4] ; les précisions apportées par l'art. L. 225-15-1 C. pen., selon lesquelles « *les mineurs ou les personnes qui ont été victimes des faits décrits par ces articles à leur arrivée sur le territoire sont considérés comme des personnes vulnérables ou en situation de dépendance* » – font seulement figure d'exemples ; la victime peut se contenter, pour invoquer ces différents textes, de prouver qu'elle était placée en situation de faiblesse, par exemple en raison des difficultés qu'elle pouvait rencontrer à retrouver un emploi dans son secteur géographique ou professionnel. Sa vulnérabilité peut aussi être culturelle, résultant par exemple d'une absence de qualification. En revanche, le seul fait d'être travailleur subordonné ne suffit pas à caractériser cette vulnérabilité ou cette dépendance.

La Chambre sociale a également été tentée de faire application du droit à la dignité de l'art. 16 du code civil à l'égard d'un salarié qui s'était plaint de la trop grande publicité qui avait été faite des motifs de son licenciement auprès du conseil d'administration de son entreprise. En l'espèce, la salariée d'une caisse d'allocations familiales, rédacteur au service contentieux, avait été licenciée pour avoir, en sa qualité d'allocataire d'une autre caisse d'allocations familiales, minoré pendant plusieurs années sa déclaration de ressources afin de bénéficier de prestations indues[5] ; sans contester l'existence de la faute lourde, la Cour de cassation a considéré que l'employeur avait commis une faute contractuelle en faisant connaître à son personnel les raisons du licenciement ; elle décida, sur le visa des art. 9 et 1147 du code civil, et L. 120-2 C.T. (devenu l'art. L. 1121-1), que « *le fait de porter à la connaissance du personnel, sans motif légitime, les agissements d'un salarié nommément désigné constitue une*

1. Cass. crim., 3 déc. 2002, Bull. crim., n° 215 ; JCP 2003, IV, 1096, CSBP 2003, A 18, p. 134, obs. F.-J. Pansier.
2. Cass. crim., 4 mars 2003, JCP 2003, IV, 1804 ; RJS 6/03, n° 702.
3. Cass. crim., 23 avril 2003, RJS 2003, n° 1300, p. 897.
4. CA Paris, 19 janv. 1998, Dr. Pénal 1998, comm. 64, obs. Veron.
5 Cass. soc., 25 fév. 2003, RJS 5/03, n° 581, p. 396 ; Dr. Soc. 2003, p. 629, note J. Savatier Portée de l'immunité disciplinaire du salarié pour les actes de sa vie personnel.

atteinte à la dignité de celui-ci de nature à lui causer un préjudice distinct de celui résultant de son emploi ». Certes, ce n'est pas la première fois que la Cour de cassation accorde des dommages et intérêts en raison des circonstances qui ont accompagné le licenciement ; elle l'a fait par exemple pour réparer le préjudice né du comportement injurieux, vexatoire, ou, simplement, brutal que l'employeur a pu adopter au moment de la rupture[1] ; certains juges du fond ont aussi condamné des employeurs pour avoir fait état publiquement du licenciement de leurs salariés : a ainsi été sanctionné l'hôtelier qui a organisé, dans une salle de son hôtel café restaurant ouverte au public, l'entretien préalable au licenciement de son salarié, en présence des clients (qui étaient, par ailleurs, amis de la victime)[2]. Mais on peut être surpris, dans l'arrêt du 25 février 2003, que le droit à dignité soit invoqué sous le visa, non pas de l'art. 16 du code civil, mais de l'art. 9, qui protège le droit au respect de la vie privée. La motivation d'une telle décision mérite, en conséquence, quelques éclaircissements et montre combien la notion de dignité peut être proche de la vie privée, même si elle ne la recoupe pas. Toujours est-il que le recours à la dignité peut surprendre dans cette affaire : en quoi cette diffusion d'un élément de la vie extraprofessionnelle auprès du personnel a-t-elle pu atteindre la dignité du salarié ? Il ne suffit pas qu'il existe une atteinte à l'intégrité morale de l'individu pour que sa dignité soit mise en cause ; en l'espèce, il y a bien eu faute de l'employeur qui a livré à ses collaborateurs les plus proches et au personnel une information relevant de la vie personnelle de l'intéressée. Si l'on reste d'accord avec l'opinion de M. Jean Savatier, selon laquelle « on ne peut donc user qu'avec circonspection de l'idée de dignité du salarié pour condamner les révélations des motifs des sanctions disciplinaires dont il a été l'objet », il convient d'être plus réservé à l'égard de l'affirmation selon laquelle le salarié puni par l'employeur pour un fait tirée de sa vie personnelle n'aurait pas un « droit au secret » sur ses agissements coupables. Certes, il n'y a pas de doute que l'acte du salarié pouvait justifier la rupture du contrat de travail : la fraude dont il était coupable dans sa vie extraprofessionnelle – qui, par ailleurs, pouvait difficilement être rattachée à la protection du droit au respect de la vie privée – était directement de celles qu'il était chargé de poursuivre dans ses fonctions. Un lien très étroit était donc établi entre ce comportement répréhensible, relevant de sa vie personnelle, et son activité professionnelle. Mais il est exclu qu'un employeur puisse, sous couvert d'avoir trouvé une telle cause de licenciement, opérer un déballage de la faute commise.

g. Le droit au nom

Le nom est l'appellation obligatoire qui sert à désigner une personne ; ce signe distinctif de la personne est considéré, selon une opinion très largement répandue, comme un attribut de la personnalité.
Après en avoir cerné la nature, on détaillera sa composition et présentera ses modes d'acquisition, les conditions de son changement et les actions qu'il est possible d'exercer en vue de le protéger.

– *Nature du nom*

On pensait au XIXe siècle que le nom servait essentiellement les intérêts de l'État.
Il est encore patent, aujourd'hui, que le nom permet toujours d'isoler la personne au sein de la société. Identifier une personne par son nom sert en effet à la distinguer, à l'individualiser dans le groupe social ; l'attribution du nom peut être considérée comme une mesure de police administrative, en tant qu'elle permet à l'État de distinguer les individus et de faire régner la paix et l'ordre social. C'est pourquoi il est revenu à l'État d'organiser un état civil.
Par la suite, pour faire obstacle aux usurpations de noms, la jurisprudence avait développé l'idée que le titulaire d'un nom en était, avec les autres membres de sa famille, le propriétaire ; il pouvait donc, sur le fondement d'un droit de propriété, faire obstacle à son usurpation.
Mais cette qualification a été le plus souvent abandonnée au profit d'une conception du nom tirée de la théorie des droits de la personnalité : il est excessif d'affirmer qu'on est propriétaire de son nom (au moins à titre individuel), car cette analyse conduit à le présenter sous les

1. G. Couturier évoque à ce sujet la notion d'un licenciement « abusif » en raison des circonstances qui entourent la rupture : Droit du travail, 1/« Les relations individuelles », 3e éd. PUF, p. 243, n° 135.
2. CA Toulouse, 1er octobre 1999, RJS 1/00, n° 24.

traits d'un droit cessible et transmissible par succession. Précisément, le nom est incessible et s'acquiert principalement par filiation, non pas par héritage au moment de la succession. Aujourd'hui, on est largement tenté de considérer le nom comme un élément de l'identité de la personne, permettant à chacun de s'y reconnaître : il est un attribut de la personnalité ; la personne détient sur son nom un droit qui s'attache à l'essence même de la personne : il s'agit d'un droit de la personnalité, comparable dans sa nature au droit au respect de la vie privée ou au droit à l'image.

– *Composition du nom*

Chaque personne est désignée par un *nom de famille* (que l'on appelait autrefois le *nom patronymique*) auquel est ajouté, au minimun, un *prénom*. L'essentiel de ces questions est régi par les art. 311-21 (pour le nom) et 57 C. civ (pour le prénom).
Le nom de famille est la marque de l'appartenance d'un individu à une famille et s'acquiert le plus souvent par filiation.
Depuis le 1er janvier 2005, les parents peuvent choisir le nom de famille de leur enfant dans le cadre d'une déclaration conjointe (art. 311-21 C. civ.)[1], déclaration qui permet l'attribution soit du nom du père, soit du nom de la mère, soit de leurs deux noms accolés[2] dans l'ordre choisi par eux dans la limite d'un nom de famille pour chacun d'eux. Le nom dévolu au premier enfant vaut ensuite pour les autres enfants communs. Si les parents ou l'un d'entre eux porte déjà un double nom de famille, ils peuvent, toujours par une déclaration conjointe, ne transmettre qu'un seul nom à leur enfant.
En l'absence de déclaration conjointe mentionnant le choix du nom de l'enfant, ce dernier prend le nom du parent à l'égard duquel la filiation est établie en premier lieu ; il s'agira du nom du père si la filiation est établie simultanément à l'égard de la mère et du père.
Le prénom permet ensuite de distinguer chaque individu des autres membres de la famille. Depuis la loi du 8 janvier 1993, les règles gouvernant le choix des prénoms ont été libéralisées. Ces prénoms sont librement choisis par les père et mère[3]. Il n'est plus indispensable que ce prénom figure dans un calendrier. Mais il arrive que le choix du ou des prénoms paraisse contraire, en tant que tels ou par leur association avec le nom de famille, à l'intérêt de l'enfant ou au droit des tiers à voir protéger leur nom de famille ; dans ce cas, l'officier de l'état-civil doit tout de même enregistrer le prénom, mais en avise sans délai le procureur de la République qui

---

1. Art. 311-21 C. civ. : « *Lorsque la filiation d'un enfant est établie à l'égard de ses deux parents au plus tard le jour de la déclaration de sa naissance ou par la suite mais simultanément, ces derniers choisissent le nom de famille qui lui est dévolu : soit le nom du père, soit le nom de la mère, soit leurs deux noms accolés dans l'ordre choisi par eux dans la limite d'un nom de famille pour chacun d'eux. En l'absence de déclaration conjointe à l'officier de l'état civil mentionnant le choix du nom de l'enfant, celui-ci prend le nom de celui de ses parents à l'égard duquel sa filiation est établie en premier lieu et le nom de son père si sa filiation est établie simultanément à l'égard de l'un et de l'autre. En cas de naissance à l'étranger d'un enfant dont l'un au moins des parents est français, les parents qui n'ont pas usé de la faculté de choix du nom dans les conditions du précédent alinéa peuvent effectuer une telle déclaration lors de la demande de transcription de l'acte, au plus tard dans les trois ans de la naissance de l'enfant. Lorsqu'il a déjà été fait application du présent article ou du deuxième alinéa de l'article 311-23 à l'égard d'un enfant commun, le nom précédemment dévolu ou choisi vaut pour les autres enfants communs. Lorsque les parents ou l'un d'entre eux portent un double nom de famille, ils peuvent, par une déclaration écrite conjointe, ne transmettre qu'un seul nom à leurs enfants* ».
2. Cette possibilité de donner un double nom a été voulue pour faire obstacle à la disparition du nom des épouses qui, progressivement, se traduisait par une disparition des noms rares.
3. V. art. 57 C. civ. : « *L'acte de naissance énoncera le jour, l'heure et le lieu de la naissance, le sexe de l'enfant, les prénoms qui lui seront donnés, le nom de famille, suivi le cas échéant de la mention de la déclaration conjointe de ses parents quant au choix effectué, ainsi que les prénoms, noms, âges, professions et domiciles des père et mère et, s'il y a lieu, ceux du déclarant. Si les père et mère de l'enfant ou l'un d'eux, ne sont pas désignés à l'officier de l'état civil, il ne sera fait sur les registres aucune mention à ce sujet. Les prénoms de l'enfant sont choisis par ses père et mère. La femme qui a demandé le secret de son identité lors de l'accouchement peut faire connaître les prénoms qu'elle souhaite voir attribuer à l'enfant. À défaut ou lorsque les parents de celui-ci ne sont pas connus, l'officier de l'état civil choisit trois prénoms dont le dernier tient lieu de nom de famille à l'enfant. L'officier de l'état civil porte immédiatement sur l'acte de naissance les prénoms choisis. Tout prénom inscrit dans l'acte de naissance peut être choisi comme prénom usuel. Lorsque ces prénoms ou l'un deux, seul ou associé aux autres prénoms ou au nom, lui paraissent contraires à l'intérêt de l'enfant ou au droit des tiers à voir protéger leur nom de famille, l'officier de l'état civil en avise sans délai le procureur de la République. Celui-ci peut saisir le juge aux affaires familiales. Si le juge estime que le prénom n'est pas conforme à l'intérêt de l'enfant ou méconnaît le droit des tiers à voir protéger leur nom de famille, il en ordonne la suppression sur les registres de l'état civil. Il attribue, le cas échéant, à l'enfant un autre prénom qu'il détermine lui-même à défaut par les parents d'un nouveau choix qui soit conforme aux intérêts susvisés. Mention de la décision est portée en marge des actes de l'état civil de l'enfant* ».

peut saisir le juge aux affaires familiales. Si le juge estime que le prénom n'est pas conforme à l'intérêt de l'enfant ou méconnaît le droit des tiers à voir protéger leur nom de famille, il en ordonne la suppression sur les registres de l'état-civil ; si les parents n'ont pas fait un nouveau choix de prénoms conforme aux intérêts de l'enfant ou des tiers à voir protéger leur nom de famille, le juge attribue à l'enfant un autre prénom qu'il détermine lui-même.

Lorsque la femme a demandé le secret de son identité lors de l'accouchement, elle peut tout de même faire connaître les prénoms qu'elle souhaite voit attribuer à l'enfant ; à défaut, ou lorsque les parents ne sont pas connus, l'attribution des prénoms et du nom se fait par voie administrative : l'officier de l'état-civil choisit trois prénoms dont le dernier teint lieu de nom de famille.

On s'est enfin demandé si les titres nobiliaires pouvaient être admis au titre d'accessoire du nom. Rien n'est dit sur ce point dans la loi qui, depuis 1789, ne reconnaît pas à la noblesse un élément de l'état des personnes. Mais il est vrai que la loi n'exclut pas la mention des titres de noblesse qui ont toujours été considérés, en tant « qu'information complétive propre à mieux constater l'identité de la personne »[1], des compléments du nom. C'est pourquoi leurs titulaires sont en droit d'obtenir leur mention dans l'acte d'état-civil, dès lors qu'ils détiennent un titre certain[2]. Il est possible, également, d'engager devant le juge judiciaire une action en rectification de l'état civil, lorsque le titre est, là encore, incontesté[3] ; mais la dévolution des titres de noblesse échappe à l'autorité judiciaire : elle est de la compétence de la chancellerie dont les décisions sont susceptibles de recours devant le Conseil d'État[4]. La collation des titres de noblesse étant révolue, le Garde des sceaux n'est compétent que pour se prononcer sur les demandes de vérification des titres ; il est conduit uniquement à examiner les preuves de propriété des titres produits[5].

– *Modes d'acquisition du nom*

On a précédemment montré que la filiation était la voie la plus répandue de l'acquisition d'un nom qui, désormais, laisse une place, au moment de l'attribution du nom, à la volonté des père et mère. Ce n'est qu'en présence d'un enfant naturel non reconnu que le choix du nom se fera par voie administrative.

Mais il est également possible d'acquérir un nom par voie d'adoption ; il existe une distinction, en la matière, entre les régimes de l'adoption : dans le cadre d'une adoption simple, l'adopté ajoute à son nom de famille celui de l'adoptant[6] ; dans le cadre d'une adoption plénière, l'adopté prend le nom de l'adoptant (art. 357 et 357-1 C. civ.).

On peut aussi acquérir un nom par légitimation, à la suite du mariage de ses parents (art. 332-1, 334-2, 334-3 et 334-4 C. civ.) ou d'une demande en justice (art. 333-4 et 333-5 C. civ.).

On peut enfin obtenir l'usage du nom de celui de ses parents qui ne lui a pas transmis le sien (loi du 23 décembre 1985) ; dans le cadre du mariage, la femme ou l'homme peut avoir l'usage du nom de son conjoint ; du côté de la femme mariée, l'usage consistant à se faire connaître sous le nom de son mari est séculaire (même si, officiellement, elle reste désignée dans la plupart des actes de l'administration par son nom de jeune fille). Du côté de l'homme marié, cette pratique reste très exceptionnelle et se traduit non pas par une substitution de noms, mais par l'adjonction du nom de son épouse à son propre nom de famille.

En cas de divorce, chacun des époux perd l'usage du nom de son conjoint (art. 264 al. 1 C. civ.). Mais cette perte peut s'avérer préjudiciable, notamment pour la femme, lorsqu'elle s'est faite connaître professionnellement sous le nom de son ancien mari. Une femme pourrait également souffrir, dans ses relations sociales, de ne plus pouvoir porter le nom de ses enfants. C'est pourquoi l'art. 264 al. 2 C. civ. dispose que l'un des époux peut néanmoins conserver l'usage

1. CEDH, 28 oct. 1999, Pilar de la Cierva et a. c/Esp., Dr. fam. 2001, note de Lamy.
2. Cass. req., 26 oct. 1897, DP 1897, 1, 584.
3. CA Toulouse, 24 fév. 1930, Gaz. Pal. 1930, I, 812.
4. V. par ex. CE, 6 avril 1979, Rec., p. 148 ; CE, 25 fév. 1983, Gaz. Pal. 1983, II, 504, concl. Genevois ; D. 1984, p. 161, note Texier.
5. CE, 6 déc. 2002, Gaz. Pal. 25-26 avril 2003, concl. Prada Bordenave ; RFD adm. 2003, p. 198.
6. Art. 363 C. civ.

du nom de l'autre, soit avec l'accord de celui-ci, soit avec l'autorisation du juge, s'il justifie d'un intérêt particulier pour lui ou pour les enfants.

– Immutabilité du nom

En principe, le nom est considéré comme immuable : on ne peut en changer volontairement. On est donc tenu, d'une part, de se faire connaître, du moins auprès des autorités administratives, sous son nom de famille et, d'autre part, de répondre au nom qui est le sien. Le choix d'un pseudonyme[1], qui vise à masquer au public sa personnalité véritable, n'est possible que dans l'exercice d'activités particulières (dans le domaine du show-biz, en matière littéraire et artistique) ; il est proscrit lorsque l'individu s'identifie auprès des représentants de l'État, particulièrement devant l'autorité judiciaire[2] : l'usage d'un faux nom constitue, dans ce cas, une atteinte à l'état-civil des personnes, qualifiée de délit (art. 433-19 C. pén.) : « *Est puni de 6 mois d'emprisonnement et de 7 500 euros d'amende le fait, dans un acte public ou authentique ou dans un document administratif destiné à l'autorité publique et hors les cas où la règlementation en vigueur autorise à souscrire ces actes ou documents sous un état civil d'emprunt : 1) de prendre un nom ou un accessoire du nom autre que celui assigné par l'état civil ; 2) de changer, altérer ou modifier le nom ou l'accessoire du nom assigné par l'état civil* ». L'usage d'un faux nom peut aussi être à l'origine d'autres infractions : faux en écriture privée (art. L. 441-1. C. pén.), escroquerie par l'emploi d'un faux nom (art. 313-1 C. pén.), etc.
Mais il existe des exceptions au principe de l'immutabilité du nom (V. les art. 60 à 61-. civ.) : on peut demander à changer de nom s'il l'on justifie d'un intérêt légitime (art. 61 al. 1 C. civ.) ; cette demande est en général motivée par la volonté d'abandonner un nom ridicule, odieux, grossier, voire déshonorant (par exemple, par l'opprobre qui s'attache à un porteur du même nom, à la suite de sa condamnation judiciaire) ; mais elle peut aussi avoir pour objet d'éviter l'extinction du nom porté par un ascendant ou un collatéral du demandeur jusqu'au 4e degré (art. 61 al. 2 C. civ.) ; elle peut enfin procéder de la volonté de faire disparaître un nom à consonance étrangère, en vue d'accélérer un processus d'intégration[3] ; le changement de nom est décidé, dans ces hypothèses, par décret après avis du conseil d'État.
Pour les mêmes motifs – si l'on justifie d'un intérêt légitime –, on peut demander à changer de prénom (art. 60 al. 1er C. civ.) ; mais la demande est portée devant le juge aux affaires familiales à la requête de l'intéressé ou, s'il s'agit d'un incapable, à la requête de son représentant légal.

– Imprescriptibilité du nom

Le principe de l'immutabilité du nom se prolonge du principe de son imprescriptibilité : le droit de porter un nom ne se perd pas par le non-usage ; on peut inversement se poser la question de savoir s'il peut s'acquérir à la suite d'une possession (par prescription) ; la jurisprudence y ait favorable : un droit sur le nom peut être reconnu à celui qui fait état d'une possession « loyale et prolongée » de ce nom ; il peut ainsi arriver que les ascendants d'une personne aient modifier leur nom (suppression de la particule « de » au moment de la Révolution, par exemple) ; cette personne a, en toute hypothèse, un droit sur le nouveau nom qu'elle a acquis par possession ; mais cet usage ne fait pas obstacle à ce que cette même personne renonce à s'en prévaloir pour préférer le nom de ces ancêtres, qu'elle n'a pas perdu du seul fait de l'usage d'un autre nom par ses ascendants les plus proches[4]. Toutefois, cette revendication du nom d'origine ne sera pas nécessairement satisfaite : il appartient en effet au juge, en considération, notamment, de la durée respective et de l'ancienneté des possessions invoquées, ainsi que des circonstances dans lesquelles elles se sont succédées, d'apprécier s'il y a lieu d'accueillir cette revendication[5] : a par

1. Cass. civ. 1re, 23 fév. 1965, P 1965, II, 14255, note Nepveu.
2. Cass. crim., 11 janv. 1990, Gaz. Pal. 199I, 298.
3. CE 21 avril 1997, D. 1997, IR, p. 139 ; cette situation reste distincte de celle qui permet, dans le cadre d'une procédure de naturalisation (loi du 25 oct. 1972, modifiée par la loi du 8 janv. 1993), de demander la francisation de leur nom (éventuellement de leur prénom) afin que soit facilitée « leur intégration dans la communauté française » ; accordée par décret, la francisation peut être demandée soit avec la naturalisation ou la réintégration de la nationalité française, soit dans l'année qui suit cet évènement.
4. Cass. 1re civ., 15 mars 1988, JCP 1989, II, 21347, note Agostini.
5. V. par ex. Cass. 1re civ., 2 mars, 30 sept. 2003, D. 2004, p. 86, note G. Loiseau, Possession et revendication d'un nom de famille.

exemple été refusé aux descendants du fils cadet de Louis XIII (famille d'Orléans) le droit de revendiquer le nom de Bourbon, en raison de son abandon initialement souhaité, puis confirmé par les ascendants successifs et, en particulier, par le roi Louis-Philippe au moment de son accession au trône.[1]

– Usurpation du nom

Le droit au nom est de nature à faire obstacle à l'utilisation de son nom par autrui ; on peut ainsi exercer une action en usurpation afin d'interdire à un tiers l'usage de son propre nom. Il s'agit d'une action en contestation d'état en vertu de laquelle le porteur légitime d'un nom conteste à un tiers le droit de porter le même nom. Cette action peut être exercée par tous les membres de la famille, même par ceux qui ne portent pas le nom : c'est l'appartenance à la famille désignée par le nom litigieux qui justifiera l'intérêt à agir. Encore faut-il qu'il y ait véritablement usurpation, laquelle n'est susceptible d'exister qu'à l'égard des noms rares ; par ailleurs, on ne saurait accueillir favorablement une action en usurpation en raison de la seule homonymie des noms en cause. En revanche, il n'est pas nécessaire de faire état d'un préjudice pour justifier d'une telle action : il faut et il suffit qu'il y ait emprunt du nom litigieux.

– Utilisation abusive du nom à des fins artistiques ou littéraires

Le porteur légitime d'un nom est autorisé également à exercer une action en responsabilité contre celui qui utilise abusivement son nom à des fins artistiques ou littéraires[2]. Cette action ne vise pas seulement à obtenir réparation d'un préjudice (par exemple, le discrédit jeté sur le porteur du nom qui se trouve confondu avec le personnage de roman ou de film désigné sous le même nom) ; elle tend également à obtenir, dans la mesure du possible, l'interdiction de l'usage du nom protégé par l'écrivain ou le cinéaste qui a procédé à l'emprunt. Pour exercer ce type d'action, il faut d'abord justifier d'un intérêt agir, qui se déduit de l'existence d'une confusion – ou d'un risque de confusion – entre le porteur légitime du nom et le personnage créé de toute pièce par le cinéaste ou l'écrivain ; il faut donc que le public soit susceptible de rapprocher les deux personnages ; cette confusion ou ce risque de confusion ne s'observe pratiquement qu'à l'égard des noms rares ; encore faut-il que le porteur du nom fasse état d'un préjudice : ce dernier ne sera démontré que si la mise en situation du personnage fictif est de nature à lui faire de l'ombre, par rapprochement[3]. Il est difficile de rapporter l'existence de ce préjudice : il n'a pas été reconnu, par exemple, à l'égard de M. Bidochon[4], dont le nom a fait involontairement le succès d'une bande dessinée présentant les aventures d'une famille pour le moins originale.

– Utilisation abusive du nom à des fins commerciales et publicitaires

Il est enfin possible, pour le porteur d'un nom, d'agir en responsabilité contre celui qui a fait une utilisation abusive de son nom à des fins commerciales[5]. On retrouve, à l'égard de ce type d'actions, les mêmes conditions que celles qui contribuent au succès de l'action en responsabilité exercée par le porteur d'un nom contre l'utilisation abusive de son nom en matière littéraire et artistique : il faut faire état d'un risque de confusion (qui n'existera qu'en matière de noms rares) et d'un préjudice (par exemple, une concurrence déloyale ou une dégradation du nom du fait de sa mise en situation commerciale ou publicitaire) ; par ailleurs, l'action en responsabilité

1. Cass. 1re civ., 30 sept. 2003, préc., 2e esp.
2. V. TGI Seine, 22 oct. 1963, Gaz. Pal. 1964, I, 186 ; CA Paris, 10 juil. 1957, Gaz. Pal. 1957, II, 261 (Jean Dutourd) ; Trib. civ. Seine, 10 déc. 1958 (Françoise Sagan), Gaz. Pal. 1959, I, 243 ; 7 fév. 1989, D. 1990 p. 124 note Hassler ; CA Paris, 30 oct. 1998, D. 1998, IR, p. 259 (affaire Bidochon) ; sur la question v. Colombet, Le nom et les propriétés incorporelles, D. 1989, chron. 31.
3. V. TGI Seine, 22 oct. 1963, Gaz. Pal. 1964, I, 186.
4. CA Paris, 30 oct. 1998, D. 1998, IR, p. 259.
5. V. par ex. Cass. civ. 1re, 6 juil. 1965, Bull. I, n° 453 ; D. 1965, p. 701 (Negresco) ; Cass. civ. 1re, 13 fév. 1967, Bull. I, n° 372 (Savignac) ; Cass. civ. 1re, 19 juin 1961, Bull. I, n° 323 (Boissy d'Anglas) ; TGI Paris 27 juin 1984, JCP 1986, II, 20582, note Plaisant (Paloma Picasso) ; Cass. com., 12 mars 1985, JCP 1985, II, 20400, Concl. Montanier, note G. Bonet (Bordas) ; TGI Paris, 3 janv. 1986, D. 1987, p. 115, note Burst (Château Lafitte Rothschild) ; Cass. com., 28 avril 1987, Bull. IV, n° 100, p. 75 ; Cass. com., 27 fév. 1990, Bull. IV, n° 58, p. 38 ; JCP 1990, II, 21545, note F. Polliaud-Dulian ; Cass. com., 9 avril 1991, Bull. IV, n° 135, p. 97 ; Cass. com., 21 oct. 1997, Gaz. Pal. 1998, II, somm. 77 (Au Duc de Praslin).

sera vouée à l'échec si le porteur du nom litigieux avait donné, au préalable, son autorisation à l'exploitation commerciale de son nom, même tacitement[1].

h. Le droit au respect des croyances religieuses et philosophiques

L'individu est également protégé dans ses croyances religieuses et philosophiques. Encore faut-il, sur ce point, que l'atteinte à ses croyances soit particulièrement grave[2] pour qu'elle justifie une saisine du juge des référés, à tout le moins une condamnation à des dommages-intérêts en réparation du préjudice moral éprouvé par la victime. Là encore, la jurisprudence s'efforce de trouver un équilibre entre le respect d'un droit protégeant la personnalité du croyant et celui d'une liberté fondamentale – la liberté d'expression – qui, dans son exercice, peut conduire à critiquer les croyances d'autrui.

La critique du fait religieux peut aussi, dans ses excès, être constitutive du délit d'injure publique raciale[3] : l'art. 33 al. 3 de la loi du 29 juil. 1881 punit de 6 mois d'emprisonnement et de 22 500 euros l'amende l'injure commise envers une personne ou un groupe de personnes à raison de leur origine ou de leur appartenance ou de leur non appartenance à une ethnie, une nation, une race ou une religion déterminée.

i. Le droit à l'inviolabilité du domicile

Après avoir défini le droit à l'inviolabilité du domicile, on en exposera les fondements ; il conviendra également de présenter les modes de détermination du domicile, notamment la règle selon laquelle on est libre de choisir son domicile ; on fera enfin application de ces règles et principes au cas particulier des relations du travail.

– *Définition*

La personne a également de droit de repousser toute immixtion dans son domicile. Il s'agit de la liberté de « s'enfermer chez soi » (Jean Carbonnier). Ce droit justifie les nombreuses conditions que le législateur pose à l'égard de la possibilité donnée, de nature exceptionnelle, à l'autorité publique de visiter un domicile (par exemple dans le cadre d'une perquisition) ; protégeant l'individu contre les intrusions abusives de l'État, le droit à l'inviolabilité du domicile sert aussi à combattre les abus des autres particuliers.

– *Fondements*

D'où procède ce droit à l'inviolabilité du domicile ?

On peut, de prime abord, être tenté de le placer dans le prolongement du droit de propriété ; mais il s'agit d'une justification erronée, car mêmes les locataires disposent, sur la résidence qu'ils ont choisie comme domicile et dont ils ne sont pas propriétaires, d'un droit à l'inviolabilité du domicile ; qui plus est, constitue une atteinte à l'intimité de la vie privée le fait pour un bailleur de pénétrer dans le domicile de son locataire sans l'autorisation de celui-ci pour faire visiter les locaux à un candidat à la location[4].

Le droit à l'inviolabilité du domicile trouve en réalité son fondement dans la protection de la personnalité. Il complète utilement le droit au respect de la vie privée, en permettant à l'individu de faire obstacle aux intrusions indésirables dans les lieux où, en se disant chez lui, il entend être tranquille.

---

1. Sur la question, v. F. Polliaud-Dulian, note au JCP 1992, I, 3618 ; G. Bonet, L'usage du nom d'autrui dans une marque (à propos de l'arrêt Viagra de la Cour d'appel de Paris 15 déc. 2000), D. 2001, Aff. p. 1298 et l'arrêt p. 1306 ; G. Loiseau, Le nom, objet d'un contrat, LGDJ 1997, préf. J. Ghestin.
2. V. CA, 26 oct. 1984, Gaz. Pal. 1984, II, p. 728 (trouble manifestement illicite justifiant l'intervention du juge des référés pour obtenir sa cessation) ; pour des exemples de demandes rejetées : CA Paris, 13 mai 1985, Gaz. Pal. 1985, I, p. 342 ; CA Dijon, 22 mars 1988, Gaz. Pal. 1988, I, p. 379 ; CA Paris, 27 sept. 88, Gaz. Pal. 1988, II, p. 735 ; Cass. civ. 1re, 29 oct. 1990, Gaz. Pal. 1991, I, Pan. 61, n° du 3-5 mars (affaire du film « La dernière tentation du Christ »)
3. AP, 16 fév. 2007, n° 06-81.785, D. 2007, Act. jurisp. p. 665 : à propos de l'affirmation publiée dans un journal régional selon laquelle « les juifs, c'est une secte, une escroquerie. C'est une des plus graves parce que c'est la première ».
4. Cass. 3e civ., 25 fév. 2004, Bull. III, n° 41, p. 38 ; comp. : le droit de chacun au respect de sa vie privée s'étend à la présentation interne des locaux constituant le cadre de son habitat et l'utilisation faite des photographies qui en sont prises demeure soumise à l'autorisation de la personne concernée (Cass. 1re civ. 7 nov. 2006, D. 2007, note J.-M. Bruguiere, Quand l'image des biens révèle la vie privée des personnes, p. 700).

La violation de domicile constitue par ailleurs un délit pénal – art. 226-4 C. pénal[1] – que le législateur a rangé dans la catégorie des atteintes à la personnalité. La jurisprudence considère qu'une personne morale peut, au même titre qu'une personne physique, être victime d'une violation de son domicile[2].

– *Le domicile comme critère de localisation de l'individu*

Le droit civil ne considère pas seulement le domicile comme un refuge, comme un lieu où peut se retrancher l'individu sans crainte d'être dérangé par ses pairs ; il assigne surtout au domicile une fonction de localisation de l'individu quant à l'exercice de ses droits civils.
C'est notamment au domicile de son débiteur que le créancier doit se rendre pour chercher ce qui lui est dû ; les dettes sont « quérables », non pas portables. Par ailleurs, en cas de conflit, le domicile sera le critère principal de détermination de la compétence territoriale des juridictions : selon une règle bien établie (art. 42 al. 1 du NCPC) qui trouve ses origines dans l'adage selon lequel « *Actor sequitur forum rei* », le tribunal compétent est en principe celui du lieu où demeure le défendeur.
C'est aussi au domicile de l'intéressé qu'un huissier va signifier[3] les actes de procédure le concernant (art. 655 NCPC), si la signification à personne a échoué (art. 654 al. 1 NCPC) : plus exactement, si l'huissier n'a pu trouver la personne pour lui remettre en mains propres l'acte le concernant, il peut délivrer l'acte à son domicile en le donnant à toute personne qui s'y trouve (à défaut, le gardien d'immeuble, en dernier lieu, les voisins).

– *Détermination du domicile*

Le domicile est non pas seulement nécessaire, mais également unique (principe d'unicité du domicile posé par la loi et la jurisprudence[4]) ; on est libre, par ailleurs, de choisir son domicile (principe du libre choix de son domicile, au sens de l'art. 8 de la CEDH) : celui-ci est au lieu où l'on a son « *principal établissement* » (art. 102 C. civ.) ; on peut aussi en changer : ce changement « *s'opérera par le fait d'une habitation réelle dans un autre lieu, joint à l'intention d'y fixer son principal établissement* » (art. 103) ; la réunion de ces deux règles permet d'affirmer que la détermination du domicile nécessite à la fois *l'intention de se fixer en un lieu particulier* et *la réalisation d'actes matériels manifestant une implantation réelle en ce lieu.* Est en revanche indifférent le fait d'être propriétaire des lieux où l'on fixe son principal établissement.
Dans la pratique, la difficulté se reporte sur ce que représente le « principal établissement » ; s'agit-il du lieu habituel de résidence ou du lieu habituel de travail ? Il n'y pas de difficulté lorsque ces deux critères coïncident et lorsqu'il n'existe qu'un seul lieu d'habitation ; dans les autres hypothèses (lorsque l'individu n'exerce pas sa profession au lieu de sa résidence, lorsqu'il a plusieurs résidences, lorsqu'il exerce sa profession en plusieurs lieux et possède plusieurs résidences...), la détermination du « principal établissement » est une question de fait qu'il appartient aux juges du fond de trancher souverainement, en fonction des déclarations de l'intéressé, de ses habitudes, de l'ampleur de ses intérêts pécuniaires, du lieu de paiement des impôts, du lieu de réception de la correspondance, etc.
Le principe du libre choix du domicile s'efface toutefois devant quelques exceptions rangées dans la catégorie des *domiciles légaux* : le domicile des bateliers et des autres personnes vivant à bord d'un bateau de navigation intérieure sont en principe tenus de choisir un domicile dans l'une des communes dont le nom figure sur une liste établie par arrêté ministériel (art. 102 al. 2 C. civ.) ; le mineur non émancipé se voit appliquer le domicile de ses parents (art. 108, al. 2 C. civ.) ; le majeur en tutelle est domicilié chez son tuteur (art. 108-3 C. civ.) ; l'acceptation de fonctions conférées à vie emporte changement immédiat du domicile du fonctionnaire dans le lieu où il doit exercer ces fonctions (art. 107 C. civ.) ; cette règle s'applique en particulier aux magistrats ; enfin les personnes travaillant et vivant au domicile de leur employeur (ceux que

---

1. Art. 226-4 C. pén. : « *L'introduction ou le maintien dans le domicile d'autrui à l'aide de manœuvres, menaces, voies de fait ou contrainte, hors les cas où la loi le permet, est puni d'un an d'emprisonnement et de 15 000 euros d'amende* ».
2. Cass. crim., 23 mai 1995, Bull. crim., n° 193.
3. Sur le sens d'une signification, v. l'art. 651 NCPC.
4. Cass. req., 1er fév. 1911, D. 1913, 1, 400.

l'on appelait autrefois les « domestiques logés ») ont leur domicile chez leur employeur (art. 109 C. civ.).

Le principe d'unicité du domicile s'efface lui aussi devant quelques exceptions.

La jurisprudence a d'abord été amenée à protéger les tiers de bonne foi qui se sont trompés sur le domicile réel d'un individu ; a été admis l'hypothèse d'un *domicile apparent* ; l'intérêt de cette notion (qui est une des déclinaisons de la théorie de l'apparence) permet aux tiers de bonne foi – les plus souvent des fournisseurs – d'assigner en justice leurs débiteurs devant le tribunal de leur domicile apparent, celui où ils ont été fréquemment rencontrés ou vus.

Les parties à un contrat peuvent aussi insérer dans leur contrat une stipulation spéciale, dite *clause d'élection de domicile* (art. 111 C. civ.). Le domicile élu est alors le lieu où sont localisés les effets de l'acte juridique. Cette clause est à l'origine d'une option de juridiction en vertu de laquelle l'autre partie conserve le choix de porter le litige, s'il survient, soit devant le tribunal du domicile habituel de son cocontractant, soit devant celui du domicile élu ; ce dernier ne masque pas le domicile habituel, il ne fait que le seconder. En outre lorsqu'il y a élection de domicile, les effets de ce domicile ne jouent qu'entre les parties, par application de l'effet relatif des conventions (art. 1165 C. civ.) ; cette élection de domicile ne vaut surtout que pour les effets de l'acte dans lequel elle est intervenue ; les parties conservent, pour tout litige concernant un autre acte, leur domicile habituel.

Enfin, la jurisprudence est à l'origine d'une théorie (dite « *théorie des gares principales* », parce qu'elle est née d'un conflit avec une société de chemin de fer à établissements multiples) selon laquelle il est possible, dans un conflit mettant en cause une entreprise à établissements multiples, de l'assigner non pas devant la juridiction du siège social, mais devant celle de l'établissement concerné par le litige.

– *Les textes*

Art. 102 al. 1 C. civ. : « *Le domicile de tout Français, quant à l'exercice de ses droits civils, est au lieu où il a son principal établissement (...)* ».

Art. 103 C. civ. : « *Le changement de domicile s'opérera par le fait d'une habitation réelle dans un autre lieu, joint à l'intention d'y fixer son principal établissement* ».

Art. 104 C. civ. : « *La preuve de l'intention résultera d'une déclaration expresse, faite tant à la municipalité du lieu que l'on quittera, qu'à celle du lieu où on aura transféré son domicile* ».

Art. 105 C. civ. : « *À défaut de déclaration expresse, la preuve de l'intention dépendra des circonstances* ».

Art. 106 C. civ. : « *Le citoyen appelé à une fonction publique temporaire ou révocable conservera le domicile qu'il avait auparavant, s'il n'a pas manifesté d'intention contraire* ».

Art. 107 C. civ. : « *L'acceptation de fonctions conférées à vie emportera translation immédiate du domicile du fonctionnaire dans le lieu où il doit exercer ces fonctions* ».

Art. 108 C. civ. : « *Le mari et la femme peuvent avoir un domicile distinct sans qu'il soit pour autant porté atteinte aux règles relatives à la communauté de la vie.*

Toute notification faite à un époux, même séparé de corps, en matière d'état et de capacité des personnes, doit également être adressée à son conjoint, sous peine de nullité ».

Art. 109 C. civ. : « *Les majeurs qui servent ou travaillent habituellement chez autrui auront le même domicile que la personne qu'ils servent ou chez laquelle ils travaillent, lorsqu'ils demeureront avec elle dans la même maison* ».

Art. 111 C. civ. : « *Lorsqu'un acte contiendra, de la part des parties ou de l'une d'elles, élection de domicile pour l'exécution de ce même acte dans un autre lieu que celui du domicile réel, les significations, demandes et poursuites relatives à cet acte pourront être faites au domicile convenu, et, sous réserve des dispositions de l'article 48 du nouveau code de procédure civile, devant le juge de ce domicile* ».

– *Droit de faire respecter le choix de son domicile*

Dans les relations du travail, la jurisprudence a tiré toutes les conséquences de la protection qu'il convient d'apporter aux intrusions de l'employeur dans le domicile de son salarié. Ce dernier peut opposer au premier le droit de choisir son domicile et de faire respecter son choix : la Cour de cassation a admis qu'un employeur ne pouvait librement imposer à son salarié une restriction dans le choix de son domicile[1] ; en l'espèce, un salarié avait élu domicile en région parisienne avec sa famille, alors que son activité d'attaché commercial le conduisait à circuler en région parisienne, dans le Nord et dans l'Est de la France ; à la suite de son affectation à Montpellier et de la modification consécutive de son secteur d'activité, l'employeur lui demanda de changer de domicile, conformément aux dispositions de son contrat de travail ; parce qu'il refusa de transférer son domicile familial, le salarié fut licencié ; pour décider que le licenciement était fondé, la Cour d'appel considéra que la clause était licite, dès lorsqu'elle était justifiée par la nature et le lieu des fonctions commerciales exercées par l'individu et par le bon fonctionnement de l'entreprise ; mais la Cour de cassation censura cette décision sur le fondement de l'art. 8 de la Convention européenne de sauvegarde des droits de l'homme et des libertés fondamentales ; elle ne s'est pas montrée hostile, d'une manière générale, à une restriction du droit du salarié de choisir son domicile (ce qui permet de penser que la clause litigieuse était licite), mais, empruntant la démarche comparable à celle que lui dicte l'art. L. 120-2 du code du travail, elle mit en évidence, dans l'affaire jugée le 12 janvier 1999, que l'atteinte litigieuse n'était ni justifiée par la nature des attributions du salarié – qui avait d'ailleurs proposé d'avoir une résidence à Montpellier –, ni proportionnée au but recherché.

– Droit de refuser le statut de travailleur à domicile

Dans une autre espèce, jugée le 2 octobre 2001, l'employeur entendait exiger de son salarié qu'il installe à son domicile un téléphone professionnel et des dossiers ; l'individu résista, puis on lui reprocha un acte d'indiscipline ; mais la Cour de cassation a interdit à l'employeur, sur le fondement de l'art. 9 du code civil, d'imposer à son salarié « *d'installer à son domicile personnel un téléphone professionnel et des dossiers* » : elle a donc pu voir dans le comportement de l'employeur une modification unilatérale du contrat de travail autorisant le salarié à prendre acte d'une rupture du contrat s'analysant en un licenciement.[2]

j. Le droit à la présomption d'innocence

On commencera par une définition de la présomption d'innocence avant d'en présenter les modes de protection.

– Définition

Établie surtout comme une limite à la liberté d'expression et d'information, la présomption d'innocence se définit à partir des atteintes qui la visent : constitue une atteinte à la présomption d'innocence le fait de présenter publiquement comme coupable, avant toute condamnation définitive, une personne poursuivie pénalement (par exemple placée en garde à vue, mise en examen ou citée à comparaître).

La présomption était déjà protégée par l'art. 9 de la Déclaration des droits de l'homme et l'art. 6 de la Convention européenne de sauvegarde des droits de l'homme avant qu'elle ne fasse l'objet d'une protection spécifique dans le code civil avec la loi du 4 juin 1993 (art. 9-1 C. civ.[3]) ; sa place dans le code civil plutôt que dans le code de procédure civile atteste de la volonté de lui donner un très large rayonnement. En matière pénale, une loi du 15 juin 2000 est venue la renforcer, en apportant des modifications au régime de la garde à vue, en créant le statut de témoin assisté, en instituant un « juge des libertés et de la détention » – compétent, à la place du juge d'instruction, pour décider du placement en détention provisoire – et en recherchant un meilleur équilibre entre la liberté de la presse et les droits de la personne (par ex., en interdisant la diffusion, sans son consentement, de l'image d'une personne menottée ou entravée).

1. Cass. soc., 12 janvier 1999, Bull. V, 1999, n° 7 ; v. J. Richard de la Tour, Le libre choix du domicile du salarié et le contrat de travail, RJS 1999, p. 94.
2. Cass. soc., 2 octobre 2001, Dr. Soc. 2001, p. 1044, note J.-E. Ray.
3. Art. 9-1 C. civ. : « *Chacun a droit au respect de la présomption d'innocence. Lorsqu'une personne est, avant toute condamnation, présentée publiquement comme étant coupable de faits faisant l'objet d'une enquête ou d'une instruction judiciaire, le juge peut, même en référé, sans préjudice de la réparation du dommage subi, prescrire toutes mesures, telles que l'insertion d'une rectification ou la diffusion d'un communiqué, aux fins de faire cesser l'atteinte à la présomption d'innocence, et ce aux frais de la personne, physique ou morale, responsable de cette atteinte* ».

– *Modes de protection*

Cette présomption d'innocence n'est pas proclamée sur le mode d'une déclaration incantatoire ; elle trouve sa traduction en tant que droit subjectif ; l'al. 2 de l'art. 9-1 C. civ. autorise notamment la victime à solliciter du juge une sanction particulière qui répare mieux son préjudice moral que le simple octroi de dommages-intérêts : « *Lorsqu'une personne est, avant toute condamnation, présentée publiquement comme coupable de faits faisant l'objet d'une enquête ou d'une instruction judiciaire, le juge peut, même en référé, sans préjudice de la réparation du dommage subi, prescrire toutes mesures, telles que l'insertion d'une rectification ou la diffusion d'un communiqué, aux fins de faire cesser l'atteinte à la présomption d'innocence, et ce aux frais de la personne, physique ou morale, responsable de cette atteinte* ».

Concrètement, une atteinte à la présomption d'innocence est constituée lorsqu'un journaliste, partant d'un préjugé, présente avec certitude comme coupable un individu qui n'a pas encore fait l'objet d'une condamnation[1] ; en revanche, le fait de divulguer le nom d'une personne majeure mise en examen n'est interdit par aucun texte et il est permis de rendre compte des affaires judiciaires en cours d'instruction dès lors que les journalistes n'assortissent la relation des faits d'aucun préjugé de leur part quant à la culpabilité de la personne en cause[2].

La présomption d'innocence n'est pas seulement une règle à destination des professionnels de l'information en vue de moraliser leur activité (règle justifiant alors, au civil, une réparation sous forme de dommages-intérêts en cas d'atteinte à la présomption d'innocence[3]) ; elle s'adresse également au juge pénal qui a été saisi pour se prononcer sur la culpabilité de l'intéressé : en l'absence de preuve venant étayer cette culpabilité, la personne poursuivie doit pouvoir invoquer l'adage *in dubio pro reo* – le doute profite à l'accusé ; en matière pénale, le risque de la preuve pèse effectivement sur la société, dont les intérêts sont défendus par le ministère public : dans le doute, il est préférable de s'abstenir.

k. Le droit moral de l'auteur sur son œuvre

Une création littéraire ne donne pas seulement à son auteur le droit de l'exploiter (art. L. 123-1 C. propr. intell.) ; elle est à l'origine d'un droit moral que l'on peut rattacher à la catégorie des droits de la personnalité. Ce droit moral offre à l'auteur un droit au respect de son œuvre, un droit de divulgation et un droit de repentir.

– *Droit au respect de l'œuvre*

Le droit au respect de l'œuvre figure à l'art. L. 121-1 C. propr. intell.[4] : « *L'auteur jouit du droit au respect de son nom, de sa qualité et de son œuvre* ». Ce qui se traduit par la possibilité, pour l'auteur, de faire cesser toute atteinte à l'intégrité de l'oeuvre (par exemple, mettre fin à une interprétation théâtrale de l'oeuvre qui déformerait sa création, ou mettre fin à l'exposition d'une sculpture qui serait transformée ou mutilée et obtenir des dommages intérêts[5]) ; dans le prolongement de cette prérogative, on autorisera l'auteur à faire reconnaître la « paternité » de son œuvre (la faire sortir de l'anonymat), à faire respecter sa réputation et à défendre son œuvre contre les plagiats et les contrefaçons. En revanche, en divulguant son œuvre, l'auteur doit s'attendre à recueillir des critiques ; son œuvre peut aussi être parodiée ou faire l'objet de prestations humoristiques. L'art. L. 122-5 C. propr. intell. protège alors ces critiques littéraires et les auteurs de caricatures, de parodies et de pastiches contre les demandes de réparations ou toute autre réaction de l'auteur, qui pourrait être tenté de les faire taire.

1. V. par ex. AP, 21 déc. 2006, D. 2007, p. 835, note P. Morvan : « Ayant relevé que l'article du journal présentait sans aucune réserve ou nuance Mme X… comme « tortionnaire » ayant maltraité son enfant, ce dont il résultait que l'article contenait des conclusions définitives tenant pour acquise sa culpabilité, la cour d'appel a pu, par ces seuls motifs, en déduire qu'il avait été porté atteinte au respect de la présomption d'innocence ».
2. Cass. 2e civ., 20 juin 2002, Bull. II, n° 142, p. 113.
3. H. Bureau, La présomption d'innocence devant le juge civil (cinq ans d'application de l'art. 9-1 du code civil), JCP 1998, 1, 166.
4. Art. L. 121-1 C. propr. intell. : « *L'auteur jouit du droit au respect de son nom, de sa qualité et de son œuvre.Ce droit est attaché à sa personne.Il est perpétuel, inaliénable et imprescriptible. Il est transmissible à cause de mort aux héritiers de l'auteur. L'exercice peut être conféré à un tiers en vertu de dispositions testamentaires* ».
5. A été condamné à des dommages-intérêts l'acquéreur d'un réfrigérateur décoré par Bernard Buffet, qui, sans le consentement de ce dernier, avait découpé en morceaux des panneaux de l'appareil (Cass. civ. 1re, 1er juillet 1965, Gaz. Pal. 1965, II, 126).

– *Droit de divulgation*

L'auteur dispose également d'un droit de divulgation : c'est lui qui choisit de rendre publique son œuvre ou, à l'opposé, d'interdire sa publication (art. L. 121-2 C. propr. intell.[1]) ; après sa mort, la divulgation de l'œuvre doit se faire selon les volontés du défunt ou, à défaut, sera décidée par les personnes que détermine l'art. L. 121-2 al. 2 C. propr. intell. ; alors que le droit de divulgation s'exerce de manière discrétionnaire par l'auteur, la décision de l'héritier (décision de publier ou de refuser la publication) est susceptible d'abus[2]. Le juge dispose du pouvoir d'ordonner les mesures appropriées « *en cas d'abus notoire dans l'usage et le non usage du droit de divulgation de la part des représentants de l'auteur décédé* » (art. L. 121-3 C. propr. intell.[3]).

– *Droit de repentir*

L'auteur dispose enfin d'un droit de repentir, dit également droit de retrait (art. L. 121-4 C. propr. intell.[4]). Lorsqu'il est toujours propriétaire de son œuvre, il a la possibilité de la détruire ; cette prérogative n'a, dans ce cas, rien d'original, puisqu'elle pourrait se déduire du droit commun de la propriété ; mais lorsque l'auteur a cédé ses droits d'exploitation, ce droit de retrait fonde le pouvoir exceptionnel de l'auteur de sortir l'œuvre du public (par exemple en mettant fin à une édition ou à une représentation), à charge pour lui d'indemniser le cessionnaire du droit de reproduction ou de représentation.

– *Nature du droit moral*

Le droit moral de l'auteur n'a pas une valeur patrimoniale ; il a seulement vocation à protéger la personnalité de l'auteur ; ce droit est inaliénable (« hors du commerce ») et perpétuel (transmissible par héritage), de même qu'il est imprescriptible (il ne se perd pas par non-usage). En conséquence, il reste attaché à la personne de son auteur, dès lors qu'il est encore vivant, mais se transmet à ses héritiers (à la différence du droit au respect de la vie privée, du droit à la présomption d'innocence).

C. Les droits de la famille

Ils ont pour fondement l'organisation de la famille et sont d'ordre extra-patrimonial lorsqu'ils imposent des relations d'ordre personnel entre les membres de la famille.
Trouvant refuge dans le « cercle conjugal »[5], certains de ces droits peuvent résulter des liens du mariage : par exemple, ils consistent, pour chaque époux, au devoir de fidélité (non appréciable en argent) et d'assistance (qui se traduit en particulier par le soutien moral que l'on doit apporter à son conjoint)[6].
Ces droits peuvent également résulter de la parenté : ils découlent, par exemple, de l'autorité parentale, laquelle impose aux parents de protéger l'enfant dans sa sécurité, sa santé et sa

1. Art. L. 121-2 C. propr. intell. : « *L'auteur a seul le droit de divulguer son œuvre. Sous réserve des dispositions de l'article L. 132-24, il détermine le procédé de divulgation et fixe les conditions de celle-ci. Après sa mort, le droit de divulgation de ses œuvres posthumes est exercé leur vie durant par le ou les exécuteurs testamentaires désignés par l'auteur. À leur défaut, ou après leur décès, et sauf volonté contraire de l'auteur, ce droit est exercé dans l'ordre suivant : par les descendants, par le conjoint contre lequel n'existe pas un jugement passé en force de chose jugée de séparation de corps ou qui n'a pas contracté un nouveau mariage, par les héritiers autres que les descendants qui recueillent tout ou partie de la succession et par les légataires universels ou donataires de l'universalité des biens à venir. Ce droit peut s'exercer même après l'expiration du droit exclusif d'exploitation déterminé à l'article L. 123-1* ».
2. V. Cass. civ. 1re, 24 oct. 2000, D. aff. 2001, p. 918, concernant le refus exprimé par le neveu d'Antonin Artaud à la publication du 26e tome des œuvres de son oncle.
3. Art. L. 121-3 C. propr. intell. : « *En cas d'abus notoire dans l'usage ou le non-usage du droit de divulgation de la part des représentants de l'auteur décédé visés à l'article L. 121-2, le tribunal de grande instance peut ordonner toute mesure appropriée. Il en est de même s'il y a conflit entre lesdits représentants, s'il n'y a pas d'ayant droit connu ou en cas de vacance ou de déshérence. Le tribunal peut être saisi notamment par le ministre chargé de la culture* ».
4. Art. L. 121-4 C. propr. intell. : « *Nonobstant la cession de son droit d'exploitation, l'auteur, même postérieurement à la publication de son œuvre, jouit d'un droit de repentir ou de retrait vis-à-vis du cessionnaire. Il ne peut toutefois exercer ce droit qu'à charge d'indemniser préalablement le cessionnaire du préjudice que ce repentir ou ce retrait peut lui causer. Lorsque, postérieurement à l'exercice de son droit de repentir ou de retrait, l'auteur décide de faire publier son œuvre, il est tenu d'offrir par priorité ses droits d'exploitation au cessionnaire qu'il avait originairement choisi et aux conditions originairement déterminées* ».
5. F. Terré, D. Fenouillet, Droit civil, Les personnes, La famille, Les incapacités, Dalloz, 1996, n° 295.
6. Art. 212 C. civ.

moralité, d'assurer son éducation et de permettre son développement, dans le respect dû à sa personne (art. 371-1 C. civ.).
En tant qu'ils fondent des relations d'ordre personnel entre les membres d'une même famille, ces droits restent d'ordre extrapatrimonial. Mais il existe également un droit patrimonial de la famille.
La question de l'autorité parentale met en lumière cette dualité de nature des droits de la famille : on replacera plus facilement les règles de l'art. 371-2 du C. civ. (qui traite de la contribution matérielle des parents à l'entretien et à l'éducation des enfants) dans la catégorie des droits patrimoniaux, alors que celles de l'art. L. 371-1 C. civ. appartiennent à un corps de droits dont le caractère extrapatrimonial est manifeste.

§1. *Les sources des droits subjectifs*

Il existe deux sources distinctes de droits subjectifs ; ils peuvent naître soit d'actes juridiques (A), soit de faits juridiques (B).

3. Le droit subjectif né d'un acte juridique

On commencera par une définition de l'acte juridique avant d'en présenter les traits caractéristiques.

– *Définition*

Un acte juridique est une manifestation de volonté destinée à produire des effets juridiques ; la vente d'une maison ou la conclusion d'un contrat de travail en constituent des exemples ; d'une grande diversité, les actes juridiques se répartissent en plusieurs catégories.
On oppose d'abord des actes juridiques unilatéraux aux actes juridiques multilatéraux ou plurilatéraux ; l'acte juridique unilatéral est celui qui est élaboré par une seule personne ; en principe, il ne crée d'obligations civiles qu'à la charge de celui qui l'a élaboré ; le testament, qui est l'acte par lequel une personne dispose, pour le temps où elle ne sera plus, de tout ou partie de ses biens, donne un bon exemple d'acte juridique unilatéral ; on peut également citer la démission ou le licenciement ; l'acte juridique plurilatéral manifeste en revanche une rencontre de plusieurs volontés destinée à produire des effets de droit ; le contrat, qui est défini comme une convention tendant à créer une obligation à la charge d'une ou plusieurs personnes envers une ou plusieurs autres, est l'exemple typique de l'acte multilatéral.
On oppose également les actes à titre onéreux – telle une vente – aux actes à titre gratuit – telle une donation.

– *Traits caractéristiques*

Comment reconnaît-on un acte juridique ?
Il présente deux caractères.
En premier lieu, l'acte juridique est toujours un acte de volonté, alors que le fait juridique ne l'est pas forcément ; plus précisément, ce qui forme la matière de l'acte juridique est nécessairement un ou plusieurs agissements volontaires ; l'acte juridique suppose donc la liberté du consentement – il doit être exempt de vices du consentement – et la lucidité de celui qui le passe – sa capacité à agir.
Il faut d'ailleurs distinguer l'acte écrit – *l'instrumentum* qui permet de constater l'opération juridique – de l'opération juridique elle-même – dénommée *negotium* ; l'acte juridique n'est donc pas du papier, même si c'est l'écrit qui permettra le plus souvent d'en apporter la preuve : il n'est qu'une manifestation de la volonté.
En second lieu, l'acte juridique se reconnaît par ses effets ; il est source de droits subjectifs – par exemple, le transfert d'un droit de propriété sur la maison vendue – que les parties à l'acte ont voulus ; l'acte juridique poursuit donc une finalité qui est attendue par les parties ; l'effet juridique n'est pas seulement *l'objet* ou la *conséquence* de l'acte juridique, il en est le *but*.

B. Le droit subjectif né d'un fait juridique

On commencera par une définition du fait juridique avant d'en présenter les traits caractéristiques.

– Définition

Le fait juridique constitue la deuxième source de droits subjectifs. Il se définit comme un évènement – volontaire ou involontaire – qui va entraîner des effets juridiques déterminés par la loi ; la source créatrice de droit ne réside pas dans la volonté de l'homme, mais dans la prévision de la loi.
Les faits juridiques se répartissent en différentes catégories.
On oppose d'abord les faits juridiques intentionnels aux faits juridiques non intentionnels ; est intentionnel le fait pour une personne d'en blesser une autre avec l'intention de lui nuire – on évoque alors la notion de délit civil ; est non intentionnel le fait pour une personne d'en blesser une autre involontairement, par exemple dans le cadre d'un accident de la circulation ; le dommage est causé par négligence ou imprudence – on évoque alors l'existence d'un quasi-délit civil.
On oppose également les faits de l'homme aux faits naturels – tels la naissance, le décès ou la tempête – ou sociaux –tel un évènement économique.

– Traits caractéristiques

Comme l'acte juridique, le fait juridique produit des conséquences juridiques, des effets juridiques ; il est alors créateur de droits subjectifs : le délit civil ou le quasi-délit civil engendrent la responsabilité civile ; ils font naître au profit de la victime un droit à réparation, une créance (art. 1382 et 1383 C. civ.) ; de la même façon, ils mettent à la charge de l'auteur du délit ou du quasi-délit une dette.
Lorsqu'on prend l'exemple de la naissance, on observe également ce phénomène d'acquisition de droits subjectifs : la naissance fait par exemple acquérir des droits de la personnalité.
Il existe toutefois une distinction entre acte juridique et fait juridique ; c'est la loi qui dicte aux faits juridiques leurs effets, alors que c'est la volonté qui déclenche les effets juridiques de l'acte ; dans un fait juridique – même intentionnel –, les conséquences juridiques ne sont pas voulues ; on ne recherche qu'un résultat – par exemple blesser quelqu'un pour lui nuire –, non pas les conséquences juridiques que le législateur fait produire au fait – par exemple, une obligation de réparer le dommage corporel et moral, une peine d'amende et d'emprisonnement.

Chapitre 2 # L'application des normes dans le temps

L'entrée en vigueur d'une loi nouvelle soulève la question de savoir dans quelles conditions s'opère sa substitution à la loi antérieure ; il est nécessaire de préciser le champ d'application de la loi nouvelle ; un exemple permet d'illustrer ce problème : deux personnes ont conclu un contrat de travail ; une loi fixe ensuite un montant minimal de salaire que les parties doivent nécessairement respecter ; la question se pose alors de savoir si cette loi, postérieure au contrat de travail, lui est tout de même applicable.

Cette question est celle de l'application des lois dans le temps ou, dit-on également, du droit transitoire. Elle est le plus souvent traitée par le législateur lui-même, qui prend soin d'inclure dans la loi nouvelle des dispositions « transitoires » permettant d'organiser dans le temps l'application des nouvelles règles.

Mais il arrive que la loi garde le silence sur cette question ; on applique alors les principes inscrits à l'article 2 du code civil – « *La loi ne dispose que pour l'avenir* » (B) ; *la loi « n'a point d'effet rétroactif* » (A) – qu'il convient de présenter en suivant un ordre chronologique. Sera enfin traitée la question de l'application des revirements de jurisprudence, dont il faut bien admettre le caractère rétroactif (C).

Section I - La loi n'a point d'effets rétroactifs

Le principe selon lequel la loi n'a point d'effets rétroactifs (§ 1) est écarté dans certaines hypothèses exceptionnelles (§ 2).

§1. *Le principe*

L'absence de rétroactivité de la loi signifie qu'une loi nouvelle n'est pas de nature à bouleverser les situations juridiques antérieures à son entrée en vigueur ; il est d'ailleurs interdit de revenir

non seulement sur la constitution d'une situation juridique donnée – antérieure à la loi nouvelle –, mais aussi sur les effets passés d'une situation juridique antérieurement constituée ; pour reprendre l'exemple du contrat de travail, il ne saurait être question pour le salarié de se prévaloir de la loi instituant un salaire minimal pour considérer que les salaires versés entre la date de conclusion du contrat et la date d'entrée en vigueur de la loi étaient insuffisants.
Le principe de non-retroactivité de la loi nouvelle était souvent justifié par la *théorie des droits acquis* ; selon cette théorie, qui visait surtout à expliquer la survie de la loi ancienne dans l'exécution des contrats, le législateur est tenu de respecter le passé, de laisser intacts les droits acquis sous l'empire de la loi antérieure, ceux qui sont entrés dans le « domaine » (dans le patrimoine) des individus ; la théorie des droits acquis est aujourd'hui en net recul, notamment parce qu'elle se concilie mal avec l'application des textes nouveaux aux situations juridiques non contractuelles (celles qui découlent de l'application d'un statut légal et qui poursuivent leurs effets dans le temps : v. la question de l'effet immédiat de la loi nouvelle) et les nombreuses exceptions apportées au principe de la non-rétroactivité de la loi nouvelle.

§2. *Les exceptions*

Le principe de non-rétroactivité ne s'impose pas au législateur (A) ; il est partiellement écarté en matière pénale – à l'égard des lois pénales plus douces – (B) et rejeté par essence en matière d'application des lois interprétatives (C).

A. Les lois expressément rétroactives

Le principe de la non-rétroactivité s'impose autant aux juges qu'au pouvoir réglementaire ; toutefois, il n'a pas valeur constitutionnelle et le législateur peut adopter une loi qu'il va déclarer expressément rétroactive en tout ou partie ; heureusement, ces lois sont assez rares – le législateur en use avec parcimonie –, car elles se heurtent à l'impératif de sécurité juridique ; il convient de ne pas perdre de vue l'idée que la règle de droit est destinée à organiser la vie sociale et à établir des rapports harmonieux et stables entre les individus ; or, la rétroactivité des lois est un instrument qui dessert l'harmonie sociale ; car il faut bien admettre que les individus agissent, se déterminent en fonction de l'état du droit ; ce serait les surprendre que de vouloir modifier ce qui s'est déjà accompli.
Il faut d'ailleurs noter que pour le Conseil constitutionnel, une disposition rétroactive ne peut être adoptée qu'en raison d'un intérêt général suffisant. Cela a notamment été admis en matière fiscale.
La Cour européenne des droits de l'homme a développé également une jurisprudence tendant à limiter le champ de la rétroactivité des lois ; certes, elle ne retire pas au législateur le pouvoir d'adopter des lois rétroactives ; mais elle l'en prive lorsqu'il s'agit, pour les pouvoirs publics, d'intervenir en faveur de l'Administration sur la solution d'un procès qui l'oppose directement ou indirectement à un administré ; à cela, toutefois, il est fait exception lorsque la rétroactivité de la loi nouvelle se justifie par des « motifs impérieux d'intérêt général ».
Enfin, on notera que le Conseil constitutionnel a reconnu au principe de non-rétroactivité de la peine encourue un caractère constitutionnel sur le fondement de l'art. 8 de la Déclaration des droits de l'homme, en vertu duquel « *La loi ne doit établir que des peines strictement et évidemment nécessaires, et nul ne peut-être puni qu'en vertu d'une loi établie et promulguée antérieurement au délit, et légalement appliquée* » ; dans une décision du 20 déc. 1982[1], il a indiqué que : « *Le principe de non-rétroactivité ne concerne pas seulement les peines appliquées par les juridictions répressives, mais s'étend nécessairement à toute sanction ayant le caractère d'une punition, même si le législateur a cru devoir laisser le soin de la prononcer à une autorité de nature non judiciaire* ». Cette non-rétroactivité ne concerne toutefois que les lois prévoyant des peines plus sévères.

B. Les lois pénales plus « douces »

Le principe de non-rétroactivité de la loi nouvelle est écarté lorsqu'on est en présence d'une loi pénale plus « douce », c'est-à-dire moins sévère. Cette exception s'est vue reconnaître valeur

1. Déc. Cons. const. 20 déc. 1982, Gaz. du Pal. 1983, 1, 63.

constitutionnelle ; elle se justifie par la liberté individuelle, laquelle doit reprendre le plus vite possible son empire.

C. Les lois interprétatives

Une autre exception concerne la loi « interprétative » ; cette dernière se définit comme un texte venant préciser le sens d'une loi antérieure ; cette fonction d'interprétation lui confère alors une rétroactivité naturelle, car la loi nouvelle ne fait qu'expliquer la loi ancienne ; elle n'en constitue même pas un prolongement, elle est équivalente à la loi ancienne.
La difficulté que rencontre le juge est alors de reconnaître une loi interprétative ; la loi n'est pas toujours claire ; le juge a le droit de considérer une loi interprétative même si elle ne s'affiche pas en tant que telle. La Cour de cassation décide à ce sujet qu'une loi « ne peut être considérée comme interprétative que tant qu'elle se borne à reconnaître, sans rien innover, un droit préexistant qu'une définition incomplète a rendu susceptible de controverse ».
La difficulté que rencontre parfois le justiciable peut être d'un autre ordre ; pour influer sur le dénouement d'un procès qui risque de leur être défavorable, les autorités publiques peuvent être tentées de faire adopter une loi de validation, en vue de régulariser une situation litigieuse ; cette démarche peut dissimuler, en réalité, une réforme législative ; le juge n'a pas hésité à aider le justiciable en paralysant une telle loi de validation, présentée comme interprétative, en estimant que « le principe de prééminence du droit et la notion de procès équitable consacrés par l'article 6 de la Convention européenne de sauvegarde des droits de l'homme s'opposent, sauf pour d'impérieux motifs d'intérêt général, à l'ingérence du pouvoir législatif dans l'administration de la justice afin d'influer sur le dénouement judiciaire des litiges »[1].

Section II - La loi ne dispose que pour l'avenir

Le principe selon lequel la loi ne dispose que pour l'avenir (§ 1) est écarté dans une hypothèse exceptionnelle (§ 2).

§1. *Le principe*

Le principe de l'effet immédiat de la loi nouvelle s'explique d'abord pour des raisons d'opportunité ; en effet, si le législateur adopte une loi nouvelle, c'est qu'il a pris conscience de la nécessité d'améliorer l'état du droit ; la loi nouvelle est de nature à apporter cette amélioration ; il est donc naturel de vouloir qu'elle remplace sans délai l'ancien texte.
Le principe de l'effet immédiat de la loi nouvelle s'explique surtout par le principe d'égalité des citoyens devant la loi ; l'art. 6 de la Déclaration des droits de l'homme et du citoyen de 1789, à laquelle renvoie le Préambule de la Constitution du 4 oct. 1958, dispose que la loi doit être la même pour tous ; elle doit alors s'appliquer à toutes les situations à venir, mais également aux situations passées dont les effets se poursuivent dans le temps.
Mais Paul Roubier a montré qu'il fallait faire une distinction entre les situations de nature légale – qui seront soumises à l'effet immédiat de la loi nouvelle – et les situations contractuelles – qui échapperont à l'effet immédiat de la loi nouvelle.
Il existe en effet des situations juridiques – dites légales – qui se caractérisent par le fait qu'elles relèvent presqu'exclusivement d'un régime légal ; ces situations échappent en conséquence à la volonté des parties ; ce sera par exemple le cas d'un divorce dont les règles échappent à la volonté des individus ; ce sera également le cas du statut d'un fonctionnaire : ce dernier ne le choisit nullement, il le subit ; il est donc naturel de vouloir soumettre ces situations à la loi nouvelle.
Mais il existe également des situations presqu'entièrement construites par les parties sur la base d'un contrat : pour sauvegarder ce qu'elles ont voulu, pour préserver leur prévision contractuelle, on va faire ici une exception au principe de l'effet immédiat de la loi nouvelle.

1. AP, 23 janv. 2004, D. 2004, Jurisp. p. 1108, note P.-Y. Gauthier.

§2. *L'exception en matière contractuelle*

En matière contractuelle, il n'est pas fait application du principe de l'effet immédiat de la loi nouvelle ; certains soutiennent même (en particulier les tenants de la théorie des droits acquis) qu'on sort en la matière de l'exception pour retrouver une autre règle, celle de la survie de la loi ancienne ; l'exception – devenue règle – s'explique aisément : les situations contractuelles sont celles qui naissent de la volonté des parties ; elles sont entre les mains des parties et il est normal que leurs volontés soient respectées ; on tient compte ici de leurs prévisions initiales ; ce que la jurisprudence exprime en indiquant : « *Les effets d'un contrat conclu antérieurement à la loi nouvelle, même s'ils continuent à se réaliser postérieurement à cette loi, demeurent régis par la disposition de la loi sous l'empire de laquelle le contrat a été passé…* ».

Mais cette exception reste d'une portée réduite : elle cède lorsque le législateur décide expressément que la loi nouvelle devra s'appliquer même aux situations contractuelles en cours ; elle cède également lorsque la loi doit être considérée comme d'ordre public – c'est souvent le cas en droit du travail – ou lorsqu'elle est à l'origine d'une règlementation institutionnelle relevant de la compétence exclusive du législateur – comme celle du mariage.

Section III - La rétroactivité des revirements de jurisprudence

Etant chargé d'appliquer la loi, le juge peut être amené à faire évoluer un texte ou, plus simplement, à en changer l'interprétation ; la loi ne s'oppose pas à ces variations ; elle les encourage même d'un certaine façon, puisqu'elle interdit aux juges de se lier pour l'avenir par les décisions qu'ils rendent : c'est la traduction du principe de prohibition des arrêts de règlements que l'on trouve à l'art. 5 du code civil.

Cette précarité de la jurisprudence se conjugue avec sa rétroactivité ; en interprétant la loi, le juge ne fait que se conformer à la loi ; il se fait le porte-parole de la loi et il est normal que la nouvelle interprétation qu'il donne de la loi soit applicables aux faits mêmes antérieurs à sa décision, dès lors qu'ils restent postérieurs à la date d'entrée en vigueur de la loi nouvellement interprétée. C'est pourquoi la Cour de cassation retient le principe que « *l'interprétation jurisprudentielle d'une même norme à un moment donné ne peut être différente selon l'époque des faits considérés et nul ne peut se prévaloir d'un droit acquis à une jurisprudence figée* »[1] ; en droit pénal, elle précise que « *le principe de non-rétroactivité ne s'applique pas à une simple interprétation jurisprudentielle* »[2].

Cette rétroactivité a été très critiquée, car le plaideur va perdre son procès en raison de la nouvelle interprétation du texte, alors qu'il s'était conformé à l'état du droit aux moments des faits.

Dangereuses pour les justiciables, cette situation doit incliner le juge à ne consacrer un arrêt de revirement que de manière exceptionnelle, notamment pour des motifs impérieux d'intérêt général.

Reprenant certaines idées développées par la doctrine – J. Mouly[3], N. Molfessis[4] ou P. Morvan[5] –, le Conseil d'État et la Cour de cassation s'accordent aujourd'hui à paralyser à titre exceptionnel la rétroactivité de certaines décisions judiciaires :

– Dans un arrêt AC du 11 mai 2004, le juge administratif a accepté une limitation dans le temps des effets de l'annulation d'un acte administratif (l'agrément de la convention collective d'assurance-chômage), car sa rétroactivité était de nature à emporter des conséquences manifestement excessives ; en l'espèce, le régime d'assurance-chômage était menacé d'un grave

1. Cass. 1re civ., 21 mars 2000, D. 2000, jurisp. p. 593 ; RTDciv. 2000 p. 666 obs. N. Molfessis ; 9 oct. 2001, D. 2001, jurisp. p. 3470.
2. Cass. crim., 30 juin 2002, Bull. crim., n° 16 ; D. 2003, somm. p. 173, obs. B. de Lamy.
3. Ch. Mouly, Le revirement pour l'avenir, JCP G, 1994, I, 3776.
4. V. les travaux d'une commission mise en place par le Premier président de la Cour de cassation et présidée par N. Molfessis : Les revirements de jurisprudence, Litec, 2005.
5. D. 2007 p. 835, note P. Morvan, Le sacre du revirement prospectif sur l'autel de l'équitable ; v. également sa précédente note : Le revirement pour l'avenir : humble adresse aux magistrats ayant franchi le Rubicon, D. 2005, chron. p. 247.

péril financier ; la rétroactivité de l'annulation de l'agrément de la convention collective était de nature à aggraver le déficit de cet organisme.

Dans un arrêt rendu par l'Assemblée plénière le 21 déc. 2006[1] – qui apporte confirmation d'une précédente solution (Cass. 2e civ. 8 juil. 2004[2]) –, la Cour de cassation a refusé de censurer l'arrêt qui lui était déféré au motif que l'application immédiate de la règle litigieuse dans l'instance en cours (en l'espèce, le délai de prescription applicable aux actions civiles fondées sur une atteinte à la présomption d'innocence) aboutirait à « priver la victime d'un procès équitable, au sens de l'art. 6, § 1, de la Convention européenne de sauvegarde des droits de l'homme et des libertés fondamentales, en lui interdisant l'accès au juge ».

1. D. 2007, p. 835.
2. Pourvoi n° 01-10426 ; D. 2004, jurisp., p. 2956.

La réalisation des droits

PARTIE 2

Participent de la « réalisation » des droits les moyens offerts au citoyen pour obtenir le respect de la règle de droit et le « paiement » de ses créances.
Pour la victime d'une infraction pénale, ce sera la possibilité de déclencher l'action publique – de mettre en branle la machine judiciaire – en vue d'obtenir la condamnation pénale de l'auteur du manquement et, le cas échéant, la réparation du préjudice civil provoqué par l'infraction.
Pour un créancier, ce sera par exemple la possibilité d'obtenir en justice, en cas de défaillance du débiteur, l'exécution de l'obligation due.
Force est d'observer que la réalisation du droit implique parfois le recours au juge qui, en rendant sa décision, va prononcer une sanction (Chapitre 1).
Mais les justiciables devront établir, devant le juge, l'existence de leurs droits, c'est-à-dire les faire apparaître comme probables, les faire reconnaître pour que le juge les protège. Par exemple, un créancier qui se désespère d'obtenir le paiement de ce qu'autrui lui doit va devoir démontrer l'existence de cette créance devant le juge, ainsi que son montant.
La réalisation de ses droits tient alors à une question de preuve (Chapitre 2).

chapitre 1 La sanction du droit

La réalisation du droit implique parfois le recours au juge (section I) qui, en rendant sa décision (section II), va prononcer une sanction (III).

Section I - Les ordres de juridictions

Pour des raisons essentiellement historiques, il existe en France deux ordres de juridictions ; c'est le principe de séparation des pouvoirs qui est à l'origine d'une division entre les juridictions judiciaires et les juridictions administratives ; d'un côté, on trouve les juridictions chargées de trancher les litiges entre particuliers : il s'agit des juridictions de l'ordre judiciaire (§ 1) ; de l'autre, on trouve les juridictions chargées uniquement de trancher les litiges survenant entre d'une part, les administrés et, d'autre part, l'État et les autres personnes morales de droit public ; elles sont également compétentes pour connaître des litiges entre personnes morales de droit public : il s'agit des juridictions de l'ordre administratif (§2). S'il existe une difficulté dans la détermination de l'ordre juridictionnel compétent, on aura recours au service d'une juridiction unique et spéciale : le tribunal des conflits (§ 3).

§.1. L'*ordre judiciaire*

Les juridictions de l'ordre judiciaire se subdivisent en deux catégories, la première regroupant les juridictions du fond (A), la seconde étant constituée de la juridiction chargée de contrôler l'application juste et homogène du droit, la Cour de cassation (B).
Certaines affaires relèvent par ailleurs de juridictions spécialisées (C) ; mais le principe d'égalité devant la justice conduit naturellement à les raréfier.

On présentera ensuite les personnels de ces juridictions (D), les auxiliaires de justice (E) ainsi que les arbitres, médiateurs et conciliateurs (F).

A. Les juridictions du fond

Les juridictions du fond se subdivisent en deux catégories, la première regroupant les juridictions civiles (1), la seconde les juridictions répressives (2).

1. Les juridictions civiles

Les juridictions civiles connaissent de toutes les affaires de nature civile ; le droit français pose le principe que tout litige peut, à la demande de la partie qui n'est pas satisfaite par le jugement rendue en première instance, être jugé une seconde fois (sauf pour les litiges de faible valeur). On distingue ainsi les juridictions de 1re instance – ou du premier degré (a) – des juridictions de seconde instance – ou du 2e degré (b). Après avoir exposé les règles relatives à la compétence matérielle de chacune de ces juridictions, on s'intéressera à la répartition géographique du contentieux (c), c'est-à-dire aux règles permettant de faire le choix de la juridiction qui doit connaître territorialement du litige.

a. Les juridictions du premier degré

Notre organisation judiciaire est marquée par l'existence d'une juridiction dotée d'une compétence générale : le tribunal de grande instance ; elle est dite juridiction de droit commun, car elle est compétente pour connaître de tout litige de droit civil qui n'est pas attribué à une autre juridiction sur la base d'un texte spécial. À côté de cette juridiction de droit commun, il existe des juridictions d'exception qui ne sont compétentes que sur le fondement d'un texte spécial.

– Le tribunal de grande instance

Il existe actuellement en France 181 tribunaux de grande instance (il est prévu de ramener ce chiffre à 158 en 2011) qui rendent environ 600 000 décisions par an.
Statuant de manière collégiale, ils sont composés au minimun d'un président et de deux assesseurs ; le plus souvent, les tribunaux de grande instance sont divisés en chambres, composées chacune d'au moins 3 magistrats ; les chambres sont spécialisées par domaine juridique (chambre civile, chambre commerciale, chambre sociale). Mais il est possible, dans certains domaines – tels les accidents de la circulation –, de confier l'affaire à un seul juge ; en matière familiale, d'infractions commises par des mineurs et d'expropriation, on retrouve l'institution du juge unique (le juge aux affaires familiales, le juge pour enfants, le juge de l'expropriation).
Chaque tribunal de grande instance est doté de représentants du ministère public – le procureur de la République et ses substituts –, c'est-à-dire de magistrats chargés non pas de juger, mais de dire le droit et de donner leurs avis sur les différentes affaires soumises au tribunal.
Le tribunal de grande instance dispose d'une compétence de principe pour toutes les affaires civiles d'un montant supérieur à 10 000 euros ; il détient également une compétence spéciale pour certaines affaires déterminées par la loi – les brevets d'invention, par exemple –, sans qu'il soit tenu compte de leur montant. Il a enfin une compétence exclusive pour juger des questions relatives à l'état des personnes, c'est-à-dire aux éléments qui concourent à identifier et à individualiser chaque personne dans la société : mariage et régimes matrimoniaux, divorce, nom de famille, filiation, successions, etc.

– Le tribunal d'instance

Le nombre des tribunaux d'instance va passer en 2010 de 473 à 297 ; ils rendent environ 450 000 décisions par an ; situés au chef-lieu de chaque arrondissement, ils sont compétents pour toute affaire civile d'un montant inférieur à 10 000 euros ; ils sont également compétents pour connaître, quel que soit leur montant, d'une série d'affaires désignées par la loi, tels que les litiges nés de l'exécution d'un bail – le juge d'instance est « juge des loyers » – ou certains litiges électoraux – le juge d'instance est dit « juge des élections ». Le juge d'instance est également juge des tutelles : il prend en charge la protection des mineurs et des incapables majeurs.

Dans un tribunal d'instance, les affaires sont tranchées par un juge unique. Les décisions sont rendues en premier et dernier ressort losrqu'elles concernent des affaires inférieures à la valeur de 4 000 euros.

– *Le tribunal de commerce*

Il existe actuellement 135 tribunaux de commerce (ils étaient 191 avant 2008) qui rendent environ 200 000 décisions par an ; les tribunaux de commerce sont compétents pour connaître des litiges entre commerçants. Lorsqu'un litige oppose un commerçant à un particulier, le tribunal compétent sera toutefois civil, lorsque l'action est engagée par le commerçant ; si l'action est engagée par le particulier, ce dernier dispose du choix de la juridiction compétente : soit il assigne le commerçant devant le tribunal de commerce, soit il porte le litige devant le juge civil.
Les tribunaux de commerce présentent la particularité d'être constitués non pas de magistrats de profession, mais de commerçants élus par leurs pairs. Seuls les tribunaux de l'Alsace Moselle – départements du Bas-Rhin, du Haut-Rhin et de la Moselle – sont organisés sur le modèle de *l'échevinage*, consistant à faire siéger un magistrat professionnel parmi les juges élus.

– *Le conseil de prud'hommes*

Il existe actuellement 210 conseils de prud'hommes (ils étaient 271 avant 2008) qui rendent environ 200 000 décisions par an ; ces juridictions sont compétentes pour connaître des *litiges individuels* nés de la formation, l'exécution et la rupture des contrats de travail.
Elles présentent la particularité d'être constituées non pas de magistrats de profession mais de juges élus : fonctionnant sur le mode du paritarisme, chaque division du conseil de prud'hommes – appelée *section* – est composée de deux représentants des salariés et de deux représentants des employeurs ; la présidence est assurée successivement par un employeur puis un salarié ; en cas de partage des voix entre la partie patronale et la partie salariée, le litige remonte en *départage* : il est tranché par un juge *départiteur* – un magistrat de profession qui est choisi parmi les membres du tribunal d'instance ;
L'originalité de ces conseils tient également à leur procédure, essentiellement orale : il est possible non seulement de présenter des conclusions uniquement orales, mais également de saisir le conseil par « comparution conjointe » ; les justiciables doivent aussi passer par une phase obligatoire de conciliation ; si aucun accord n'est possible – ce qui concerne plus de 90 % des affaires –, le procès se poursuit devant le bureau de jugement.
Le conseil de prud'hommes est divisé en 5 sections : industrie, commerce, agriculture, activités diverses et encadrement.

– *Le tribunal paritaire des baux ruraux*

Il existe actuellement 413 tribunaux des baux ruraux qui rendent environ 3 500 décisions par an ; ces tribaux sont compétents pour connaître des litiges entre les bailleurs et les preneurs d'un bail rural. La particularité de cette juridiction est d'être formée sur le mode de *l'échevinage* : le juge d'instance en est le président ; il est assisté en nombre égal de représentants des bailleurs et de preneurs.

– *Le tribunal des affaires de sécurité sociale*

Il existe actuellement 116 tribunaux des affaires de sécurité sociale qui rendent environ 100 000 décisions par an ; leur tâche consiste à trancher les litiges intervenant entre les organismes de sécurité sociale et les assurés ; ces juridictions statuent de manière collégiale et paritaire : le président est un juge du tribunal de grande instance et les assesseurs – un représentant des salariés, un représentant des employeurs – sont nommés pour 3 ans par le premier président de la cour d'appel.

– *Le juge de proximité*

Inscrit au programme électoral du Président Jacques Chirac, ce juge de proximité a été créé par la loi du 9 septembre 2002 dans le ressort de chaque cour d'appel et a hérité d'une part limitée des compétences dévolues jusqu'alors aux tribunaux d'instance et de police ; nommés pour

7 ans non renouvelables, ils étaient au nombre de 572 en avril 2008 (une prévision généreuse devait les porter à 3000, mais ce chiffre a été ramené à 1000) ; n'étant pas un magistrat de profession, le juge de proximité est chargé d'effectuer des vacations à temps partiel ; peuvent être désignés juges de proximité – dès lors qu'ils n'ont pas dépassés 75 ans – les personnes qui justifient d'une expérience dans le domaine juridique (anciens magistrats ou fonctionnaires, directeurs juridiques en entreprises, avocats, notaires, greffiers, huissiers, etc.) ; il peut leur être imposé un stage de formation.

Le juge de proximité intervient pour trancher les petits litiges : il est compétent pour juger, en dernier ressort, de toutes actions personnelles mobilières jusqu'à la valeur de 4 000 euros. Il est également compétent pour connaître des contraventions de la 1re à la 4e classe.

Le juge de proximité doit toujours tenter au préalable de concilier les parties. La décision qu'il rend ne peut faire l'objet d'un appel ; elle peut toutefois être attaquée dans le cadre d'un pourvoi en cassation.

S'il rencontre une difficulté sérieuse dans l'interprétation du droit, le juge de proximité a la possibilité, dans certaines conditions, de renvoyer les parties devant le tribunal d'instance, ce dernier statuant en tant que juge de proximité.

– *Le tribunal du contentieux de l'incapacité*

Il existe actuellement 26 tribunaux du contentieux de l'incapacité, qui rendent environ 75 000 décisions par an. Cette juridiction est compétente pour connaître du contentieux technique de la sécurité sociale ; elle règle les contestations relatives : 1°) à l'état ou au degré d'invalidité, en cas d'accident ou de maladie non régie par le livre IV du présent code et à l'état d'inaptitude au travail ; 2°) à l'état d'incapacité permanente de travail et notamment au taux de cette incapacité, en cas d'accident du travail ou de maladie professionnelle ; 3°) à l'état d'incapacité de travail pour l'application des dispositions du livre VII du code rural autres que celles relevant soit du contentieux général de la sécurité sociale, soit des juridictions de droit commun en vertu des articles 1169, 1234-17 et 1234-25 du code rural (L 143-1 et L 143-2 du Code de la Sécurité Sociale). Sa composition a été réformée par la loi du 17 janvier 2002 et le décret du 3 juillet 2003 (pour se mettre en conformité avec l'exigence d'impartialité posée par l'art. 6 de la Convention européenne des droits de l'homme), enfin par l'ordonnance n° 2005-656 du 8 juin 2005 : il est actuellement présidé par un magistrat honoraire de l'ordre administratif ou judiciaire (désigné pour 3 ans par arrêté du Garde de sceaux, sur une liste de 4 noms dressée par le premier président de la cour d'appel dans le ressort de laquelle se trouve le tribunal) et comprend deux assesseurs : un représentant des salariés, ainsi qu'un représentant des employeurs ou travailleurs indépendants (désignés par la Premier président de la cour d'appel, sur proposition des organisations professionnelles les plus représentatives).

Il est possible de faire appel de la décision du tribunal du contentieux de l'incapacité devant une cour particulière, la Cour nationale de l'incapacité et de la tarification de l'assurance des accidents du travail.

b. Les cours d'appel

Au nombre de 35 – dont 5 en outre-mer et 2 tribunaux supérieurs d'appel -, les cours d'appel sont compétentes pour connaître de toute affaire civile en 2e instance[1] ; pour saisir une cour d'appel, le justiciable qui n'est pas satisfait de la décision rendue par le juge de 1re instance devra « interjeter » appel ; il s'agit d'une voie de recours qui permet de déférer la décision rendue en première instance à une juridiction supérieure, qui juge à nouveau la cause, en fait et en droit, puis confirme, en rendant un *arrêt confirmatif*, ou infirme la sentence primitive en la réformant (par la voie d'un *arrêt infirmatif*).

Le droit d'appel est reconnu par principe ; ce n'est donc que par exception que certaines affaires ne sont pas susceptibles de faire l'objet d'un appel ; il s'agit notamment des affaires jugées par le tribunal d'instance, par le juge de proximité ou par un conseil de prud'hommes

1. On rappellera que les décisions rendues par les tribunaux du contentieux de l'incapacité peuvent faire l'objet d'un appel devant une cour particulière et unique, la Cour nationale de l'incapacité et de la tarification de l'assurance des accidents du travail (qui a son siège à Amiens) ; la composition de cette cour a été modifiée par la loi du 17 janvier 2002 et le décret du 3 juillet 2003 pour tenir compte du droit à un procès impartial (AP, 22 déc. 2000, Bull. n° 12).

pour un montant inférieur à 4 000 euros ; mais cette impossibilité d'interjeter appel n'affecte pas la faculté de déposer un pourvoi en cassation.
On pourrait être tenté de justifier le droit d'appel par le principe de la hiérarchie judiciaire et d'en faire aussi une simple règle de procédure ; en réalité, ce n'est pas notre organisation judiciaire qui permet d'expliquer sa consécration, ni même l'existence d'une discipline au sein de la profession de magistrat ; même en 1re instance, le juge statue en toute indépendance, en ne relevant que de la loi et de sa conscience. Le droit à un double degré de juridiction a été institué pour garantir le bon fonctionnement de la justice ; procédant de l'idée de sanction, il permet d'abord au justiciable d'espérer échapper à une erreur ou à une négligence de ses premiers juges, le sauvant ainsi d'une possible injustice ; on peut croire aisément que les juges d'une cour d'appel, plus anciens dans leurs fonctions, souvent plus expérimentés, rendront une meilleure décision ; ils seront d'ailleurs aidés des éléments déjà rassemblés lors de la 1re instance ; le droit d'appel a surtout une fonction de prévention à l'égard des juges de première instance qui, connaissant la possibilité du justiciable d'interjeter appel, sont conduits à donner au litige tous les soins nécessaires à sa résolution ; il n'est jamais agréable pour un juge de voir ses décisions réformées en appel ; le droit d'interjeter appel est enfin au service du justiciable lui-même qui, après notification de la décision rendue en première instance, a pu se rendre compte de son erreur ou de ses carences dans la présentation de ses moyens de défense ; il est important de pouvoir lui donner une chance de renforcer son système de défense.

c. La répartition géographique du contentieux : les règles de compétence territoriale

La répartition du contentieux repose, du point de vue géographique, sur un principe d'application générale à toutes les juridictions (comme l'atteste son positionnement dans le livre du code de procédure civile consacré aux dispositions communes à toutes les juridictions) : celui de la compétence du tribunal du défendeur – le *forum rei* ; mais cette règle n'est pas d'application absolue : elle cède devant de nombreuses options et dérogations.

– *Compétence du « for » du défendeur*

Selon la règle issue de l'adage Actor sequitur forum rei et reprise à l'art. 42 al. 1er du NCPC, la « *juridiction territorialement compétente est, sauf disposition contraire, celle du lieu où demeure le défendeur* ».
Cette règle se justifie par l'idée que, si on n'est jamais obligé d'attaquer autrui, on peut être amené, sans l'avoir voulu, à devoir se défendre ; déjà dérangé par l'engagement d'une action en justice dirigée contre lui (dont on ne sait nullement, *a priori*, si elle va aboutir), le défendeur se voit offrir le droit d'être entendu par la juridiction la plus proche de son domicile. La règle du *forum rei* ne vise, en définitive, qu'à minimiser le dérangement d'une personne qui peut être considérée, avant toute décision, comme irréprochable.
Pour savoir ce qu'est le « lieu où demeure le défendeur », il faut s'en remettre aux directives de l'art. 43 du NCPC, qui distingue la situation des personnes physiques de celles des personnes morales.
Pour la personne physique, il s'agit du « lieu où celle-ci a son domicile ou, à défaut, sa résidence ». La notion de domicile renvoie alors à l'art. 102 du C. civil, c'est-à-dire au « principal établissement » de la personne concernée. Cette notion est appréciée souverainement par les juges du fond. Ce n'est qu'à défaut de domicile reconnu qu'on prendra en compte la résidence de l'individu, c'est-à-dire le lieu où il réside de manière suffisamment stable et continue.
Si le défendeur est une personne morale, le lieu où elle demeure s'entend du « lieu où celle-ci est établie » : il s'agit le plus souvent du siège social de la personne morale, mais, dans l'hypothèse d'une pluralité d'établissements ou de succursales, la jurisprudence admet qu'on assigne l'entreprise – en vertu de la théorie des gares principales – auprès du tribunal relevant de l'établissement impliqué dans le litige ; encore faut-il que cet établissement soit suffisamment autonome[1] et qu'il ait un lien avec le litige.

1. L'établissement doit être dirigé par une personne ayant le pouvoir d'engager la personne morale auprès des tiers ; mais il n'est pas nécessaire qu'elle ait celui de la représenter en justice : Cass. com. 12 janv. 1988, Bull. IV, n° 13 ; RTDcom. 1988, p. 474 obs. Cabrillac et Teyssié.

Si le domicile ou la résidence de la personne défenderesse est inconnu, l'al. 3 de l'art. 42 NCPC donne alors la possibilité pour le demandeur de saisir la juridiction du lieu où il demeure ou celle de son choix s'il demeure à l'étranger.

– Pluralité de défendeurs

S'il existe plusieurs défendeurs n'ayant pas leur domicile, leur résidence ou leur établissement dans le ressort d'une même juridiction, le demandeur dispose du choix de la juridiction du lieu où demeure l'un d'eux.

– Options de compétences

La règle selon laquelle le défendeur est assigné devant la juridiction du lieu où il est établi peut être écartée en vertu d'une option offerte au demandeur : ce dernier peut donc choisir le tribunal du lieu où est établi le défendeur, mais il peut aussi préférer une autre juridiction, celle qui est dictée par la règle ouvrant l'option de compétence.
L'art. 46 du NCPC présente une telle option dans les quatre matières suivantes :
– Le demandeur peut choisir, en matière contractuelle, la juridiction du lieu de livraison effective de la chose ou le lieu d'exécution de la prestation de service.
– Il peut choisir, en matière délictuelle, la juridiction du lieu du fait dommageable ou la juridiction dans le ressort de laquelle le dommage a été subi.
– En matière mixte – c'est-à-dire en cas de contestation portant à la fois sur un droit personnel et sur un droit réel –, il peut choisir la juridiction du lieu où est situé l'immeuble.
– En matière d'aliments et de contribution aux charges du mariage, le choix peut se faire sur la juridiction du lieu où demeure le créancier.
L'art. 47 NCPC présente une autre option de compétence dans le cadre des procès auquel un magistrat ou un auxiliaire de justice est partie : le litige qui les concerne peut être porté devant une juridiction limitrophe de celle dans le ressort de laquelle ils exercent leur fonction.
Il existe également la possibilité, à l'art. 111 C. civ., de faire jouer les clauses d'élection de domicile que contiennent certains actes, sous réserve des dispositions de l'art. 48 du NCPC : dans ce cas, le demandeur peut saisir soit le tribunal du lieu où demeure le défendeur, soit le tribunal du domicile élu.
Enfin, en matière civile et commerciale, il est possible de saisir le juge des référés dans le ressort duquel a été constaté l'incident ou dans le ressort duquel les mesures d'urgences doivent être exécutées[1]. Dans le cadre d'une procédure d'ordonnance sur requête, peut être saisi soit le président de la juridiction saisie au fond, soit celui de la juridiction où la mesure demandée doit être exécutée[2].

– Dérogations

On se limitera à citer quelques exemples, prévus par le code de procédure civile, pour lesquels il est exclu de porter le litige devant la juridiction du lieu où est établi le défendeur : en matière réelle immobilière, le litige sera porté devant la juridiction du lieu où est situé l'immeuble (art. 44 NCPC) ; en matière successorale, il sera connu par la juridiction du lieu où s'est ouverte la succession (art. 45 NCPC) ; il existe également des dérogations en matière de compétence territoriale dans le cadre des demandes de divorce et de séparation de corps (art. 1070 à 1072).

2. Les juridictions répressives

Les juridictions répressives ou pénales sont compétentes pour connaître des infractions ; loin d'être des juridictions autonomes, elles ne constituent, pour le tribunal de police et le tribunal de correctionnel, que des formations particulières des juridictions civiles.
Ainsi, le tribunal de police, qui est compétent pour connaître des contraventions, n'est qu'une des formations du tribunal d'instance. Quant au tribunal correctionnel, compétent pour connaître des délits, il constitue une formation du tribunal de grande instance.

1. Cass. 2e civ., 10 juil. 1991, Bull. II, n° 223.
2. Cass. 2e civ., 19 nov. 1992, D. 1993, p. 91, note Chartier.

Dans ce panorama des juridictions pénales, la cour d'assises occupe une place particulière et originale ; elle n'est compétente que pour connaître des crimes ; elle siège par sessions (en général de 15 jours) ; elle est composée de 3 magistrats professionnels – le président et deux assesseurs – et de 9 *jurés* (qui sont de simples citoyens) tirés au sort sur les listes électorales.
La présence historique de jurés s'explique ici par la gravité de la sanction pénale : faute d'être acceptée par l'accusé, elle apparaît avec une plus grande légitimité aux yeux du Peuple, ce dernier étant finalement représenté à l'audience par l'intermédiaire de jurés. La justice est rendue au nom du peuple, non pas au nom du chef de l'État ; on peut alors espérer que les décisions de la Cour d'assises seront mieux acceptées par les justiciables et par l'opinion publique que celles qui sont rendues uniquement par des magistrats fonctionnaires.
Une autre raison explique la présence de jurés : la résolution d'une affaire pénale pose souvent moins de problèmes juridiques qu'une affaire civile ; elle nécessite surtout de se prononcer sur des faits ; en d'autres termes, elle tient moins à un raisonnement juridique qu'à une intime conviction ; cette distinction du fait est du droit renvoie à cette dualité entre jurés occasionnels et magistrats professionnels : tout ce qui est relatif à la preuve des faits, à l'appréciation de leur gravité, à la détermination des indemnités réparatrices relève d'une appréciation en partie subjective qu'assument parfaitement les jurés ; tout ce qui est relatif à l'application du droit et à la résolution des difficultés soulevées par cette application relèvera davantage de l'arbitrage des magistrats professionnels.
En principe, une affaire pénale doit, avant d'être jugée, faire l'objet d'une instruction ; elle est, pour la majorité des infractions, menée par les services de la police judiciaire, placée sous l'autorité du ministère public ; pour les affaires les plus graves et les plus complexes, ou pour celles qui présente un caractère extra-national, un juge d'instruction – juge unique – peut être désigné pour préparer et mettre en état le dossier, afin que la juridiction de jugement puisse statuer en toute connaissance de cause (les parquets saisissaient un juge d'instruction dans 20 % des cas en 1965 et seulement dans 7 % aujourd'hui[1]) ; le juge d'instruction peut lui-même exécuter les actes d'instruction ; il peut aussi préférer donner une *commission rogatoire* à un officier de police judiciaire, c'est-à-dire lui donner l'ordre d'enquêter et de lui faire un rapport ; on dit du juge d'instruction qu'il doit instruire « à charge et à décharge » (art. 81 al. 1 du code de procédure pénale) ; c'est-à-dire qu'il doit rassembler autant les preuves qui justifient une poursuite judiciaire que celles qui motivent la relaxe (une instruction dure en moyenne 20 mois) ; il n'est plus compétent pour décider de la détention provisoire de la personne poursuivie, cette décision revenant, depuis la loi du 15 juin 2000, au « juge des libertés et de la détention » (JLD) ; le juge d'instruction n'a pas non plus à se substituer aux magistrats composant la juridiction de jugement pour décider ou non de la culpabilité de la personne poursuivie ; si les éléments qu'il rassemble ne justifient pas une poursuite, il rendra une *ordonnance de non-lieu*[2] ; si, au contraire, les éléments rassemblés sont de nature à établir sa culpabilité, il rendra une *ordonnance de renvoi*[3] .
Le pouvoir important qui est dévolu au juge d'instruction a été longtemps discuté ; l'affaire d'Outreau a joué un rôle de déclencheur des réformes ; on a voulu réduire l'isolement du juge d'instruction en créant des pôles d'instruction, composés de plusieurs juges d'instructions ; aujourd'hui, le débat s'est même déplacé sur la question de la disparition du juge d'instruction ; mais l'avant-projet de loi sur la réforme pénale, déposé le 1er mars 2010, a finalement été retiré.
L'appel est possible en matière pénale : il est fait appel des décisions des tribunaux de police et des tribunaux correctionnels devant une chambre particulière de la cour d'appel, la *chambre des appels correctionnels* ; pendant longtemps, les décisions prises par la cour d'assises – que l'on appelle *verdicts* – n'étaient pas susceptibles d'être contestées en appel, car on pensait que

1. V. Jean Pradel, Haro sur le juge d'instruction, Point de vue, D. 2006, n° 4, p. 244.
2. Une ordonnance de non-lieu est une décision de clôture par laquelle un juge d'instruction déclare qu'il n'y a pas lieu de poursuivre l'instruction contre la personne mise en examen, soit parce que les faits à lui reprochés ne tombent pas ou ne tombent plus sous le coup de la loi pénale, soit parce que les charges relevées contre lui n'apparaissent pas suffisantes – art. 177 du code de procédure pénale (Vocabulaire juridique Capitant).
3. Une ordonnance de renvoi est une décision par laquelle le juge d'instruction met la personne mise en examen à la disposition de la juridiction de jugement, lorsque des charges suffisantes ont été relevées contre lui (Vocabulaire juridique Capitant).

la Cour d'assises était souveraine dans sa décision en raison de la présence en son sein de représentants du peuple ; mais l'erreur, qui est humaine, ne pouvait être exclue ; c'est pourquoi on a admis, depuis la loi du 15 juin 2000, la possibilité d'un appel auprès d'une autre cour d'assises, composée non plus seulement de 9, mais de 12 jurés. Enfin, les décisions du juge d'instruction sont susceptibles d'appel devant une chambre particulière de la cour d'appel, la *chambre d'accusation* .

B. La Cour de cassation

On présentera successivement quelques éléments tenant à sa fonction (1), à la façon dont elle est saisie (2) et à sa composition (3).

1. La fonction

La Cour de cassation n'est pas un 3e degré de juridiction ; elle n'existe que pour vérifier que les règles de droit reçoivent une application homogène et juste sur l'ensemble du territoire ; son rôle est non pas de rejuger les affaires, mais de contrôler l'application du droit : ainsi la Cour de cassation ne statue-t-elle que sur des questions de droit et tient pour acquises les constatations de fait des juges du fond.

2. La saisine

Pour saisir la Cour de cassation, le plaideur doit former un pourvoi en cassation contre la décision de la juridiction du fond. Les arguments développés dans le pourvoi sont organisés en moyens[1] et répartis par branche[2].

Si la Cour de cassation considère que les juges du fond ont fait une juste interprétation de la règle de droit, elle prononce un *arrêt de rejet*[3] (rejet du pourvoi) ; la décision de la juridiction du fond est donc maintenue ; si la Cour de cassation estime que la décision des juges du fond a été mal rendue, elle la casse et rend un *arrêt de cassation*[4] (cassation de la décision) ; mais parce qu'elle est juge du droit, la Cour de cassation ne peut se substituer aux juges du fond, seuls compétents pour reprendre l'affaire et la rejuger ; c'est pourquoi, en principe, la Cour de cassation renvoie l'affaire devant une juridiction de fond autre que celle qui a dans un premier temps statué ; la juridiction de renvoi reprend entièrement l'affaire et est libre de ne pas se conformer à la décision rendue par la Cour de cassation ; si la juridiction de renvoi ne suit pas le sens de la décision rendue par la Cour de cassation, il est possible de former un nouveau pourvoi en cassation ; de nouveau saisie, la Cour de cassation se réunit alors en Assemblée plénière pour rendre un dernier arrêt ; si elle casse la décision de la juridiction de renvoi, l'affaire est renvoyée devant une 3e juridiction, laquelle doit suivre le sens de l'arrêt rendu par la Cour de cassation ; il est également possible, par souci de rapidité, que l'Assemblée plénière se prononce exceptionnellement en fait et en droit, une fois pour toute, sans qu'il soit nécessaire de renvoyer l'affaire devant une juridiction du fond.

3. La composition

Chargée de fixer l'interprétation du droit, la Cour de cassation est unique ; elle siège à Paris dans le Palais de justice ; elle est composée de 6 chambres – 5 chambres civiles et une chambre criminelle ; parmi les chambres civiles, les 3 premières sont compétentes exclusivement en matière civile, la quatrième l'est en matière commerciale, la cinquième en matière sociale (les questions de droit de la sécurité sociale revenant toutefois à la 2e chambre civile). Chacune des

1. Les moyens sont, de manière générale, des motifs destinés à fonder en fait et en droit une demande en justice ou un jugement ; les moyens de cassation désignent plus particulièrement soit les moyens invoqués au soutien d'un pourvoi, soit les causes spécifiées qui peuvent donner ouverture à cassation (Vocabulaire juridique Capitant).
2. Dans un pourvoi en cassation, la branche est une subdivision d'un moyen, correspondant à chacun des griefs par lesquels le moyen critique une même proposition dans le jugement attaqué (Vocabulaire juridique Capitant).
3. Un arrêt de rejet est un arrêt par lequel la Cour de cassation repousse, comme mal fondé, un pourvoi formé contre une décision judiciaire et peut, si elle juge celui-ci abusif, condamner son auteur à une amende civile et, dans la même limite, au paiement d'une indemnité envers le défendeur en cassation – art. 631 NCPC (Vocabulaire juridique Capitant).
4. Un arrêt de cassation est un arrêt qui met à néant la décision attaquée, pour quelque cause que ce soit, avec ou sans renvoi devant un autre juge pour un nouvel examen (Vocabulaire juridique Capitant).

chambres comprend un président de chambre, des conseillers, des conseillers référendaires, des avocats généraux – ce sont les représentants du ministère public – et un greffier de chambre ; la Cour de cassation est elle-même sous la direction d'un « premier président »[1] ; à la tête du ministère public se trouve un procureur général près la Cour de cassation – assisté d'un « premier avocat général » –, à qui il revient également d'aider le « premier président » dans la direction de la Cour de cassation.
Il existe enfin la possibilité de demander la formation d'une chambre mixte – composée de magistrats appartenant aux différentes chambres de la Cour de cassation –, lorsqu'une affaire pose un problème juridique susceptible d'intéresser plusieurs chambres. L'intérêt de cette formation réside dans la prévention des contradictions de jurisprudence entre les différentes chambres.

A. Les juridictions spécialisées

Parmi les juridictions spécialisées les plus connues, on compte celles qui sont compétentes en matière politique, à l'égard des mineurs ou dans le domaine des activités militaires.

1. En matière politique

Deux juridictions spécialisées sont compétentes en matière politique.
Il s'agit d'abord de la *Haute Cour de Justice* qui est compétente pour connaître du crime de haute trahison commis par le président de la République dans l'exercice de ses fonctions[2]. Le Conseil constitutionnel[3] et la Cour de cassation[4] ont convergé pour restreindre le domaine de compétence des juridictions de droit commun à l'égard des actes du Président de la République : ce dernier ne peut être traduit, en cours de mandat, devant les juridictions de droit commun pour les infractions d'une autre nature qu'il a pu commettre avant ou pendant son mandat.
Émanant du Parlement, la Haute cour de justice se compose de 24 titulaires et 12 suppléants issus en nombre égal de l'Assemblée nationale et du Sénat. Les arrêts qu'elle rend ne peuvent faire l'objet ni d'un appel, ni d'un pourvoi en cassation.
Il s'agit ensuite de la *Cour de Justice de la République*, qui est compétente pour connaître des délits et crimes commis par les membres du gouvernement dans l'exercice de leur mission. Cette juridiction est composée de parlementaires – 6 sénateurs et 6 députés élus par leur chambre respective – et de magistrats professionnels – 3 conseillers à la Cour de cassation, membres du siège et élus par leurs pairs. Les arrêts rendus par la Cour de Justice de la République peuvent faire l'objet d'un pourvoi devant la Cour de cassation ; dans l'hypothèse d'un renvoi consécutif à une cassation, l'affaire revient devant la Cour de Justice de la République composée différemment.

2. À l'égard des mineurs

Concernant les mineurs, il existe au sein du tribunal de grande instance un juge unique – le *juge pour enfants* – qui est compétent pour connaître des contraventions de 5e classe et des délits commis par les personnes mineures (les contraventions de la 1re à la 4e classe commises par les mineurs restent du ressort du juge de proximité). Il partage cette compétence avec le *tribunal pour enfants* à qui il revient, en plus, de se prononcer sur les crimes commis par les mineurs de moins de 16 ans (les crimes commis par les mineurs de plus de 16 ans étant confiés à la *cour d'assisses des mineurs*).
Le tribunal pour enfants est une juridiction collégiale que préside le juge pour enfants, assistée de deux assesseurs qui, sans être des magistrats professionnels, sont désignés par arrêté ministériel en raison de leur implication dans le domaine de la protection de l'enfance.

1. Le premier président de la Cour de cassation est un magistrat chargé, avec le procureur général, de la direction de la cour suprême ; il est investi, en raison de sa qualité, d'autres présidences, notamment de celle du Conseil supérieur de la magistrature statuant en formation disciplinaire (Vocabulaire juridique Capitant).
2. Art. 67 et 68 de la Constitution.
3. C. Cass. décision n° 98-408 du 22 janv. 1999.
4. Cass. AP 10 oct. 2001, Bull. AP, n° 206.

La cour d'assises des mineurs est composée de manière comparable à la cour d'assises des personnes majeures ; elle n'en diffère dans sa composition que par la présence d'assesseurs professionnels choisis parmi les juges pour enfants installés dans le ressort de la cour d'appel.
En appel, sont compétentes, à l'égard des jugements rendus par le juge pour enfants et le tribunal pour enfants, la chambre des appels correctionnels de la cour d'appel et, à l'égard des verdicts rendus par la cour d'assises des mineurs, la cour d'assises d'appel des mineurs.

3. Dans le domaine des activités militaires

En matière militaire, il faut aussi compter sur la présence de plusieurs juridictions, qui se répartissent entre les périodes de paix et les périodes de guerre.
En temps de paix, les infractions commises par les troupes françaises à l'étranger – contraventions, délits, crimes[1] – sont connues du *tribunal aux armées de Paris*[2] ; celles qui sont commises par les militaires sur le territoire français relèvent des juridictions de droit commun.
En temps de guerre, les infractions commises par les militaires sur le territoire français sont jugées par les *tribunaux territoriaux des forces armées*[3] , sauf si elles sont le fait des maréchaux et amiraux de France, des officiers généraux et assimilés et des membres du contrôle général des armées, qui relèvent du *Haut tribunal des forces armées*[4] . Si les infractions sont commises sur le sol étranger, elles sont connues des tribunaux militaires aux armées[5] ; il est possible de mettre en place des *tribunaux prévôtaux*[6] – juridictions à juge unique, constituées d'un officier de gendarmerie – pour juger les contraventions de la 1re à la 4e classe commises par les militaires et certaines fautes disciplinaires commises par les personnels civils de l'armée.

D. Les magistrats de l'ordre judiciaire

Hormis ceux qui sont élus (conseillers prud'homaux, juges consulaires) ou choisis en tant que représentants d'une catégorie de la population (assesseurs du tribunal des affaires de la sécurité sociale ou du tribunal paritaire des baux ruraux), les juges sont recrutés par le même concours – le concours d'entrée à l'Ecole Nationale de la Magistrature, créé en 1970 – et sont regroupés au sein d'un corps unique de fonctionnaire. Ils sont nommés par décret du Président de la République. Ce système de désignation, qui offre actuellement des garanties sérieuses de recrutement par l'institution d'un concours, a été préféré à juste titre à l'élection[7] et à la cooptation[8].
Au sein du corps des magistrats, il y a lieu de distinguer entre les magistrats du siège (1) et les magistrats du parquet (2).
En sortant de l'Ecole Nationale de la Magistrature, ils sont appelés à choisir entre l'une ou l'autre de ces voies ; mais ce choix n'est pas définitif, un magistrat pouvant à tout moment demander à passer du parquet au siège, ou du siège au parquet.

1. Les magistrats du siège

Issus de la « magistrature assise », les magistrats du siège ont pour fonction de juger ; cette fonction doit les conduire à se mettre à l'abri des pressions, notamment des influences politiques ; il sont ainsi privés, dans l'exercice de leur fonction de magistrat, du droit d'exercer un mandat politique ; la Constitution consacre par ailleurs *l'indépendance de l'autorité judiciaire* , indépendance dont le Président de la République est garant (art. 64 al. 1er de la Constitution) ;

1. Art. 6 à 10 C. just. mil.
2. Art. 3 C. just. mil.
3. Art. 24 et s. C. just. mil.
4. Art. 26 C. just. mil.
5. Art. 49 et s. C. just. mil.
6. Art. 480 C. just. mil.
7. L'élection présente le risque de placer le magistrat sous la dépendance de ses électeurs et suscite toujours des passions politiques et des luttes de partis qui conviennent mal à la sérénité de la justice ; surtout, le système électif n'est pas propre à assurer le recrutement de juges nécessairement savants et expérimentés (les électeurs pouvant toujours être portés à élire ceux qui flattent le plus leurs opinions).
8. Le système de la cooptation a été écarté, parce qu'il peut favoriser la formation d'un corps de fonctionnaires fermé à la société et résistant aux réformes successives : pour chasser l'esprit de caste, on n'a pas voulu que la magistrature soit maîtresse de son recrutement.

l'al. 4 du même art. 64 dispose également que les magistrats du siège sont *inamovibles* : cette règle, qui « passe pour être d'or »[1], les met à l'abri des révocations ou des affectations voulues par le pouvoir politique ; elle a même reçue une précision à l'art. 4 de l'ordonnance du 22 déc. 1958 : « *Le magistrat du siège ne peut recevoir, sans son consentement, une affectation nouvelle, même en avancement* » ; cette protection se complète par des garanties disciplinaires : les magistrats du siège ne peuvent être sanctionnés que sur décisions d'une institution garante de l'indépendance de l'autorité judiciaire, le *Conseil supérieur de la magistrature*[2].

L'indépendance des magistrats du siège à l'égard du pouvoir politique est rarement remise en cause ; elle se trouve même renforcée par le principe de la collégialité, qui impose qu'une décision juridictionnelle soit prise non pas par un seul juge, mais par plusieurs ; ce principe est une garantie de bonne justice et protège l'indépendance du juge à l'égard des justiciables eux-mêmes, lesquels ne peuvent pas connaître l'opinion particulière de tel ou tel juge qui compose la juridiction ; mais la collégialité est aujourd'hui assez souvent écartée : le juge d'instance ou le juge d'instruction statuent seuls ; dans les formations où siège en principe un collège de magistrats, il est également possible, si les deux parties à l'instance sont d'accord, de plaider devant le seul juge rapporteur.

De l'indépendance du juge découle sa liberté de juger ; certes, il est tenu de trancher le litige (sous peine de déni de justice), mais lorsqu'il se prononce, le juge ne reçoit d'ordre de personne ; il dispose même d'armes pénales pour faire réprimer ceux qui tenteraient de l'intimider : il s'agit des atteintes à l'autorité de la justice, qui punissent le fait d'outrage par paroles, gestes, menaces, écrits, images ou envoi d'objets (art. 434-24 C. pén.), le fait de chercher à jeter le discrédit sur un acte ou une décision juridictionnelle (art. 434-25 C. pén.) et le fait de dénoncer mensongèrement à l'autorité judiciaire ou administrative des faits constitutifs d'un crime ou d'un délit qui ont exposé les autorités judiciaires à d'inutiles recherches (art. 434-26 C. pén.).

Dans sa fonction, le juge peut toutefois commettre des fautes ; dans ses relations avec l'État – son employeur –, il encourt des poursuites disciplinaires ; à l'égard des justiciables, il est responsable de ses fautes personnelles (art. 11-1 de l'ordonnance du 22 déc. 1958) ; le justiciable ne le poursuit pas directement, il doit agir contre l'État qui, le cas échéant, va se retourner contre le juge fautif. Cette responsabilité ne peut être engagée que sur le fondement d'un déni de justice (qui constitue aussi un délit : art. 434-7-1 C. pen.) ou d'une faute lourde ; depuis l'arrêt rendu par l'Assemblée plénière de la Cour de cassation le 23 fév. 2001, constitue une faute lourde « *toute déficience caractérisée par un fait ou une série de faits traduisant l'inaptitude du service public de la justice à remplir la mission dont il est investi* »[3].

Le justiciable peut également, en dehors de toute faute personnelle d'un juge, rechercher la responsabilité de l'État du fait du fonctionnement défectueux du service public de la justice ; sera notamment accueillie avec faveur la demande tendant à faire reconnaître l'existence d'un préjudice consécutif à la lenteur de la justice, l'État devant respecter le droit des justiciables à voir leur cause entendue dans un délai raisonnable[4].

Depuis l'affaire d'Outreau, qui s'était traduite par l'incarcération injustifiée de plusieurs personnes soupçonnées à tort d'avoir commis des crimes sexuels, les pouvoirs publics ont tenté d'engager une réforme du régime de responsabilité des juges ; la loi du 5 mars 2007 relative au recrutement, à la formation et à la responsabilité des magistrats voulait modifier la définition de la faute disciplinaire issue de l'article 43 de l'ordonnance du 22 décembre 1958 (« *tout manquement par un magistrat aux devoirs de son état, à l'honneur, à la délicatesse ou à la dignité* ») en apportant la précision suivante : « *Constitue un des manquements aux devoirs de son état la violation grave et délibérée par un magistrat d'une règle de procédure constituant une garantie essentielle des droits des parties, commise dans le cadre d'une instance close par une décision de justice devenue*

1. L. Cadiet, E. Jeuland, Droit judiciaire privé, Litec, 4e éd., 2004, p. 57.
2. La composition du Conseil supérieur de la magistrature a été modifiée par la révision constitutionnelle du 23 juillet 2008. Cette institution peut aussi, depuis cette réforme, être saisie par un justiciable, dans les conditions fixées par une loi organique. Cette dernière est encore en préparation.
3. Bull. n° 7 ; JCP 2001, I, 362, n° 2095, obs. L. Cadiet ; v. T. Clay, Petite chronique judiciaire : la faute du magistrat, D. 2001, p. 2420.
4. V. par ex. TGI Tarascon, 20 juin 2003, D. 2003, IR, p. 2732 : ne répond pas à cette condition du délai raisonnable une procédure prud'homale de 36 mois qui avait nécessité une formation de départage.

définitive ». Mais le Conseil constitutionnel[1] a annulé cette disposition sur le fondement du principe de l'indépendance de l'autorité judiciaire, garantie par l'article 64 de la Constitution, et le principe de la séparation des pouvoirs, proclamé par l'article 16 de la Déclaration de 1789, qui, ensemble, font obstacle à l'engagement de poursuites disciplinaires lorsqu'un tel manquement n'a pas été préalablement constaté par une décision de justice devenue définitive.

– Les textes constitutionnels

Art. 64 de la Constitution : « *Le Président de la République est garant de l'indépendance de l'autorité judiciaire.*
Il est assisté par le Conseil Supérieur de la Magistrature.
Une loi organique porte statut des magistrats.
Les magistrats du siège sont inamovibles ».

Art. 65 de la Constitution : « *Le Conseil Supérieur de la Magistrature est présidé par le Président de la République. Le Ministre de la Justice en est le vice-président de droit. Il peut suppléer le Président de la République.*
Le Conseil Supérieur de la Magistrature comprend deux formations, l'une compétente à l'égard des magistrats du siège, l'autre à l'égard des magistrats du parquet.
La formation compétente à l'égard des magistrats du siège comprend, outre le Président de la République et le garde des Sceaux, cinq magistrats du siège et un magistrat du parquet, un conseiller d'État, désigné par le Conseil d'État, et trois personnalités n'appartenant ni au Parlement ni à l'ordre judiciaire, désignées respectivement par le Président de la République, le président de l'Assemblée nationale et le président du Sénat.
La formation compétente à l'égard des magistrats du parquet comprend, outre le Président de la République et le garde des Sceaux, cinq magistrats du parquet et un magistrat du siège, le conseiller d'État et les trois personnalités mentionnées à l'alinéa précédent.
La formation du Conseil Supérieur de la Magistrature compétente à l'égard des magistrats du siège fait des propositions pour les nominations des magistrats du siège à la Cour de cassation et pour celles de premier président de cour d'appel et pour celles de président de tribunal de grande instance. Les autres magistrats du siège sont nommés sur son avis conforme.
Elle statue comme conseil de discipline des magistrats du siège. Elle est alors présidée par le premier président de la Cour de cassation.
La formation du Conseil supérieur de la magistrature compétente à l'égard des magistrats du parquet donne son avis pour les nominations concernant les magistrats du parquet, à l'exception des emplois auxquels il est pourvu en Conseil des Ministres.
Elle donne son avis sur les sanctions disciplinaires concernant les magistrats du parquet. Elle est alors présidée par le procureur général près la Cour de cassation.
Une loi organique détermine les conditions d'application du présent article.
[Entrée en vigueur dans les conditions fixées par les lois et lois organiques nécessaires à leur application (article 46-I de la loi constitutionnelle n° 2008-724 du 23 juillet 2008)]
Le Conseil supérieur de la magistrature comprend une formation compétente à l'égard des magistrats du siège et une formation compétente à l'égard des magistrats du parquet.
La formation compétente à l'égard des magistrats du siège est présidée par le premier président de la Cour de cassation. Elle comprend, en outre, cinq magistrats du siège et un magistrat du parquet, un conseiller d'État désigné par le Conseil d'État, un avocat ainsi que six personnalités qualifiées qui n'appartiennent ni au Parlement, ni à l'ordre judiciaire, ni à l'ordre administratif. Le Président de la République, le Président de l'Assemblée nationale et le Président du Sénat désignent chacun deux personnalités qualifiées. La procédure prévue au dernier alinéa de l'article 13 est applicable aux nominations des personnalités qualifiées. Les nominations effectuées par le président de chaque assemblée du Parlement sont soumises au seul avis de la commission permanente compétente de l'assemblée intéressée.
La formation compétente à l'égard des magistrats du parquet est présidée par le procureur général près la Cour de cassation. Elle comprend, en outre, cinq magistrats du parquet et un magistrat du siège, ainsi que le conseiller d'État, l'avocat et les six personnalités qualifiées

1. Décision n° 2007-551 DC du 1er mars 2007.

mentionnés au deuxième alinéa.
La formation du Conseil supérieur de la magistrature compétente à l'égard des magistrats du siège fait des propositions pour les nominations des magistrats du siège à la Cour de cassation, pour celles de premier président de cour d'appel et pour celles de président de tribunal de grande instance. Les autres magistrats du siège sont nommés sur son avis conforme.
La formation du Conseil supérieur de la magistrature compétente à l'égard des magistrats du parquet donne son avis sur les nominations qui concernent les magistrats du parquet.
La formation du Conseil supérieur de la magistrature compétente à l'égard des magistrats du siège statue comme conseil de discipline des magistrats du siège. Elle comprend alors, outre les membres visés au deuxième alinéa, le magistrat du siège appartenant à la formation compétente à l'égard des magistrats du parquet.
La formation du Conseil supérieur de la magistrature compétente à l'égard des magistrats du parquet donne son avis sur les sanctions disciplinaires qui les concernent. Elle comprend alors, outre les membres visés au troisième alinéa, le magistrat du parquet appartenant à la formation compétente à l'égard des magistrats du siège.
Le Conseil supérieur de la magistrature se réunit en formation plénière pour répondre aux demandes d'avis formulées par le Président de la République au titre de l'article 64. Il se prononce, dans la même formation, sur les questions relatives à la déontologie des magistrats ainsi que sur toute question relative au fonctionnement de la justice dont le saisit le ministre de la justice. La formation plénière comprend trois des cinq magistrats du siège mentionnés au deuxième alinéa, trois des cinq magistrats du parquet mentionnés au troisième alinéa, ainsi que le conseiller d'État, l'avocat et les six personnalités qualifiées mentionnés au deuxième alinéa. Elle est présidée par le premier président de la Cour de cassation, que peut suppléer le procureur général près cette cour.
Sauf en matière disciplinaire, le ministre de la justice peut participer aux séances des formations du Conseil supérieur de la magistrature.
Le Conseil supérieur de la magistrature peut être saisi par un justiciable dans les conditions fixées par une loi organique.
La loi organique détermine les conditions d'application du présent article »..

2. Les magistrats du parquet

Composant la « magistrature debout » – car, sous l'Ancien Régime, ils se tenaient debouts sur le parquet pour requérir –, les magistrats du parquet sont les représentants de l'État, les « agents du pouvoir exécutif auprès des tribunaux » (loi du 16-24 août 1790) et, à travers cette représentation, il leur revient de revendiquer l'application de la loi ; ils constituent ce que l'on appelle le ministère public ; en matière pénale, ils sont amenés – dans le cadre d'un réquisitoire – à requérir une peine. Les membres du parquet sont placés « *sous la direction et le contrôle de leurs chefs hiérarchiques et sous l'autorité du Garde des sceaux, ministre de la justice* » (art. 5 de l'ord. du 22 déc. 1958).

Le rôle du parquet est primordial devant le juge répressif ; il lui revient d'exercer l'action publique, celle qui a pour objet de faire réprimer les infractions ; dans le procès pénal, il est partie principale et tient le rôle d'accusateur. En revanche, devant les juridictions civiles – où il n'est présent qu'auprès des grandes juridictions de droit commun (Cour de cassation, cour d'appel, TGI) –, le parquet joue un rôle plus modeste ; en tant que partie jointe, il ne fait qu'exprimer son opinion.

Le chef du parquet devant le TGI s'appelle le procureur de la République ; il est assisté de substituts ; le chef du parquet devant la cour d'appel se nomme le procureur général ; il est assisté d'avocats généraux ; le chef du parquet devant la Cour de cassation est le procureur général près la Cour de cassation ; il est assisté d'avocats généraux près la Cour de cassation.

Le ministère public n'a pas le même statut que celui des magistrats du siège ; les « parquettistes » ne bénéficient pas, notamment, du principe d'indépendance. Certes, ils demeurent indépendants à l'égard des particuliers et peuvent déclencher l'action publique, même si les particuliers ne le souhaitent pas (ils ne peuvent toutefois faire obstacle à la poursuite déclenchée par la victime de l'infraction lorsqu'elle se constitue partie civile) ; ils sont également indépendants à l'égard des magistrats du siège ; en revanche, ils restent subordonnés au garde des sceaux et ils doivent respecter les injonctions de l'autorité hiérarchique ; mais cette obéissance n'est pas absolue ; les membres du parquet sont seulement tenus de requérir par écrit conformément aux directives et instructions qui leur sont transmises ; mais ils restent libres de développer oralement des opinions différentes ; cette liberté, qui procède d'un adage ancien : « Si la plume est serve, la parole est libre », est inscrite dans l'ordonnance du 22 déc. 1958 à l'art. 5, *in fine* et consacrée à l'art. 33 du code de procédure pénale[1].

E. Les auxiliaires de justice

Selon la définition qu'en donne le Vocabulaire juridique Capitant, la qualification d'auxiliaire de justice désigne les membres des professions diverses qui concourent à l'administration de la justice, soit principalement en assistant le juge dans l'exercice de ses fonctions – secrétaire, greffier, expert, consultant, constatant, huissier audiencier, notaire, administrateur judiciaire, courtier, séquestre, commissaire-priseur, liquidateur… – soit principalement par le soutien qu'ils apportent aux parties (qui en principe les choisissent) en les représentant, assistant ou secondant de diverses manières – avocat, avoué, avocat aux conseils, huissier – et qui sont soumis à des statuts variés, certains étant officiers publics et ministériels – avocat aux conseils, avoués, notaire… – d'autres appartenant à des professions judiciaires règlementées – avocat –, d'autres enfin à des professions non judiciaires, mais souvent inscrits sur des listes par l'autorité judiciaire qui les choisit en raison de leur qualification – expert, administrateur judiciaire.

1. L'avocat

Le recours à un avocat est nécessaire devant certaines juridictions, notamment devant le tribunal de grande instance, alors qu'il est facultatif devant d'autres, notamment devant le tribunal d'instance ou le conseil de prud'hommes.

L'avocat fait profession de donner des consultations, rédiger des actes, et défendre les intérêts de ses clients en les assistant – les conseiller, assurer les plaidoiries – et/ou en les représentant – accomplir en leur nom les actes de la procédures ; l'avocat est recruté par examen, doit suivre une formation au sein d'un CRFPA – Centre régional de formation à la profession d'avocat – pour obtenir le CAPA – Certificat d'aptitude à la profession d'avocat – et doit prêter serment de remplir fidèlement les devoirs de son métier. Il exerce sa fonction dans un cadre libéral, sans avoir la qualité d'officier ministériel. Il existe aujourd'hui environ 41 000 avocats en France, dont plus de 15 000 attachés au barreau de Paris.

2. L'avocat à la Cour de cassation et au Conseil d'État

Les avocats à la Cour de cassation et au Conseil d'État – dits avocats aux conseils – disposent du monopole de la représentation et de l'assistance des parties devant le Conseil d'État et la Cour de cassation et peuvent aussi plaider devant les autres juridictions – même s'ils ne le font pas en pratique. Il sont actuellement 90 répartis sur 60 offices ministériels. Ils exercent leur activité dans un cadre libéral, et disposent de la qualité d'officiers ministériels.

3. L'avoué

L'avoué est un officier ministériel qui dispose du monopole de la représentation des parties devant la cour d'appel. Il peut aussi – sans en avoir le monopole – représenter les parties devant les tribunaux administratifs et les cours administratives d'appel. Il est prévu de faire disparaître cette profession en 2011 ou 2012.

Avant la réforme du 31 déc. 1971, il existait également des avoués devant les tribunaux de grande instance, mais cette représentation est aujourd'hui assurée par les avocats : les avoués de première instance – devenus avocats – ont donc disparu.

1. Art. 33 C. proc. Pén. : « *(…) Il développe librement les observations orales qu'il croit convenables au bien de la justice* ».

4. L'huissier

A la fois officiers publics et officiers ministériels – tout en exerçant leur activité dans un cadre libéral –, les huissiers disposent du monopole de la signification des actes judiciaires – comme l'assignation – et des actes extrajudiciaires – comme une sommation à payer. Ce sont eux également qui procèdent aux saisies et aux procédures d'expulsion, c'est-à-dire à l'exécution forcée des jugements. Ils peuvent à cette occasion solliciter l'aide de la force publique.

5. L'administrateur et le mandataire judiciaire

Un administrateur judiciaire est une personne désignée par le juge – un mandataire de justice – pour gérer un bien ; dans le cadre d'une procédure de sauvegarde et de redressement judiciaire d'une entreprise – qui s'ouvre lorsque les difficultés économiques d'une entreprise ne font pas obstacle au maintien de son activité –, un administrateur judiciaire sera désigné pour gérer l'entreprise pendant un temps et proposera un plan de redressement[1]. Dans le cadre des procédures de liquidation judiciaire – lorsque la situation de l'entreprise est irrémédiable –, le mandataire sera chargé de représenter les créanciers et de procéder à la vente des biens du débiteur[2].

6. Le notaire

Le notaire procède à la rédaction des actes authentiques qui, en tant que tels, présentent la particularité de faire foi jusqu'à inscription de faux ; ces actes peuvent être dotés de la force exécutoire : dans ce cas, ils peuvent justifier une exécution forcée sans le relais d'une décision de justice rendue à cette fin.
Le recours aux notaires est obligatoire dans certains cas visés par la loi (lorsqu'elle conditionne la validité d'un acte à l'établissement d'un écrit en la forme authentique) ; il en va ainsi en matière de contrat de mariage, de donation d'un immeuble ou de constitution d'une hypothèque[3]. Les notaires sont également compétents pour assurer la publicité de certains actes relatifs à des immeubles (par exemple, en matière de vente d'immeuble ou de création d'une hypothèque).

7. Le commissaire-priseur

Il a été mis fin, avec la loi du 10 juillet 2000, au monopole des ventes volontaires de meubles aux enchères que détenaient les commissaires-priseurs ; les notaires, les huissiers et des sociétés de vente aux enchères – qui doivent compter au moins un commissaire-priseur – peuvent aussi procéder à ce type d'opérations.
En revanche, seuls les commissaires-priseurs peuvent encore procéder à la vente aux enchères judiciaires des meubles saisis.

8. Le greffier

Les greffiers assurent principalement le secrétariat des juridictions : ils enregistrent, dans leur ordre d'inscription, les affaires au répertoire général (également appelé *rôle*), ils assistent les magistrats à l'audience et tiennent le registre d'audience (appelé *plumitif*), assurent la dactylographie des décisions, procèdent à leur authentification et attestent, par leur présence, la validité des actes judiciaires, participent à l'information des justiciables… ; ils sont également la mémoire de la justice en étant chargés de la conservation des minutes et des archives de leur juridiction.
Les greffiers sont répartis en deux catégories.
La première rassemble plus de 21 000 agents fonctionnaires ou contractuels au sein de ce qu'on appelle les secrétariats-greffes des tribunaux français (autres que le tribunal de commerce), lesquels sont placés sous l'autorité d'un greffier en chef dont la vocation est d'exercer les fonctions administratives, d'encadrement et de gestion dans les juridictions. Ces personnels sont formés par l'Ecole nationale des greffes, établie à Dijon.

1. Art. 811-1 C. com.
2. Art. 812-1 C. com.
3. L'hypothèque est une sûreté qui garantit une créance par l'affectation à son paiement de la valeur d'un immeuble déterminé.

La seconde rassemble 241 greffiers des tribunaux de commerce, dont le statut – fruit d'un héritage historique – est comparable à celui des notaires ; en tant qu'officiers ministériels titulaires d'une charge, ils exercent leur activité à titre libéral et recrutent sous un statut de droit privé leur personnel. Leur rémunération est assurée par des droits pécuniaires tarifés qu'ils perçoivent auprès des justiciables des tribunaux de commerce ; il leur incombe également la tenue du registre du commerce et des sociétés.

F. Arbitre, médiateur, conciliateur : les modes alternatifs de règlement des conflits

Parmi les modes alternatifs de règlement des conflits, il y a l'arbitrage, qui permet d'obtenir une décision juridictionnelle sans passer par le canal du service public de la justice (1) ; on peut aussi compter sur la conciliation et la médiation dont l'objet est d'aboutir à un règlement amiable du litige (2).

1. L'arbitrage

Avec l'arbitrage, on a la possibilité d'échapper à la justice d'État. Dans certaines situations, on peut en effet faire appel à des arbitres, qui sont des particuliers, pour régler un différend. L'arbitre est saisi et désigné à l'aide d'un acte particulier, appelé le *compromis* ; mais il est également possible de prévoir, dès la passation de certains contrats (notamment en matière commerciale et professionnelle), le recours à l'arbitrage dans le cas où un litige s'élèverait entre les parties. Cette prévision doit être inscrite dans ce que l'on appelle une *clause compromissoire.*
Le recours à l'arbitrage offre l'avantage d'accélérer le règlement des litiges ; il assure la discrétion que les parties peuvent souhaiter dans le cadre de leurs relations, notamment en matière commerciale ; il ouvre enfin la voie à l'équité dans le traitement du différend, les arbitres pouvant être chargés de se prononcer en « amiables compositeurs ». Quoiqu'elle soit rendue par un ou plusieurs particuliers, la sentence est dotée de l'autorité de la chose jugée ; mais elle devra faire l'objet d'une *ordonnance d'exéquatur*[1] – rendue par le tribunal de grande instance – pour être exécutée. Elle peut enfin faire l'objet d'un appel devant la cour d'appel, si cette voie de recours n'a pas été écartée.

2. Le médiateur et le conciliateur

Avec le conciliateur[2] et le médiateur[3], il est question de rapprocher les parties en vue d'obtenir un accord, en dehors de toute procédure judiciaire ou, même, au cours d'une telle procédure.
En matière civile, c'est un décret du 20 mars 1978 qui a créé les conciliateurs de justice en vue de « *faciliter, en dehors de toute procédure judiciaire, le règlement amiable de différends portant sur les droits dont les intéressés ont la libre disposition* » ; la conciliation est également possible à tout moment du procès (art. 127 NCPC), le juge ayant lui-même pour mission de concilier les parties (art. 21 NCPC) ; devant le tribunal d'instance (art. 831 NCPC) et le conseil de prud'hommes, il existe par ailleurs une phase préalable et distincte de conciliation.
Comparable au conciliateur[4], notamment dans la fin qu'il poursuit (parvenir à un accord entre les parties), le médiateur[5] s'en distingue toutefois par « l'interventionnisme » de sa mission[6] ; après avoir entendu les parties, il leur propose non pas un simple rapprochement, mais des éléments concrets de solution. L'institution du Médiateur de la République, qui a pour rôle

1. L'ordonnance d'exequatur est la décision par laquelle le tribunal de grande instance donne force exécutoire à une sentence arbitrale – art. 1477 et 1478 NCPC (Vocabulaire juridique Capitant).
2. Art. 831 à 835 NCPC.
3. Art. 131-1 à 131-15 NCPC.
4. La conciliation est un mode de solution des litiges permettant aux parties de trouver un accord, soit par transaction, soit par abandon unilatéral ou réciproque de toute prétention (Vocabulaire juridique Capitant).
5. La médiation est un mode de solution des conflits consistant, pour la personne choisie par les antagonistes – en raison le plus souvent de son autorité personnelle –, à proposer à ceux-ci un projet de solution, sans se borner à s'efforcer de les rapprocher, à la différence de la conciliation, mais sans être investi du pouvoir de leur imposer comme décision juridictionnelle, à la différence de l'arbitrage et de la juridiction étatique (Vocabulaire juridique Capitant).
6. En ce sens, F. Terré, Introduction générale au droit, Dalloz, 2006 p. 560 n° 716 : « Il n'en demeure pas moins que la fonction d'un médiateur est plus active que celle d'un conciliateur, car il lui incombe de rechercher les éléments d'un accord qu'il propose aux parties, sans pouvoir le leur imposer ».

d'apaiser les conflits entre les particuliers et les institutions du service public, apparaît comme une figure emblématique de la médiation ; ce mode alternatif de règlement des litiges trouve des applications dans d'autres domaines, par exemple en matière de règlement de certains conflits du travail (v. l'art. L. 122-54 C. trav. qui rend possible une procédure de médiation entre un employeur et toute personne de son entreprise s'estimant victime de harcèlement moral).

§.2. *L'ordre administratif*

Les juridictions de l'ordre administratif ont pour rôle de contrôler la légalité des actes de l'administration et de trancher les litiges survenant entre les personnes publiques et le particulier ou entre les personnes publiques elles-mêmes.
Là encore, on observe un double degré de juridictions, articulé entre les tribunaux administratifs (A) et les cours administratives d'appel (B) et complété par une juridiction régulatrice : le Conseil d'État (C).

A. Les tribunaux administratifs

Les tribunaux administratifs constituent les juridictions administratives de premier degré ; elles disposent d'une compétence de droit commun : tout litige opposant un particulier à l'administration est tranché par le tribunal administratif, à moins qu'un texte spécial ne l'attribue à une juridiction particulière. Les jugements émanant des tribunaux administratifs sont susceptibles d'appel, soit devant les cours administratives d'appel, soit devant le Conseil d'État.
Les tribunaux administratifs sont dotés d'une institution particulière qui pourrait être l'équivalent du ministère public devant les juridictions judiciaires : il s'agit des *commissaires du gouvernement*, dont le rôle est d'analyser les affaires et de proposer une solution aux juges qui ont seuls la responsabilité de trancher le litige.

B. Les cours administratives d'appel

Le rôle de ces juridictions – qui sont de création récente : 1987 – a été de permettre le désengorgement du Conseil d'État dont on verra qu'il statue, à la différence de la Cour de cassation, soit en tant que juridiction du second degré, soit en tant que juge du droit.
Les cours administratives d'appel (CAA) constituent les juridictions de droit commun du second degré qui connaissent en appel les affaires jugées par les tribunaux administratifs.

C Le Conseil d'État

Le Conseil d'État – qui siège au Palais Royal – est la juridiction placée au sommet de l'ordre administratif ; on évoquera ses fonctions principales (1) avant d'aborder sa composition (2) :

1. Les fonctions

Le Conseil d'État a deux fonctions principales : une fonction administrative (a) et une fonction juridictionnelle (b).

a. Une fonction administrative

Le Conseil d'État exerce d'abord une fonction administrative : il est le conseil du gouvernement et doit être consulté avant l'adoption des projets de lois et des décrets les plus importants ; il émet à cette occasion un avis que le gouvernement n'est pas tenu de suivre.

b. Une fonction juridictionnelle

Le Conseil d'État a ensuite une fonction juridictionnelle ou contentieuse ; il est au premier chef juge de cassation : comparable à celui de la Cour de cassation, son rôle consiste à vérifier l'homogénéité et la justesse de l'application du droit sur l'ensemble du territoire ; mais il est également compétent en premier et dernier ressort pour certaines affaires : c'est notamment lui qui doit se prononcer sur les recours en annulation dirigés contre les actes règlementaires les plus importants, tels que les ordonnances, les décrets et les règlements émanant des ministres ; à cette occasion, le Conseil d'État est juge unique et exclusif du litige considéré ; les arrêts qu'il rend ne peuvent faire l'objet d'aucun appel ni pourvoi en cassation ; le Conseil d'État peut enfin connaître en appel de certaines affaires jugées devant les tribunaux administratifs : il en va ainsi en matière d'élections municipales ou cantonales ou de recours pour excès de pouvoir dirigés contre les règlements pris par les maires.

2. La composition

Le Conseil d'État est présidé par le Premier Ministre ; mais puisqu'il s'agit d'un organe bicéphale – à la fois juge et conseil de l'Administration, donc à la fois juge et partie –, le premier ministre choisit toujours de ne pas exercer ses prérogatives ; il revient en fait au vice-président d'exercer les fonctions de président du Conseil d'État.

Le Conseil d'État est divisé en sections, chacune composée d'un président, de conseillers d'État[1], de maîtres des requêtes[2] et d'auditeurs[3]. Ces sections sont au nombre de 6 ; 5 d'entre elles sont des sections administratives (Finances, Intérieur, Travaux Publics, Section sociale, Section du rapport et des Etudes) chargées de donner des avis, notamment sur les projets de décrets. La 6e section est dite section du contentieux : composée de 10 sous-sections, elle a en charge d'exercer la fonction juridictionnelle.

§.3. Le *tribunal des conflits*

L'existence de 2 ordres de juridictions – l'ordre judiciaire et l'ordre administratif – est de nature à susciter des conflits de compétence dès lors que des juridictions s'opposent sur leur compétence respective. Le tribunal des conflits est alors compétent pour résoudre la difficulté[4].

Il l'est dans le cadre des *conflits positifs* , c'est-à-dire lorsqu'une juridiction judiciaire et une juridiction administrative s'opposent en prétendant toutes les deux être compétentes ; il l'est aussi, dans de cadre des *conflits négatifs* , lorsque les juridictions des deux ordres – administratif et judiciaire – se déclarent incompétentes pour connaître d'une affaire particulière.

Le tribunal des conflits est une juridiction unique, composé d'un président et de huit membres (3 conseillers à la Cour de cassation et 3 conseillers d'État, lesquels choisissent 2 autres membres : 1 appartenant à la Cour de cassation, 1 appartenant au Conseil d'État).

Section II - Les décisions juridictionnelles

Les décisions juridictionnelles sont désignées par des termes qui sont caractéristiques des juridictions ou des juges qui les rendent.

On appelle *ordonnance* la décision émanant d'un juge unique, tel que le juge d'instruction ou le juge des référés.

On appelle *jugements* les décisions rendues par un tribunal statuant en premier instance (tribunal de grande instance, tribunal d'instance, conseil de prud'hommes, tribunal de commerce, tribunal des affaires de la sécurité sociale, Tribunal paritaire des baux ruraux).

On appelle *arrêts* les décisions rendues par une cour (par exemple, arrêt d'une cour d'appel, de la Cour de cassation, du Conseil d'État).

On appelle *verdicts* les décisions rendues par une cour d'assises.

Concernant le Conseil constitutionnel, on se contente du terme générique *décisions* pour désigner celles qu'il rend.

Les décisions juridictionnelles répondent à une structure commune (§ 1) et sont dotés d'effets particuliers (§ 2).

1. Le conseiller d'État est celui qui occupe le grade le plus élevé dans la hiérarchie des membres du Conseil d'État avant les maîtres des requêtes et les auditeurs (Vocabulaire juridique Capitant).
2. Le maître des requêtes est celui occupe dans la hiérarchie des membres du Conseil d'État un rang intermédiaire entre celui d'auditeur et de conseiller d'État (Vocabulaire juridique Capitant).
3. L'auditeur est une personne qui, recrutée à l'issue de ses études à l'ENA, occupe le degré inférieur de la hiérarchie du personnel au Conseil d'État (Vocabulaire juridique Capitant).
4. V. P. Waquet, Regard sur le Tribunal des conflits, D. 2002, chron., p. 742.

§.1. La *structure*

Chaque décision comporte des motifs – présentant les arguments – et un dispositif – c'est-à-dire la solution.
Les motifs sont présentés sous la forme « d'attendus » – c'est le cas pour les arrêts de la Cour de cassation – ou de « considérants » – c'est le cas des arrêts du Conseil d'État. Ils correspondent aux raisons de fait et de droit qui justifient la décision[1] ; « attendu que » et « considérant que » signifient « parce que ».
Le dispositif est souvent la partie la plus courte de la décision : il correspond à la solution du litige ; le juge peut donner raison au demandeur ou le débouter de tout ou partie de ses prétentions ; il prononce une *condamnation* – condamnation à des dommages-intérêts –, ordonne éventuellement les *restitutions* consécutives à l'éventuelle résolution ou nullité de l'acte litigieux et met les frais du procès à la charge de la partie perdante.
Examinons de plus près la structure d'un arrêt de la Cour de cassation ; il y a lieu sur ce point de distinguer les arrêts de cassation (A) des arrêts de rejet (B).

A. Les arrêts de cassation

Les arrêts de cassation sont ceux qui sont dotés de la plus forte autorité en termes de création prétorienne ; ils sont composés d'abord d'un visa, éventuellement complété d'un chapeau. Le visa est l'indication du texte de loi, du texte règlementaire, du principe général du droit ou de la convention collective auquel la décision se réfère pour fonder sa démonstration ; s'il y a lieu d'expliquer la règle visée, la Cour de cassation rédige un chapeau permettant de comprendre le sens de la règle.
Le paragraphe qui suit – on dit un « attendu », parce qu'il commence par « attendu que » – présente les faits et la procédure.
En général, la Cour de cassation réserve un paragraphe au rappel de la décision qui fait l'objet du pourvoi. Il est en effet important de connaître les raisons qui ont poussés les juges du fond à adopter la décision attaquée : la Cour de cassation va s'appuyer sur ces raisons pour montrer qu'ils avaient tort.
Intervient ensuite *l'attendu de réfutation* ; il se reconnaît en général par une formule d'opposition, telle que « Mais attendu que » ; cet attendu livre les arguments sur lesquels la Cour de cassation se fonde pour casser l'arrêt attaqué ; dans de très nombreux cas, la cassation est prononcée pour *violation de la loi* : la Cour de cassation ayant pour rôle de vérifier la bonne application des règles de droit, elle est amenée à contrôler l'interprétation qui est faite par les juges du fond de la loi. Si la loi est mal interprétée, il y a lieu de casser la décision attaquée.
Mais la Cour de cassation a également une fonction de contrôle de la motivation des décisions des juges du fond ; elle peut donc casser une décision pour *défaut de base légale* : elle l'invoquera lorsque les éléments apportés par la juridiction sont insuffisants pour permettre à la Cour de cassation de savoir si la loi a été bien ou mal interprétée. Au titre du contrôle de la motivation, la décision des juges du fond sera également cassée pour *défaut de réponse à conclusions* , pour *contradictions de motifs* ou pour *existence de motifs hypothétiques* .
La cassation peut enfin se justifier pour *excès de pouvoir*, *incompétence* ou *inobservation des formes.*
Après l'exposition des motifs justifiant la cassation dans l'attendu de réfutation, on trouve enfin le dispositif de la décision, qui commence toujours par : « Casse et annule... »

B. Les arrêts de rejet

Les arrêts de rejet ne contiennent pas de visa ni de chapeau ; il se peut toutefois qu'une règle soit visée et expliquée dans le coeur même de l'attendu de réfutation du pourvoi.
Ainsi, le premier attendu fait une présentation des faits et de la procédure.
L'attendu suivant rappelle les moyens du pourvoi, non pas la décision attaquée ; la démarche est donc inverse de celle qui est suivie dans un arrêt de cassation ; il est en effet important de connaître les raisons qui ont poussés le justiciable à former un pourvoi en cassation : la Cour de

1. F. Terré, Introduction au droit, Dalloz, 2006, p. 585 : « Le juge y mentionne les faits et les actes qu'il retient comme preuves établies, répond aux prétentions qu'il repousse, invoque les règles juridiques sur lesquels il appuie son opinion ».

cassation va s'appuyer sur les moyens du pourvoi pour montrer qu'ils sont dénués d'efficacité, en définitive pour les rejeter – d'où l'expression « arrêt de rejet ».
Intervient ensuite l'attendu de réfutation ; il se reconnaît en général par une formule d'opposition, telle que « Mais attendu que » ; cet attendu livre les arguments sur lesquels la Cour de cassation se fonde pour rejeter le pourvoi.
Après l'exposition, dans l'attendu de réfutation, des motifs justifiant le rejet du pourvoi en cassation, on trouve enfin le dispositif de la décision, qui commence toujours par : « Par ces motifs : – rejette le pourvoi... »

§.2. Les *effets de la décision*

Les décisions juridictionnelles sont suivies de deux effets principaux : elles sont dotées de la force exécutoire (A) et sont revêtues de l'autorité relative de la chose jugée (B).

A. La force exécutoire des décisions juridictionnelles

Un jugement est une décision prise au nom du Peuple français ; cette décision présente une formule exécutoire : « La République française mande et ordonne à tous huissiers de justice, sur ce requis, de mettre ledit jugement (ou ledit arrêt) à exécution, aux procureurs généraux et aux procureurs de la République près les tribunaux de grande instance d'y tenir la main, à tous commandants et officiers de la force publique de prêter main-forte lorsqu'ils en seront légalement requis » ; il s'ensuit que, si le perdant ne s'exécute pas volontairement, le gagnant peut solliciter la force publique pour obtenir l'exécution de la décision du juge.
Encore faut-il que la décision ait acquis force de chose jugée ; ce sera le cas lorsqu'elle n'est susceptible d'aucun recours suspensif d'exécution : à ce sujet, le pourvoi en cassation n'entraîne pas, à la différence de l'appel, suspension de l'exécution ; si la décision peut faire l'objet d'un recours suspensif d'exécution, elle n'aura force de chose jugée que lorsqu'aucun recours n'aura été exercé pendant le délai de recours (1 mois pour l'appel)[1].
La décision de première instance peut aussi devenir directement exécutoire par décision du juge[2].

B. L'autorité relative de la chose jugée

L'autorité qui s'attache à la chose jugée entraîne l'impossibilité de remettre en question le point sur lequel il a été statué ; on explique en général cet effet radical par la présomption de vérité attachée à la décision du juge ; cette règle est surtout justifiée par des considérations de bonne administration de la justice : on ne peut laisser les litiges s'éterniser.
Pour qu'elle puisse être opposée par un plaideur à un autre, l'autorité de la chose jugée suppose la réunion de 3 éléments cumulatifs[3] : selon l'art. 1351, elle n'a lieu qu'à l'égard de ce qui a fait l'objet du jugement[4]. Il faut que « *la chose demandée soit la même* » (1) ; il faut que « *la demande soit fondée sur la même cause* » (2) ; il faut enfin que « *la demande soit entre les mêmes parties, et formée par elles et contre elles en la même qualité* » (3).

1. La chose demandée doit être la même : l'identité d'objet

L'autorité de la chose jugée s'entend à l'égard de ce qui a fait l'objet du jugement[5] ; il faut donc, pour l'opposer à un plaideur, que ce dernier revienne devant le juge en demandant la même

1. Art. 500 NCPC : « *A force de chose jugée le jugement qui n'est susceptible d'aucun recours suspensif d'exécution.Le jugement susceptible d'un tel recours acquiert la même force à l'expiration du délai du recours si ce dernier n'a pas été exercé dans le délai* ».
2. Art. 515 NCPC : « *Hors les cas où elle est de droit, l'exécution provisoire peut être ordonnée, à la demande des parties ou d'office, chaque fois que le juge l'estime nécessaire et compatible avec la nature de l'affaire, à condition qu'elle ne soit pas interdite par la loi.Elle peut être ordonnée pour tout ou partie de la condamnation* ».
3. V. H. Motulsky, Pour une délimitation plus précise de l'autorité de la chose jugée en matière civile, D. 1968, chron. 1 ; v. également J. Normand, La portée de la chose jugée. Un renouvellement des critères ?, RTDciv. 1995, p. 177.
4. Art. 1351 C. civ. : « *L'autorité de la chose jugée n'a lieu qu'à l'égard de ce qui a fait l'objet du jugement. Il faut que la chose demandée soit la même ; que la demande soit fondée sur la même cause ; que la demande soit entre les mêmes parties, et formée par elles et contre elles en la même qualité* ».
5. V. F. Terré, Introduction au droit, Dalloz, 7e éd. 2006, p. 580.

« chose » ; le mot « chose » renvoie non pas à ce qui est matériel, mais aux droits que l'on peut avoir sur une chose matérielle ; il n'y a lieu à exception de chose jugée que si l'on réclame le même droit sur la même chose.
Ainsi, après avoir revendiqué en vain la propriété d'un bien immeuble, le même plaideur peut recommencer un procès à l'égard du même défendeur en invoquant sur le même bien un droit d'usufruit.

2. La demande doit être fondée sur la même cause : l'identité de cause

La cause d'une demande correspond, selon M. François Terré, « au fait ou à l'acte qui constitue le fondement direct et immédiat du droit que l'on prétend invoquer »[1].
Ainsi, après avoir revendiqué en vain la propriété d'un bien immeuble en vertu d'un acte juridique, le même plaideur peut refaire un autre procès à l'égard du même défendeur en invoquant la propriété du même bien en vertu d'une prescription acquisitive.
On notera toutefois qu'un arrêt du 7 juillet 2006 tend à assimiler la cause de la demande et le moyen qui fonde cette demande[2] ; il n'est donc pas possible d'invoquer un nouveau fondement pour échapper aux effets de l'autorité de la chose jugée, dès qu'aucun fait ou acte nouveau justifie l'engagement d'une nouvelle action.

3. La demande doit concerner les mêmes parties : l'identité des parties

L'autorité de la chose jugée est relative ; cela signifie qu'elle ne peut être invoquée qu'entre les mêmes parties : le même procès ne peut avoir lieu entre les mêmes personnes lorsqu'il met en cause la même demande portant sur la même chose ; en revanche, si les parties sont différentes, alors même qu'il y a identité d'objet et de cause, la 2e demande est recevable.

Section III - Les différentes mesures et sanctions

Le terme de *sanction* évoque d'emblée l'idée de punition à l'égard d'un individu coupable ; mais il peut recouvrir tout ce qui intéresse la sphère de l'application du droit : à côté des sanctions répressives – que l'on trouve surtout en droit pénal – coexistent des sanctions préventives, des sanctions visant à obtenir l'exécution d'une obligation, des mesures visant à protéger les individus (mesures de protection ou d'assistance) et des sanctions réparatrices. Il ne s'agit pas de catégories figées, une sanction ou une mesure pouvant poursuivre plusieurs objectifs, par exemple permettre l'exécution d'une obligation et offrir une réparation.
Ces sanctions et mesures seront étudiées en fonction de la matière qui les prévoit : matière civile (§ 1), pénale (§ 2) ou administrative (§ 3).

§.1. Les *sanctions civiles*

Le droit civil connaît une grande variétés de sanctions : coexistent des sanctions préventives (A), des sanctions visant à obtenir l'exécution d'une obligation (B) et des sanctions réparatrices (C).
Certaines personnes sont plus que d'autres exposées à faire de mauvaises affaires en raison d'une altération, médicalement constatée, soit de leurs facultés mentales, soit de leurs facultés corporelles de nature à empêcher l'expression de leur volonté ; plutôt que de mobiliser *a posteriori* les sanctions civiles destinées à protéger leurs intérêts (on pense ici surtout à la nullité des actes qui leur seraient préjudiciables), il est possible de les faire bénéficier, avant que le mal ne se réalise, d'un mode de protection dans l'exercice de leurs droits (D).

1. V. F. Terré, préc., p. 580.
2. AP, 7 juillet 2006, D. 2006, p. 2135, note L. Weiller, Renouvellement des critères de l'autorité de la chose jugée : l'Assemblée plénière invite à relire Motulsky.

A. Sanctions préventives

Certaines sanctions auront une fonction préventive : tel est le cas des mesures de *saisie*[1] ou de *séquestre*[2] qui permettront d'éviter la réalisation d'un dommage ; l'art. 9 al. 2 du code civil prévoit ainsi que « *Les juges peuvent, sans préjudice de la réparation du dommage subi, prescrire toutes mesures, telles que séquestre, saisie et autres, propres à empêcher ou faire cesser une atteinte à l'intimité de la vie privée* ». Il n'est pas rare que ces mesures soient prononcées par le juge des référés.
L'opposition à mariage , qui défend de célébrer un mariage en considération d'empêchements légaux, est aussi un exemple de mesure préventive.

B. Sanctions visant à obtenir l'exécution d'une obligation

Certaines mesures visent à obtenir l'exécution d'une obligation ; elles constituent des moyens de contrainte qui permettent soit directement (1), soit indirectement (2) d'obtenir le respect du droit ; le choix de ces mesures est fonction de la nature de l'obligation en cause (obligation de donner, de faire ou de ne pas faire).

1. Moyens de contrainte directs

Lorsqu'est en cause une somme d'argent qu'un débiteur refuse de payer, le créancier va saisir les biens du débiteur et se payer sur le prix obtenu par la vente aux enchères : on évoque à ce propos la notion de voies d'exécution.
Lorsque l'obligation porte sur une autre chose qu'une somme d'argent, on a recours éventuellement à la force publique, notamment s'il s'agit d'une obligation de donner ou de ne pas faire ; ainsi l'acquéreur d'une maison qui n'a pu obtenir la délivrance aura recours à la force publique pour obtenir l'expulsion du vendeur ; l'acheteur d'un fonds de commerce qui se heurte à la réouverture d'un fonds par le vendeur en méconnaissance d'une clause de non rétablissement pourra obtenir la fermeture de ce fonds. L'art. 1143[3] vient ici au secours du créancier en lui offrant le pouvoir de demander au tribunal la destruction de ce qui a été fait indûment et admet même qu'il puisse être autorisé à le détruire aux frais du débiteur sans préjudice de dommages-intérêts, s'il y a lieu.
S'il s'agit d'une obligation de faire, c'est l'art. 1144 C. civ.[4] qui aidera le créancier à « faire exécuter lui-même l'obligation aux dépens du débiteur ». En revanche, notre droit répugne, au nom de la liberté personnelle, à utiliser la force publique pour obliger physiquement le débiteur à s'exécuter (art. 1142 C. civ.[5]) ; ainsi on ne force pas un acteur à jouer la pièce de théâtre sur laquelle il s'était pourtant engagé ; on se contentera sur ce point d'une sanction purement réparatrice (une réparation par équivalent). Mais il est vrai qu'il existe un procédé *d'injonction de faire* , qui consiste à signifier au débiteur, par voie judiciaire, qu'il est tenu d'exécuter son obligation[6]. Ce procédé est peu utilisé, a un champ d'application restreint – il ne concerne que les litiges non commerciaux (entre deux particuliers, entre un particulier et un professionnel ou entre deux professionnels dans le cadre d'une activité autre que commerciale), relevant de la compétence du tribunal d'instance, et portant sur une prestation de services ou la livraison d'une chose (ce qui exclut les dettes de sommes d'argent pour lesquelles il existe *l'injonction de payer*) – et ses effets sont assez limités, puisque la mesure ne constitue pas un titre exécutoire. Il

1. Il s'agit d'une mise sous main de justice destinée, dans l'intérêt public ou dans un intérêt privé légitime, à empêcher celui qui a ce bien entre les mains d'en faire un usage contraire à cet intérêt (Vocabulaire juridique, Association Capitant, PUF).
2. Il s'agit d'une espèce de dépôt qui consiste à confier à la garde d'un tiers soit une chose litigieuse – jusqu'au règlement du litige –, soit une chose offerte en garantie par le débiteur, soit plus spécialement le prix de cessions de certains biens jusqu'à l'expiration d'un délai de réclamation ou d'opposition (Vocabulaire juridique, Association Capitant, PUF).
3. Art. 1143 C. civ. : « *Néanmoins, le créancier a le droit de demander que ce qui aurait été fait par contravention à l'engagement, soit détruit ; et il peut se faire autoriser à le détruire aux dépens du débiteur, sans préjudice des dommages et intérêts s'il y a lieu* ».
4. Art. 1144 C. civ. : « *Le créancier peut aussi, en cas d'inexécution, être autorisé à faire exécuter lui-même l'obligation aux dépens du débiteur. Celui-ci peut être condamné à faire l'avance des sommes nécessaires à cette exécution* ».
5. Art. 1142 C. civ. : « *Toute obligation de faire ou de ne pas faire se résout en dommages et intérêts en cas d'inexécution de la part du débiteur* ».
6. Art. 1425-1 à 1425-9 NCPC, issu du décret du 4 mars 1988.

n'en demeure pas moins que le débiteur condamné est incité à s'exécuter, puisqu'il est possible ensuite de ressaisir, en cas de résistance, le même juge.

2. Moyens de contrainte indirects

Pour forcer un débiteur défaillant à s'exécuter, on utilise souvent l'astreinte, qui consiste en la condamnation du débiteur à payer au créancier une certaine somme par jour de retard – en cas d'obligation de faire – ou par infraction constatée – en cas d'obligation de ne pas faire ; cette mesure n'a pas pour effet de réparer un préjudice ; indépendante des dommages-intérêts, elle sert seulement, par son effet dissuasif, à accélérer le processus d'exécution ; il s'agit d'inciter le débiteur à respecter le contrat en l'exposant à une condamnation pécuniaire sans cesse croissante. Il existe deux modalités de l'astreinte, l'une temporaire, l'autre définitive : la première est révisable – le juge pouvant la réduire ou la faire disparaître lorsque le débiteur s'est exécuté de bonne foi –, alors que la seconde ne l'est pas ; mais avant de prononcer une astreinte définitive, il faut passer par la voie de l'astreinte provisoire et constater qu'elle est restée sans effet.

C. Sanctions réparatrices

D'autres sanctions visent enfin à réparer le dommage, éventuellement en effaçant l'irrégularité d'un acte. Lorsqu'un fait ou un acte provoque un dommage matériel, physique ou moral, la victime obtiendra, en engageant la responsabilité de l'auteur du dommage, des dommages-intérêts, c'est-à-dire une somme d'argent d'un montant égal à la valeur du dommage ; mais la réparation peut aussi prendre la forme d'une mesure visant à limiter, voire à éteindre les effets d'un acte juridique : il en va ainsi de la *résolution* d'un contrat, qui vise à l'anéantir lorsque, dans un contrat synallagmatique, l'obligation de l'une des parties ne peut être exécutée soit du fait de sa faute, soit par l'effet d'une cause étrangère (par exemple, perte fortuite résultant d'un ouragan).

La résolution est à distinguer de la *nullité* d'un acte qui vient sanctionner soit un vice de forme, soit une irrégularité de fond – par exemple une absence de consentement ; la nullité est prononcée pour sanctionner non pas un manquement dans l'exécution de l'acte, mais un vice affectant l'acte dès sa formation.

Quant à *l'inexistence* , elle procède d'un défaut d'existence de l'acte résultant de l'absence d'un élément constitutif essentiel à sa formation ; elle se distingue de la nullité par le fait que l'acte n'a jamais pu se former.

Enfin, *l'inopposabilité* vise à réduire l'efficacité d'un acte à l'égard des tiers, notamment lorsqu'il est observé un manquement à l'intégration de l'acte dans l'ordonnancement juridique (par exemple, non publication de l'acte) : c'est le cas en matière de vente d'immeuble, lorsque l'acte définitif n'a pas été passé devant le notaire, seul compétent pour assurer sa transmission pour publication au bureau des hypothèques.

D. Mesures visant à protéger les individus

Soit en raison de leur jeune âge – c'est le cas des mineurs non émancipés, déclarés incapables par la loi –, soit en raison d'une *altération, médicalement constatée, de leurs facultés mentales ou de leurs facultés corporelles de nature à empêcher l'expression de leur volonté* (art. 425 C. civ.) – c'est le cas des majeurs dont l'incapacité est reconnue par une décision de justice –, certaines personnes bénéficient d'un mode de protection dans l'exercice de leurs droits.

Considérés comme incapables, ils seront soit représentés (système de la représentation légale des mineurs ou de la tutelle), soit assistés (système de la curatelle) dans leur vie juridique. Il existe une graduation entre ces modes de protection : plus légère que la tutelle, la curatelle ne peut être prononcée que s'il est établi que le régime dit de la « sauvegarde de justice » (régime de protection provisoire, dans l'attente d'une reconnaissance judiciaire de l'incapacité à agir) ne peut apporter une protection suffisante à l'intéressé ; de son côté, la tutelle ne peut être mise en place que s'il est établi que ni la sauvegarde de justice, ni la curatelle ne peuvent apporter cette protection.

La loi du 5 mars 2007 a ajouté trois nouveaux systèmes de protection de la personne : le mandat de protection future (art. 477 et s. C. civ.), la mesure d'accompagnement social personnalisé (art. L. 271-1 et s. C. act. soc. et des fam.) et la mesure d'accompagnement judiciaire (art. 495 et s. C. civ.).

– La représentation légale ou la tutelle des mineurs

Ainsi les mineurs sont-ils représentés par leurs parents ou, à défaut, leur tuteur – désigné par le juge – pour accomplir les actes juridiques qui le concernent. Il existe donc à leur égard une interdiction de principe à passer seuls des actes juridiques, à l'exception des actes de la vie courante, comme l'achat de consommation courante (art. 408 al. 1 C. civ.).

– La tutelle

La situation est identique pour les aliénés, majeurs placés sous tutelle lorsqu'ils sont considérés comme inaptes à exprimer un consentement éclairé. Dans ce cas, leur tuteur les représente dans tous les actes de la vie civile, sous réserve des cas où la loi ou l'usage les autorise à agir eux-mêmes (v. art. 473 à 476 C. civ.)

– La curatelle

À côté de la représentation, il existe une technique plus légère de protection : c'est celle de l'assistance. Ainsi les majeurs sous curatelle sont-ils frappés d'une incapacité spéciale qui ne s'applique qu'aux actes que la loi ou le juge énumère : la personne en curatelle ne peut, sans l'assistance du curateur, faire aucun acte qui, en cas de tutelle, requerrait une autorisation du juge ou du conseil de famille (art. 467 C. civ.) ; mais le juge peut aussi, par dérogation à l'art. 467, énumérer certains actes que la personne en curatelle a la capacité de faire seule ou, à l'inverse, ajouter d'autres actes à ceux pour lesquels l'assistance du curateur est exigée (art. 471 C. civ.), ce qui permet une individualisation de la protection demandée, en fonction du degré d'altération des facultés mentales.

– La sauvegarde de justice

La sauvegarde de justice est un préalable provisoire à l'ouverture d'une curatelle ou d'une tutelle ; elle n'empêche pas l'intéressé de passer seul des actes juridiques, mais lui offre des facilités pour obtenir par la suite la nullité des actes passés sous l'empire d'un trouble mental.

– Le mandat de protection future

Une personne peut recevoir mandat d'une autre de la représenter pour le cas où, pour l'une des raisons visées à l'art. 425 C. civ. (« *en raison d'une altération, médicalement constatée, soit de ses facultés mentales, soit de ses facultés corporelles de nature à empêcher l'expression de sa volonté* »), elle ne pourrait plus pourvoir seule à ses intérêts. Il s'agit donc, à travers ce mandat établi sous seing privé ou de forme notariée, de prévenir les conséquences d'une détérioration de sa volonté en désignant à l'avance celui qui sera chargé de gérer ses affaires.

– La mesure d'accompagnement social personnalisé

Prenant la forme d'un contrat conclu entre un département et une personne « qui perçoit des prestations sociales et dont la santé ou la sécurité est menacée par des difficultés qu'elle éprouve à gérer ses ressources », cette mesure permet à l'intéressé d'obtenir une aide à la gestion de ses prestations sociales et un accompagnement social individualisé.

– La mesure d'accompagnement judiciaire

Lorsqu'une mesure d'accompagnement social personnalisé échoue, le juge des tutelles peut ordonner une mesure plus contraignante – dite mesure d'accompagnement judiciaire – qui vise à restaurer l'autonomie de l'intéressé dans la gestion de ses ressources. Elle se traduit par la désignation d'un mandataire judiciaire qui sera chargé de percevoir les prestations sociales et de les gérer dans l'intérêt de la personne concernée en tenant compte de son avis et de sa situation familiale.

§.2. *Les sanctions pénales*

Les sanctions pénales sont constituées de peines qui se traduisent par une restriction de liberté – par exemple, la détention –, par le paiement d'une amende ou par une privation de droits, telles que l'interdiction des droits civiques et politiques.
L'application des peines est gouvernée à la fois par le principe de la légalité des infractions et des peines et par celui de la personnalité des peines.
Selon le principe de légalité des infractions et des peines – *Nullum crimen, nulla poena sine lege* –, le juge ne peut pas reconnaître d'autres infractions et prononcer d'autres peines que celles qui sont déterminées par la loi : ce principe permet de protéger les droits individuels contre l'arbitraire du juge ; la légalité assure ainsi la sécurité dans l'usage de la répression ; tous les citoyens sont informés de ce qu'ils peuvent faire ou ne pas faire.
Selon le principe de personnalité des peines, ces dernières ne peuvent frapper que l'auteur même du fait incriminé : la peine ne doit atteindre que celui qui a commis le fait délictueux, comme auteur ou comme complice.
La nature et la gravité des infractions sont prises en considération pour procéder à leur répartition dans les classifications des infractions :
Au plus haut niveau se situent les *crimes* qui sont jugés par les cours d'assises : il s'agit des infractions les plus graves – tel le meurtre ou le viol – punies des peines les plus sévères : la réclusion et la détention.
Au niveau intermédiaire se situent les *délits* qui sont jugés par les tribunaux correctionnels ; moins graves que les crimes, ils sont punis d'emprisonnement, d'amendes, de travaux d'intérêt général, etc.
Au bas de l'échelle se situent les *contraventions* qui sont jugées par les tribunaux de police ; elles sont le plus souvent punies d'amendes ; dans le code de la route, il existe une sanction spécifique à la matière : la suspension du permis.

§.3. *Les sanctions administratives*

Il s'agit des sanctions qu'utilisent l'État et les personnes morales administratives ; certaines de ces sanctions mettent en œuvre des prérogatives propres à l'Administration.
On sait notamment que l'autorité administrative peut, à la différence du particulier, se délivrer à elle-même un titre exécutoire, en vue par exemple d'un recouvrement accéléré des créances. Elle dispose également de la possibilité d'obtenir plus facilement l'exécution forcée de ce que doivent les débiteurs défaillants.

Chapitre 2 **La preuve des droits**

En tant que prérogatives reconnues aux individus, les droits subjectifs restent fragiles ; ils ne sont pas toujours respectés ; leurs titulaires doivent parfois se tourner vers la justice pour obtenir leur réalisation. Devant le juge, ils devront établir l'existence de leurs droits, c'est-à-dire les faire apparaître comme probables[1], les faire reconnaître par le juge pour qu'il les protège ; ainsi, un créancier qui se désespère d'obtenir le paiement de ce qu'autrui lui doit va devoir démontrer l'existence de cette créance devant le juge ainsi que son montant ; le problème tient souvent à une question de preuve.

Naturellement, tout ne doit pas être prouvé ; un certain nombre d'éléments seront considérés comme acquis, alors que d'autres nécessiteront un éclaircissement ; on doit d'abord se demander ce qu'il faut prouver : c'est la question classique de l'objet de la preuve (section I).

On se demandera ensuite qui doit apporter la preuve du droit contesté ; autrement dit, sur qui pèse la charge de la preuve (section 2) ?

Il arrive par ailleurs que la preuve d'un droit ne puisse se faire facilement ; s'il existe un doute sur l'existence du droit, sur qui faut-il faire peser le risque de la preuve (section 3) ?

On déterminera ensuite les modes de preuve que le code civil autorise (section 4) et les conditions de leur admissibilité devant le juge (section 5).

Section I - L'objet de la preuve

La preuve se limite aux seules questions de fait ; en principe, les questions de droit n'ont pas à être prouvées ; le juge est censé connaître l'ensemble des règles de droit et les parties n'ont pas à rapporter la preuve de ces règles. Dans le passé, le juge n'hésitait pas à interrompre une plaidoirie lorsque l'avocat se faisait professeur de droit : « Avocat, passez au fait ; la cour sait le droit »[2].

Ce principe supporte toutefois quelques exceptions.

Lorsque la règle de droit est restée obscure, lorsqu'elle est sujette à controverse (notamment lorsque la jurisprudence ne s'est pas encore fixée sur la question), il devient nécessaire d'apporter les éléments justifiant l'interprétation retenue.

Celui qui se prévaut d'une coutume ou d'un usage doit également apporter la preuve de son existence ; cette exception se justifie par la multitude et l'incertitude des coutumes et usages qui se développent soit dans une profession, soit dans une localité ; étant par nature des règles fuyantes – formées par la force de l'habitude, souvent sans trace écrite –, c'est au plaideur non pas seulement d'alléguer leur existence, mais d'en apporter la preuve.

Le justiciable qui invoque une loi étrangère inconnue doit aussi apporter la preuve de son existence.

Mais revenons au principe : les parties peuvent se contenter d'apporter la preuve des éléments de fait ; ceux-ci regroupent les éléments qui sont à la source du droit subjectif qu'une des parties entend protéger ; cela signifie qu'il y a lieu d'apporter la preuve de l'existence des faits juridiques et des actes juridiques qui intéressent l'affaire.

Par exemple, dans le cadre d'un accident de la circulation, il peut arriver que la victime se heurte au refus de sa compagnie d'assurance de lui apporter réparation ; en cas de contentieux, la victime devra prouver qu'elle était assurée – elle produira à cet effet une police d'assurance –, qu'un accident a eu lieu – elle produira le « constat amiable » qui a pu être signé par les personnes impliquées dans l'accident, ou, éventuellement, un procès-verbal de police ou de gendarmerie,

1. M. Planiol, Traité élémentaire de droit civil, Pichon éd., 1902, 2e éd., Tome 2 (Les preuves, Théorie générale des obligations, Les contrats, Privilèges et hypothèques), p. 12 n° 36 : « Les procédés employés pour établir un fait en justice n'aboutissent pas toujours à créer une certitude dans l'esprit des juges ; très souvent le juge se détermine sur une simple probabilité, et c'est ce qui explique les erreurs judiciaires, tout aussi fréquentes en matière civile qu'en matière criminelle, bien qu'elles soient moins retentissantes. La certitude est même rarement acquise. La preuve proprement dite, directe et absolue, n'existe presque jamais ; le plus souvent le point contesté est non pas démontré, mais simplement rendu vraisemblable, à un degré plus ou moins fort. La vérité judiciaire est donc loin de posséder la certitude complète qui s'attache aux solutions de sciences physiques ou mathématiques. Les témoins peuvent mentir, l'écrit peut être faux, les indices matériels peuvent être trompeurs ou mal compris ; on est néanmoins obligé de s'en contenter, parce que la solution des procès est une nécessité sociale, et qu'il n'y a pas moyen humainement de faire mieux ».

2. M. Planiol, préc., p. 2 n° 6.

voire le procès-verbal de l'expert ; elle déterminera également le montant du préjudice (frais engagés, gain manqué) et établira le degré de responsabilité de l'auteur du dommage.
En règle générale, la partie sur qui pèse la charge de la preuve n'est pas tenue de rapporter la preuve de tous les éléments de fait qui entourent l'affaire ; il lui est seulement fait obligation de faire la preuve des faits dont dépend la solution du litige : seule la preuve des faits *pertinents* et *concluants* est exigée ; par ailleurs, les faits qui ne sont pas contestés ne doivent pas être prouvés ; ils sont considérés comme vrais.

Section II - La charge de la preuve

Qui doit apporter la preuve des éléments de fait ? Il existe sur ce point une règle ancienne, solidement ancrée, selon laquelle il appartient au demandeur de prouver les éléments de fait qui fondent sa prétention ; cette règle est exprimée sous la forme d'un adage – « actori incumbit probatio » (la preuve incombe au demandeur) – et trouve une consécration dans le code civil à l'art. 1315 : « *Celui qui réclame l'exécution d'une obligation doit la prouver. Réciproquement, celui qui se prétend libéré doit justifier le paiement ou le fait qui a produit l'extinction de son obligation* ».
Il convient d'expliquer le principe (§ 1) résultant de l'art. 1315 du code civil qui, par ailleurs, est assorti d'exceptions (§ 2).

§.1. *Le principe : la preuve incombe au demandeur*

Le principe exprimé à l'art. 1315 ne signifie pas qu'il incombe au seul demandeur à l'instance d'apporter la preuve de ses allégations. Dans l'adage « La preuve incombe au demandeur », on entend par « demandeur » toute personne qui formule une prétention ; ainsi le défendeur à l'instance peut lui-même devenir demandeur lorsqu'il formule une prétention nouvelle – un moyen de défense au fond, une demande reconventionnelle ou une exception – dans le cours du procès.
Par exemple, le défendeur peut opposer à la *demande principale* du demandeur une autre demande, dite *reconventionnelle*[1] : il ne se contente donc pas de se défendre, il demande lui-même quelque chose. Il lui revient dans ce cas d'apporter la preuve de sa demande.
De même, un plaideur peut au cours d'un procès soulever ce que l'on appelle une *exception* : il s'agit d'un moyen que soulève le défendeur à l'action en vue de contrecarrer les arguments présentés par le demandeur ; ainsi, lorsqu'un demandeur revendique l'exécution d'un contrat, le défendeur peut indiquer qu'il ne l'a pas respecté en raison de sa nullité : il soulève l'exception de nullité ; il appartient donc dans un premier temps au demandeur de prouver l'existence du contrat et de montrer qu'il n'a pas été exécuté ; dans un second temps, le défendeur devra prouver le fait qui justifie la nullité du contrat ; tel sera le cas si le contrat a été conclu au prix d'une violence exercée sur le défendeur.
Force est donc d'admettre que la charge de la preuve se déplace au cours du procès.

§.2. *Les exceptions*

Les exceptions au principe selon lequel la preuve incombe au demandeur se retrouvent dans les procédures inquisitoires (A) et dans le mécanisme probatoire de la présomption (B).

A. Le cas particulier des procédures inquisitoires

En procédure civile, le principe conduit à ce que le juge n'intervienne pas dans la recherche des preuves ; le juge chargé de la mise en état de l'affaire enregistre les éléments fournis par les parties et prend ensuite sa décision exclusivement à partir des éléments de fait que les parties lui ont présentés. En d'autres termes, il répond dans son activité à un principe de *neutralité*, celle-ci étant la manifestation du caractère accusatoire de notre procédure. Néanmoins, lors de la recherche des preuves, le juge peut intervenir exceptionnellement, le plus souvent à la demande d'une partie, pour ordonner une mesure d'instruction, telle qu'une expertise.

1. Une demande reconventionnelle est une demande par laquelle le défendeur originaire prétend obtenir un avantage autre que le simple rejet de la prétention de son adversaire – art. 64 NCPC (Vocabulaire juridique Capitant).

À côté de cette procédure dite accusatoire, il existe cependant des situations qui laissent au juge l'initiative de la recherche des preuves. Cette exception à la règle de la procédure accusatoire s'observe en matière pénale et, sous une forme particulière, en droit du travail. On dit alors que la procédure est inquisitoire : selon ce système, la charge de la preuve – le fardeau de la preuve – ne pèse plus sur l'une ou l'autre des parties : elle incombe à toutes les deux. Celles-ci doivent collaborer ensemble pour rassembler les preuves qui permettront au juge de se déterminer. Le juge lui-même exerce un rôle déterminant dans la recherche des preuves.

Dans le procès pénal, le caractère inquisitoire de la procédure se traduit pas une intervention directe du ministère public, qui organise la recherche des preuves, dans le respect – il est vrai – de la présomption légale d'innocence ; le Préambule de la Constitution de 1958 rappelle en effet, en se référant à la Déclaration des droits de l'homme et du citoyen, que tout homme est présumé innocent jusqu'à ce qu'il ait été déclaré coupable ; c'est donc au renversement de cette présomption que doit s'attacher l'accusation ; lorsqu'un juge d'instruction est nommé, il lui revient d'instruire à charge et à décharge, c'est-à-dire de rechercher tous les éléments – favorables comme défavorables à celui qui est soupçonné – propres à permettre la manifestation de la vérité ; cette instruction doit être organisée de telle manière à assurer la protection des droits de la défense.

En droit du travail, le caractère inquisitoire de la procédure est marqué différemment ; à l'art. L. 122-14-4 C.T. (concernant la discussion du motif du licenciement) et L. 122-43 (concernant la discussion du motif de la sanction) est constante l'idée que les parties participent ensemble à la recherche des preuves, au besoin avec l'aide du juge.

En cas de licenciement litigieux, le juge, à qui il appartient d'apprécier la régularité de la procédure suivie et le caractère réel et sérieux des motifs invoqués par l'employeur, « forme sa conviction au vu des éléments fournis par les parties et au besoin après toutes mesures d'instruction qu'il estime utiles » ; la suite du texte précise les éléments que l'employeur doit fournir au juge en cas de licenciement pour motif économique.

En cas de litige sur une sanction, la règle est formulée différemment : « Le conseil de prud'hommes apprécie la régularité de la procédure suivie et si les faits reprochés au salarié sont de nature à justifier une sanction. L'employeur doit fournir au conseil de prud'hommes les éléments qu'il a retenus pour prendre la sanction. Au vu de ces éléments et de ceux qui peuvent être fournis par le salarié à l'appui de ses allégations, le conseil de prud'hommes forme sa conviction après avoir ordonné, en cas de besoin, toutes les mesures d'instruction qu'il estime utiles ».

Enfin, en matière de discrimination, la charge de la preuve a été aménagée dans un sens plus favorable pour le salarié, celui-ci connaissant le plus souvent des difficultés à réunir les preuves de la discrimination dont il est victime. Il est fréquent, en effet, que la mesure affectant le salarié, en apparence objective, repose en réalité sur des motifs discriminatoires qui restent cachés. C'est pourquoi le législateur a aménagé le régime de la charge de la preuve à son profit, en distinguant trois temps dans le processus d'administration des preuves :

Le salarié peut d'abord se contenter de faire état devant le juge des éléments de fait laissant supposer l'existence d'une discrimination.

Dès lors que ses éléments sont suffisants – ce qui exclut la possibilité de se fonder sur un soupçon ou une rumeur –, il revient ensuite à la partie défenderesse de prouver que sa décision repose sur des éléments objectifs étrangers à toute discrimination.

Il incombe enfin au juge de former sa conviction après avoir ordonné, en cas de besoin, toutes les mesures d'instruction qu'il estime utiles.

Dans la recherche des preuves, on notera qu'il existe de part et d'autre un principe général de *loyauté* qui interdit le recours à certains procédés tels que la provocation et les enregistrements clandestins. Mais il existe une différence de point de vue entre la chambre sociale et la chambre criminelle sur l'utilisation des modes de preuve obtenus de manière déloyale ; la chambre sociale de la Cour de cassation rend inefficaces les preuves retenues par un employeur à l'aide d'un enregistrement vidéo, dès lors que ce mode de surveillance n'était pas connu des salariés[1].

---

1. Cass. soc., 20 nov. 1991, Bull. V, n° 519 ; D. 1992, p. 73, concl. Y. Chauvy ; RJS 1992, p. 25, n° 1, rapp. P. Waquet : constitue un mode de preuve illicite tout enregistrement quels qu'en soient les motifs, d'image ou de paroles à l'insu des salariés ; Cass. soc. 22 mai 1995, Bull. V, n° 164 ; D. 1995, IR, p. 150 ; RJS 1995, p. 501, n° 757, p. 489, concl. Y. Chauvy : l'employeur ne peut mettre en œuvre un dispositif de contrôle qui n'a pas été préalablement porté à la

La chambre criminelle adopte une ligne de conduite plus souple, la preuve obtenue de manière déloyale n'étant pas nécessairement écartée des débats[1].

B. Le mécanisme probatoire de la présomption

Avec le mécanisme de la présomption, le plaideur se trouve dispensé d'apporter la preuve d'un élément de fait ; la présomption est elle-même un mode de preuve, mais elle est abordée ici en raison du rapport direct qu'elle noue avec la question de la charge de la preuve.
On trouve à l'art. 1349 du code civil une définition de la présomption : « *Les présomptions sont des conséquences directes que la loi ou le magistrat tire d'un fait connu à un fait inconnu* ». La présomption consiste donc pour le législateur – on évoque alors la notion de présomption légale – ou pour le juge – on est alors en présence d'une présomption du fait de l'homme – à déduire l'existence d'un fait incertain, et par définition difficile à démontrer, à partir de la constatation d'un fait certain. La raison d'une telle preuve se trouve dans la relation de cause à effet entre le fait certain et celui qui ne se laisse pas facilement prouver.
Dans la définition de l'art. 1349 apparaît nettement une distinction entre les présomptions légales et la présomption du fait de l'homme (1) ; à cette première distinction reconnue expressément par la loi s'ajoute celle qui oppose les présomptions simples aux présomptions irréfragables (2).

1. La distinction entre les présomptions légales et les présomptions du fait de l'homme

On trouve à l'art. 1350 C. civ. des exemples de présomption légale : « *La présomption légale est celle qui est attachée par une loi spéciale à certains actes ou certains faits ; tels sont :*
1° Les actes que la loi déclare nuls, comme présumés faits en fraude de ses dispositions, d'après leur seule qualité ;
2° Les cas dans lesquels la loi déclare la propriété ou la libération résulter de certaines circonstances déterminées ;
3° L'autorité que la loi attribue à la chose jugée ;
4° La force que la loi attache à l'aveu de la partie ou à son serment ».
Cette liste n'est pas limitative ; comme exemple célèbre de présomption légale, il faut citer celle de l'art. 312 al. 1 du code civil ; selon cette règle, l'enfant d'une femme mariée est présumé avoir été conçu par le mari de celle-ci ; dans cette hypothèse, la loi induit la paternité de l'enfant de l'existence d'un lien marital entre la femme et l'homme ; le mari est donc dispensé de la preuve de sa paternité ; il est cru sur la seule présentation de son acte de mariage ; en cas de doute, c'est à l'adversaire de prouver l'absence de paternité ; la charge de la preuve se trouve ainsi déplacée. Cette présomption a été instituée à une époque où les moyens de preuve ne permettaient pas de dire avec certitude si une personne était le père d'un enfant ; aujourd'hui la preuve scientifique y parvient, mais notre ordre juridique reste attaché à la règle de l'art. 321 al. 1 du code civil, qui est garante de la paix des familles. La Cour européenne des droits de l'homme considère également qu'il existe des motifs légitimes, liés à la fois à la nécessité de garantir la certitude juridique et à la sécurité des relations familiales, pour justifier l'application à un homme marié d'une présomption générale de paternité à l'égard des enfants de son épouse[2].
Les présomptions légales sont très fréquentes ; elles irriguent l'ensemble des branches du droit ; en droit du travail, on trouve à l'art. L. 122-3-1 un exemple très connu de présomption bénéficiant au salarié lié par un contrat précaire : « *Le contrat de travail à durée déterminée doit être établi par écrit et comporter la définition précise de son motif ; à défaut, il est réputé conclu pour une durée indéterminée* » ; ce qui signifie qu'en l'absence d'écrit ou de mention expresse définissant dans l'écrit le motif justifiant le recours au contrat à durée déterminée, le salarié peut se prévaloir, s'il demande au juge cette requalification, d'un contrat à durée indéterminée ; cette présomption

connaissance des salariés ; Cass. soc., 14 mars 2000, Bull. V, n° 101 ; D. 2000, IR, p. 105 ; RJS 2000, p. 281, n° 386 : l'employeur a le droit de contrôler et de surveiller l'activité de ses salariés pendant le temps de travail, seul l'emploi de procédé clandestin de surveillance est illicite.
1. Cass. crim., 23 juil. 1992, Bull. crim., n° 274 ; D. 1993, somm., p. 206, obs. J. Pradel.
2. CEDH 10 oct. 1999, Yildrim c/Autriche, req. n° 34308/96.

se justifie par l'idée qu'on doit en principe recruter les salariés dans le cadre du contrat à durée indéterminée – celui-ci constituant le contrat de droit commun –, le recours au contrat à durée déterminée relevant du domaine de l'exception.

La présomption légale est un mode de preuve redoutable : d'après l'art. 1352 C. civ., la présomption légale dispense de toute preuve celui au profit duquel elle existe. C'est pourquoi elle ne doit être retenue que sur le fondement d'un texte exprès et elle ne peut faire l'objet que d'une interprétation stricte. En revanche, la présomption du fait de l'homme obéit à un régime différent : aux termes de l'art. 1353 C. civ., « *les présomptions qui ne sont point établies par la loi, sont abandonnées aux lumières et la prudence du magistrat, qui ne doit admettre que des présomptions graves, précises et concordantes (...)* ». Dans la réalité, le juge se contente parfois d'une présomption unique ; il n'est donc pas nécessaire de faire naître une présomption d'un faisceau d'indices ; en toute hypothèse, le juge apprécie souverainement la pertinence des éléments qui lui sont présentés à titre de présomptions.

On trouve de nombreux exemples de présomptions du fait de l'homme en matière d'accident de la circulation : le positionnement des véhicules accidentés et les points d'impact sont des indices permettant de déterminer le degré de responsabilité des uns et des autres ; on détermine également la vitesse d'une voiture accidentée à la longueur des marques de freinage.

2. La distinction entre les présomptions simples et les présomptions irréfragables

Les présomptions se subdivisent en présomptions simples et présomptions irréfragables.

On appelle présomption simple celle qui est susceptible d'être renversée par la preuve contraire. Les présomptions du fait de l'homme présentent toujours ce caractère.

Dans l'exemple de l'art. 312 al. 1 du code civil, il est possible pour l'adversaire de combattre la force probante de la présomption ; l'al. 2 du même texte le prévoit explicitement : « *Néanmoins, celui-ci pourra désavouer l'enfant en justice, s'il justifie de faits propres à démontrer qu'il ne peut pas être le père* » ; différentes voies sont possibles pour arriver à cette fin ; le prétendu père peut d'abord se soumettre à un examen sanguin ; depuis un arrêt rendu en 2000, l'expertise biologique est de droit en matière de filiation, sauf s'il existe un motif légitime de ne pas y procéder[1] ; le prétendu père peut aussi se contenter de démontrer que la communauté de vie effective a cessé entre lui et la mère depuis plus de 300 jours avant la date de naissance de l'enfant (v. également à l'art. 313, 313-1 et 313-2 du code civil, les autres conditions d'éviction de la présomption de paternité).

On appelle présomption irréfragable celle qui ne peut être combattue par la preuve contraire. La présomption du fait de l'homme ne peut jamais présenter ce caractère. Seule la présomption légale peut parfois être irréfragable.

La présomption légale est notamment irréfragable dans les conditions de l'art. 1352 al. 2 du code civil : « *Nulle preuve n'est admise contre la présomption de la loi, lorsque sur le fondement de cette présomption, elle annule certains actes ou dénie l'action en justice, à moins qu'elle n'ait réservé la preuve contraire et sauf ce qui sera dit sur le serment et l'aveu judiciaires* ».

À l'art. 1350 du code civil, on trouve un autre exemple de présomption irréfragable : l'autorité que la loi attribue à la chose jugée ne peut être combattue par la preuve contraire ; on attache en effet aux décisions de justice une présomption irréfragable de vérité.

L'art. L. 122-3-1 du code du travail qui a été cité précédemment offre aussi un exemple de présomption irréfragable : il est impossible pour un employeur de prouver qu'un salarié avait connaissance de la durée déterminée de son contrat, s'il a manqué d'établir un écrit ou s'il a oublié d'y mentionner la définition précise du motif de recours.

C'est en général la loi qui détermine elle-même si une présomption légale est de nature simple ou irréfragable ; en l'absence de précision, il reviendra au juge de trancher cette question ; en dehors des précisions apportées à l'art. 1352 al. 2 du code civil, le choix des termes utilisés par le législateur a son importance : le verbe « réputer » conduira plutôt à reconnaître une

1. Cass. civ. 1re, 28 mars 2000, Bull. I, n° 103 ; D. 2000, p. 731, note Gare ; D. 2001, somm., p. 976, obs. Granet ; ibid., p. 1427, obs. Gaumont-Prat ; ibid., p. 2868, obs. Desnoyer.

présomption irréfragable, alors que l'utilisation du verbe « présumer » s'entend le plus souvent d'une présomption simple.

3. Les textes

Art. 1349 C. civ. : « *Les présomptions sont des conséquences que la loi ou le magistrat tire d'un fait connu à un fait inconnu* ».
Art. 1350 C. civ. : « *La présomption légale est celle qui est attachée par une loi spéciale à certains actes ou à certains faits ; tels sont :*
1° Les actes que la loi déclare nuls, comme présumés faits en fraude de ses dispositions, d'après leur seule qualité ;
2° Les cas dans lesquels la loi déclare la propriété ou la libération résulter de certaines circonstances déterminées ;
3° L'autorité que la loi attribue à la chose jugée ;
4° La force que la loi attache à l'aveu de la partie ou à son serment ».
Art. 1352 C. civ. : « *La présomption légale dispense de toute preuve celui au profit duquel elle existe. Nulle preuve n'est admise contre la présomption de la loi, lorsque, sur le fondement de cette présomption, elle annule certains actes ou dénie l'action en justice, à moins qu'elle n'ait réservé la preuve contraire et sauf ce qui sera dit sur le serment et l'aveu judiciaires* ».
Art. 1353 C. civ. : « *Les présomptions qui ne sont point établies par la loi, sont abandonnées aux lumières et à la prudence du magistrat, qui ne doit admettre que des présomptions graves, précises et concordantes, et dans les cas seulement où la loi admet les preuves testimoniales, à moins que l'acte ne soit attaqué pour cause de fraude ou de dol* ».

Section II - Le risque de la preuve

Évoquer le « risque » de la preuve, c'est se demander ce qu'il advient lorsque la personne supportant la charge de la preuve ne parvient à convaincre le juge du bien-fondé de ses prétentions.
A priori, la réponse à cette question ne pose guère de difficultés : celui qui échoue dans sa démonstration va perdre son procès. C'est principalement en matière civile que s'illustre cette conclusion : la personne qui supporte la charge de la preuve va supporter le risque de la preuve ; le raisonnement est naturel : « *L'incertitude et le doute subsistant à la suite d'une production de preuve doivent nécessairement être retenus au détriment de celui qui avait la charge de la preuve* »[1].
Mais le problème du risque de la preuve appelle quelques développements particuliers dans les domaines où le juge apprécie librement les preuves produites – comme en matière pénale – ou lorsque la charge de la preuve est répartie entre toutes les parties au procès – comme en droit du travail.
En droit pénal, le juge apprécie librement la pertinence des modes de preuve, selon son intime conviction : « *Hors les cas où la loi en dispose autrement, les infractions peuvent être établies par tout mode de preuve et le juge décide d'après son intime conviction* »[2]. Notamment, il a la possibilité de ne pas croire en l'aveu fait dans un commissariat de police ou une gendarmerie[3]. Le risque de la preuve pèse alors sur la société, dont les intérêts sont défendus par le ministère public. Dans le doute, il est préférable de s'abstenir. Cette position se justifie par le principe de la présomption d'innocence : « *Toute personne accusée d'une infraction est présumée innocente jusqu'à ce que sa culpabilité ait été légalement établie* »[4]. L'art. 9-1 du code civil proclame également la nécessité de la respecter – « *Chacun a droit au respect de la présomption d'innocence* » – et ouvre à la personne présentée publiquement comme coupable avant toute condamnation le droit d'exiger l'insertion d'un communiqué dans la presse aux fins de faire cesser l'atteinte à la présomption d'innocence, aux frais de la personne responsable de cette atteinte et sans préjudice de la réparation du dommage subi.

1. Cass. soc., 31 janv. 1962, Bull. IV, n° 105.
2. Art. 427 C proc. Pén.
3. Art. 428 C. proc. Pén. : « *L'aveu, comme tout élément de preuve, est laissé à la libre appréciation des juges* ».
4. Art. 6-2 de la CEDH ; la présomption d'innocence est également protégée par l'art. 9 de la Déclaration des droits de l'homme et du citoyen, l'art. 11 de la Déclaration universelle des droits de l'homme.

En droit du travail, il existe en matière de licenciement et de sanction disciplinaire une règle expresse – « En cas de doute, il profite aux salariés » – qui, dérogatoire au droit commun, se justifie par les difficultés rencontrées par le salarié pour se constituer des modes de preuve. Ce qui signifie qu'en cas de doute, le licenciement sera considéré comme dépourvu de cause réelle et sérieuse et la sanction injustifiée ; apparemment sévère pour l'employeur, cette règle se comprend toutefois au regard du rôle qu'il doit jouer dans l'administration des preuves, même lorsqu'il est défendeur.

Section III - Les différents modes de preuve

Tous les modes de preuve ne sont pas admis en droit civil ; le code civil en mentionne cinq : la preuve par écrit (§1), la preuve testimoniale (§ 2), la preuve par présomption (§ 3), l'aveu (§ 4) et le serment (§ 5).

§.1. La *preuve par écrit : la preuve littérale*

La preuve littérale présente un intérêt considérable en raison de la sécurité juridique qu'elle procure. Elle a l'avantage d'échapper aux interprétations subjectives et aux effets du temps. On en dressera d'abord une typologie (A) ; mais l'activité juridique se satisfait souvent des copies de ces écrits (B). Il conviendra enfin de dresser l'inventaire des écritures dont la force probante n'égale pas celle des écrits reconnus comme preuve littérale (C).

A. Typologie des écrits

Depuis la loi du 13 mars 2000, il existe dans le code civil, à l'art. 1316, une définition de la preuve par écrit : « *La preuve littérale, ou preuve par écrit, résulte d'une suite de lettres, de caractères, de chiffres ou de tous autres symboles dotés d'une signification intelligible, quels que soient leur support et leurs modalités de transmission* ». Pourquoi le législateur a-t-il finalement défini la preuve par écrit en 2000, alors que ce mode de preuve était déjà reconnu en 1804 ? La nécessité d'une définition s'est faite sentir avec le développement des technologies de l'information et des communications ; près de deux siècles se sont écoulés en ne reconnaissant l'acte juridique que sous la forme de l'acte authentique (1) ou de l'acte sous seing privé (2) ; le législateur a ensuite reconnu à l'écrit électronique (3), au début du XXIe siècle, la même force probante que l'écrit sur support papier.

1. Les actes authentiques

Pour être qualifié d'authentique, un acte doit satisfaire à certaines conditions de forme. Ce sont des actes rédigés par un officier public habilité à constater ce genre d'actes. L'acte authentique est soumis à certaines formalités qui doivent être observées à peine de nullité de l'acte : il doit contenir certaines mentions obligatoires, qui varient selon la nature de l'acte ; il doit être rédigé en français, ne comporter aucun blanc, ni interligne, ni surcharge. Les erreurs doivent être rayées et les corrections doivent être mentionnées dans la marge, avec le paraphe du signataire ; à la fin de l'acte, il convient d'indiquer le nombre de mots rayés nuls.

Sont considérés comme des actes authentiques les *actes notariés*, les *procès-verbaux dressés par les huissiers*, les *jugements et arrêts authentifiés par les greffiers*, les *actes de l'état civil dressés par un officier d'état civil*. Le respect de ces formalités confère à l'acte authentique une force probante particulière : il fait foi jusqu'à *inscription de faux*[1] . L'action visant à faire constater l'existence d'un tel faux est d'un usage dangereux, car elle revient à contester l'action d'une personne dépositaire d'une prérogative de puissance publique ; si le demandeur n'arrive pas à apporter la preuve de sa prétention, il s'expose à de lourdes condamnations.

Toujours est-il que la force probante de l'acte authentique – qui est supérieure à celle d'un acte sous seing privé – ne s'attache qu'aux mentions que l'officier public a pu directement constater. Seules ces mentions font foi jusqu'à inscription de faux. Les autres mentions relatives aux circonstances dans lesquelles l'acte est intervenu, ou qui reprennent les

1. L'action en inscription de faux est une contestation portée devant une juridiction civile, soit à titre incident, soit à titre principal en vue de faire reconnaître qu'un acte authentique est faux (Vocabulaire juridique Capitant).

déclarations des parties – il s'agit des énonciations émanant des parties que l'officier public n'a fait que noter sans en vérifier la véracité – ne font foi que jusqu'à preuve du contraire[1].
Concernant la date qu'ils contiennent, les actes authentiques en font foi par eux-mêmes : la nature authentique de l'acte confère à cette date un caractère certain à l'égard des tiers.
Une des particularités de l'acte authentique est qu'il peut être assorti de la formule exécutoire, c'est-à-dire d'un ordre du pouvoir exécutif enjoignant tous les représentants de la force publique d'assumer l'exécution forcée de l'acte, si le débiteur ne s'exécute pas spontanément.
Enfin, un acte authentique sera déclassé en écriture privée – en « acte sous seing privé » – si un vice de forme lui fait perdre son caractère authentique ou par l'effet de l'incompétence ou de l'incapacité de l'officier qui l'a dressé (art. 1328 du code civil).
Les textes
Art. 1316 – 4 al. 1 C. civ. : « *(...) Quand elle (la signature) est apposée par un officier public, elle confère l'authenticité à l'acte (...)* ».
Art. 1317 C. civ. : « *L'acte authentique est celui qui a été reçu par officiers publics ayant le droit d'instrumenter dans le lieu où l'acte a été rédigé, et avec les solennités requises.*
Il peut être dressé sur support électronique s'il est établi et conservé dans des conditions fixées par décret en Conseil d'État ».
Art. 1318 C. civ. : « *L'acte qui n'est point authentique par l'incompétence ou l'incapacité de l'officier, ou par un défaut de forme, vaut comme écriture privée, s'il a été signé des parties* ».
Art. 1319 C. civ. : « *L'acte authentique fait pleine foi de la convention qu'il renferme entre les parties contractantes et leurs héritiers ou ayants cause.*
Néanmoins, en cas de plaintes en faux principal, l'exécution de l'acte argué de faux sera suspendue par la mise en accusation ; et, en cas d'inscription de faux faite incidemment, les tribunaux pourront, suivant les circonstances, suspendre provisoirement l'exécution de l'acte ».
Art. 1320 C. civ. : « *L'acte, soit authentique, soit sous seing privé, fait foi entre les parties, même de ce qui n'y est exprimé qu'en termes énonciatifs, pourvu que l'énonciation ait un rapport direct à la disposition. Les énonciations étrangères à la disposition ne peuvent servir que d'un commencement de preuve* ».

2. Les actes sous seing privé

L'expression « acte sous seing privé » signifie que l'acte a été conclu et signé sans qu'aucune autorité extérieure n'y prenne part. Il n'existe aucun formalisme à respecter pour que naisse un acte sous seing privé, si ce n'est l'exigence d'une signature[2], qui n'est pas très ancienne dans notre droit ; pendant le moyen-âge, les actes étaient seulement revêtus d'un sceau, parce peu de personnes savaient écrire ; peu à peu, la signature a remplacé le sceau.

– Rôle de la signature

Définie par la loi du 13 mars 2000, la signature remplit deux fonctions : d'une part, elle sert à identifier l'auteur de l'acte de façon non-équivoque, grâce à une marque distinctive et manuscrite personnelle (« *la signature nécessaire à la perfection d'un acte juridique identifie celui qui l'appose* », indique l'art. 1316-4 du code civil) ; d'autre part, elle manifeste l'accord du signataire de respecter ce qui a été convenu (elle manifeste « le consentement des parties aux obligations qui découlent de cet acte »)[3]. Cette signature n'est pas nécessairement la reproduction des nom et prénom de la partie : il suffit qu'elle corresponde à la marque habituelle de reconnaissance de l'intéressé (la marque dont la personne se sert habituellement pour signer) ; mais les personnes

1. Cass. 1re civ., 13 mai 1986, JCP éd. G, 1986, IV, n° 206 ; Cass. 1re civ., 29 mai 2001, D. 2001, IR, p. 2180.
2. L'utilisation de la langue française n'est pas exigée ; les parties peuvent rédiger seules l'acte ou confier sa rédaction à un tiers ; les renvois en marge n'ont pas besoin d'être signés ou paraphés ; les mots surchargés ou mis en interligne ne sont pas nuls.
3. Quand elle est apposée par un officier public, la signature « confère l'authenticité à l'acte » ; lorsqu'elle est électronique, elle consiste « *en l'usage d'un procédé fiable d'indentification garantissant son lien avec l'acte auquel elle s'attache. La fiabilité de ce procédé est présumée, jusqu'à preuve contraire, lorsque la signature électronique est créée, l'identité du signataire assurée et l'intégrité de l'acte garantie, dans des conditions fixées par décret en Conseil d'État* » (art. 1316 C. civ.) ; ces dernières conditions sont réunies si la transaction se fait conformément au décret du 30 mars 2001 ; il convient aussi de suivre les dispositions du décret du 18 avril 2002 sur la certification des produits et systèmes permettant la réalisation des actes et des signatures électroniques.

qui ne savent pas écrire ne peuvent utiliser une croix ou un autre signe indéterminé, ni même apposer un sceau.

– Force probante de l'acte sous seing privé

La force probante d'un acte sous seing privé est moindre que celle d'un acte authentique.

Il est d'abord possible pour la personne à laquelle on oppose l'acte de dénier sa signature et son écriture (elle indique par là qu'il s'agit d'un faux) ; par cette déclaration, l'acte se verra ôter sa force probante ; l'adversaire qui persiste en voulant établir la sincérité de l'acte mettra en œuvre la procédure spéciale de vérification d'écritures.

Si l'acte est imputable à la personne à laquelle on l'oppose, il est possible toutefois qu'il ne rapporte pas fidèlement la vérité (il est par exemple mensonger ou il a été déformé par suite d'un grattage ou d'une surcharge) ; on dit alors *qu'il ne fait foi de son contenu entre les parties que jusqu'à preuve contraire* ; une partie ne peut contester le contenu de cet acte qu'à l'aide d'un écrit ou d'un mode de preuve de valeur au moins équivalente ; on sait notamment, comme dans le cadre d'une contestation de l'acte produit, qu'un simple témoignage ou une simple présomption ne sont pas suffisants pour prouver *contre* et *outre* le contenu d'un acte sous-seing privé : aux termes de l'art. 1341 du code civil, « *(...) Il n'est reçu aucune preuve par témoins contre et outre le contenu aux actes, ni sur ce qui sera allégué avoir été dit avant, lors ou depuis les actes, encore qu'il s'agisse d'une somme ou valeur moindre* ». Lorsque la contestation émane d'un tiers, la jurisprudence considère en revanche que la preuve contraire peut être rapportée par tous moyens[1], cette solution se justifiant par l'idée qu'un acte reste sans effet à l'égard des tiers ; il équivaut en quelque sorte à un fait juridique.

Concernant la date de l'acte sous seing privé, l'appréciation de sa force probante est distincte selon la personne à qui on l'oppose ; elle ne fait foi entre les parties, comme le contenu de l'acte lui-même, que jusqu'à preuve contraire ; la date pourra donc être contestée au même titre que le contenu de l'acte, et selon les mêmes modes ; à l'égard des tiers, la date ne fait foi qu'à partir du jour où elle acquiert un caractère certain ; trois évènements – énumérés à l'art. 1328 du code civil – sont de nature à créer cette certitude : l'enregistrement de l'acte, la mort de celui ou de l'un de ceux qui l'ont souscrit, la constatation de la substance de l'acte dans un acte authentique.

– Règles particulières pour les contrats synallagmatiques et les actes unilatéraux

Il existe enfin des règles particulières à l'égard de deux types d'actes pour qu'on puisse leur reconnaître la valeur d'un acte sous-seing privé :

La première règle, posée à l'art. 1325 C. civ., concerne les *contrats synallagmatiques* ; ces derniers sont des contrats par lesquels les contractants s'obligent réciproquement les uns envers les autres ; c'est pourquoi l'on exige qu'ils doivent être rédigés en autant d'originaux qu'il y a d'intérêts distincts ; chaque partie au contrat est en même temps débitrice et créancière de l'autre partie ; la règle de l'art. 1325 permet à chaque créancier de se préconstituer une preuve dans la perspective d'un contentieux. Concernant les contrats synallagmatiques passés par voie électronique, la règle de la pluralité d'originaux s'applique différemment : selon l'art. 1325 al. 5 du code civil, « *L'exigence d'une pluralité d'originaux est réputée satisfaite pour les contrats sous forme électronique lorsque l'acte est établi et conservé conformément aux art. 1316-1 et 1316-4 et que le procédé permet à chaque partie de disposer d'un exemplaire ou d'y avoir accès* ».

La seconde règle, posée à l'art. 1326 C. civ., concerne les *actes unilatéraux* ; selon ce texte, « *l'acte juridique par lequel une seule partie s'engage envers une autre à lui payer une somme d'argent ou à lui livrer un bien fongible doit être constaté dans un titre qui comporte la signature de celui qui souscrit cet engagement ainsi que la mention, écrite par lui-même, de la somme ou de la quantité en toutes lettres et en chiffres* ». La formalité de l'art. 1326 vise principalement à empêcher la pratique du blanc seing, lequel ouvre la voie à l'inscription de mentions frauduleuses ; parce qu'il est plus fréquent de se tromper dans la rédaction d'un nombre en chiffres que dans sa mention manuscrite en

1. Cass. 3e civ., 17 avril 1991, Bull. III, n° 124.

toutes lettres, l'art. 1326 du code civil se termine en indiquant qu'en cas de différence, l'acte sous-seing privé vaut pour la somme écrite en toutes lettres.
On notera enfin que le texte initial de l'art. 1326 faisait référence à la « mention, écrite de sa main » de la somme ou de quantité de l'objet du contrat ; l'introduction de l'écrit électronique en la matière conduit aujourd'hui à se contenter d'une « mention, écrite par lui-même » ; l'art. 1108-1 al. 2 ne dit pas autre chose en disposant que : « *Lorsqu'est exigée une mention écrite de la main de celui qui s'oblige, ce dernier peut l'apposer sous forme électronique si les conditions de cette apposition sont de nature à garantir qu'elle ne peut être effectuée que par lui-même* ».

– *Les textes*

Art. 1316-4 al. 1 C. civ. : « *La signature nécessaire à la perfection d'un acte juridique identifie celui qui l'appose. Elle manifeste le consentement des parties aux obligations qui découlent de cet acte (...). Quand elle est apposée par un officier public, elle confère l'authenticité à l'acte* ».
Art. 1322 C. civ. : « *L'acte sous seing privé, reconnu par celui auquel on l'oppose, ou légalement tenu pour reconnu, a, entre ceux qui l'ont souscrit et entre leurs héritiers et ayants cause, la même foi que l'acte authentique* ».
Art. 1323 C. civ. : « *Celui auquel on oppose un acte sous seing privé est obligé d'avouer ou de désavouer formellement son écriture ou sa signature.*
Ses héritiers ou ayants cause peuvent se contenter de déclarer qu'ils ne connaissent point l'écriture ou la signature de leur auteur ».
Art. 1324 C. civ. : « *Dans le cas où la partie désavoue son écriture ou sa signature, et dans le cas où ses héritiers ou ayants cause déclarent ne les point connaître, la vérification en est ordonnée en justice* ».
Art. 1325 C. civ. : « *Les actes sous seing privé qui contiennent des conventions synallagmatiques ne sont valables qu'autant qu'ils ont été faits en autant d'originaux qu'il y a de parties ayant un intérêt distinct.*
Il suffit d'un original pour toutes les personnes ayant le même intérêt.
Chaque original doit contenir la mention du nombre des originaux qui en ont été faits.
Néanmoins, le défaut de mention que les originaux ont été faits doubles, triples, etc, ne peut être opposé par celui qui a exécuté de sa part la convention portée dans l'acte.
L'exigence d'une pluralité d'originaux est réputée satisfaite pour les contrats sous forme électronique lorsque l'acte est établi et conservé conformément aux articles 1316-1 et 1316-4 et que le procédé permet à chaque partie de disposer d'un exemplaire ou d'y avoir accès ».
Art. 1326 C. civ. : « *L'acte juridique par lequel une seule partie s'engage envers une autre à lui payer une somme d'argent ou à lui livrer un bien fongible doit être constaté dans un titre qui comporte la signature de celui qui souscrit cet engagement ainsi que la mention, écrite par lui-même, de la somme ou de la quantité en toutes lettres et en chiffres. En cas de différence, l'acte sous seing privé vaut pour la somme écrite en toutes lettres* ».
Art. 1328 C. civ. : « *Les actes sous seing privé n'ont de date contre les tiers que du jour où ils ont été enregistrés, du jour de la mort de celui ou de l'un de ceux qui les ont souscrits, ou du jour où leur substance est constatée dans les actes dressés par des officiers publics, tels que procès-verbaux de scellé ou d'inventaire* ».

3. La preuve électronique

L'écrit était traditionnellement constitué de l'acte notarié ou de l'acte sous-seing privé.
Mais la loi du 13 mars 2000 a apporté une nouvelle définition de la preuve littérale, celle-ci permettant notamment de prendre en compte à titre d'écrit les actes obtenus à l'aide d'une signature électronique : aux termes de l'art. 1316-4 du code civil, la « *preuve littérale ou par écrit résulte d'une suite de lettres, de caractères, de chiffres ou de tous autres signes ou symboles dotés d'une signification intelligible, quels que soient leur support ou leurs modalités de transmission* ».
L'acte électronique a donc reçu une consécration légale, un rang comparable à celui des autres écrits[1] ; son domaine est précisé à l'art. 1108-1 et 1108-2 du code civil : lorsqu'un écrit est exigé

1. Sur le sujet, v. T. Aballea, La signature électronique en France, état des lieux et perspectives, D. 2001 chron. 2835 ; X. Buffet-Delmas, L'achèvement du cadre juridique de la signature électronique sécurisée, JCP éd. G., 2002, actu. n° 519, p. 2153 ; E. A. Caprioli, Ecrit et preuve électroniques dans la loi n° 2000-230 du 13 mars 2000, JCP éd. E, 2000, Cah. Droit Entr., n° 2, p. 1 ; P.Y. Gauthier et X. Linant de Bellefonds, De l'écrit électronique et des signatures qui s'y rattachent, JCP éd. G., 2000, I, n° 236 ; J. Huet, Vers la consécration de la preuve et de la signature électroniques, D. 2000, chron. p. 95 ; L. Jacques, Le décret n° 2001-

pour la validité d'un acte juridique, il peut être établi et conservé sous forme électronique, dans les conditions prévues aux art. 1316-1 à 1316-4 du code civil et, lorsqu'un acte authentique est requis, au second alinéa de l'art. 1317 al. 1 du code civil. On notera néanmoins que l'utilisation de l'acte électronique est proscrit, d'une part, pour les actes sous seing privé relatifs au droit de la famille et de successions et, d'autre part, pour les actes sous seing privé relatifs à des sûretés personnelles ou réelles, de nature civile ou commerciale, sauf s'ils sont passés par une personne pour les besoins de sa profession.

Dans tous les cas où il est autorisé, le législateur ne reconnaît à l'acte électronique la force probante d'un écrit que dans la mesure où *l'identité* du signataire est assurée et *l'intégrité* de l'acte garantie : selon l'art. 1316-1 du code civil, « *L'écrit sous forme électronique est admis en preuve au même titre que l'écrit sur support papier sous réserve que puisse être dûment identifiée la personne dont il émane et qu'il soit établi et conservé dans des conditions de nature à en garantir l'intégrité* ».

L'art. 1316-4 al. 2 vient compléter ces conditions en adaptant l'exigence de la signature qui, par définition, ne peut être écrite de la main de celui qui s'oblige : « *Lorsqu'elle est électronique, (la signature) consiste en l'usage d'un procédé fiable d'identification garantissant son lien avec l'acte auquel elle se rattache. La fiabilité de ce procédé est présumée, jusqu'à preuve contraire, lorsque la signature électronique est créée, l'identité du signataire assurée et l'intégrité de l'acte garantie, dans des conditions fixées par décret en Conseil d'État* ». Ces conditions sont réunies si la transaction se fait conformément au décret du 30 mars 2001 ; il convient aussi de suivre les dispositions du décret du 18 avril 2002 sur la certification des produits et systèmes permettant la réalisation des actes et des signatures électroniques[1].

Ces dispositifs doivent être complétés par l'ordonnance du 16 juin 2005 relative à l'accomplissement de certaines formalités contractuelles par voie électroniques, ordonnance qui a modifié la loi du 21 juin 2004 relative aux contrats sous forme électronique (ces textes traitant surtout des modalités de conclusion « électronique » des contrats : v. les art. 1369-1 à 1369-11 du code civil).

Enfin, il est possible de passer un acte authentique par voie électronique[2]. L'acte notarié électronique était opérationnel, au moins au plan théorique, depuis le 1er février 2006, à la suite de l'adoption du décret nécessaire (Décret n°2005-973 du 10 août 2005 J.O. 11, p. 13.096). En réalité, il a fallu attendre le 28 octobre 2009 pour que soit enregistré le premier acte authentique sur support électronique.

– *Les textes*

Art. 1316-1 : « *L'écrit sous forme électronique est admis en preuve au même titre que l'écrit sur support papier, sous réserve que puisse être dûment identifiée la personne dont il émane et qu'il soit établi et conservé dans des conditions de nature à en garantir l'intégrité* ».

Art. 1316-3 : « *L'écrit sur support électronique a la même force probante que l'écrit sur support papier* ».

Art. 1316-4 al. 2 : « *Lorsqu'elle (la signature) est électronique, elle consiste en l'usage d'un procédé fiable d'identification garantissant son lien avec l'acte auquel elle s'attache. La fiabilité de ce procédé est présumée, jusqu'à preuve contraire, lorsque la signature électronique est créée, l'identité du signataire assurée et l'intégrité de l'acte garantie, dans des conditions fixées par décret en Conseil d'État* ».

272 du 30 mars 2001 relatif à la signature électronique, JCP éd. G., 2001, actu. p. 1601 ; J.L. Navarro, La preuve et l'écrit, entre la tradition et la modernité, JCP éd. G. 2002, I, n° 187 ; A. Penneau, La certification des produits et systèmes permettant la réalisation des actes et signatures électroniques (à propos du décret n° 2002-535 du 18 avril 2002), D. 2002, chron. p. 2065.

1. V. A. Penneau, La certification des produits et systèmes permettant la réalisation des actes et signatures électroniques (à propos du décret n° 2002-535 du 18 avril 2002), D. 2002, chron. p. 2065.

2. V. sur le sujet X. Linant de Bellefonds, Notaires et huissiers face à l'acte authentique électronique, JCP, éd. Notariale, 2003, 1196, p. 382 ; M Grimaldi et B Reynis, L'acte authentique électronique, Defrénois, 2003, 37798, p. 1023 ; sous la direction de I. de Lamberterie, Les actes authentiques électroniques – réflexion juridique prospective, La documentation française, Coll. Perspectives sur la justice, 2002 ; Didier Froger, Contribution notariale à la définition de l'authenticité, Defrénois 2004, art. 37873, p. 173 et suiv.

B. La force probante des copies d'écrits

Généralement rédigé en minute, l'acte authentique est conservé par l'officier public qui a pris part à sa rédaction ; il ne délivre aux parties que des expéditions[1] – dites également grosses – ou des copies authentiques de l'acte ; dans la pratique, on n'utilise donc que des copies d'actes authentiques. Aux termes de l'art. 1335 C. civ., elles font la même foi que l'original.
Le support papier d'un acte électronique est également très répandu ; il n'est qu'une manifestation de l'existence de l'acte électronique, ce dernier étant rarement utilisable en tant que tel. Encore faut-il ici que puisse être vérifié le respect des conditions prévues au décret n° 2001-272 du 30 mars 2001 relatif à la signature électronique. En d'autres termes, le support papier d'un écrit électronique n'a pas de valeur propre ; il peut être produit dès l'instant qu'on peut, sur demande de l'adversaire, faire la preuve que la signature électronique a été créée, l'identité du signataire assurée et l'intégrité de l'acte garantie dans les conditions prévues par le décret du 30 mars 2001.
Avant la reconnaissance par le législateur des actes électroniques, la jurisprudence avait elle-même fixée le sort des télécopies : depuis un arrêt rendu par la Chambre commerciale le 2 déc. 1997, la Cour de cassation admet que l'acte d'acceptation de la cession ou de nantissement d'une créance professionnelle peut être établi et conservé sur tout support, y compris par télécopies, dès lors que son *intégrité* et *l'imputabilité* de son contenu à l'auteur désigné ont été vérifiées ou ne sont pas contestées. Mais cet arrêt a été rendu en matière commerciale, dans un domaine où la preuve est libre ; il est peu probable qu'il puisse être transposable en matière civile.
S'agissant des actes sous-seing privé, la question est plus délicate ; il faut sur ce point distinguer selon qu'il subsiste ou non un original.
Aux termes de l'art. 1334, les copies, lorsque le titre original subsiste, ne font foi que de ce qui est contenu au titre, dont la représentation peut toujours être exigée ; ce qui signifie que toute sorte de copie peut être produite en justice dès l'instant qu'on peut, sur demande de l'adversaire, en produire l'original ; c'est donc dire que la copie d'un acte sous seing privé ne peut être produite que par commodité, sans avoir la même valeur que l'original.
Mais on se trouve parfois dans une situation où la production d'un écrit original devient impossible, soit parce qu'il n'a jamais été dressé, soit parce qu'il a été perdu. C'est l'art. 1348 qui règle cette situation ; il ressort de ce texte plusieurs hypothèses d'impossibilité de produire un écrit qu'il convient de distinguer.
Les premières tiennent à l'existence d'une situation qui, en elle-même, n'est pas susceptible d'être constatée préalablement par un écrit : tels sont les cas du quasi-contrat – par exemple, la gestion d'affaires –, du délit ou du quasi-délit – par exemple un accident de la circulation ; le plus souvent, ces évènements ne peuvent être constatés par un écrit préconstitué, puisqu'ils procèdent d'un comportement humain.
Les secondes naissent de l'impossibilité matérielle ou morale de se procurer une preuve littérale de l'acte juridique. Il existe très peu de cas justifiant une impossibilité matérielle de se procurer un écrit ; dans un arrêt désormais ancien, une partie incapable d'écrire a été considérée comme placée dans l'impossibilité de produire une preuve littérale[2] ; sont plus fréquentes les impossibilité morales : elles se présentent surtout à l'occasion de contrats conclus entre particuliers marqués par des liens familiaux ou quasi-familiaux d'estime et d'affection ; il va sans dire qu'un époux va difficilement prêter de l'argent à son épouse en exigeant la rédaction d'un acte écrit. Dans les rapports entre professionnels, l'impossibilité morale d'établir un écrit reste très difficile à prouver ; mais il arrive que dans certaines professions, il soit d'usage, en raison des liens de confiance existant entre les partenaires, de ne pas rédiger un écrit ; en toute hypothèse, les juges apprécieront souverainement l'impossibilité morale dans laquelle se trouve un professionnel de fournir une preuve littérale du contrat litigieux.
Les troisièmes se justifient par la perte du titre qui servait de preuve littérale, par suite d'un cas fortuit ou d'une force majeure. Ce qui signifie que toute perte de l'écrit n'est pas recevable pour

1. Une expédition est une copie littérale d'un acte ou d'un jugement délivrée avec certification de la conformité à la minute par l'officier public dépositaire (Vocabulaire juridique Capitant).
2. Cass. civ. 1re, 13 mai 1964, Bull. I, n° 251.

en être dispensé ; notamment, la perte par négligence sera considérée comme insuffisante ; il appartient à la partie qui invoque la perte du titre de justifier les circonstances[1] qui en sont à l'origine ; par ailleurs, les juges apprécieront souverainement les cas où le créancier a perdu le titre qui lui servait de preuve par suite d'un cas fortuit ou d'une force majeure[2].
Enfin, l'obligation de produire un écrit reçoit exception lorsqu'une partie ou le dépositaire n'a pas conservé le titre original et présente une copie qui en est la « reproduction non seulement fidèle mais aussi durable » ; l'art. 1348 ajoute qu'est « *réputée durable toute reproduction indélébile de l'original qui entraîne une modification irréversible du support* » ; cette hypothèse de perte de l'original a été reconnue principalement pour servir, en 1980, les banques qui avaient pris l'habitude de détruire les chèques en en gardant seulement une copie sur microfiche. Depuis l'arrêt du 25 juin 1996, la photocopie a également été reconnue comme un mode de reproduction non seulement fidèle mais aussi durable[3], quittant ainsi son ancienne qualification de simple « commencement de preuve par écrit » ; il est réservé le même sort à la télécopie, depuis l'arrêt du 2 déc. 1997, dès lors que son « *intégrité et l'imputabilité de son contenu à l'auteur désigné ont été vérifiées, ou ne sont pas contestées* »[4]. Mais on notera que cet arrêt avait été rendu en matière commerciale, dans un domaine où la preuve est libre.

– *Les textes*

Art. 1334 C. civ. : « *Les copies, lorsque le titre original subsiste, ne font foi que de ce qui est contenu au titre, dont la représentation peut toujours être exigée* ».
Art. 1335 C. civ. : « *Lorsque le titre original n'existe plus, les copies font foi d'après les distinctions suivantes :*
1° Les grosses ou premières expéditions font la même foi que l'original ; il en est de même des copies qui ont été tirées par l'autorité du magistrat, parties présentes ou dûment appelées, ou de celles qui ont été tirées en présence des parties et de leur consentement réciproque.
2° Les copies qui, sans l'autorité du magistrat, ou sans le consentement des parties, et depuis la délivrance des grosses ou premières expéditions, auront été tirées sur la minute de l'acte par le notaire qui l'a reçu, ou par l'un de ses successeurs, ou par officiers publics qui, en cette qualité, sont dépositaires des minutes, peuvent, au cas de perte de l'original, faire foi quand elles sont anciennes.
Elles sont considérées comme anciennes quand elles ont plus de trente ans.
Si elles ont moins de trente ans, elles ne peuvent servir que de commencement de preuve par écrit.
3° Lorsque les copies tirées sur la minute d'un acte ne l'auront pas été par le notaire qui l'a reçu, ou par l'un de ses successeurs, ou par officiers publics qui, en cette qualité, sont dépositaires des minutes, elles ne pourront servir, quelle que soit leur ancienneté, que de commencement de preuve par écrit.
4° Les copies de copies pourront, suivant les circonstances, être considérées comme simples renseignements ».
Art. 1336 C. civ. : « *La transcription d'un acte sur les registres publics ne pourra servir que de commencement de preuve par écrit ; il faudra même pour cela :*
1° Qu'il soit constant que toutes les minutes du notaire, de l'année dans laquelle l'acte paraît avoir été fait, soient perdues, ou que l'on prouve que la perte de la minute de cet acte a été faite par un accident particulier ;
2° Qu'il existe un répertoire en règle du notaire, qui constate que l'acte a été fait à la même date.
Lorsqu'au moyen du concours de ces deux circonstances la preuve par témoins sera admise, il sera nécessaire que ceux qui ont été témoins de l'acte, s'ils existent encore, soient entendus ».

C. Les autres écritures

La loi et la jurisprudence font état également d'autres modes de preuve écrits – plus ou moins parfaits – qui, en principe, n'ont pas la même force probante que les actes authentiques, les actes sous seing privé et les actes électroniques : il s'agit des lettres missives (2), des livres et

1. Cass. civ. 3e, 15 mai 1973, Bull. III, n° 346.
2. Cass. civ. 1re, 21 janv. 1963, Bull. I, n° 43.
3. Cass. civ. 1re, 25 juin 19, Bull. I, n° 270 ; v. également Cass. civ. 1re, 30 mai 2000, Bull. I, n° 164 ; JCP 2001, II, 10505, note Nizard.
4. Cass. com, 2 déc. 1997.

registres des marchands (2), des registres et papiers domestiques (3), des écritures mises par le créancier à la suite, en marge ou au dos d'un titre (4) et des actes récognitifs et confirmatifs (5).

1. Les lettres missives

On appelle lettre missive l'écrit destiné à servir de correspondance entre deux ou plusieurs personnes. Elle n'est pas destinée, *a priori*, à devenir un mode de preuve ; lorsqu'elle est de nature privée, la lettre missive est couverte par le secret des correspondances, lequel s'inscrit comme un prolongement du droit au respect de la vie privée ; il est donc nécessaire, pour la produire en justice, de recueillir l'autorisation de celui qui l'a rédigée ; en revanche, la correspondance d'affaire est dénuée de confidentialité.

Les lettres missives peuvent parfois valoir acte sous seing privé, lorsqu'elles révèlent, après s'être croisées, l'existence de conventions entre ceux qui les ont échangées.

Lorsqu'une lettre missive constate l'existence de faits imputables à celui qui l'a rédigée, elle peut valoir, selon le cas, aveu extrajudiciaire, témoignage ou présomption, le juge portant sur elle une libre appréciation.

Elle peut même être considérée comme un commencement de preuve par écrit, c'est-à-dire un « *acte écrit qui est émané de celui contre lequel la demande est formée, ou de celui qu'il représente, et qui rend vraisemblable le fait allégué* »[1].

2. Les livres et registres des marchands

– *Un mode de preuve sans effet à l'égard des particuliers*

En indiquant que « *les registres des marchands ne font point, contre les personnes non marchandes, preuve des fournitures qui y sont portées* », l'art. 1329 montre que les livres et registres des marchands ne peuvent leur servir de preuve à l'égard des particuliers. Cette règle, qui n'existe pas dans les rapports entre commerçants – où la preuve est libre –, est notamment la traduction du principe selon lequel « nul ne peut se constituer des preuves à lui-même ».

En revanche, ces livres et registres peuvent être invoqués contre le commerçant qui les a tenus ; celui qui les produit à son avantage ne pourra les diviser « *en ce qu'ils contiennent de contraire à sa prétention* »[2].

– *Les textes*

Art. 1329 C. civ. : « *Les registres des marchands ne font point, contre les personnes non marchandes, preuve des fournitures qui y sont portées, sauf ce qui sera dit à l'égard du serment* ».

Art. 1330 C. civ. : « *Les livres des marchands font preuve contre eux ; mais celui qui en veut tirer avantage ne peut les diviser en ce qu'ils contiennent de contraire à sa prétention* ».

3. Les registres et papiers domestiques

Il arrive qu'une personne constate par écrit sur des feuilles volantes, sur un carnet ou un cahier particulier la réalisation d'évènements qui la concernent ; ces « registres et papiers » domestiques ne peuvent suffire à prouver l'existence d'actes juridiques en faveur de celui qui les tient ; ils ne sont susceptibles d'être retenus qu'à titre de présomption[3].

Là encore, cette règle est la traduction du principe selon lequel « Nul ne peut se constituer des preuves à lui-même ».

Ces registres et papiers domestiques peuvent même se retourner contre celui qui les a établis :

– ils font foi contre lui « dans tous les cas où ils énoncent un payement reçu » (ce qui signifie que l'adversaire pourra faire la preuve du paiement à l'aide de ces registres et papiers domestiques dès lors qu'ils sont produits en justice par celui qui les a tenus) ;

– ils font également foi contre lui « lorsqu'ils contiennent la mention expresse que la note a été faite pour suppléer le défaut du titre en faveur de celui au profit duquel ils énoncent une

1. Art. 1347 al. 2 C. civ.
2. Art. 1330 C. civ.
3. Cass. civ. 1re 6 oct. 1958, D. 1958 p. 747.

obligation » (ce qui signifie qu'ils ont été rédigés en faveur du créancier pour pallier l'absence de preuve littérale).

– Le texte

Art. 1331 C. civ. : « *Les registres et papiers domestiques ne font point un titre pour celui qui les a écrits. Ils font foi contre lui : 1) dans tous les cas où ils énoncent formellement un paiement reçu ; 2) lorsqu'ils contiennent la mention expresse que la note a été faite pour suppléer le défaut du titre en faveur de celui au profit duquel ils énoncent une obligation* ».

4. Les écritures mises par le créancier à la suite, en marge ou au dos d'un titre

Il arrive qu'un créancier mentionne sur son titre – à sa « suite », en « marge ou au dos » qu'il a reçu paiement de son obligation ; cette écriture – dite mention libératoire – fait « foi, quoique non signée, ni datée » par le créancier, lorsqu'elle tend à établir la libération du débiteur[1] ; elle produit les mêmes effets lorsqu'elle est portée sur le double d'un titre ou d'une quittance, dès lors que ce double reste entre les mains du débiteur.

– Texte

Art. 1332 C. civ. : « *L'écriture mise par le créancier à la suite, en marge ou au dos d'un titre qui est toujours resté en sa possession fait foi, quoique non signée ni datée par lui, lorsqu'elle tend à établir la libération du débiteur. Il en est de même de l'écriture mise par le créancier au dos ou en marge, ou à la suite du double d'un titre ou d'une quittance, pourvu que ce double soit entre les mains du débiteur* ».

5. Les actes récognitifs et confirmatifs

Le code civil règle, aux articles 1337 à 1340, le sort des actes récognitifs et confirmatifs.
L'acte récognitif est un acte écrit – appelé aussi acte nouvel – par lequel une personne reconnaît l'existence de droits déjà constatés par un titre antérieur – nommé acte primordial –, soit afin d'interrompre une prescription, soit afin d'assurer la preuve de ces droits lorsque le titre primordial est perdu ou menacé de perte[2].
Pour le législateur, ce type d'acte ne dispense pas de la représentation du titre primordial, « *à moins que sa teneur n'y soit spécialement relatée* »[3] ; il ajoute que ce qu'il contient de plus que le titre primordial, ou ce qui s'y trouve de différent, n'a aucun effet. Ce qui permet d'affirmer qu'un acte récognitif ne peut s'écarter du titre primordial : il ne peut que le rappeler et lui reste subordonné. Son utilité est manifeste en cas de perte de l'acte primordial, puisqu'il va se substituer à l'acte disparu.
L'acte confirmatif – dit également acte de confirmation ou de ratification – est l'acte par lequel une personne renonce unilatéralement à se prévaloir de la nullité relative d'un acte juridique[4].
Il ne fait la preuve de la confirmation d'un acte nul que lorsqu'on y trouve les trois éléments suivants :
- « la substance de l'obligation » de l'acte nul ;
- « la mention du motif » justifiant l'action en nullité ;
- « *l'intention de réparer le vice sur lequel cette action est fondée* »[5].

À défaut d'acte confirmatif, on peut faire la preuve de la confirmation en arguant de l'exécution spontanée de l'acte litigieux « après l'époque à laquelle l'obligation pouvait être valablement confirmée ou ratifiée ».
La confirmation, la ratification ou l'exécution volontaire de l'acte nul entraîne, pour celui qui en est l'auteur, la renonciation à l'action en nullité que l'on pouvait engager – aux « moyens et exceptions » que l'on pouvait opposer contre cet acte –, sans préjudice toutefois du droit des tiers.

1. Art. 1332 C. civ.
2. Vocabulaire Capitant, par G. Cornu, PUF.
3. Art. 1337 C. civ.
4. Vocabulaire Capitant, par G. Cornu, PUF.
5. Art. 1338 C. civ.

– *Les textes*

Art. 1337 C. civ. : « *Les actes récognitifs ne dispensent point de la représentation du titre primordial, à moins que sa teneur n'y soit spécialement relatée.*
Ce qu'ils contiennent de plus que le titre primordial, ou ce qui s'y trouve de différent, n'a aucun effet.
Néanmoins, s'il y avait plusieurs reconnaissances conformes, soutenues de la possession, et dont l'une eût trente ans de date, le créancier pourrait être dispensé de représenter le titre primordial ».
Art. 1338 C. civ. : « *L'acte de confirmation ou ratification d'une obligation contre laquelle la loi admet l'action en nullité ou en rescision n'est valable que lorsqu'on y trouve la substance de cette obligation, la mention du motif de l'action en rescision, et l'intention de réparer le vice sur lequel cette action est fondée.*
À défaut d'acte de confirmation ou ratification, il suffit que l'obligation soit exécutée volontairement après l'époque à laquelle l'obligation pouvait être valablement confirmée ou ratifiée.
La confirmation, ratification, ou exécution volontaire dans les formes et à l'époque déterminées par la loi, emporte la renonciation aux moyens et exceptions que l'on pouvait opposer contre cet acte, sans préjudice néanmoins du droit des tiers ».

§.2. *La preuve par témoignage : la preuve testimoniale*

La preuve testimoniale ou preuve par témoins – témoignage – est une déclaration émanant d'un tiers – qui n'est donc pas partie à un procès – concernant des faits dont il a personnellement connaissance.
Les témoignages sont administrés suivant deux procédés : soit ils procèdent d'attestations écrites rédigées de la main des intéressés et respectant certaines formes[1] ; soit le tribunal procède à l'audition sous serment des témoins[2].
Ce mode de preuve a été longtemps considéré avec faveur, notamment au Moyen-Âge, puisque peu de gens savaient écrire. « Témoins passent lettre », disait-on ; mais on a pris conscience peu à peu de la supériorité probatoire de l'écrit, qui est bien plus fiable que le témoignage : la mémoire étant faillible, de nombreux témoins se trompent dans la reconstitution des faits ; surtout, on ne peut exclure la subornation de témoins, plus fréquente qu'on ne le croit.
À l'heure actuelle, le témoignage n'a pas la même force probante que l'écrit : il ne permet ni de le contester, ni de le compléter : aux termes de l'art. 1341 du code civil, « *il n'est reçu aucune preuve par témoins contre et outre le contenu aux actes (écrits), ni sur ce qui serait allégué avoir été dit avant, lors ou depuis les actes, encore qu'il s'agisse d'une somme ou d'une valeur moindre* ». Encore faut-il, sur ce point faire une distinction entre le témoignage de la partie au contrat et celui d'un tiers : ce dernier peut en effet apporter la preuve contraire directement par tous moyens, l'écrit, quel qu'il soit, n'étant pour lui qu'un fait juridique[3].
En revanche, dès lors qu'une partie à un acte qui n'a pas été passé par écrit peut faire état d'un commencement de preuve par écrit, l'art. 1347 du code l'autorise à faire état de témoignages et de présomptions pour renforcer et parfaire, voire compléter ce commencement de preuve par écrit. En toute hypothèse, le juge a un pouvoir souverain pour apprécier la pertinence des témoignages proposés[4].

§.3. *La preuve par présomption*

La preuve par présomption, qui a déjà été étudiée, a pour effet de dispenser le plaideur de la preuve d'un élément de fait ; on trouve à l'art. 1349 du code civil une définition de la présomption : elle consiste à déduire l'existence d'un fait incertain – par définition difficile à démontrer – à partir de la constatation d'un fait certain.
La preuve par présomption est généralement reconnue équivalente à la preuve testimoniale : l'art. 1353 du code civil autorise les juges, lorsque la preuve testimoniale est recevable, à admettre des présomptions dont la force probante est abandonnée à leur pouvoir d'appréciation[5].

1. Art. 200 à 203 NCPC.
2. Art. 204 et s. NCPC.
3. Cass. civ. 3e, 17 avril 1991, Bull III n° 124.
4. Cass. civ. 2e, 18 fév. 1970 Bull. civ. II n° 54 ; Cass. civ. 2e, 18 janv. 1984, Bull. civ. II n° 8.
5. Cass. civ. 1re, 1er juin 1954, D. 1954 p. 589.

§.4. *L'aveu*

Défini à l'art. 1356 du code civil, l'aveu est la déclaration par laquelle l'une des parties reconnaît l'exactitude d'un fait qui lui est défavorable et qui est allégué par son adversaire.
Lorsqu'il est fait à la suite d'une comparution personnelle d'une partie voulue par le juge, l'aveu est de nature judiciaire ; il doit porter sur un fait personnel à son auteur et ne peut émaner que d'un majeur capable ; cet aveu étant doté d'une force probante absolue – « il fait pleine foi contre celui qui l'a fait » –, le juge est obligé de le tenir pour vrai : on dit alors que cet aveu lie le juge. Ce mode de preuve est irrévocable, sauf s'il a été la « suite d'une erreur de fait » ; en particulier, l'aveu judiciaire ne peut être révoqué sous prétexte d'une erreur de droit ; il est enfin indivisible ; le juge doit donc le tenir pour vrai dans sa totalité : lorsqu'il comporte une affirmation défavorable à son auteur et une affirmation favorable connexe, il est impossible de ne retenir que l'élément défavorable.
Lorsqu'il n'est pas fait devant un juge, l'aveu est dit de nature extrajudiciaire ; dans ce cas, il est divisible, peut être rétracté et ne lie pas le juge ; ce dernier peut apprécier seul et librement sa valeur probante, comme il le ferait à l'égard d'un témoignage ou d'une présomption du fait de l'homme. L'art. 1355 indique à ce sujet que « *l'allégation d'un aveu extrajudiciaire purement verbal est inutile toutes les fois qu'il s'agit d'une demande dont la preuve testimoniale ne serait point admissible* ». Autrement dit, l'aveu extrajudiciaire ne sera d'aucune aide dans une instance où la preuve doit être rapportée par un écrit.

– *Les textes*

Art. 1354 C. civ. : « *L'aveu qui est opposé à une partie est ou extrajudiciaire ou judiciaire* ».
Art. 1355 C. civ. : « *L'allégation d'un aveu extrajudiciaire purement verbal est inutile toutes les fois qu'il s'agit d'une demande dont la preuve testimoniale ne serait point admissible* ».
Art. 1356 C. civ. : « *L'aveu judiciaire est la déclaration que fait en justice la partie ou son fondé de pouvoir spécial.*
Il fait pleine foi contre celui qui l'a fait.
Il ne peut être divisé contre lui.
Il ne peut être révoqué, à moins qu'on ne prouve qu'il a été la suite d'une erreur de fait. Il ne pourrait être révoqué sous prétexte d'une erreur de droit ».

§.5. *Le serment*

Le serment est l'affirmation solennelle, pour une partie, d'un fait qui lui est favorable. Emprunt d'une certaine naïveté, ce mode de preuve, peu utilisé, est un moyen d'ultime recours. Là où il n'existe aucun autre élément de preuve, le serment peut être déféré à l'un des justiciables, ce dernier devant alors prendre position.
Le code civil envisage deux types de serment : le serment décisoire, c'est-à-dire celui qu'une partie défère à l'autre pour en faire dépendre le jugement de la cause (A) ; le serment supplétoire, c'est-à-dire celui qui est déféré d'office par le juge à l'une ou à l'autre des parties (B).

A. Le serment décisoire

Le serment décisoire est « déféré » par l'un des plaideurs à son adversaire pour « *en faire dépendre le jugement de la cause* »[1] ; l'adversaire va alors adopter trois comportements différents :
– soit il choisit de prêter le serment – en affirmant qu'il faut tenir pour vrai ce qui a été déclaré – et gagne son procès ;
– soit il refuse de prêter serment – ce qui équivaut à dénier ce qui a été déclaré – et perd son procès ;
– soit il décide de « référer » le serment à son adversaire en lui demandant de prêter serment lui-même quant à la réalité de sa prétention ; si l'adversaire prête de serment référé, il gagne le procès ; dans le cas inverse, sa prétention sera rejetée. Les deuxième et troisième hypothèses correspondent à la situation décrite par l'art. 1361 du code civil.

1. Art. 1357 C. civ.

– *Les textes*

Art. 1358 C. civ. : « *Le serment décisoire peut être déféré sur quelque espèce de contestation que ce soit* ».
Art. 1359 C. civ. : « *Il ne peut être déféré que sur un fait personnel à la partie à laquelle on le défère* ».
Art. 1360 C. civ. : « *Il peut être déféré en tout état de cause, et encore qu'il n'existe aucun commencement de preuve de la demande ou de l'exception sur laquelle il est provoqué* ».
Art. 1361 C. civ. : « *Celui auquel le serment est déféré, qui le refuse ou ne consent pas à le référer à son adversaire, ou l'adversaire à qui il a été référé et qui le refuse, doit succomber dans sa demande ou dans son exception* ».
Art. 1362 C. civ. : « *Le serment ne peut être référé quand le fait qui en est l'objet n'est point celui des deux parties, mais est purement personnel à celui auquel le serment avait été déféré* ».
Art. 1363 C. civ. : « *Lorsque le serment déféré ou référé a été fait, l'adversaire n'est point recevable à en prouver la fausseté* ».
Art. 1364 C. civ. : « *La partie qui a déféré ou référé le serment ne peut plus se rétracter lorsque l'adversaire a déclaré qu'il est prêt à faire ce serment* ».
Art. 1365 C. civ. : « *Le serment ne forme preuve qu'au profit de celui qui l'a déféré ou contre lui, et au profit de ses héritiers et ayants cause ou contre eux.*
Néanmoins, le serment déféré par l'un des créanciers solidaires au débiteur ne libère celui-ci que pour la part de ce créancier.
Le serment déféré au débiteur principal libère également les cautions.
Celui déféré à l'un des débiteurs solidaires profite aux codébiteurs.
Et celui déféré à la caution profite au débiteur principal.
Dans ces deux derniers cas, le serment du codébiteur solidaire ou de la caution ne profite aux autres codébiteurs ou au débiteur principal que lorsqu'il a été déféré sur la dette, et non sur le fait de la solidarité ou du cautionnement ».

B. Le serment supplétoire

Le serment supplétoire est un serment déféré par le juge ; le plaideur est donc sommé par le juge de jurer devant le tribunal que sa prétention est fondée ; il est présenté par le code civil comme le serment « déféré d'office » : selon l'art. 1366 du code civil, le « *juge peut déférer à l'une des parties le serment, ou pour en faire dépendre la décision de la cause, ou seulement déterminer le montant de la condamnation* ». À la différence du serment décisoire, ce serment ne lie pas le juge ; plus exactement, ce serment demandé par le juge, qui peut être prêté ou refusé, n'a que la force probante d'un témoignage et, comme tel, laisse entière la liberté d'appréciation du juge.

– *Les textes*

Art. 1366 C. civ. : « *Le juge peut déférer à l'une des parties le serment, ou pour en faire dépendre la décision de la cause, ou seulement pour déterminer le montant de la condamnation* ».
Art. 1367 C. civ. : « *Le juge ne peut déférer d'office le serment, soit sur la demande, soit sur l'exception qui y est opposée, que sous les deux conditions suivantes ; il faut :*
1. Que la demande ou l'exception ne soit pas pleinement justifiée ;
2. Qu'elle ne soit pas totalement dénuée de preuves.
Hors ces deux cas, le juge doit ou adjuger ou rejeter purement et simplement la demande ».
Art. 1368 C. civ. : « *Le serment déféré d'office par le juge à l'une des parties ne peut être par elle référé à l'autre* ».
Art. 1369 C. civ. : « *Le serment sur la valeur de la chose demandée ne peut être déféré par le juge au demandeur que lorsqu'il est d'ailleurs impossible de constater autrement cette valeur.*
Le juge doit même, en ce cas, déterminer la somme jusqu'à concurrence de laquelle le demandeur en sera cru sur son serment ».

Section V - L'admissibilité des modes de preuve

L'admissibilité des modes de preuve – c'est-à-dire leur vocation à être pris comme preuve – est fonction de l'élément qu'il convient de prouver ; sur ce point, la preuve des faits juridiques (§ 1) apparaît plus facile que celle des actes juridiques (§ 2).

§.1. *La preuve des faits juridiques*

La preuve des faits juridiques peut être rapportée par tous moyens, sauf si la loi en décide autrement ; elle répond en effet au système dit de la preuve *libre* ; ce qui signifie qu'en l'absence de disposition spéciale, les faits juridiques peuvent être indistinctement prouvés par les cinq modes de preuve étudiés précédemment – écrit, témoignage, présomption, aveu, serment. Le juge dispose à leur égard d'un pouvoir d'appréciation souveraine et il n'existe pas, comme en matière de preuve des actes juridiques, de hiérarchie entre les différents modes de preuve.
La liberté laissée aux plaideurs s'explique par la nature même d'un fait juridique ; ce dernier survient le plus souvent sans manifestation de volonté de produire des effets de droit. Il est notamment difficile, voire impossible de se préconstituer dans ce domaine des écrits.
Il est vrai qu'il existe des exceptions, notamment à l'égard de certains faits naturels, tels que la naissance ou la mort : ces évènements doivent être constatés par un officier d'état-civil. On fait ainsi la preuve de sa naissance par la production d'un extrait d'acte de naissance.

§.2. *La preuve des actes juridiques*

La preuve des actes juridiques répond à l'exigence de la production d'un écrit (A) ; mais il existe en la matière de nombreuses exceptions (B).

A. La production d'un écrit

Concernant les actes juridiques, l'art. 1341du code civil pose une double règle.
1) Pour tous les actes dépassant une somme déterminée par décret – actuellement 1 500 euros –, il doit être « passé actes » devant notaire, sous signatures privées ou sur support électronique. L'absence d'écrit ne remet pas ici en cause la validité de l'acte. Elle rend seulement plus difficile la preuve de cet acte devant le juge ; l'expression « passer acte » de l'art. 1341 ne renvoie pas à la notion classique d'acte juridique ; elle désigne, dans ce texte, le support servant au constat d'une manifestation de volonté – ce que l'on appelle *l'instrumentum*[1] –, alors qu'un acte juridique correspond à la manifestation de volonté elle-même, à sa substance – ce que l'on appelle le *negotium*[2].
2) Par ailleurs, le contenu d'un écrit ne peut être ni contesté (« contre »), ni complété (« outre ») par des témoignages et des présomptions : aux termes de l'art. 1341 du code civil, « il n'est reçu aucune preuve par témoins contre et outre le contenu aux actes (écrits), ni sur ce qui serait allégué avoir été dit avant, lors ou depuis les actes, encore qu'il s'agisse d'une somme ou d'une valeur moindre ».
Encore faut-il, sur ce point, faire une distinction entre le témoignage de la partie au contrat et celui d'un tiers : ce dernier peut en effet apporter la preuve contraire directement par tous moyens, l'écrit, quel qu'il soit, n'étant pour lui qu'un fait juridique[3].
En revanche, il reste possible de compléter un écrit ou de le contester à l'aide d'un aveu judiciaire ou d'un serment.

– *Les textes*

Art. 1316-2 : « *Lorsque la loi n'a pas fixé d'autres principes, et à défaut de convention valable entre les parties, le juge règle les conflits de preuve littérale en déterminant par tous moyens le titre le plus vraisemblable, quel qu'en soit le support* ».
Art. 1341 C. civ. : « *Il doit être passé acte devant notaires ou sous signatures privées de toutes choses excédant une somme ou une valeur fixée par décret, même pour dépôts volontaires, et il n'est reçu aucune preuve par témoins contre et outre le contenu aux actes, ni sur ce qui serait allégué avoir été dit avant, lors ou depuis les actes, encore qu'il s'agisse d'une somme ou valeur moindre. Le tout sans préjudice de ce qui est prescrit dans les lois relatives au commerce* ».

1. Terme latin signifiant « document », « pièce », utilisé pour désigner dans un acte juridique l'écrit qui le constate (Vocabulaire Capitant, par G. Cornu, PUF, 1987).
2. Terme latin signifiant « occupation », « affaire », utilisé pour désigner, dans l'acte juridique, l'opération en laquelle il consiste (Vocabulaire Capitant, par G. Cornu, PUF, 1987).
3. Cass., 3e civ., 17 avril 1991, Bull III, n° 124.

B. Les exceptions

La règle de l'art. 1341 supporte de nombreuses exceptions.
Elle ne vaut que pour les actes excédant la somme ou la valeur fixée par décret – soit 1 500 euros ; pour tous les actes d'une valeur inférieure, la preuve est libre.
Pour les actes excédant la somme ou la valeur fixée par décret – soit 1 500 euros – qui ne peuvent être prouvés par écrit, l'art. 1347 du code civil leur ouvre toutefois une possibilité de preuve au moyen d'un *commencement de preuve par écrit* , c'est-à-dire d'un « acte écrit qui est émané de celui contre lequel la demande est formée, ou de celui qu'il représente, et qui rend vraisemblable le fait allégué ». Ce commencement de preuve par écrit – qui doit toujours émaner de la personne à laquelle il est opposé et non de celle qui s'en prévaut – est constitué par exemple d'un courrier dans lequel le débiteur reconnaît sa dette, d'une lettre d'affaire, d'une facture ou – dans le procès visant à faire reconnaître un contrat de travail – d'une fiche de paie ; concernant les chèques, la jurisprudence est aujourd'hui fixée, après s'être montrée hésitante : pendant un temps qualifié de commencement de preuve par écrit, le chèque encaissé ne répond plus, en raison de son caractère équivoque, à la condition de vraisemblance du fait allégué[1] *; en effet, le chèque tend peut-être à prouver l'existence d'un acte juridique, mais il est impuissant en lui-même à nous éclairer sur la nature de l'acte. Un commencement de preuve par écrit possède également la particularité de pouvoir résulter d'un comportement : « Peuvent être considérés par le juge comme équivalant à un commencement de preuve par écrit les déclarations faites par une partie lors de sa comparution personnelle, son refus de répondre ou son absence à la comparution »*[2].
Un commencement de preuve par écrit n'est pas suffisant en soi pour prouver l'existence d'un acte juridique ; à ce stade, il ne rend l'acte que « vraisemblable » et doit ensuite être complété par d'autres modes de preuve – notamment des témoignages et des présomptions – pour faire la preuve complète de l'acte litigieux.
La règle de l'art. 1341 du code civil reçoit également exception lorsque l'on est, aux termes de l'art. 1348 du code civil, dans l'impossibilité matérielle ou morale de se procurer une preuve littérale de l'acte juridique. Il existe très peu de cas justifiant une impossibilité matérielle de se procurer un écrit ; dans un arrêt désormais ancien, une partie incapable d'écrire a été considérée comme placée dans l'impossibilité de produire une preuve littérale[3] ; sont plus fréquentes les impossibilités morales : elles se présentent surtout à l'occasion de contrats conclus entre particuliers marqués par des liens familiaux ou quasi-familiaux d'estime et d'affection ; il va sans dire qu'un époux va difficilement prêter de l'argent à son épouse en exigeant la rédaction d'un acte écrit. Dans les rapports entre professionnels, l'impossibilité morale d'établir un écrit reste très difficile à prouver ; mais il arrive que dans certaines professions, il soit d'usage, en raison des liens de confiance existant entre les partenaires, de ne pas rédiger un écrit ; en toute hypothèse, les juges apprécieront souverainement l'impossibilité morale dans laquelle se trouve un professionnel de fournir une preuve littérale du contrat litigieux.
La règle de l'art. 1341 est aussi écartée lorsque l'on a perdu le titre qui servait de preuve littérale, par suite d'un cas fortuit ou d'une force majeure (v. l'art. 1348 du code civil). Ce qui signifie que toute perte de l'écrit n'est pas recevable pour en être dispensé ; notamment, la perte par négligence sera considérée comme insuffisante ; il appartient à la partie qui invoque la perte du titre de justifier des circonstances[4] qui en sont à l'origine ; par ailleurs, les juges apprécieront souverainement les cas où le créancier a perdu le titre qui lui servait de preuve par suite d'un cas fortuit ou d'une force majeure[5].
L'obligation de produire un écrit reçoit de nouveau exception lorsqu'une partie ou le dépositaire n'a pas conservé le titre original et présente une copie qui en est la « reproduction non seulement fidèle mais aussi durable » ; l'art. 1348 du code civil ajoute qu'est « *réputée durable*

1. Cass., 1re civ., 3 juin 1998, Bull. I, n° 195 ; D. 1999, p. 543, note Ravigneaux ; D. Aff. 1998, p. 1534 ; JCP, 1999, II, 10062, note Prieur ; Defresnois 1999, p. 99, note S. Piedelievre ; v. aussi Cass., 1re civ., 10 juillet 2002, Bull. I, n° 191.
2. Art. 1347 al. 3 C. civ.
3. Cass. civ. 1re, 13 mai 1964, Bull. I, n° 251.
4. Cass. civ. 3e, 15 mai 1973, Bull. III, n° 346.
5. Cass. civ. 1re, 21 janv. 1963, Bull. I, n° 43.

toute reproduction indélébile de l'original qui entraîne une modification irréversible du support » ; cette hypothèse de perte de l'original a été reconnue principalement pour servir les banques qui avaient pris l'habitude de détruire les chèques en en gardant seulement une copie sur microfiche. Depuis l'arrêt du 25 juin 1996, la photocopie a également été reconnue comme un mode de reproduction non seulement fidèle mais aussi durable[1], quittant ainsi son ancienne qualification de simple « commencement de preuve par écrit ».
N'étant pas d'ordre public, la règle de l'art. 1341 C. civ. peut enfin être écartée par convention entre les parties.

– *Les textes*

Art. 1347 C. civ. : « *Les règles ci-dessus reçoivent exception lorsqu'il existe un commencement de preuve par écrit.*
On appelle ainsi tout acte par écrit qui est émané de celui contre lequel la demande est formée, ou de celui qu'il représente, et qui rend vraisemblable le fait allégué.
Peuvent être considérées par le juge comme équivalant à un commencement de preuve par écrit les déclarations faites par une partie lors de sa comparution personnelle, son refus de répondre ou son absence à la comparution ».
Art. 1348 C. civ. : « *Les règles ci-dessus reçoivent encore exception lorsque l'obligation est née d'un quasi-contrat, d'un délit ou d'un quasi-délit, ou lorsque l'une des parties, soit n'a pas eu la possibilité matérielle ou morale de se procurer une preuve littérale de l'acte juridique, soit a perdu le titre qui lui servait de preuve littérale, par suite d'un cas fortuit ou d'une force majeure.*
Elles reçoivent aussi exception lorsqu'une partie ou le dépositaire n'a pas conservé le titre original et présente une copie qui en est la reproduction non seulement fidèle mais aussi durable. Est réputée durable toute reproduction indélébile de l'original qui entraîne une modification irréversible du support ».

Section VI - L'action en justice

L'action en justice est « *le droit, pour l'auteur d'une prétention, d'être entendu sur le fond de celle-ci afin que le juge la dise bien ou mal fondée* »[2]. Elle entraîne corrélativement pour l'adversaire « *le droit de discuter le bien-fondé de cette prétention* »[3]. Il convient d'étudier les conditions de l'action en justice (§ 1) avant d'aborder les principes directeurs gouvernant la procédure (§2).

§.1. *Les conditions de l'action en justice*

L'action en justice est subordonnée à trois conditions : la capacité (A), l'intérêt (B) et la qualité (C).

A. La capacité

Pour agir en justice, il faut disposer de la personnalité juridique. Mais cela n'est pas suffisant : encore faut-il être capable juridiquement ; en principe, toute personne physique est présumée disposée de la capacité juridique ; ce n'est donc que par exception que certains individus peuvent en être privés. Il faut sur ce point distinguer entre ceux qui ne peuvent agir eux-mêmes de ceux qui ont seulement besoin d'être assistés dans l'exercice de leur action.
Certains incapables ne peuvent agir en justice ; il revient dans ces hypothèses à leurs représentants d'agir en leur nom ; tel est le cas du mineur non émancipé et du majeur sous tutelle ; mais il existe sur ce point quelques exceptions : par exemple, le majeur en tutelle peut seul demander en justice la cessation de la tutelle.
Sans être dépourvu du droit d'agir eux-mêmes, les autres incapables ont besoin d'être assistés dans l'exercice de leurs droits ; tel est le cas du majeur sous curatelle qui ne peut, pour l'exercice des actions en justice relatives à certains droits, agir sans l'aide de son curateur.

1. Cass. civ. 1re, 25 juin 19, Bull. I, n° 270 ; v. également Cass. civ. 1re, 30 mai 2000, Bull. I, n° 164 ; JCP 2001, II, 10505, note Nizard.
2. Art. 30 al. 1er NCPC.
3. Art. 30 al. 2 NCPC.

B. L'intérêt

On ne peut agir en justice que si l'on y a intérêt ; c'est ce qu'indique l'adage « Pas d'intérêt, pas d'action » qui trouve une consécration implicite à l'art. 31 du NCPC[1] ; cette règle a notamment été édictée pour éviter l'encombrement des tribunaux.

L'intérêt à agir n'existe que s'il est légitime (1), né et actuel (2), direct et personnel (3).

1. Un intérêt légitime

L'intérêt à agir se présente d'abord comme un intérêt légitime : cette légitimité se déduit souvent de la reconnaissance d'un droit subjectif par les textes, mais cette condition n'est pas exclusive ; en réalité, cette légitimité est souvent acquise par la reconnaissance des autres critères de l'intérêt, notamment lorsque son caractère direct et personnel n'est pas mis en cause.
On notera que l'appréciation de cette légitimité varie au cours du temps ; c'est ainsi qu'on a longtemps refusé à la concubine la possibilité de demander au tiers responsable réparation du préjudice né du décès de son concubin.

2. Un intérêt né et actuel

L'intérêt à agir doit être né et actuel : ce qui signifie qu'on ne peut agir si le préjudice est seulement éventuel ou hypothétique ; toutefois, on juge recevable l'action en justice visant à faire réparer un dommage futur, dès lors qu'il existe une certitude sur sa réalisation ; est également possible l'action visant à faire réparer, à la suite d'un accident, la *perte de chance* de voir se réaliser un succès ou un profit. Encore faut-il qu'il existe sur ce point une forte probabilité dans la réalisation de l'évènement qui était attendu.

3. Un intérêt direct et personnel

L'intérêt doit enfin avoir un caractère direct et personnel : ce qui signifie qu'on ne peut agir en justice dans l'idée de s'immiscer dans les affaires d'autrui ; il revient à chacun de se préoccuper de ses propres intérêts ; mais il existe en la matière des exceptions justifiant l'action en justice de certaines personnes morales créées en vue de défendre des intérêts collectifs ; par exemple, il a été reconnu aux syndicats, dès 1920, le droit d'agir en justice « *relativement aux faits portant un préjudice direct ou indirect à l'intérêt collectif de la profession qu'ils représentent* »[2] ; les ordres professionnels se sont vus reconnaître des droits similaires, ainsi que certaines associations expressément désignées par le législateur (association de défense des intérêts des consommateurs, associations de défense des intérêts des familles, associations de lutte contre les discriminations...) ; naturellement cette extension du droit d'agir ne fait pas obstacle à ce que ces groupements défendent leurs intérêts personnels, comme toute autre personne.

C. La qualité

La qualité à agir est classiquement le titre en vertu duquel on agit : on peut ainsi agir pour soi-même ou, dans le cadre d'une représentation, pour les autres.
Il existe également des hypothèses où cette qualité est déterminée par la loi, comme le suggère l'art. 31 du NCPC. Dans ces hypothèses, la qualité n'est pas sans lien avec l'exigence d'un intérêt, même si elle s'en distingue : elle sert uniquement à déterminer les personnes qui sont habilitées à défendre un intérêt particulier, la condition d'un intérêt direct et personnel étant ici impropre à reconnaître ceux qui sont chargés d'agir. Ainsi, les actions en divorce n'appartiennent qu'aux époux, même si les enfants – voire les voisins ! – ont un intérêt à demander ce divorce ; en droit du travail, l'action en défense de l'intérêt collectif de la profession est recevable – la loi donnant aux syndicats régulièrement constitués la qualité pour agir –, même si elle ne vise pas à défendre des intérêts directs et personnels.

1. Art. 31 NCPC : « *L'action est ouverte à tous ceux qui ont un intérêt légitime au succès ou au rejet d'une prétention, sous réserve des cas dans lesquels la loi attribue le droit d'agir aux seules personnes qu'elle qualifie pour élever ou combattre une prétention, ou pour défendre un intérêt déterminé* ».
2. Art. L. 411-11 C. trav.

§.2. *Les principes directeurs*

La procédure est servie par des principes directeurs qui, consacrés par la Convention européenne de sauvegarde des droits de l'homme (A), trouvent une traduction complète et concrète dans notre droit interne (B).

A. Dans la Convention européenne de sauvegarde des droits de l'homme

On trouve à l'art. 6 de la Convention européenne des droits de l'homme un texte fondamental qui n'a pas cessé d'inspirer la législation et le juge français.
De ce texte, qui concerne autant les causes civiles que les causes pénales, on a tiré un éventail très large de garanties procédurales. Ce texte fonde le droit à un procès équitable, droit qui se décline comme le droit de voir sa cause jugée par un *tribunal indépendant et impartial*[1] , le droit de voir sa cause *entendue publiquement* et le droit de voir sa cause jugée *dans un délai raisonnable*[2].
De ce principe à un procès équitable découle également le principe de l'égalité des armes : « *Le droit à un procès équitable (...) paraît impliquer que toute partie à une action civile doit avoir la possibilité raisonnable d'exposer sa cause au tribunal dans des conditions qui ne la désavantagent pas d'une manière appréciable par rapport à la partie adverse* »[3]. Le principe du contradictoire que connaît le droit interne en est une des manifestations.

B. En droit interne

En droit interne, on compte parmi les principes directeurs de la justice celui de la primauté de la justice publique sur la justice privée (1), ceux de l'égalité devant la justice et de sa gratuité (2), les principes de la continuité du service public judiciaire (3) et de la collégialité (4), les principes du caractère accusatoire du procès civil (5), du caractère écrit de la procédure (6) et du caractère public des débats (7), enfin le principe du contradictoire (8).

1. La primauté de la justice publique sur la justice privée

En France, seul l'État peut rendre la justice ; il le fait « au nom du peuple français » ; il est corrélativement interdit, en vertu d'un principe d'ordre public formulé sous la forme d'un adage[4], de se faire justice soi-même. Ce qui signifie qu'il faut, en cas de violation de ses droits, faire appel au juge pour obtenir une condamnation et, en cas de résistance à cette condamnation, solliciter la force publique pour obtenir une exécution forcée de la décision.
Mais il existe sur cette question quelques exceptions, notamment la procédure d'arbitrage[5] qui peut être suivie pour résoudre certains conflits. Réglementé aux articles 1442 à 1507 du NCPC, l'arbitrage reste interdit dans les matières qui intéressent l'ordre public, telles que le divorce, la capacité des personnes et les infractions pénales.
L'arbitre choisi par les parties peut être un simple particulier désigné d'un commun accord par les co-contractants. Le recours à l'arbitrage se fait par la conclusion d'un acte que l'on appelle le *compromis*[6]. Mais, pour prévenir un éventuel litige, on peut aussi prévoir dans un contrat une

1. L'exigence d'impartialité suppose d'abord que le juge siégeant au fond n'ait pas une idée préconçue de l'affaire ; elle s'apprécie de manière subjective ; v. par exemple Cass. 2e civ., 20 nov. 2003, JCP 2004, IV, 1067, qui a censuré une Cour d'appel confirmant un jugement dans une formation présidée par le même magistrat qui avait présidé en première instance ; l'exigence d'impartialité s'apprécie également de manière objective, eu égard à la composition de la formation de jugement : il faut que le tribunal donne toute apparence de garantie organique (dans sa composition) pour exclure tout doute légitime dans l'esprit du public.
2. Faisant preuve de pragmatisme, la Cour européenne procède en tenant compte des « circonstances de la cause », c'est-à-dire en appréciant la complexité de l'affaire, le comportement du requérant et la manière dont l'affaire a été conduite par les organes judiciaires ; il n'existe pas de détermination chiffrée de ce délai non raisonnable.
3. Comm. europ., déc. n° 434-58, 30 juin 1959, Annuaire Conv. EDH, p. 371.
4. « Nul ne peut se faire justice à soi-même ».
5. L'arbitrage est un mode dit parfois amiable ou pacifique, mais toujours juridictionnel de règlement d'un litige par une autorité – le ou les arbitres – qui tient son pouvoir de juger non d'une délégation permanente de l'État ou d'une institution internationale, mais de la convention des parties (Vocabulaire Capitant, par G. Cornu, PUF).
6. Un compromis est une convention par laquelle deux ou plusieurs personnes (en litige sur les droits dont elles peuvent disposer) décident d'en confier la solution non à la justice étatique mais à un ou plusieurs arbitres de leur choix (Vocabulaire Capitant, par G. Cornu, PUF).

clause compromissoire[1] : il s'agit d'une stipulation par laquelle les parties s'engagent à soumettre à l'arbitrage d'un tiers les différends qui pourraient naître relativement à ce contrat. Cette clause est licite entre professionnels, mais reste interdite entre professionnels et particuliers, ou entre les particuliers eux-mêmes.
L'arbitre rend une *sentence* (il s'agit bien d'une décision juridictionnelle) qui est susceptible d'un appel devant les juridictions étatiques.
L'avantage de l'arbitrage réside dans la discrétion qu'il apporte lors du règlement du litige ; les parties au conflit peuvent être sûres que leurs affaires ne seront pas dévoilées sur la place publique ; elles évitent ainsi un risque de détérioration de l'image qu'elles donnent au public. L'arbitrage est également une voie de justice rapide. Ne connaissant pas le principe de la gratuité, l'arbitrage peut en revanche être coûteux.

– Les textes

Art. 1442 NCPC : « *La clause compromissoire est la convention par laquelle les parties à un contrat s'engagent à soumettre à l'arbitrage les litiges qui pourraient naître relativement à ce contrat* ».
art. 1447 NCPC : « *Le compromis est la convention par laquelle les parties à un litige né soumettent celui-ci à l'arbitrage d'une ou plusieurs personnes* ».
Art. 2059 C. civ. : « *Toutes personnes peuvent compromettre sur les droits dont elles ont la libre disposition* ».
Art. 2060 C. civ. : « *On ne peut compromettre sur les questions d'état et de capacité des personnes, sur celles relatives au divorce et à la séparation de corps ou sur les contestations intéressant les collectivités publiques et les établissements publics et plus généralement dans toutes les matières qui intéressent l'ordre public.*
Toutefois, des catégories d'établissements publics à caractère industriel et commercial peuvent être autorisées par décret à compromettre ».
Art. 2061 C. civ. : « *Sous réserve des dispositions législatives particulières, la clause compromissoire est valable dans les contrats conclus à raison d'une activité professionnelle* ».
Art. 1474 NCPC : « *L'arbitre tranche le litige conformément aux règles de droit, à moins que, dans la convention d'arbitrage, les parties ne lui aient conféré mission de statuer comme amiable compositeur* ».

2. L'égalité devant la justice et sa gratuité

Tous les justiciables sont égaux devant la justice.
Ce principe est la traduction, depuis la loi des 16 et 24 août 1790, de l'abolition des privilèges en matière de juridiction ; tous les citoyens sans distinction plaident « *en la même forme devant les mêmes juges dans les mêmes cas* » (art. 16, Titre II de la loi des 16 et 24 août 1790) ; la locution « en la même forme » signifie que les plaideurs ont le droit et le devoir de se voir opposer les mêmes procédures ; la locution « devant les mêmes juges dans les mêmes cas » conduit à éviter l'institution de juridictions spécialisées qui, pour des situations litigieuses identiques, seraient compétentes à l'égard de certaines personnes seulement. Mais cette égalité ne condamne pas l'institution de juridictions d'exception qui auront à connaître d'un ensemble d'affaires dont la particularité est de mobiliser des compétences particulières (on pense ici au Conseil de prud'hommes ou au tribunal de commerce). Puisque les « cas » (renvoyant à la nature des affaires) sont ici différents, on accepte l'existence de juges différents, ce qui peut aussi permettre de procurer une justice plus rapide, moins coûteuse et plus conciliatrice.
Le principe d'égalité devant la justice s'impose ensuite quant à *l'ordre* selon lequel les affaires doivent être jugées : selon l'art. 18, Titre II de la loi des 16 et 24 août 1790, « *Tous citoyens étant égaux devant la loi et toute préférence pour le rang et le tour d'être jugé étant une injustice, toutes les affaires, suivant leur nature, seront jugées, lorsqu'elles seront instruites, dans l'ordre selon lequel le jugement en aura été requis par les parties* ».
Le principe d'égalité devant la justice conduit enfin à reconnaître à tous un *droit d'accès* au tribunal, y compris aux étrangers. Mêmes les incapables sous tutelle et les mineurs peuvent

1. Différente du compromis en ce qu'elle se réfère à un litige éventuel – non encore né –, la clause compromissoire s'en rapproche dans la mesure où elle rend incompétentes les juridictions étatiques (Vocabulaire Capitant, par G. Cornu, PUF).

agir en justice : ne pouvant agir eux-mêmes, ils pourront tout de même ester en justice par l'intermédiaire de leurs tuteurs ou représentants légaux.

Pour garantir et renforcer cette liberté d'accès à la justice, le législateur a également consacré le principe de gratuité de la justice ; ce principe – qui était imparfaitement connu du système judiciaire de l'Ancien Régime, les juges pouvant recevoir directement des parties une rétribution sous la forme « d'épices » – est également de nature à garantir l'indépendance des juges. Le coût de fonctionnement des tribunaux est supporté par l'État.

Toutefois, cette gratuité ne s'étend pas à certains auxiliaires de justice, tels que les avocats ; « Si la justice est gratuite, les moyens d'y arriver sont très coûteux »[1] ; l'existence de ces frais contribue certainement à restreindre l'accès aux tribunaux ; mais plutôt que de supprimer ces frais – solution qui n'est pas désirable, car elle aboutirait à accroître démesurément le nombre de procès –, le législateur a institué un système *d'aide judiciaire* (loi du 3 janv. 1978), devenue depuis *l'aide juridictionnelle* (loi du 10 juillet 1991), dont l'objet est de financer le ministère d'un avocat pour les justiciables disposant de revenus modestes ; l'octroi de cette aide suppose en effet que le requérant justifie de ressources mensuelles inférieures à un plafond fixé par la loi. Le justiciable qui entend bénéficier de cette aide doit en faire la demande auprès d'un bureau d'aide juridictionnelle que l'on trouve soit auprès de chaque tribunal de grande instance, soit auprès de la Cour de cassation. Elle n'a pas un caractère automatique, même si l'intéressé répond au critère des ressources : l'action envisagée ne doit pas apparaître manifestement irrecevable ou dénuée de fondement ; elle est refusée devant la Cour de cassation si aucun moyen de cassation sérieux ne peut être relevé. Lorsque cette aide est accordée, les honoraires de son avocat sont pris en charge – en tout ou partie – par l'État. Mais si le bénéficiaire de l'aide est condamné aux dépens ou s'il perd son procès, il doit en principe supporter la charge des frais engagés par l'autre partie.

3. La continuité du service public judiciaire

La justice est sédentaire, permanente et continue ; en vertu de ce principe de continuité, on a mis fin aux vacances judiciaires[2]. Il existe par ailleurs devant les juridictions civiles une procédure de référé qui permet de saisir un tribunal dans l'urgence, même la nuit, voire un jour férié. Pour garantir cette continuité du service public judiciaire, la loi du 31 juillet 1963 a privé les magistrats du droit de grève.

4. La collégialité

La justice est en principe rendue par un collège de magistrats réunis en nombre impair ; ils délibèrent à la majorité absolue des voix ; ce principe de collégialité est de nature à garantir la qualité de la justice, car il offre la possibilité d'une discussion, d'un échange d'impressions entre les juges et de contrôle réciproque. Il en résulte un examen à la fois plus complet et plus impartial de chaque affaire ; étant à l'origine d'une décision finalement collective – et d'une certaine façon anonyme, puisqu'il est impossible de connaître la part que chacun y a prise –, la collégialité permet à chacun de s'exprimer en conscience, sans crainte de l'opinion du public ou des pouvoirs publics, sans crainte également de la rancune du justiciable (qui aime parfois faire connaître sa puissance), voire de ses représailles.

Mais il est faux de croire qu'une justice rendue par un juge unique risque de conduire à une justice inique. On peut même considérer que des hommes réunis pour prendre une décision commune affaiblissent leur sens de la responsabilité, en pensant pouvoir s'appuyer les uns sur les autres ; le souci de bien juger est sans doute plus fort chez celui qui se prononce seul. Dès lors que son recrutement offre toutes les garanties de compétence et d'indépendance – ce qui est le cas de nos magistrats issus de l'Ecole Nationale de la Magistrature –, le juge unique peut être aisément admis ; il l'est actuellement dans notre système judiciaire : la procédure à juge

1. E. Glasson et A. Tissier, Traité théorique et pratique d'organisation judiciaire, de compétence et de procédure civile, 3e éd., 3e tome, Sirey, 1925, p. 95.

2. Les vacances judiciaires correspondaient autrefois à une période de l'année s'étendant du 1er août au 1er octobre pendant laquelle la plupart des audiences des chambres civiles des cour d'appel et des tribunaux de grande instance et d'instance étaient suspendues, un service de vacation étant seul assuré ; pour la Cour de cassation, ces vacances judiciaires duraient du 15 août au 15 octobre (E. Glasson et A. Tissier, préc., p. 93).

unique la plus connue est sans doute l'instruction que mène, seul, le juge d'instruction ; le juge d'instance est également amené à instruire seul les affaires qui lui sont soumises, avant de se prononcer dans les mêmes conditions. Dans la procédure de référé, la décision est rendue par un seul juge – il s'agit, devant le TGI, du président du tribunal ou, à défaut, du juge le plus ancien dans la juridiction.
La décision rendue par un juge unique s'appelle une *ordonnance* ; elle peut revêtir un caractère contentieux – telle une ordonnance de référé – ou gracieux – telle une ordonnance sur requête[1] ; les mesures d'administration judiciaire prennent également la forme d'ordonnance, telle une ordonnance de renvoi[2].

5. Le caractère accusatoire du procès civil

La procédure qui gouverne le procès civil est de nature accusatoire : cela signifie que les parties conservent la maîtrise du déclenchement, du déroulement et de la « mise en état » (instruction) de l'instance. En d'autres termes, il leur incombe de conduire elles-mêmes l'instance ; il leur appartient notamment « *d'accomplir les actes de la procédure dans les formes et les délais requis* »[3].

– *Le rôle du juge*

Loin d'être un arbitre passif, le juge conserve un rôle dans la progression de l'instance ; si les parties donnent l'impulsion au procès, le juge en donne le rythme ; il veille par exemple au bon déroulement de l'instance ; il fixe notamment les délais et ordonne les mesures nécessaires à la mise en l'état de l'affaire.
Il ne faut toutefois pas exagérer le pouvoir reconnu au juge dans le cadre du procès civil ; ce sont les parties qui déterminent l'objet du litige ; leurs prétentions sont fixées d'abord par *l'acte introductif d'instance* (la demande) et les *conclusions* présentées en défense (conclusions en réponse, dites responsives), éventuellement ensuite par les *demandes incidentes* qui seront présentées au cours du procès. Le juge doit alors se prononcer sur tout ce qui a été demandé, mais uniquement sur ce qui a été demandé ; en particulier, il ne peut fonder sa décision sur des faits qui ne sont pas dans le débat, même s'il conserve le pouvoir d'ordonner d'office toutes les mesures d'instruction nécessaires.
Peu présent sur la question des faits – notamment sur leur rassemblement –, le juge retrouve davantage de pouvoir quant à l'appréciation des éléments de droit ; il peut inviter les parties à fournir des explications de droit qu'il estime nécessaires à la solution du litige. Faut-il le rappeler, il est tenu de trancher celui-ci conformément aux règles de droit qui lui sont applicables. Egalement, il peut relever d'office les moyens de pur droit, quel que soit le fondement juridique invoqué par les parties – par exemple, il relèvera d'office le moyen tiré de la nullité absolue d'un contrat –, et doit donner ou restituer leurs exactes qualifications aux faits et actes litigieux sans s'arrêter à la dénomination que les parties en auraient proposé.

– *L'issue du procès*

Quant à l'issue du procès, elle n'échappe pas totalement aux parties qui peuvent toujours, avant que l'instance ne s'éteigne par l'effet du jugement, choisir d'y mettre fin volontairement par un *désistement.*

– *Les textes*

Art. 1 NCPC : « *Seules les parties introduisent l'instance, hors les cas où la loi en dispose autrement. Elles ont la liberté d'y mettre fin avant qu'elle ne s'éteigne par l'effet du jugement ou en vertu de la loi* ».

1. Une ordonnance sur requête est une décision provisoire rendue de manière non contradictoire dans les cas où le requérant est fondé à ne pas appeler la partie adverse (art. 493 du NCPC) à charge, pour tout intéressé, d'en référer au juge qui a fait droit à la requête, afin d'en obtenir la modification ou la rétractation (Vocabulaire Capitant, par G. Cornu, PUF).
2. Une ordonnance de renvoi est, dans le déroulement des phases d'un procès, la décision par laquelle la formation de jugement qui a rempli son office marque que l'affaire est apte à suivre son cours devant une autre formation ou une autre juridiction (Vocabulaire Capitant, par G. Cornu, PUF). Par exemple, le juge d'instruction rend une ordonnance de renvoi lorsqu'il met le prévenu à la disposition de la juridiction de jugement, lorsque des charges suffisantes ont été relevées contre lui.
3. Art. 2 NCPC.

Art. 2 NCPC : « *Les parties conduisent l'instance sous les charges qui leur incombent. Il leur appartient d'accomplir les actes de la procédure dans les formes et délais requis* ».
Art. 3 NCPC : « *Le juge veille au bon déroulement de l'instance ; il a le pouvoir d'impartir les délais et d'ordonner les mesures nécessaires* ».
Art. 4 NCPC : « *L'objet du litige est déterminé par les prétentions respectives des parties.*
Ces prétentions sont fixées par l'acte introductif d'instance et par les conclusions en défense. Toutefois l'objet du litige peut être modifié par des demandes incidentes lorsque celles-ci se rattachent aux prétentions originaires par un lien suffisant ».
Art. 5 NCPC : « *Le juge doit se prononcer sur tout ce qui est demandé et seulement sur ce qui est demandé* ».
Art. 6 NCPC : « *A l'appui de leurs prétentions, les parties ont la charge d'alléguer les faits propres à les fonder* ».
Art. 7 NCPC : « *Le juge ne peut fonder sa décision sur des faits qui ne sont pas dans le débat.*
Parmi les éléments du débat, le juge peut prendre en considération même les faits que les parties n'auraient pas spécialement invoqués au soutien de leurs prétentions ».
Art. 8 NCPC : « *Le juge peut inviter les parties à fournir les explications de fait qu'il estime nécessaires à la solution du litige* ».
Art. 9 NCPC : « *Il incombe à chaque partie de prouver conformément à la loi les faits nécessaires au succès de sa prétention* ».
Art. 10 NCPC : « *Le juge a le pouvoir d'ordonner d'office toutes les mesures d'instruction légalement admissibles* ».
Art. 11 NCPC : « *Les parties sont tenues d'apporter leur concours aux mesures d'instruction sauf au juge à tirer toute conséquence d'une abstention ou d'un refus.*
Si une partie détient un élément de preuve, le juge peut, à la requête de l'autre partie, lui enjoindre de le produire, au besoin à peine d'astreinte. Il peut, à la requête de l'une des parties, demander ou ordonner, au besoin sous la même peine, la production de tous documents détenus par des tiers s'il n'existe pas d'empêchement légitime ».
Art. 12 NCPC : « *Le juge tranche le litige conformément aux règles de droit qui lui sont applicables.*
Il doit donner ou restituer leur exacte qualification aux faits et actes litigieux sans s'arrêter à la dénomination que les parties en auraient proposée.
Toutefois, il ne peut changer la dénomination ou le fondement juridique lorsque les parties, en vertu d'un accord exprès et pour les droits dont elles ont la libre disposition, l'ont lié par les qualifications et points de droit auxquels elles entendent limiter le débat.
Le litige né, les parties peuvent aussi, dans les mêmes matières et sous la même condition, conférer au juge mission de statuer comme amiable compositeur, sous réserve d'appel si elles n'y ont pas spécialement renoncé ».
Art. 13 NCPC : « *Le juge peut inviter les parties à fournir les explications de droit qu'il estime nécessaires à la solution du litige* ».

6. Le caractère écrit de la procédure

La procédure civile est essentiellement écrite, surtout au moment de l'introduction de l'instance et lors de la phase de mise en état. Cette prédominance de l'écrit se justifie pleinement : l'écrit présente l'avantage de préciser à la fois l'objet de la demande et sa motivation, son argumentation. On notera ainsi que l'instance est introduite au moyen d'une assignation, c'est-à-dire d'un acte d'huissier par lequel le demandeur cite son adversaire à comparaître et l'invite à désigner un avocat. Cette assignation précise notamment l'objet de la demande.
Toutefois, l'oral conserve un rôle à jouer, notamment lors des débats – les parties pouvant demander la parole à l'audience pour expliquer leur argumentation –, particulièrement au moment de la *plaidoirie* des avocats. Par ailleurs, certaines procédures – telles que la procédure prud'homale ou la procédure pénale – sont essentiellement orales.

7. Le caractère public des débats

Si la phase de mise en l'état d'une affaire reste secrète, celle des débats devient, selon l'art. 433 al. 1 du NCPC, publique, « *sauf dans les cas où la loi exige qu'ils aient lieu en chambre du conseil* » ; sont notamment concernés par cette exception au principe de la publicité des débats certaines affaires relatives à l'état et à la capacité des personnes – particulièrement celles portant sur le divorce –, celles qui pourraient, par leur publicité, mettre en cause l'intimité de la vie privée et celles pour lesquelles les parties demandent le huis clos ; le juge peut aussi décider de placer ou de poursuivre les débats en chambre du conseil « s'il survient des désordres de nature à troubler la sérénité de la justice ».

8. Le principe de la contradiction

Consacré par le Nouveau code de procédure civile, le principe de la contradiction protège le justiciable des manoeuvres de l'adversaire et du comportement du juge.

– *Une protection contre les manœuvres de l'adversaire*

À chaque étape de l'instance, il convient de respecter les *droits de la défense* ; ces derniers procèdent du principe de la contradiction – ou principe du contradictoire –, qui protège le défendeur des manoeuvres de l'adversaire.
Le principe de la contradiction joue d'abord pour garantir le droit d'être entendu avant d'être condamné (art. 14 du NCPC). Il résulte de ce texte qu'un jugement ne peut être rendu que dans le respect du contradictoire ; certes, le défendeur peut choisir de ne pas comparaître ; ce qui importe, c'est qu'il ait été en mesure de s'expliquer devant le juge ; son absence volontaire ne fera pas obstacle au déroulement de l'instance et à son dénouement – le jugement. Rendu par défaut, ce dernier sera alors réputé contradictoire. Il peut néanmoins faire l'objet d'une voie de recours particulière, *l'opposition* .
Le principe de la contradiction vaut tout au long de l'instance ; selon l'art. 17 du NCPC, lorsque « la loi permet ou la nécessité commande qu'une mesure soit ordonnée à l'insu d'une partie », celle-ci dispose toujours d'un recours contre la décision qui lui fait grief ; par ailleurs, les parties doivent s'échanger les pièces qui seront produites devant le juge (art. 15 du NCPC).

– *Une protection à l'égard du comportement du juge*

Le principe de la contradiction protège également du comportement du juge. On trouve à l'art. 16 al. 2 du NCPC une règle prolongeant celle de l'art. 15 du NCPC : le juge ne peut retenir, dans sa décision, des éléments présentés par les parties que si celles-ci « ont été à même d'en débattre contradictoirement ». L'art. 16 al. 3 du NCPC procède du même esprit : le juge ne peut fonder sa décision sur les moyens de droit qu'il a relevés d'office « sans avoir au préalable invité les parties à présenter leurs observations ».

– *Les textes*

Art. 14 NCPC : « *Nulle partie ne peut être jugée sans avoir été entendue ou appelée* ».
Art. 15 NCPC : « *Les parties doivent se faire connaître mutuellement en temps utile les moyens de fait sur lesquels elles fondent leurs prétentions, les éléments de preuve qu'elles produisent et les moyens de droit qu'elles invoquent, afin que chacune soit à même d'organiser sa défense* ».
Art. 16 NCPC : « *Le juge doit, en toutes circonstances, faire observer et observer lui-même le principe de la contradiction.*
Il ne peut retenir, dans sa décision, les moyens, les explications et les documents invoqués ou produits par les parties que si celles-ci ont été à même d'en débattre contradictoirement.
Il ne peut fonder sa décision sur les moyens de droit qu'il a relevés d'office sans avoir au préalable invité les parties à présenter leurs observations ».
Art. 17 NCPC : « *Lorsque la loi permet ou la nécessité commande qu'une mesure soit ordonnée à l'insu d'une partie, celle-ci dispose d'un recours approprié contre la décision qui lui fait grief* ».

Annexes

Section 1 - Le bloc de constitutionnalité

Notre Constitution a été adoptée le 4 oct. 1958 ; elle est constituée non pas seulement d'un corps composé d'une centaine d'articles, mais également du Préambule de la Constitution de 1946 (2), de la Déclaration des droits de l'homme et du citoyen de 1789 (3) et de la Charte de l'environnement de 2004 (4), auxquels il est fait référence dans le Préambule de la Constitution de 1958 (1).
On parle ainsi de *bloc de constitutionnalité* ; selon L. Favoreu, il s'agit de l'ensemble des principes et règles à valeur constitutionnelle dont le respect s'impose au pouvoir législatif comme au pouvoir exécutif, et d'une manière générale à toutes les autorités administratives et juridictionnelles ainsi qu'aux particuliers.

§.1.*Préambule de la Constitution du 4 octobre 1958*

« Le peuple français proclame solennellement son attachement aux Droits de l'homme et aux principes de la souveraineté nationale tels qu'ils ont été définis par la Déclaration de 1789, confirmée et complétée par le préambule de la Constitution de 1946, ainsi qu'aux droits et devoirs définis dans la Charte de l'environnement de 2004.
En vertu de ces principes et de celui de la libre détermination des peuples, la République offre aux territoires d'Outre-Mer qui manifestent la volonté d'y adhérer des institutions nouvelles fondées sur l'idéal commun de liberté, d'égalité et de fraternité et conçues en vue de leur évolution démocratique ».

§.2. *Préambule de la Constitution du 27 octobre 1946*

« 1. Au lendemain de la victoire remportée par les peuples libres sur les régimes qui ont tenté d'asservir et de dégrader la personne humaine, le peuple français proclame à nouveau que tout être humain, sans distinction de race, de religion ni de croyance, possède des droits inaliénables et sacrés. Il réaffirme solennellement les droits et libertés de l'homme et du citoyen consacrés par la Déclaration des droits de 1789 et les principes fondamentaux reconnus par les lois de la République.
2. Il proclame, en outre, comme particulièrement nécessaires à notre temps, les principes politiques, économiques et sociaux ci-après :
3. La loi garantit à la femme, dans tous les domaines, des droits égaux à ceux de l'homme.
4. Tout homme persécuté en raison de son action en faveur de la liberté a droit d'asile sur les territoires de la République.
5. Chacun a le devoir de travailler et le droit d'obtenir un emploi. Nul ne peut être lésé, dans son travail ou son emploi, en raison de ses origines, de ses opinions ou de ses croyances.
6. Tout homme peut défendre ses droits et ses intérêts par l'action syndicale et adhérer au syndicat de son choix.
7. Le droit de grève s'exerce dans le cadre des lois qui le réglementent.
8. Tout travailleur participe, par l'intermédiaire de ses délégués, à la détermination collective des conditions de travail ainsi qu'à la gestion des entreprises.
9. Tout bien, toute entreprise, dont l'exploitation a ou acquiert les caractères d'un service public national ou d'un monopole de fait, doit devenir la propriété de la collectivité.
10. La Nation assure à l'individu et à la famille les conditions nécessaires à leur développement.
11. Elle garantit à tous, notamment à l'enfant, à la mère et aux vieux travailleurs, la protection de la santé, la sécurité matérielle, le repos et les loisirs. Tout être humain qui, en raison de son âge, de son état physique ou mental, de la situation économique, se trouve dans l'incapacité de travailler a le droit d'obtenir de la collectivité des moyens convenables d'existence.

12. La Nation proclame la solidarité et l'égalité de tous les Français devant les charges qui résultent des calamités nationales.
13. La Nation garantit l'égal accès de l'enfant et de l'adulte à l'instruction, à la formation professionnelle et à la culture. L'organisation de l'enseignement public gratuit et laïque à tous les degrés est un devoir de l'État.
14. La République française, fidèle à ses traditions, se conforme aux règles du droit public international. Elle n'entreprendra aucune guerre dans des vues de conquête et n'emploiera jamais ses forces contre la liberté d'aucun peuple.
15. Sous réserve de réciprocité, la France consent aux limitations de souveraineté nécessaires à l'organisation et à la défense de la paix.
16. La France forme avec les peuples d'outre-mer une Union fondée sur l'égalité des droits et des devoirs, sans distinction de race ni de religion.
17. L'Union française est composée de nations et de peuples qui mettent en commun ou coordonnent leurs ressources et leurs efforts pour développer leurs civilisations respectives, accroître leur bien-être et assurer leur sécurité.
18. Fidèle à sa mission traditionnelle, la France entend conduire les peuples dont elle a pris la charge à la liberté de s'administrer eux-mêmes et de gérer démocratiquement leurs propres affaires ; écartant tout système de colonisation fondé sur l'arbitraire, elle garantit à tous l'égal accès aux fonctions publiques et l'exercice individuel ou collectif des droits et libertés proclamés ou confirmés ci-dessus ».

§.3. *Déclaration des droits de l'homme et du citoyen du 26 août 1789*

« Les Représentants du peuple français, constitués en Assemblée nationale, considérant que l'ignorance, l'oubli ou le mépris des droits de l'Homme sont les seules causes des malheurs publics et de la corruption des Gouvernements, ont résolu d'exposer, dans une Déclaration solennelle, les droits naturels, inaliénables et sacrés de l'Homme, afin que cette Déclaration, constamment présente à tous les Membres du corps social, leur rappelle sans cesse leurs droits et leurs devoirs ; afin que leurs actes du pouvoir législatif, et ceux du pouvoir exécutif, pouvant être à chaque instant comparés avec le but de toute institution politique, en soient plus respectés ; afin que les réclamations des citoyens, fondées désormais sur des principes simples et incontestables, tournent toujours au maintien de la Constitution et au bonheur de tous.
En conséquence, l'Assemblée nationale reconnaît et déclare, en présence et sous les auspices de l'Être suprême, les droits suivants de l'Homme et du Citoyen.
Art. 1 : Les hommes naissent et demeurent libres et égaux en droits. Les distinctions sociales ne peuvent être fondées que sur l'utilité commune.

Art. 2 : Le but de toute association politique est la conservation des droits naturels et imprescriptibles de l'Homme. Ces droits sont la liberté, la propriété, la sûreté, et la résistance à l'oppression.

Art. 3 : Le principe de toute souveraineté réside essentiellement dans la Nation. Nul corps, nul individu ne peut exercer d'autorité qui n'en émane expressément.

Art.4 : La liberté consiste à pouvoir faire tout ce qui ne nuit pas à autrui : ainsi, l'exercice des droits naturels de chaque homme n'a de bornes que celles qui assurent aux autres Membres de la Société la jouissance de ces mêmes droits. Ces bornes ne peuvent être déterminées que par la Loi.

Art. 5 : La Loi n'a le droit de défendre que les actions nuisibles à la Société. Tout ce qui n'est pas défendu par la Loi ne peut être empêché, et nul ne peut être contraint à faire ce qu'elle n'ordonne pas.

Art. 6 : La Loi est l'expression de la volonté générale. Tous les Citoyens ont droit de concourir personnellement, ou par leurs Représentants, à sa formation. Elle doit être la même pour tous, soit qu'elle protège, soit qu'elle punisse. Tous les Citoyens étant égaux à ses yeux sont également admissibles à toutes dignités, places et emplois publics, selon leur capacité, et sans autre distinction que celle de leurs vertus et de leurs talents.

Art. 7 : Nul homme ne peut être accusé, arrêté ni détenu que dans les cas déterminés par la Loi, et selon les formes qu'elle a prescrites. Ceux qui sollicitent, expédient, exécutent ou font exécuter des ordres arbitraires, doivent être punis ; mais tout citoyen appelé ou saisi en vertu de la Loi doit obéir à l'instant : il se rend coupable par la résistance.

Art. 8 : La Loi ne doit établir que des peines strictement et évidemment nécessaires, et nul ne peut être puni qu'en vertu d'une Loi établie et promulguée antérieurement au délit, et légalement appliquée.

Art. 9 : Tout homme étant présumé innocent jusqu'à ce qu'il ait été déclaré coupable, s'il est jugé indispensable de l'arrêter, toute rigueur qui ne serait pas nécessaire pour s'assurer de sa personne doit être sévèrement réprimée par la loi.

Art. 10 : Nul ne doit être inquiété pour ses opinions, même religieuses, pourvu que leur manifestation ne trouble pas l'ordre public établi par la Loi.

Art. 11 : La libre communication des pensées et des opinions est un des droits les plus précieux de l'Homme : tout Citoyen peut donc parler, écrire, imprimer librement, sauf à répondre à l'abus de cette liberté dans les cas déterminés par la Loi.

Art. 12 : La garantie des droits de l'Homme et du Citoyen nécessite une force publique : cette force est donc instituée pour l'avantage de tous, et non pour l'utilité particulière de ceux auxquels elle est confiée.

Art. 13 : Pour l'entretien de la force publique, et pour les dépenses d'administration, une contribution commune est indispensable : elle doit être également répartie entre tous les citoyens, en raison de leurs facultés.

Art. 14 : Tous les Citoyens ont le droit de constater, par eux-mêmes ou par leurs représentants, la nécessité de la contribution publique, de la consentir librement d'en suivre l'emploi, et d'en déterminer la quotité, l'assiette, le recouvrement et la durée.

Art. 15 : La Société a le droit de demander compte à tout Agent public de son administration.

Art. 16 : Toute Société dans laquelle la garantie des Droits n'est pas assurée, ni la séparation des Pouvoirs déterminée, n'a point de Constitution.

Art. 17 : La propriété étant un droit inviolable et sacré, nul ne peut en être privé, si ce n'est lorsque la nécessité publique, légalement constatée, l'exige évidemment, et sous la condition d'une juste et préalable indemnité ».

§.4. *Charte de l'environnement de 2004 (loi constitutionnelle n° 2005-205 du 1er mars 2005)*

« Le peuple français,

Considérant :
Que les ressources et les équilibres naturels ont conditionné l'émergence de l'humanité ;
Que l'avenir et l'existence même de l'humanité sont indissociables de son milieu naturel ;
Que l'environnement est le patrimoine commun des êtres humains ;
Que l'homme exerce une influence croissante sur les conditions de la vie et sur sa propre évolution ;
Que la diversité biologique, l'épanouissement de la personne et le progrès des sociétés humaines sont affectés par certains modes de consommation ou de production et par l'exploitation excessive des ressources naturelles ;
Que la préservation de l'environnement doit être recherchée au même titre que les autres intérêts fondamentaux de la Nation ;
Qu'afin d'assurer un développement durable, les choix destinés à répondre aux besoins du présent ne doivent pas compromettre la capacité des générations futures et des autres peuples à satisfaire leurs propres besoins,

Proclame :

Art. 1 : Chacun a le droit de vivre dans un environnement équilibré et respectueux de la santé.

Art. 2 : Toute personne a le devoir de prendre part à la préservation et à l'amélioration de l'environnement.

Art. 3 : Toute personne doit, dans les conditions définies par la loi, prévenir les atteintes qu'elle est susceptible de porter à l'environnement ou, à défaut, en limiter les conséquences.

Art. 4 : Toute personne doit contribuer à la réparation des dommages qu'elle cause à l'environnement, dans les conditions définies par la loi.

Art. 5 : Lorsque la réalisation d'un dommage, bien qu'incertaine en l'état des connaissances scientifiques, pourrait affecter de manière grave et irréversible l'environnement, les autorités publiques veillent, par application du principe de précaution et dans leurs domaines d'attributions, à la mise en œuvre de procédures d'évaluation des risques et à l'adoption de mesures provisoires et proportionnées afin de parer à la réalisation du dommage.

Art. 6 : Les politiques publiques doivent promouvoir un développement durable. À cet effet, elles concilient la protection et la mise en valeur de l'environnement, le développement économique et le progrès social.

Art. 7 : Toute personne a le droit, dans les conditions et les limites définies par la loi, d'accéder aux informations relatives à l'environnement détenues par les autorités publiques et de participer à l'élaboration des décisions publiques ayant une incidence sur l'environnement.

Art. 8 : L'éducation et la formation à l'environnement doivent contribuer à l'exercice des droits et devoirs définis par la présente Charte.

Art. 9 : La recherche et l'innovation doivent apporter leur concours à la préservation et à la mise en valeur de l'environnement.

Art. 10 : La présente Charte inspire l'action européenne et internationale de la France ».

Section 2 - La Convention européenne des droits de l'homme

(adoptée par le Conseil de l'Europe le 4 novembre 1950)

(Extraits)

Les gouvernements signataires, membres du Conseil de l'Europe,

Considérant la Déclaration universelle des Droits de l'Homme, proclamée par l'Assemblée générale des Nations Unies le 10 décembre 1948 ;

Considérant que cette déclaration tend à assurer la reconnaissance et l'application universelles et effectives des droits qui y sont énoncés ;

Considérant que le but du Conseil de l'Europe est de réaliser une union plus étroite entre ses membres, et que l'un des moyens d'atteindre ce but est la sauvegarde et le développement des droits de l'homme et des libertés fondamentales ;

Réaffirmant leur profond attachement à ces libertés fondamentales qui constituent les assises mêmes de la justice et de la paix dans le monde et dont le maintien repose essentiellement sur un régime politique véritablement démocratique, d'une part, et, d'autre part, sur une conception commune et un commun respect des droits de l'homme dont ils se réclament ;

Résolus, en tant que gouvernements d'États européens animés d'un même esprit et possédant un patrimoine commun d'idéal et de traditions politiques, de respect de la liberté et de prééminence du droit, à prendre les premières mesures propres à assurer la garantie collective de certains des droits énoncés dans la Déclaration universelle,

Sont convenus de ce qui suit :

Article 1 – Obligation de respecter les droits de l'homme
Les Hautes Parties contractantes reconnaissent à toute personne relevant de leur juridiction les droits et libertés définis au titre I de la présente Convention :
Titre I – Droits et libertés
Article 2 – Droit à la vie
1. Le droit de toute personne à la vie est protégé par la loi. La mort ne peut être infligée à quiconque intentionnellement, sauf en exécution d'une sentence capitale prononcée par un tribunal au cas où le délit est puni de cette peine par la loi.
2. La mort n'est pas considérée comme infligée en violation de cet article dans les cas où elle résulterait d'un recours à la force rendu absolument nécessaire :
a. pour assurer la défense de toute personne contre la violence illégale ;
b. pour effectuer une arrestation régulière ou pour empêcher l'évasion d'une personne régulièrement détenue ;
c. pour réprimer, conformément à la loi, une émeute ou une insurrection.

Article 3 – Interdiction de la torture
Nul ne peut être soumis à la torture ni à des peines ou traitements inhumains ou dégradants.

Article 4 – Interdiction de l'esclavage et du travail forcé
1. Nul ne peut être tenu en esclavage ni en servitude.
2. Nul ne peut être astreint à accomplir un travail forcé ou obligatoire.
3. N'est pas considéré comme « travail forcé ou obligatoire » au sens du présent article :
a. tout travail requis normalement d'une personne soumise à la détention dans les conditions prévues par l'article 5 de la présente Convention, ou durant sa mise en liberté conditionnelle ;
b. tout service de caractère militaire ou, dans le cas d'objecteurs de conscience dans les pays où l'objection de conscience est reconnue comme légitime, à un autre service à la place du service militaire obligatoire ;
c. tout service requis dans le cas de crises ou de calamités qui menacent la vie ou le bien-être de la communauté ;
d. tout travail ou service formant partie des obligations civiques normales.

Article 5 – Droit à la liberté et à la sûreté
1. Toute personne a droit à la liberté et à la sûreté. Nul ne peut être privé de sa liberté, sauf dans les cas suivants et selon les voies légales :
a. s'il est détenu régulièrement après condamnation par un tribunal compétent ;
b. s'il a fait l'objet d'une arrestation ou d'une détention régulières pour insoumission à une ordonnance rendue, conformément à la loi, par un tribunal ou en vue de garantir l'exécution d'une obligation prescrite par la loi ;
c. s'il a été arrêté et détenu en vue d'être conduit devant l'autorité judiciaire compétente, lorsqu'il y a des raisons plausibles de soupçonner qu'il a commis une infraction ou qu'il y a des motifs raisonnables de croire à la nécessité de l'empêcher de commettre une infraction ou de s'enfuir après l'accomplissement de celle-ci ;
d. s'il s'agit de la détention régulière d'un mineur, décidée pour son éducation surveillée ou de sa détention régulière, afin de le traduire devant l'autorité compétente ;
e. s'il s'agit de la détention régulière d'une personne susceptible de propager une maladie contagieuse, d'un aliéné, d'un alcoolique, d'un toxicomane ou d'un vagabond ;
f. s'il s'agit de l'arrestation ou de la détention régulières d'une personne pour l'empêcher de pénétrer irrégulièrement dans le territoire, ou contre laquelle une procédure d'expulsion ou d'extradition est en cours.
2. Toute personne arrêtée doit être informée, dans le plus court délai et dans une langue qu'elle comprend, des raisons de son arrestation et de toute accusation portée contre elle.
3. Toute personne arrêtée ou détenue, dans les conditions prévues au paragraphe 1.c du présent article, doit être aussitôt traduite devant un juge ou un autre magistrat habilité par la loi à exercer des fonctions judiciaires et a le droit d'être jugée dans un délai raisonnable, ou libérée

pendant la procédure. La mise en liberté peut être subordonnée à une garantie assurant la comparution de l'intéressé à l'audience.
4. Toute personne privée de sa liberté par arrestation ou détention a le droit d'introduire un recours devant un tribunal, afin qu'il statue à bref délai sur la légalité de sa détention et ordonne sa libération si la détention est illégale.
5. Toute personne victime d'une arrestation ou d'une détention dans des conditions contraires aux dispositions de cet article a droit à réparation.

Article 6 – Droit à un procès équitable
1. Toute personne a droit à ce que sa cause soit entendue équitablement, publiquement et dans un délai raisonnable, par un tribunal indépendant et impartial, établi par la loi, qui décidera, soit des contestations sur ses droits et obligations de caractère civil, soit du bien-fondé de toute accusation en matière pénale dirigée contre elle. Le jugement doit être rendu publiquement, mais l'accès de la salle d'audience peut être interdit à la presse et au public pendant la totalité ou une partie du procès dans l'intérêt de la moralité, de l'ordre public ou de la sécurité nationale dans une société démocratique, lorsque les intérêts des mineurs ou la protection de la vie privée des parties au procès l'exigent, ou dans la mesure jugée strictement nécessaire par le tribunal, lorsque dans des circonstances spéciales la publicité serait de nature à porter atteinte aux intérêts de la justice.
2. Toute personne accusée d'une infraction est présumée innocente jusqu'à ce que sa culpabilité ait été légalement établie.
3. Tout accusé a droit notamment à :
a. être informé, dans le plus court délai, dans une langue qu'il comprend et d'une manière détaillée, de la nature et de la cause de l'accusation portée contre lui ;
b. disposer du temps et des facilités nécessaires à la préparation de sa défense ;
c. se défendre lui-même ou avoir l'assistance d'un défenseur de son choix et, s'il n'a pas les moyens de rémunérer un défenseur, pouvoir être assisté gratuitement par un avocat d'office, lorsque les intérêts de la justice l'exigent ;
d. interroger ou faire interroger les témoins à charge et obtenir la convocation et l'interrogation des témoins à décharge dans les mêmes conditions que les témoins à charge ;
e. se faire assister gratuitement d'un interprète, s'il ne comprend pas ou ne parle pas la langue employée à l'audience.

Article 7 – Pas de peine sans loi
1. Nul ne peut être condamné pour une action ou une omission qui, au moment où elle a été commise, ne constituait pas une infraction d'après le droit national ou international. De même il n'est infligé aucune peine plus forte que celle qui était applicable au moment où l'infraction a été commise.
2. Le présent article ne portera pas atteinte au jugement et à la punition d'une personne coupable d'une action ou d'une omission qui, au moment où elle a été commise, était criminelle d'après les principes généraux de droit reconnus par les nations civilisées.

Article 8 – Droit au respect de la vie privée et familiale
1. Toute personne a droit au respect de sa vie privée et familiale, de son domicile et de sa correspondance.
2. Il ne peut y avoir ingérence d'une autorité publique dans l'exercice de ce droit que pour autant que cette ingérence est prévue par la loi et qu'elle constitue une mesure qui, dans une société démocratique, est nécessaire à la sécurité nationale, à la sûreté publique, au bien-être économique du pays, à la défense de l'ordre et à la prévention des infractions pénales, à la protection de la santé ou de la morale, ou à la protection des droits et libertés d'autrui.

Article 9 – Liberté de pensée, de conscience et de religion
1. Toute personne a droit à la liberté de pensée, de conscience et de religion ; ce droit implique la liberté de changer de religion ou de conviction, ainsi que la liberté de manifester sa religion

ou sa conviction individuellement ou collectivement, en public ou en privé, par le culte, l'enseignement, les pratiques et l'accomplissement des rites.
2. La liberté de manifester sa religion ou ses convictions ne peut faire l'objet d'autres restrictions que celles qui, prévues par la loi, constituent des mesures nécessaires, dans une société démocratique, à la sécurité publique, à la protection de l'ordre, de la santé ou de la morale publiques, ou à la protection des droits et libertés d'autrui.

Article 10 – Liberté d'expression
1. Toute personne a droit à la liberté d'expression. Ce droit comprend la liberté d'opinion et la liberté de recevoir ou de communiquer des informations ou des idées sans qu'il puisse y avoir ingérence d'autorités publiques et sans considération de frontière. Le présent article n'empêche pas les Etats de soumettre les entreprises de radiodiffusion, de cinéma ou de télévision à un régime d'autorisations.
2. L'exercice de ces libertés comportant des devoirs et des responsabilités peut être soumis à certaines formalités, conditions, restrictions ou sanctions prévues par la loi, qui constituent des mesures nécessaires, dans une société démocratique, à la sécurité nationale, à l'intégrité territoriale ou à la sûreté publique, à la défense de l'ordre et à la prévention du crime, à la protection de la santé ou de la morale, à la protection de la réputation ou des droits d'autrui, pour empêcher la divulgation d'informations confidentielles ou pour garantir l'autorité et l'impartialité du pouvoir judiciaire.

Article 11 – Liberté de réunion et d'association
1. Toute personne a droit à la liberté de réunion pacifique et à la liberté d'association, y compris le droit de fonder avec d'autres des syndicats et de s'affilier à des syndicats pour la défense de ses intérêts.
2. L'exercice de ces droits ne peut faire l'objet d'autres restrictions que celles qui, prévues par la loi, constituent des mesures nécessaires, dans une société démocratique, à la sécurité nationale, à la sûreté publique, à la défense de l'ordre et à la prévention du crime, à la protection de la santé ou de la morale, ou à la protection des droits et libertés d'autrui. Le présent article n'interdit pas que des restrictions légitimes soient imposées à l'exercice de ces droits par les membres des forces armées, de la police ou de l'administration de l'État.

Article 12 – Droit au mariage
À partir de l'âge nubile, l'homme et la femme ont le droit de se marier et de fonder une famille selon les lois nationales régissant l'exercice de ce droit.

Article 13 – Droit à un recours effectif
Toute personne dont les droits et libertés reconnus dans la présente Convention ont été violés, a droit à l'octroi d'un recours effectif devant une instance nationale, alors même que la violation aurait été commise par des personnes agissant dans l'exercice de leurs fonctions officielles.

Article 14 – Interdiction de discrimination
La jouissance des droits et libertés reconnus dans la présente Convention doit être assurée, sans distinction aucune, fondée notamment sur le sexe, la race, la couleur, la langue, la religion, les opinions politiques ou toutes autres opinions, l'origine nationale ou sociale, l'appartenance à une minorité nationale, la fortune, la naissance ou toute autre situation.

Article 15 – Dérogation en cas d'état d'urgence
§ En cas de guerre ou en cas d'autre danger public menaçant la vie de la nation, toute Haute Partie contractante peut prendre des mesures dérogeant aux obligations prévues par la présente Convention, dans la stricte mesure où la situation l'exige et à la condition que ces mesures ne soient pas en contradiction avec les autres obligations découlant du droit international.
§ La disposition précédente n'autorise aucune dérogation à l'article 2, sauf pour le cas de décès résultant d'actes licites de guerre, et aux articles 3, 4 (paragraphe 1) et 7.

§ Toute Haute Partie contractante qui exerce ce droit de dérogation tient le Secrétaire Général du Conseil de l'Europe pleinement informé des mesures prises et des motifs qui les ont inspirées. Elle doit également informer le Secrétaire Général du Conseil de l'Europe de la date à laquelle ces mesures ont cessé d'être en vigueur et les dispositions de la Convention reçoivent de nouveau pleine application.

Article 16 – Restrictions à l'activité politique des étrangers
Aucune des dispositions des articles 10, 11 et 14 ne peut être considérée comme interdisant aux Hautes Parties contractantes d'imposer des restrictions à l'activité politique des étrangers.

Art. 17 : Interdiction de l'abus de droit
Aucune des dispositions de la présente Convention ne peut être interprétée comme impliquant pour un Etat, un groupement ou un individu, un droit quelconque de se livrer à une activité ou d'accomplir un acte visant à la destruction des droits ou libertés reconnus dans la présente Convention ou à des limitations plus amples de ces droits et libertés que celles prévues à ladite Convention.

III) La charte des droits fondamentaux de l'Union européenne

PRÉAMBULE

Les peuples de l'Europe, en établissant entre eux une union sans cesse plus étroite, ont décidé de partager un avenir pacifique fondé sur des valeurs communes.
Consciente de son patrimoine spirituel et moral, l'Union se fonde sur les valeurs indivisibles et universelles de dignité humaine, de liberté, d'égalité et de solidarité; elle repose sur le principe de la démocratie et le principe de l'État de droit. Elle place la personne au coeur de son action en instituant la citoyenneté de l'Union et en créant un espace de liberté, de sécurité et de justice.
L'Union contribue à la préservation et au développement de ces valeurs communes dans le respect de la diversité des cultures et des traditions des peuples de l'Europe, ainsi que de l'identité nationale des États membres et de l'organisation de leurs pouvoirs publics au niveau national, régional et local; elle cherche à promouvoir un développement équilibré et durable et assure la libre circulation des personnes, des biens, des services et des capitaux, ainsi que la liberté d'établissement.
A cette fin, il est nécessaire, en les rendant plus visibles dans une Charte, de renforcer la protection des droits fondamentaux à la lumière de l'évolution de la société, du progrès social et des développements scientifiques et technologiques.
La présente Charte réaffirme, dans le respect des compétences et des tâches de la Communauté et de l'Union, ainsi que du principe de subsidiarité, les droits qui résultent notamment des traditions constitutionnelles et des obligations internationales communes aux États membres, du traité sur l'Union européenne et des traités communautaires, de la Convention européenne de sauvegarde des droits de l'homme et des libertés fondamentales, des Chartes sociales adoptées par la Communauté et par le Conseil de l'Europe, ainsi que de la jurisprudence de la Cour de justice des Communautés européennes et de la Cour européenne des droits de l'homme.
La jouissance de ces droits entraîne des responsabilités et des devoirs tant à l'égard d'autrui qu'à l'égard de la communauté humaine et des générations futures.
En conséquence, l'Union reconnaît les droits, les libertés et les principes énoncés ci-après.

CHAPITRE I : DIGNITÉ

Article premier :Dignité humaine
La dignité humaine est inviolable. Elle doit être respectée et protégée.

Article 2 :Droit à la vie
1. Toute personne a droit à la vie.

2. Nul ne peut être condamné à la peine de mort, ni exécuté.

Article 3 :Droit à l'intégrité de la personne
1. Toute personne a droit à son intégrité physique et mentale.
2. Dans le cadre de la médecine et de la biologie, doivent notamment être respectés:
– le consentement libre et éclairé de la personne concernée, selon les modalités définies par la loi,
– l'interdiction des pratiques eugéniques, notamment celles qui ont pour but la sélection des personnes,
– l'interdiction de faire du corps humain et de ses parties, en tant que tels, une source de profit,
– l'interdiction du clonage reproductif des êtres humains.

Article 4 :Interdiction de la torture et des peines ou traitements inhumains ou dégradants
Nul ne peut être soumis à la torture, ni à des peines ou traitements inhumains ou dégradants.

Article 5 : Interdiction de l'esclavage et du travail forcé
1. Nul ne peut être tenu en esclavage ni en servitude.
2. Nul ne peut être astreint à accomplir un travail forcé ou obligatoire.
3. La traite des êtres humains est interdite.

CHAPITRE II : LIBERTÉS

Article 6 : Droit à la liberté et à la sûreté
Toute personne a droit à la liberté et à la sûreté.

Article 7 :Respect de la vie privée et familiale
Toute personne a droit au respect de sa vie privée et familiale, de son domicile et de ses communications.

Article 8 : Protection des données à caractère personnel
1. Toute personne a droit à la protection des données à caractère personnel la concernant.
2. Ces données doivent être traitées loyalement, à des fins déterminées et sur la base du consentement
de la personne concernée ou en vertu d'un autre fondement légitime prévu par la loi. Toute personne a
le droit d'accéder aux données collectées la concernant et d'en obtenir la rectification.
3. Le respect de ces règles est soumis au contrôle d'une autorité indépendante.

Article 9 :Droit de se marier et droit de fonder une famille
Le droit de se marier et le droit de fonder une famille sont garantis selon les lois nationales qui en régissent l'exercice.

Article 10 :Liberté de pensée, de conscience et de religion
1. Toute personne a droit à la liberté de pensée, de conscience et de religion. Ce droit implique la liberté de changer de religion ou de conviction, ainsi que la liberté de manifester sa religion ou sa conviction individuellement ou collectivement, en public ou en privé, par le culte, l'enseignement, les pratiques et l'accomplissement des rites.
2. Le droit à l'objection de conscience est reconnu selon les lois nationales qui en régissent l'exercice.

Article 11 :Liberté d'expression et d'information
1. Toute personne a droit à la liberté d'expression. Ce droit comprend la liberté d'opinion et la liberté
de recevoir ou de communiquer des informations ou des idées sans qu'il puisse y avoir ingérence d'autorités publiques et sans considération de frontières.

2. La liberté des médias et leur pluralisme sont respectés.

Article 12 : Liberté de réunion et d'association
1. Toute personne a droit à la liberté de réunion pacifique et à la liberté d'association à tous les niveaux, notamment dans les domaines politique, syndical et civique, ce qui implique le droit de toute personne de fonder avec d'autres des syndicats et de s'y affilier pour la défense de ses intérêts.
2. Les partis politiques au niveau de l'Union contribuent à l'expression de la volonté politique des citoyens ou citoyennes de l'Union.

Article 13 : Liberté des arts et des sciences
Les arts et la recherche scientifique sont libres. La liberté académique est respectée.

Article 14 :Droit à l'éducation
1. Toute personne a droit à l'éducation, ainsi qu'à l'accès à la formation professionnelle et continue.
2. Ce droit comporte la faculté de suivre gratuitement l'enseignement obligatoire.
3. La liberté de créer des établissements d'enseignement dans le respect des principes démocratiques, ainsi que le droit des parents d'assurer l'éducation et l'enseignement de leurs enfants conformément à leurs convictions religieuses, philosophiques et pédagogiques, sont respectés selon les lois nationales qui en régissent l'exercice.

Article 15 : Liberté professionnelle et droit de travailler
1. Toute personne a le droit de travailler et d'exercer une profession librement choisie ou acceptée.
2. Tout citoyen ou toute citoyenne de l'Union a la liberté de chercher un emploi, de travailler, de s'établir ou de fournir des services dans tout État membre.
3. Les ressortissants des pays tiers qui sont autorisés à travailler sur le territoire des États membres ont droit à des conditions de travail équivalentes à celles dont bénéficient les citoyens ou citoyennes de l'Union.

Article 16 : Liberté d'entreprise
La liberté d'entreprise est reconnue conformément au droit communautaire et aux législations et pratiques nationales.

Article 17 :Droit de propriété
1. Toute personne a le droit de jouir de la propriété des biens qu'elle a acquis légalement, de les utiliser, d'en disposer et de les léguer. Nul ne peut être privé de sa propriété, si ce n'est pour cause d'utilité publique, dans des cas et conditions prévus par une loi et moyennant en temps utile une juste indemnité pour sa perte. L'usage des biens peut être réglementé par la loi dans la mesure nécessaire à l'intérêt général.
2. La propriété intellectuelle est protégée.

Article 18 : Droit d'asile
Le droit d'asile est garanti dans le respect des règles de la convention de Genève du 28 juillet 1951 et du protocole du 31 janvier 1967 relatifs au statut des réfugiés et conformément au traité instituant la Communauté européenne.

Article 19 : Protection en cas d'éloignement, d'expulsion et d'extradition
1. Les expulsions collectives sont interdites.
2. Nul ne peut être éloigné, expulsé ou extradé vers un État où il existe un risque sérieux qu'il soit soumis à la peine de mort, à la torture ou à d'autres peines ou traitements inhumains ou dégradants.

CHAPITRE III : ÉGALITÉ

Article 20 : Égalité en droit
Toutes les personnes sont égales en droit.

Article 21 :Non-discrimination
1. Est interdite, toute discrimination fondée notamment sur le sexe, la race, la couleur, les origines ethniques ou sociales, les caractéristiques génétiques, la langue, la religion ou les convictions, les opinions politiques ou toute autre opinion, l'appartenance à une minorité nationale, la fortune, la naissance, un handicap, l'âge ou l'orientation sexuelle.
2. Dans le domaine d'application du traité instituant la Communauté européenne et du traité sur l'Union européenne, et sans préjudice des dispositions particulières desdits traités, toute discrimination fondée sur la nationalité est interdite.

Article 22 : Diversité culturelle, religieuse et linguistique
L'Union respecte la diversité culturelle, religieuse et linguistique.

Article 23 : Égalité entre hommes et femmes
L'égalité entre les hommes et les femmes doit être assurée dans tous les domaines, y compris en matière d'emploi, de travail et de rémunération.
Le principe de l'égalité n'empêche pas le maintien ou l'adoption de mesures prévoyant des avantages spécifiques en faveur du sexe sous-représenté.

Article 24 : Droits de l'enfant
1. Les enfants ont droit à la protection et aux soins nécessaires à leur bien-être. Ils peuvent exprimer leur opinion librement. Celle-ci est prise en considération pour les sujets qui les concernent, en fonction de leur âge et de leur maturité.
2. Dans tous les actes relatifs aux enfants, qu'ils soient accomplis par des autorités publiques ou des institutions privées, l'intérêt supérieur de l'enfant doit être une considération primordiale.
3. Tout enfant a le droit d'entretenir régulièrement des relations personnelles et des contacts directs avec ses deux parents, sauf si cela est contraire à son intérêt.

Article 25 : Droits des personnes âgées
L'Union reconnaît et respecte le droit des personnes âgées à mener une vie digne et indépendante et à participer à la vie sociale et culturelle.

Article 26 : Intégration des personnes handicapées
L'Union reconnaît et respecte le droit des personnes handicapées à bénéficier de mesures visant à assurer leur autonomie, leur intégration sociale et professionnelle et leur participation à la vie de la communauté.

CHAPITRE IV : SOLIDARITÉ

Article 27 : Droit à l'information et à la consultation des travailleurs au sein de l'entreprise
Les travailleurs ou leurs représentants doivent se voir garantir, aux niveaux appropriés, une information et une consultation en temps utile, dans les cas et conditions prévus par le droit communautaire et les législations et pratiques nationales.

Article 28 : Droit de négociation et d'actions collectives
Les travailleurs et les employeurs, ou leurs organisations respectives, ont, conformément au droit communautaire et aux législations et pratiques nationales, le droit de négocier et de conclure des conventions collectives aux niveaux appropriés et de recourir, en cas de conflits d'intérêts, à des actions collectives pour la défense de leurs intérêts, y compris la grève.

Article 29 : Droit d'accès aux services de placement

Toute personne a le droit d'accéder à un service gratuit de placement.

Article 30 : Protection en cas de licenciement injustifié
Tout travailleur a droit à une protection contre tout licenciement injustifié, conformément au droit communautaire et aux législations et pratiques nationales.
Article 31 : Conditions de travail justes et équitables
1. Tout travailleur a droit à des conditions de travail qui respectent sa santé, sa sécurité et sa dignité.
2. Tout travailleur a droit à une limitation de la durée maximale du travail et à des périodes de repos journalier et hebdomadaire, ainsi qu'à une période annuelle de congés payés.

Article 32 : Interdiction du travail des enfants et protection des jeunes au travail
Le travail des enfants est interdit. L'âge minimal d'admission au travail ne peut être inférieur à l'âge auquel cesse la période de scolarité obligatoire, sans préjudice des règles plus favorables aux jeunes et sauf dérogations limitées.
Les jeunes admis au travail doivent bénéficier de conditions de travail adaptées à leur âge et être protégés contre l'exploitation économique ou contre tout travail susceptible de nuire à leur sécurité, à leur santé, à leur développement physique, mental, moral ou social ou de compromettre leur éducation.

Article 33 : Vie familiale et vie professionnelle
1. La protection de la famille est assurée sur le plan juridique, économique et social.
2. Afin de pouvoir concilier vie familiale et vie professionnelle, toute personne a le droit d'être protégée contre tout licenciement pour un motif lié à la maternité, ainsi que le droit à un congé de maternité payé et à un congé parental à la suite de la naissance ou de l'adoption d'un enfant.

Article 34 : Sécurité sociale et aide sociale
1. L'Union reconnaît et respecte le droit d'accès aux prestations de sécurité sociale et aux services sociaux assurant une protection dans des cas tels que la maternité, la maladie, les accidents du travail, la dépendance ou la vieillesse, ainsi qu'en cas de perte d'emploi, selon les modalités établies par le droit communautaire et les législations et pratiques nationales.
2. Toute personne qui réside et se déplace légalement à l'intérieur de l'Union a droit aux prestations de sécurité sociale et aux avantages sociaux, conformément au droit communautaire et aux législations et pratiques nationales.
3. Afin de lutter contre l'exclusion sociale et la pauvreté, l'Union reconnaît et respecte le droit à une aide sociale et à une aide au logement destinées à assurer une existence digne à tous ceux qui ne disposent pas de ressources suffisantes, selon les modalités établies par le droit communautaire et les législations et pratiques nationales.

Article 35 : Protection de la santé
Toute personne a le droit d'accéder à la prévention en matière de santé et de bénéficier de soins médicaux dans les conditions établies par les législations et pratiques nationales. Un niveau élevé de protection de la santé humaine est assuré dans la définition et la mise en .uvre de toutes les politiques et actions de l'Union.

Article 36 : Accès aux services d'intérêt économique général
L'Union reconnaît et respecte l'accès aux services d'intérêt économique général tel qu'il est prévu par les législations et pratiques nationales, conformément au traité instituant la Communauté européenne, afin de promouvoir la cohésion sociale et territoriale de l'Union.

Article 37 : Protection de l'environnement
Un niveau élevé de protection de l'environnement et l'amélioration de sa qualité doivent être intégrés dans les politiques de l'Union et assurés conformément au principe du développement durable.

Article 38 : Protection des consommateurs
Un niveau élevé de protection des consommateurs est assuré dans les politiques de l'Union.

CHAPITRE V : CITOYENNETÉ

Article 39 :Droit de vote et d'éligibilité aux élections au Parlement européen
1. Tout citoyen ou toute citoyenne de l'Union a le droit de vote et d'éligibilité aux élections au Parlement européen dans l'État membre où il ou elle réside, dans les mêmes conditions que les ressortissants de cet État.
2. Les membres du Parlement européen sont élus au suffrage universel direct, libre et secret.

Article 40 : Droit de vote et d'éligibilité aux élections municipales
Tout citoyen ou toute citoyenne de l'Union a le droit de vote et d'éligibilité aux élections municipales dans l'État membre où il ou elle réside, dans les mêmes conditions que les ressortissants de cet État.

Article 41 : Droit à une bonne administration
1. Toute personne a le droit de voir ses affaires traitées impartialement, équitablement et dans un délai raisonnable par les institutions et organes de l'Union.
2. Ce droit comporte notamment:
. le droit de toute personne d'être entendue avant qu'une mesure individuelle qui l'affecterait défavorablement ne soit prise à son encontre ;
. le droit d'accès de toute personne au dossier qui la concerne, dans le respect des intérêts légitimes de la confidentialité et du secret professionnel et des affaires;
. l'obligation pour l'administration de motiver ses décisions.
3. Toute personne a droit à la réparation par la Communauté des dommages causés par les institutions, ou par leurs agents dans l'exercice de leurs fonctions, conformément aux principes généraux communs aux droits des États membres.
4. Toute personne peut s'adresser aux institutions de l'Union dans une des langues des traités et doit recevoir une réponse dans la même langue.

Article 42 : Droit d'accès aux documents
Tout citoyen ou toute citoyenne de l'Union ou toute personne physique ou morale résidant ou ayant son siège statutaire dans un État membre a un droit d'accès aux documents du Parlement européen, du Conseil et de la Commission.

Article 43 : Médiateur
Tout citoyen ou toute citoyenne de l'Union ou toute personne physique ou morale résidant ou ayant son siège statutaire dans un État membre a le droit de saisir le médiateur de l'Union en cas de mauvaise administration dans l'action des institutions ou organes communautaires, à l'exclusion de la Cour de justice et du Tribunal de première instance dans l'exercice de leurs fonctions juridictionnelles.

Article 44 : Droit de pétition
Tout citoyen ou toute citoyenne de l'Union ou toute personne physique ou morale résidant ou ayant son siège statutaire dans un État membre a le droit de pétition devant le Parlement européen.

Article 45 : Liberté de circulation et de séjour
1. Tout citoyen ou toute citoyenne de l'Union a le droit de circuler et de séjourner librement sur le territoire des États membres.
2. La liberté de circulation et de séjour peut être accordée, conformément au traité instituant la Communauté européenne, aux ressortissants de pays tiers résidant légalement sur le territoire d'un État membre.

Article 46 : Protection diplomatique et consulaire
Tout citoyen de l'Union bénéficie, sur le territoire d'un pays tiers où l'État membre dont il est ressortissant n'est pas représenté, de la protection des autorités diplomatiques et consulaires de tout État membre dans les mêmes conditions que les nationaux de cet État.

CHAPITRE VI : JUSTICE

Article 47 : Droit à un recours effectif et à accéder à un tribunal impartial
Toute personne dont les droits et libertés garantis par le droit de l'Union ont été violés a droit à un recours effectif devant un tribunal dans le respect des conditions prévues au présent article.
Toute personne a droit à ce que sa cause soit entendue équitablement, publiquement et dans un délai raisonnable par un tribunal indépendant et impartial, établi préalablement par la loi. Toute personne a la possibilité de se faire conseiller, défendre et représenter.
Une aide juridictionnelle est accordée à ceux qui ne disposent pas de ressources suffisantes, dans la mesure où cette aide serait nécessaire pour assurer l'effectivité de l'accès à la justice.

Article 48 : Présomption d'innocence et droits de la défense
1. Tout accusé est présumé innocent jusqu'à ce que sa culpabilité ait été légalement établie.
2. Le respect des droits de la défense est garanti à tout accusé.

Article 49 : Principes de légalité et de proportionnalité des délits et des peines
1. Nul ne peut être condamné pour une action ou une omission qui, au moment où elle a été commise, ne constituait pas une infraction d'après le droit national ou le droit international. De même, il n'est infligé aucune peine plus forte que celle qui était applicable au moment où l'infraction a été commise. Si, postérieurement à cette infraction, la loi prévoit une peine plus légère, celle-ci doit être appliquée.
2. Le présent article ne porte pas atteinte au jugement et à la punition d'une personne coupable d'une action ou d'une omission qui, au moment où elle a été commise, était criminelle d'après les principes généraux reconnus par l'ensemble des nations.
3. L'intensité des peines ne doit pas être disproportionnée par rapport à l'infraction.

Article 50 : Droit à ne pas être jugé ou puni pénalement deux fois pour une même infraction
Nul ne peut être poursuivi ou puni pénalement en raison d'une infraction pour laquelle il a déjà été acquitté ou condamné dans l'Union par un jugement pénal définitif conformément à la loi.
(...)

Bibliographie

A) Dictionnaire

R. Cabrillac (dir.), *Dictionnaire du vocabulaire juridique*, Litec, 3e éd., 2008.
G. Cornu (dir), *Vocabulaire juridique*, PUF, 8e éd. 2007.
R. Guillien, J. Vincent, S. Guinchard et G. Montagnier, *Lexique des termes juridiques*, Dalloz, 17e éd., 2010.
H. Roland et L. Boyer, *Locutions latines du droit français*, Litec, 1998.
H. Roland et L. Boyer, *Adages du droit français*, Litec, 3e édition, 1999.
Locutions latines juridiques, Dalloz, 2e éd. 2007.

B) Méthodologie

P. Ancel, *Travaux dirigés d'introduction au droit et au droit civil*, Litec, 2e éd. 2002.
J. Bonnard, *Méthodes du droit de l'étudiant en droit, Les Fondamentaux*, Hachette, 4ème éd., 2008,
P. Courbe et Ch. Dijon-Gallais, *Guide des études de Droit*, Dalloz, 2e éd.
I. Defrénois-Souleau, *Je veux réussir mon Droit*, Armand-Colin, 5e édition, 2004.
G. Goubeaux et Ph. Bihr, *Les épreuves écrites de droit civil*, L.G.D.J., 11e éd. 2008.
N. Grach et al., *Lire et comprendre le droit, Méthode et illustration*, Foucher, AES Plus, 1999
J.-P. Gridel, *La dissertation et le cas pratique*, Dalloz, 2002.
H. et D. Mazeaud, *Méthodes générales de travail*, Montchrestien, 2001.
J. Meunier, *Conseils et méthodes pour commencer son droit*, Dalloz, 2e éd., 1999.
J.-L. Mouralis, Le cas pratique en droit civil, Ellipses, 2e éd., Paris, 2003.
F.-J. Pansier, Méthodologie du droit, Objectif Droit, Litec, 3e éd., 2002.
J.-M. Ray, *Les épreuves de droit : dissertation, exposé, cas pratique, commentaire d'arrêt*, Seuil, Paris, 1997.
J.-L. Sourioux et P. Lerat, *L'analyse de texte*, Dalloz, 5e éd., 2003.
A. Sériaux, M. Bruschi, Le commentaire de textes juridiques, *Ellipses, 2e éd., 2006.*
G. Vermelle et R. Mendegris, *Le commentaire d'arrêt en droit privé*, Dalloz, 7e éd., 2004.

C) Manuels et précis

J.-L. Aubert et E. Savaux, Introduction au droit et thèmes fondamentaux du droit civil, Coll. U, Armand Colin, 12e édition, 2010.
J. Bonnard, *Introduction au droit*, éd. Ellipses, coll. Universités Droit, 2e éd., 1998
B. Beignier et C. Bléry, Cours d'introduction au droit, Montchrestien, 2eédition, 2008.
J.-L. Bergel, Théorie générale du droit, coll. Méthodes du droit, 4e éd., 2003.
R. Cabrillac, Introduction générale au droit, Coll. Cours, Dalloz, 6e édition, 2006.
J. Caillosse, *Introduire au droit*, Montchrestien, coll. Clefs, 1999
J. Carbonnier, Droit civil, Introduction, coll. Thémis, PUF, 27e éd., 2002.
G. Cornu, Droit civil, Tome 1, Introduction, les personnes, les biens, col. Domat, Montchrestien, 13e éd., 2007.
P. Courbe, Introduction générale au droit, Coll. Mémentos, Dalloz, 9e éd., 2005.
R. Encinas de Munagorri, Introduction générale au droit, Flammarion, 2e éd., 2006.
J. Ghestin, G. Goubeaux et M. Fabre-Magnan, *Traité de droit civil, Introduction générale*, L.G.D.J., 4e éd. 1994.
J.P. Gridel, Introduction au droit et au droit français : notions fondamentales, méthodologie, synthèses, Dalloz, 1999.
Ph. Jestaz, *Le droit*, Connaissances du droit, Dalloz, 3e éd., 1996.

X. Labbée, Introduction générale au droit, Pour une approche éthique, PU du Septentrion, 2003.
C. Larroumet, *Introduction à l'étude du droit privé,* Economica, 5e éd. 2006.
D. Mainguy, Introduction générale au droit, Litec, 4e éd., 2005.
P. Malaurie et P. Morvan, Droit civil, Introduction générale, Defrénois, 3e éd., 2009.
Ph. Malinvaud, *Introduction à l'étude du droit,* Litec, 12e éd., 2008.
G. Marty et P. Raynaud, *Droit civil, Introduction générale à l'étude du droit,* Sirey, 2e éd., 1972.
H. L. et J. Mazeaud et F. Chabas, *Leçons de droit civil, Introduction à l'étude du droit,* Montchrestien, 12e éd., 2000.
B. Petit, Introduction générale au droit, PUG, 7e éd., 2008.
F. Petit, Introduction générale au droit, Coll. Parcours Juridique, Foucher, 2e édition, 2010.
A. Sériaux, *Le Droit: une introduction,* Ellipses, 2000.
J.-L. Sourioux, *Introduction au droit,* Coll. Droit fondamental, PUF, 2e éd., 1990.
B. Starck, H. Roland et L. Boyer, *Introduction au droit,* Litec, 5e éd., 2000.
G. Taormina, Introduction à l'étude du droit, Hachette, 2006.
F. Terré, Introduction générale au droit, Dalloz, 8e éd., 2009.

Lexique

Abolition : v. abrogation.

Abus de droit : exercice d'un droit entraînant une nuisance à autrui.

Abrogation (de la loi) : opération consistant à supprimer une loi, dans le but de mettre un terme à son application future.

Absence : situation de la personne qui a cessé de paraître au lieu de son domicile ou de sa résidence.

Abusus : se dit du droit de disposer d'une chose (c'est-à-dire de pouvoir exercer sur cette chose les actes les plus graves : la vendre, l'hypothéquer, voire la détruire...).

Accessoire : chose ou droit accessoire qui suit le régime juridique et le sort d'une chose ou d'un droit principal auquel il est attaché (*accessorium sequitur principale* : l'accessoire suit le principal).

Accessorium sequitur principale : v. accessoire.

Accusatoire : se dit d'une procédure dans laquelle le juge, répondant à un principe de neutralité, n'intervient pas directement dans la recherche des preuves ; en droit civil, le juge chargé de la mise en état de l'affaire enregistre les éléments fournis par les parties et prend sa décision exclusivement à partir des éléments de fait que les parties lui ont présentés.

A contrario : se dit d'un raisonnement qui, en présence d'une règle subordonnée à des conditions déterminées, conduit à appliquer la règle inverse lorsque ces conditions ne sont pas remplies.

Acquêt : se dit d'un bien acquis pendant le mariage et destiné à faire partie de la communauté de biens (dans le régime de la communauté réduite aux acquêts).

Acte authentique : acte rédigé par un officier public habilité à constater ce genre d'actes. L'acte authentique est soumis à certaines formalités qui doivent être observées à peine de nullité de l'acte.

Acte confirmatif : acte par lequel une personne renonce unilatéralement à se prévaloir de la nullité relative d'un acte juridique.

Acte introductif d'instance : acte par lequel une personne engage un procès.

Acte juridique : manifestation de volonté destinée à produire des effets juridiques (par exemple, un contrat de vente).

Acte récognitif : acte écrit – appelé aussi acte nouvel – par lequel une personne reconnaît l'existence de droits déjà constatés par un titre antérieur – nommé acte primordial –, soit afin d'interrompre une prescription, soit afin d'assurer la preuve de ces droits lorsque le titre primordial est perdu ou menacé de perte.

Acte sous seing privé : acte qui a été conclu et signé sans qu'aucune autorité extérieure n'y prenne part.

Action publique : action en justice déclenchée en vue de faire réprimer une infraction.

Actori incumbit probatio (la preuve incombe au demandeur) : principe exprimé à l'art. 1 315 C. civ. signifiant qu'il incombe au demandeur d'apporter la preuve de ses allégations.

Administrateur judiciaire : personne désignée par le juge pour gérer un bien (par exemple, dans le cadre d'une procédure de sauvegarde et de redressement judiciaire, pour gérer une entreprise connaissant des difficultés économiques).

A fortiori : se dit d'un raisonnement qui consiste à étendre une règle à un cas non prévu par l'autorité qui l'a édictée, lorsque les raisons qui la justifiaient se retrouvent précisément dans cette nouvelle hypothèse.

Aide juridictionnelle : aide financière que l'État apporte à un justiciable disposant de ressources modestes pour engager une action en justice.

Amende : sanction pécuniaire due au Trésor public.

Amnistie : mesure légale qui permet d'arrêter les poursuites pénales et d'effacer une peine à l'occasion de faits qui perdent leur caractère délictueux.

Analogie : mode de raisonnement qui consiste à étendre une règle à des situations qu'elle ne vise pas, mais qui s'en rapprochent.

Arbitrage : mode de résolution des litiges faisant appel à un arbitre privé, ce qui permet d'éviter le recours au service public de la justice.

Arrêt : décision rendue par une cour.

Arrêt de principe : arrêt rendu dans le but de fixer l'interprétation d'un texte de loi (il s'oppose ainsi à l'arrêt d'espèce, qui reste conforme à ce qui a déjà été décidé sur le sujet).

Arrêt de règlement : manière de juger des Parlements de l'Ancien régime consistant à statuer de manière générale à l'occasion des affaires particulières qui leur étaient soumises.

Arrêt de cassation : arrêt rendu par la Cour de cassation pour casser la décision qui a été soumise à son examen.

Arrêt de rejet : arrêt rendu par la Cour de cassation pour rejeter un pourvoi.

Arrêté : acte réglementaire ayant pour objet de réglementer un point relevant de la compétence, accordée par délégation, des ministres, des mréfets, des mrésidents de Conseil général et de Conseil régional, des maires.

Assignation : acte d'huissier par lequel le demandeur cite son adversaire à comparaître et l'invite à désigner un avocat.

Astreinte : moyen de contrainte indirecte qui consiste en la condamnation du débiteur à payer au créancier une certaine somme par jour de retard (en cas d'obligation de faire) ou par infraction constatée (en cas d'obligation de ne pas faire).

Audience : séance pendant laquelle se tiennent les débats judiciaires (audition des parties, des témoins, plaidoirie des avocats, réquisitoire du ministère public).

Autorité administrative indépendante : institution administrative dotée de pouvoirs règlementaires et juridictionnelles dans un domaine particulier (AMF, CNIL, CSA, HALDE...).

Autorité parentale : pouvoir exercé conjointement par les parents sur la personne de leurs enfants (garde et éducation) et sur leur patrimoine (administration de leurs biens).

Autorité relative de la chose jugée : l'autorité qui s'attache à la chose jugée entraîne l'impossibilité de remettre en question le point sur lequel il a été statué ; elle n'a lieu qu'à l'égard de ce qui a fait l'objet du jugement : il faut que « la chose demandée soit la même », que « la demande soit fondée sur la même cause », enfin que « la demande soit entre les mêmes parties, et formée par elles et contre elles en la même qualité ».

Auxiliaire de justice : professionnel qui concourt à l'administration de la justice (avocat, huissier...).

Aveu : déclaration par laquelle l'une des parties reconnaît l'exactitude d'un fait qui lui est défavorable et qui est allégué par son adversaire.

Avocat : auxiliaire de justice chargé de défendre les intérêts des justiciables en les assistant (conseils, plaidoirie) et/ou en les représentant (accomplissement des actes de procédure) devant le juge.

Avocat aux conseils : avocat disposant du monopole de la représentation et de l'assistance des parties devant le Conseil d'État et la Cour de cassation.

Avocat général : magistrat chargé d'assister le procureur général.

Avocat général près la Cour de cassation : magistrat chargé d'assister le procureur général près la Cour de cassation.

Avoué : officier ministériel disposant du monopole de la représentation des parties devant la cour d'appel.

Bigot de Préameneu : magistrat qui participa à la commission chargée de rédiger le projet de notre Code civil adopté en 1804.

Bloc de constitutionnalité : ensemble des principes et règles à valeur constitutionnelle dont le respect s'impose au pouvoir législatif comme au pouvoir exécutif, et d'une manière générale à toutes les autorités administratives et juridictionnelles ainsi qu'aux particuliers (L. Favoreu).

Branche : 1) branche du droit : ensemble des règles de droit portant sur une même matière (par exemple, la branche du droit privé) ; 2) branche d'un moyen de pourvoi : élément d'un moyen rassemblant l'ensemble des arguments venant à l'appui d'un grief.

Capacité juridique : être capable juridiquement, c'est être titulaire de droits et pouvoir les exercer. En principe, toute personne physique est présumée disposée de la capacité juridique ; ce n'est donc que par exception que certains individus peuvent en être privés.

Chambre d'accusation : chambre particulière de la cour d'appel compétente pour connaître des appels formés contre les décisions du juge d'instruction.

Chambre des appels correctionnels : chambre particulière de la cour d'appel compétente pour connaître des appels formés contre les décisions des tribunaux de police et des tribunaux correctionnels.

Chambre régionale des comptes : institution administrative chargée de juger des comptes des collectivités territoriales et de leurs établissements publics.

Chancellerie : ministère de la Justice.

Circulaire administrative : texte par lequel un ministre donne des instructions aux fonctionnaires qui relèvent de son autorité pour le fonctionnement du service.

Citation : acte par lequel un huissier enjoint à une personne de se présenter devant un tribunal (par exemple, une citation à comparaître).

Clause : partie d'un contrat, en général rédigée sous forme d'un article.

Clause compromissoire : clause d'un contrat par laquelle les parties s'engagent à soumettre à l'arbitrage d'un tiers les différends qui pourraient naître relativement à ce contrat.

Codification à droit constant : méthode de codification consistant uniquement à rassembler des lois éparses en un seul code (par exemple, rassembler les lois relatives aux relations du travail dans un Code du travail).

Codification réformatrice : méthode de codification consistant non pas seulement à rassembler en un seul bloc des lois portant sur un sujet commun, mais aussi à les refondre en vue d'adapter le droit aux nécessités de la société.

Collégialité : voir Principe de collégialité.

Commandement : acte par lequel un huissier enjoint à une personne d'exécuter ses obligations (par exemple, un commandement de payer).

Commencement de preuve par écrit: acte écrit qui est émané de celui contre lequel la demande est formée, ou de celui qu'il représente, et qui rend vraisemblable le fait allégué.

Commissaire-priseur: officier ministériel chargé de la vente aux enchères judiciaires des meubles saisis.

Commission européenne: organe supranational chargé de représenter l'administration de l'Union européenne; porte-parole de l'intérêt général de l'Union européenne, elle a pour principale fonction de préparer les projets de règlements et de directives qu'elle soumet au Conseil des ministres. Elle a également pour rôle de contrôler l'application du droit communautaire et de coordonner les politiques communes.

Commission rogatoire: pouvoir donné par le juge à un autre juge ou à un officier de police judiciaire d'exécuter une mesure d'instruction (perquisition, audition…).

Comparution: convocation adressée à une personne lui ordonnant de se présenter physiquement devant le juge.

Compétence géographique: la règle de répartition géographique du contentieux en droit civil repose sur le principe de la compétence du tribunal du défendeur.

Compétence matérielle: ensemble des matières qu'une juridiction est amenée à connaître.

Compromis: convention par laquelle deux ou plusieurs personnes décident de confier leur litige à un ou plusieurs arbitres de leur choix.

Conciliation: résolution à l'amiable de litiges portant sur des droits dont les intéressés ont la libre disposition.

Conclusions: acte de procédure qui expose au juge les prétentions du demandeur.

Conclusions en réponse: conclusions remises par un défendeur pour contrer la demande.

Conseil de prud'hommes: tribunal compétent pour connaître des litiges individuels nés de la formation, l'exécution et la rupture des contrats de travail.

Conseil des ministres (de l'Union européenne): organe exécutif de l'Union européenne, composé des ministres de chaque État membre en fonction de leur domaine de compétences.

Conseil d'État: institution jouant le double rôle de conseil du gouvernement et de juridiction placée au sommet de l'ordre administratif.

Constitution: ensemble de textes, situés au sommet de la hiérarchie des normes, qui déterminent la forme de l'État, la dévolution et l'exercice du pouvoir, les libertés publiques et civiles des sujets de droit.

Constitution de partie civile: voir Partie civile.

Contravention: infraction la moins grave dans l'échelle des infractions, qui est jugée par les tribunaux de police.

Cour administrative d'appel: juridiction du second degré de l'ordre administratif qui connaît en appel des affaires jugées par les tribunaux administratifs.

Cour d'appel: juridiction compétente pour connaître de toute affaire civile et pénale en 2e instance.

Cour d'assises: juridiction compétente pour connaître des crimes.

Cour d'assisses des mineurs: juridiction compétente pour connaître des crimes commis par les mineurs de plus de 16 ans.

Cour de cassation: juridiction qui, sans être un 3e degré de juridiction, est compétente pour contrôler l'application du droit: elle ne statue que sur des questions de droit, tenant pour acquises les constatations de fait retenues par les juges du fond.

Cour de Justice de la République : juridiction compétente pour connaître des délits et crimes commis par les membres du gouvernement dans l'exercice de leur mission.

Cour des comptes : juridiction administrative chargée de contrôler la légalité et la régularité des recettes et des dépenses de l'État et de certaines personnes publiques.

Cour pénale internationale (CPI) : juridiction pénale internationale de nature permanente qui est chargée de réprimer les crimes commis dans le cadre des conflits armés entre les pays (crimes contre l'humanité, génocides et crimes de guerre).

Cour de Justice de l'Union Européenne (CJUE) : anciennement Cour de justice des Communautés européennes (CJCE), cette cour regroupe les trois juridictions compétentes dans l'Union européenne : la Cour de justice, le Tribunal de première instance et le Tribunal de la fonction publique.

Cour de Justice des Communautés Européennes (CJCE) : ancienne appellation de l'organe juridictionnel de l'Union européenne chargé d'assurer l'uniformité dans l'application et l'interprétation du droit communautaire.

Cour internationale de justice (CIJ) : organe juridictionnel dépendant de l'ONU (Organisation des Nations Unies) chargé de régler les litiges entre États conformément au droit international.

Coutume : voir Droit coutumier.

Créancier : titulaire d'un droit personnel.

Créancier chirographaire : créancier qui ne bénéficie d'aucune garantie particulière pour le recouvrement de son dû ; dépourvu de tout droit de préférence, il reste en concours avec les autres créanciers chirographaires dans le partage du produit de la vente des biens du débiteur insolvable.

Crime : infraction la plus grave (tel le meurtre ou le viol) punie par la Cour d'assisses des peines les plus sévères (réclusion et détention).

Curatelle : mode d'assistance de certains majeurs reconnus inaptes (par l'effet d'une détérioration de leur volonté, consécutive par exemple à un trouble mental) à exercer seuls leurs droits.

Débats judiciaires : étape du procès pendant laquelle les parties, les témoins et le ministère public font connaître oralement leur position.

Décisions du président de la République : décisions prises sur le fondement de l'article 16 de la Constitution, qui confère au président de la République tous les pouvoirs législatifs ou règlementaires dans le cas de circonstances d'une exceptionnelle gravité. Pour exercer ce pouvoir, il faut que les « institutions de la République, l'indépendance de la Nation, l'intégrité de son territoire ou l'exécution de ses engagements internationaux soient menacés d'une manière grave et immédiate et que le fonctionnement régulier des pouvoirs publics soit interrompu ».

Décrets autonomes : règlements pris par le Premier ministre dans les matières autres que celles qui sont réservées à la loi. Ils doivent être distingués des décrets d'application, qui ne servent qu'à préciser les termes d'une loi.

Décrets d'application : règlements servant à appliquer une loi.

Défendeur : celui qui est amené à répondre à une demande en justice.

Délit : infraction moins grave que le crime, qui est jugé par un tribunal correctionnel.

Demande additionnelle : demande complémentaire que présente le demandeur au cours d'un procès qu'il a engagé.

Demande reconventionnelle : demande qu'oppose le défendeur à une demande principale, au cours d'un procès qui est engagé contre lui.

Demandeur : celui qui saisit le juge pour lui présenter une demande.

Déni de justice : refus du juge de se prononcer (par exemple, en raison de l'obscurité, l'ambiguïté ou le silence de la loi) ; le déni de justice est prohibé et sanctionné aussi bien civilement que pénalement.

Dépens : partie des frais engendrés par le procès (droit de timbre et d'enregistrement, vacations des experts...) que le gagnant peut se faire payer par le perdant.

Déposition : acte de témoignage.

Détention provisoire : incarcération d'une personne soupçonnée d'avoir commis un délit ou un crime dans l'attente du prononcé de la peine.

Directive communautaire : règle de l'Union européenne qui a pour destinataires les autorités étatiques de chaque État membre. Les directives communautaires fixent des objectifs que les États membres doivent s'efforcer d'atteindre en mettant en œuvre leur législation interne ou en la modifiant.

Dispositif : partie de la décision correspondant à la solution du litige.

Disposition : prescription contenue dans un acte normatif (un article de loi, un alinéa d'article de loi...).

Doctrine : ensemble des opinions émises par les auteurs dans leurs ouvrages et dans les revues juridiques sur les différents problèmes de droit.

Domat (1625-1696) : on doit à ce célèbre juriste et philosophe un ouvrage intitulé *Lois civiles dans leur ordre naturel*, dans lequel il s'efforce de présenter les principes directeurs du droit romain.

Dommages et intérêts : condamnation pécuniaire visant à réparer un préjudice.

Donation entre vifs : contrat par lequel le donateur se dépouille de son vivant, irrévocablement, d'un bien au profit d'un donataire.

Droit : ensemble de règles juridiques s'imposant aux membres de la société.

Droit à la considération : la considération est « l'image » que la personne donne d'elle-même : il s'agit du sentiment qu'elle a fait naître dans l'esprit d'autrui ; cette personne peut donc souffrir d'une dégradation de sa considération (par exemple lorsqu'un propos ou une publication est venu jeter un doute sur la moralité ou l'honnêteté de son activité) et peut obtenir réparation du préjudice moral qu'elle a subi.

Droit à la sûreté : droit qui fait obstacle aux arrestations, détentions et condamnations arbitraires de l'homme ; il est inscrit de manière solennelle à l'article 7 de la Déclaration des droits de l'homme et du citoyen (« Nul homme ne peut être accusé, arrêté ou détenu que dans les cas déterminés par la loi et selon les formes qu›elle a prescrites. Ceux qui sollicitent, expédient, exécutent ou font exécuter des ordres arbitraires doivent être punis (...) ») et trouve un prolongement naturel dans le droit à la présomption d'innocence que protège l'article 8 de la même Déclaration (« Tout homme étant présumé innocent jusqu›à ce qu›il ait été déclaré coupable, s›il est jugé indispensable de l›arrêter, toute rigueur qui ne serait pas nécessaire pour s›assurer de sa personne doit être sévèrement réprimée par la loi »).

Droit à la dignité : droit offrant une garantie contre les atteintes résultant à la fois de la dégradation du corps humain et de la déconsidération de la personne humaine.

Droit à la présomption d'innocence : droit de faire obstacle aux atteintes à la présomption d'innocence ; constitue une atteinte à la présomption d'innocence le fait de présenter publiquement comme coupable, avant toute condamnation définitive, une personne poursuivie pénalement (par exemple, placée en garde à vue, mise en examen ou citée à comparaître).

Droit à la voix : droit reconnu à toute personne de s'opposer à la captation et à la reproduction de sa voix.

Droit à l'honneur : intimement lié à l'essence même de la personne humaine, l'honneur repose sur le sentiment personnel de n'avoir rien à se reprocher qui soit contraire à la morale, à l'honnêteté ou à la justice. Une personne peut donc souffrir d'une atteinte à son honneur (par exemple, lorsqu'elle est désignée, en dehors de toute condamnation, comme étant l'auteur d'une infraction) et peut obtenir réparation du préjudice moral qu'elle a subi.

Droit à l'image : droit reconnu à toute personne d'interdire aux tiers la fixation, la reproduction et la publication de son image.

Droit à l'inviolabilité du corps humain : droit conduisant à exiger le consentement de la personne pour pratiquer sur elle une intervention chirurgicale ou lui administrer un traitement.

Droit à l'inviolabilité du domicile : droit reconnu à toute personne de repousser toute immixtion dans son domicile.

Droit au nom : droit permettant de faire obstacle à l'utilisation de son nom par autrui ou à sa déconsidération.

Droit à un procès équitable : droit qui se décline comme le droit de voir sa cause jugée par un tribunal indépendant et impartial, le droit de voir sa cause entendue publiquement et le droit de voir sa cause jugée dans un délai raisonnable.

Droit du respect de l'intégrité physique : droit reconnu à toute personne physique d'obtenir réparation du préjudice né de l'atteinte à son corps.

Droit au respect de la vie privée : droit protégeant l'individu dans sa sphère d'intimité en faisant obstacle à l'immixtion d'autrui ; il s'apparente ainsi à un droit à la « tranquillité ».

Droit au respect de l'intégrité de l'espèce humaine : droit justifiant l'interdiction de l'eugénisme (organisation de la sélection des personnes), du clonage (intervention ayant pour but de faire naître un enfant génétiquement identique à une autre personne vivante ou décédée) et de la pratique ayant pour objet de transformer les caractères génétiques d'une personne dans le but de modifier sa descendance.

Droit au secret des correspondances : droit reconnu à toute personne de protéger le secret de ses correspondances privées en s'opposant, par exemple, à leur publication ou à leur production en justice.

Droit au respect des croyances religieuses et philosophiques : droit de nature à faire respecter les croyances religieuses et philosophiques.

Droit canonique : ensemble de règles issues des décisions des conciles et du Pape.

Droit coutumier : ensemble de règles non écrites (coutumes et usages), issues des habitudes pratiquées depuis longtemps par tous les membres d'une collectivité donnée (localité, profession, entreprise...).

Droits de la personnalité : droits inhérents à la personne et non appréciables en argent ; ils protègent les caractéristiques physiques, morales et sociales de la personne (droit au respect de la vie privée, droit à l'image, droit au respect de l'intégrité physique, droit à la voix, droit à l'honneur, droit au nom...).

Droit de suite : droit reconnu au titulaire d'un droit réel de suivre (de « récupérer ») la chose en quelques mains qu'elle se trouve.

Droit de préférence : droit reconnu à une personne d'opposer le droit réel qu'elle détient sur une chose à tout détenteur actuel de son bien, de telle manière à être préféré, en cas de vente du bien, aux autres créanciers chirographaires du détenteur.

Droit écrit : ensemble de règles exprimées par une autorité sociale dont la mission est de formuler par écrit des règles de caractère général. Ces règles sont élaborées et promulguées par le ou les individus ayant dans l'État ce pouvoir de commandement.

Droit extrapatrimonial : droit subjectif qui n'est pas appréciable en argent (même si sa violation peut donner lieu à réparation sous forme monétaire).

Droit intellectuel : droit qui porte sur une chose immatérielle, incorporelle, cette chose étant le fruit de l'activité créatrice de son titulaire (marque, brevet, création littéraire et artistique...).

Droit moral de l'auteur : droit reconnu à un auteur et à ses ayants droit de faire respecter l'intégrité de l'œuvre, de la divulguer ou de mettre fin à sa divulgation (droit de repentir).

Droit objectif : se dit de l'ensemble des règles juridiques. A travers cette notion de droit objectif, on privilégie l'étude de la règle de droit qui s'impose aux hommes, en faisant abstraction des personnes auxquelles ces règles vont s'appliquer.

Droit personnel : droit, appelé également « droit de créance », qu'une personne (le créancier) exerce contre une autre personne (le débiteur) ; ce droit permet d'exiger du débiteur qu'il exécute une prestation (obligation de donner, obligation de faire) ou qu'il s'abstienne de faire quelque chose (obligation de ne pas faire).

Droit réel (du latin *res, réi* : la chose) : droit s'exerçant sur une chose ; il confère à son titulaire le pouvoir de retirer de cette chose tout ou partie de ses utilités économiques.

Droit réel principal : droit réel qui permet, tel le droit de propriété ou une servitude, une utilisation directe de la chose.

Droit réel accessoire : droit réel, tel que le gage ou l'hypothèque, qui est l'accessoire d'un droit de créance dont il constitue la garantie ; le droit réel accessoire existe pour garantir le paiement d'une dette d'argent ; il confère à son titulaire, en cas de défaillance de son débiteur, un droit sur la valeur de la chose.

Droits acquis : selon la théorie des droits acquis, qui visait surtout à expliquer la survie de la loi ancienne dans l'exécution des contrats, le législateur est tenu de respecter le passé, de laisser intacts les droits acquis sous l'empire de la loi antérieure, ceux qui sont entrés dans le « domaine » (dans le patrimoine) des individus.

Droit subjectif : prérogative que le droit objectif consacre et sauvegarde au profit des sujets de droit ; par exemple, être propriétaire confère certaines prérogatives (droit d'utiliser la chose – *usus* –, de bénéficier de ses fruits – *fructus* – et de disposer de la chose - *abusus*).

Dumoulin (1500-1566) : célèbre jurisconsulte qui commenta de nombreuses coutumes, surtout celle de Paris, dont il prépara la révision en 1580 ; dans son ouvrage intitulé *Discours sur la concorde et l'union des coutumes de France*, il préconisa l'unification du droit coutumier.

Effet immédiat de la loi nouvelle : application immédiate d'une loi nouvelle à toute les situations juridiques en cours ou à naître.

Emprisonnement (peine d') : sanction pénale privative de liberté de 6 mois à 10 ans.

Équité : sentiment de celui qui veut ou croit atteindre la justice ; notre système judiciaire proscrit en principe le recours à l'équité, car il s'agit d'un critère trop flou et trop subjectif pour dicter une conduite. Aucune décision de justice n'est rendue au nom d'un sentiment de justice ; elle doit toujours reposer sur une argumentation juridique.

Ester en justice : agir en justice.

Exception : moyen que soulève le défendeur à l'action en vue de contrecarrer les arguments présentés par le demandeur (par exemple, une exception de nullité, pour faire échec à l'exécution d'un contrat que l'on estime nul).

Exception d'inconstitutionnalité : droit, à l'occasion d'un litige particulier, de contrôler la conformité de la loi à la Constitution ; en l'état du droit, les tribunaux français ne se reconnaissent pas le droit de soulever ou de recevoir une exception d'inconstitutionnalité.

Exequatur : décision judiciaire ordonnant l'exécution d'une sentence arbitrale ou d'un jugement étranger.

Expertise : mesure d'instruction consistant à solliciter l'avis d'un expert sur une question de fait.

Extradition : procédure permettant à un État d'obtenir le retour sur son territoire d'une personne ayant commis une infraction à l'étranger.

Fait juridique : évènement, volontaire ou involontaire, qui va entraîner des effets juridiques déterminés par la loi (accident de la route, naissance, tempête...).

Flagrant délit : infraction constatée immédiatement ou peu de temps après sa commission ; cette situation est de nature à accroître les pouvoirs de l'officier de police judiciaire l'ayant constaté et justifie une saisine accélérée du tribunal.

Forclos : situation de celui qui se heurte à une forclusion.

Forclusion : déchéance d'un droit.

Frais irrépétibles : se dit des frais de justice autres que les dépens ; le gagnant du procès peut tout de même en obtenir une compensation pécuniaire sur le fondement de l'art. 700 du NCPC, le juge pouvant décider de condamner la partie perdante à supporter tout ou partie de ces frais.

Fructus : se dit du droit de percevoir les fruits d'une chose (fruits civils – loyers –, fruits naturels).

Gage : opération consistant, pour un débiteur, à remettre à son créancier un bien meuble en garantie de sa dette. Si un créancier n'est pas payé à l'échéance, il peut faire vendre ce meuble afin de se faire payer sur le prix de vente par préférence aux autres créanciers.

Garde à vue : situation de celui qui est mis à disposition de la police ou de la gendarmerie.

Garde des sceaux : ministre de la Justice.

Greffe : secrétariat des juridictions

Greffier : auxiliaire de justice chargé du secrétariat des juridictions.

Grosse : copie d'un acte authentique ou d'un jugement.

Haute Cour de Justice : juridiction compétente pour connaître du crime de haute trahison commis par le président de la République dans l'exercice de ses fonctions.

Haut tribunal des forces armées : juridictions compétentes, en temps de guerre, pour connaître des infractions commises par les maréchaux et amiraux de France, les officiers généraux et assimilés et les membres du contrôle général des armées.

Huissier : officier public et ministériel disposant du monopole de la signification des actes judiciaires (par exemple, l'assignation) et des actes extrajudiciaires (par exemple, une sommation à payer) ; ce sont eux qui procèdent aux saisies et aux procédures d'expulsion, au besoin avec l'aide de la force publique.

Hypothèque : opération consistant, pour un débiteur, à donner un immeuble en garantie de sa dette. Si un créancier n'est pas payé à l'échéance, il peut faire vendre cet immeuble afin de se faire payer sur le prix de vente par préférence aux autres créanciers.

Inexistence : sanction d'un acte juridique dont l'existence a été mise en cause en raison de l'absence d'un élément constitutif essentiel à sa formation.

Injonction de faire : procédé qui consiste à signifier au débiteur, par voie judiciaire, qu'il est tenu d'exécuter son obligation.

Injonction de payer : procédé qui consiste à signifier au débiteur, par voie judiciaire, qu'il est tenu au paiement d'une dette.

Inquisitoire : se dit d'une procédure dans laquelle le juge lui-même exerce un rôle déterminant dans la recherche des preuves (par exemple, en matière pénale et prud'homale).

Inscription de faux (action en) : action exercée en vue de faire constater qu'un acte authentique est faux.

Instruction : phase du procès pénal pendant laquelle un magistrat procède aux investigations nécessaires à une meilleure connaissance des circonstances entourant la commission d'une infraction.

Intérêt à agir : l'intérêt à agir n'existe que s'il est légitime, né et actuel, direct et personnel.

Juges aux affaires familiales : juge unique chargé, au sein du tribunal de grande instance, de se prononcer sur certaines affaires relevant du droit de la famille (par exemple, en matière de divorce et de séparation de corps).

Juge de droit commun : juge compétent pour connaître des litiges qui ne sont pas attribués à une autre juridiction sur la base d'un texte spécial.

Juge de la mise en l'état : juge unique chargé, au sein du tribunal de grande instance, d'instruire les affaires civiles que son tribunal aura à juger.

Juge de l'application des peines : juge unique chargé, au sein du tribunal de grande instance, de suivre ce qui a trait à l'exécution des peines.

Juge de proximité : juge unique compétent pour trancher les petits litiges civils et pénaux (actions personnelles mobilières d'une valeur inférieure à 4 000 euros, contraventions de la 1re à la 4e classe).

Juge d'instruction : juge unique chargé d'instruire les affaires pénales plus graves et les plus complexes ; il est chargé de préparer et de mettre en état le dossier, afin que la juridiction de jugement puisse statuer en toute connaissance de cause.

Jugement : décision rendue par un tribunal statuant en premier instance.

Juge pour enfants : juge chargé de connaître des contraventions de 5e classe et des délits commis par les personnes mineures.

Juré : citoyen chargé, à la suite d'un tirage au sort, de composer le jury d'une cour d'assisses.

Juridiction civile : juridiction amenée à connaître des litiges de nature civile.

Juridiction administrative : voir Juridiction de l'ordre administratif.

Juridictions de l'ordre administratif : juridictions chargés de trancher les litiges survenant entre, d'une part, les administrés et, d'autre part, l'État et les autres personnes morales de droit public ; elles sont également compétentes pour connaître des litiges entre personnes morales de droit public.

Juridictions de l'ordre judiciaire : juridictions chargées de trancher les litiges entre particuliers.

Juridiction pénale : juridiction amenée à connaître des infractions.

Jurisprudence : ensemble des décisions rendues par le juge sur le même objet et dans le même sens.

Lettre missive : écrit destiné à servir de correspondance entre deux ou plusieurs personnes.

Libéralités : actes juridiques particuliers qui ont pour but la transmission de biens à titre gratuit.

Loi : 1) dans son sens général, la Loi vise le Droit, autrement dit toute norme juridique (constitution, règlement, coutume, jurisprudence...) ; 2) dans son sens formel, elle est la règle qui est votée par le Parlement (Assemblée nationale et Sénat).

Loi constitutionnelle : loi visant à réviser ou à abroger certaines dispositions de la Constitution.

Loi de financement de la sécurité sociale : loi déterminant les conditions générales de l'équilibre financier de la sécurité sociale et fixant des objectifs de dépenses en la matière.

Loi de finances : loi qui prévoit pour une année civile les ressources et les charges de l'État.

Loi de programme : loi qui détermine les « objectifs de l'action économique et sociale de l'État » (art. 34 de la Const.).

Loi interprétative : loi nouvelle venant préciser le sens d'une loi antérieure.

Loi organique : loi dont l'objet spécifique est de compléter et mettre en œuvre les règles portées par la Constitution

Loi référendaire : loi adoptée dans le cadre d'un référendum ; elle porte « sur l'organisation des pouvoirs publics, sur des réformes relatives à la politique économique ou sociale de la Nation, et aux services publics qui y concourent ou tendant à autoriser la ratification d'un traité qui, sans être contraire à la Constitution, aurait des incidences sur le fonctionnement des institutions » (art. 11 al. 1 de la Const.)

Loysel (1536-1617) : célèbre jurisconsulte qui laissa un recueil original d'adages, intitulé *Institutes coutumières.*

Magistrats du siège : magistrats qui ont pour fonction de juger, à la différence des magistrats du parquet.

Magistrats du parquet : magistrats chargés de revendiquer (de requérir) l'application de la loi, non pas de juger ; ils constituent ce que l'on appelle le « ministère public », c'est-à-dire les « agents du pouvoir exécutif auprès des tribunaux » (loi du 16-24 août 1790).

Maleville : magistrat qui participa à la commission chargée de rédiger le projet de Code civil adopté en 1804.

Mandat de protection future : mandat établi sous seing privé ou de forme notariée qui permet à une personne de prévenir les conséquences d'une détérioration de sa volonté en désignant à l'avance celui qui sera chargé de gérer ses affaires.

Mandataire judiciaire : personne désignée par le juge, dans le cadre d'une procédure de liquidation judiciaire, de représenter les créanciers et de procéder à la vente des biens du débiteur.

Médiation : mode de résolution des litiges par l'intervention d'un médiateur chargé de rechercher les éléments d'un accord entre les parties.

Mesure d'accompagnement social personnalisé : prenant la forme d'un contrat conclu entre un département et une personne « qui perçoit des prestations sociales et dont la santé ou la sécurité est menacée par des difficultés qu'elle éprouve à gérer ses ressources », cette mesure permet à l'intéressé d'obtenir une aide à la gestion de ses prestations sociales et un accompagnement social individualisé.

Mesure d'accompagnement judiciaire : lorsqu'une mesure d'accompagnement social personnalisé échoue, le juge des tutelles peut ordonner une mesure plus contraignante – dite mesure d'accompagnement judiciaire – qui vise à restaurer l'autonomie de l'intéressé dans la gestion de ses ressources. Elle se traduit par la désignation d'un mandataire judiciaire qui sera chargé de percevoir les prestations sociales et de les gérer dans l'intérêt de la personne concernée en tenant compte de son avis et de sa situation familiale.

Minute : original d'un acte authentique ou d'un jugement.

Mise en demeure : acte d'huissier, lettre recommandée ou lettre simple signifiant à un débiteur d'exécuter ses obligations.

Mise en examen : décision judiciaire, autrefois dénommée « inculpation », permettant d'ouvrir une instruction contre une personne soupçonnée d'avoir commis un délit ou un crime.

Mise en l'état : instruction d'une affaire civile.

Motif : partie d'une décision, souvent présentée sous la forme « d'attendus » (arrêts de la Cour de cassation) ou de « considérants » (arrêts du Conseil d'État), correspondant aux raisons de fait et de droit qui justifient la décision.

Moyen : élément de justification venant au soutien d'une demande ou d'une défense.

Nemo censetur ignorare legem (« Nul n'est censé ignorer la loi ») : en vertu de cet adage, personne ne peut se retrancher derrière son ignorance de l'existence ou de la teneur de la loi pour éviter son application.

Non-lieu (ordonnance de) : décision d'une juridiction d'instruction mettant un terme aux poursuites pénales.

Non-rétroactivité de la loi : l'absence de rétroactivité de la loi signifie qu'une loi nouvelle n'est pas de nature à bouleverser les situations juridiques antérieures à son entrée en vigueur.

Notaire : officier ministériel investi par la loi du pouvoir de délivrer des actes authentiques.

Nue-propriété : droit réel qui procure à son titulaire, que l'on appelle « nu-propriétaire », le droit de disposer d'une chose (*abusus*), le droit de l'utiliser (*usus*) et d'en percevoir les fruits (*fructus*) revenant à l'usufruitier.

Nullité : sanction judiciaire entraînant la disparition rétroactive d'un acte en raison d'un vice l'affectant depuis sa formation.

Nullum crimen, nulla poenasine lege : voir Principe de légalité des infractions et des peines

Opposition : 1) fait de s'opposer à la formation ou à la réalisation d'un acte juridique ; par exemple, l'opposition à mariage fera obstacle à la célébration du mariage en raison d'empêchements légaux ; 2) voie de recours particulière qu'un justiciable peut exercer à l'égard d'un jugement rendu par défaut (en son absence).

Ordonnance : décision émanant d'un juge unique, tel que le juge d'instruction ou le juge des référés.

Ordonnance du président de la République : texte qui, dans sa forme, s'apparente à un règlement mais qui intervient, sur autorisation du législateur, dans un domaine qui relève normalement de la loi.

Ordonnancement juridique : ensemble des règles juridiques qui s'imposent aux individus.

Ordre administratif : voir juridiction de l'ordre administratif.

Ordre judiciaire : voir juridiction de l'ordre judiciaire.

Ordre juridique : ensemble de règles destiné à régir les rapports humains ; l'ordre juridique s'organise en général au niveau d'un État, mais peut aussi le dépasser (ordre juridique d'une fédération d'États, ordre juridique communautaire, ordre juridique mondial).

Ordre public : se dit d'une règle impérative

Pacte civil de solidarité (PACS) : contrat conclu par deux personnes physiques majeures de sexe différent ou de même sexe, pour organiser leur vie commune (art. 515-1 du Code civil).

Parlement européen : institution politique qui représente non pas les gouvernements des États membres, mais les peuples de l'Union européenne.

Parquet : voir Magistrats du parquet.

Partie civile : personne qui, à la suite d'un dommage causé par une infraction pénale, demande réparation, dans le cadre d'une action civile, du préjudice subi ; on dit qu'elle se constitue partie civile lorsqu'elle porte son action devant le juge pénal.

Patrimoine : ensemble des biens et des obligations d'une personne, envisagé comme formant une universalité de droit, c'est-à-dire un tout, une unité juridique.

Personnalité juridique : aptitude à être titulaire de droits et d'obligations.

Personne morale : groupement de personnes qui obtient la personnalité juridique (société, association, syndicat...).

Plainte : acte visant à saisir la justice en vue de faire réprimer une éventuelle infraction.

Police judiciaire : personnel de police chargé, sous l'autorité du parquet, de constater les infractions et de rassembler les éléments de preuve nécessaires à la condamnation des auteurs.

Portalis : magistrat qui participa à la commission chargée de rédiger le projet de notre Code civil adopté en 1804.

Pothier (1699-1772) : conseiller au présidial d'Orléans et célèbre professeur de droit dont les nombreux traités de droit civil, notamment son *Traité des obligations*, ont largement inspiré les rédacteurs du Code civil.

Pourvoi en cassation : recours formé devant la Cour de cassation dans l'espoir d'obtenir la cassation d'une décision rendue par les juges du fond.

Préjudice : dommage causé à une personne, qui peut être d'ordre corporel, matériel ou moral.

Prescription : délai au bout duquel on acquiert (prescription acquisitive) ou on perd (prescription extinctive) un droit.

Présomption : aux termes de l'art. 1349 du Code civil, les présomptions sont « des conséquences directes que la loi ou le magistrat tire d'un fait connu à un fait inconnu ». La présomption consiste donc pour la loi (présomption légale) ou pour le juge (présomption du fait de l'homme) à déduire l'existence d'un fait incertain, et par définition difficile à démontrer, à partir de la constatation d'un fait certain.

Présomption d'innocence : présomption qui conduit à reconnaître innocente toute personne accusée d'une infraction tant que sa culpabilité n'a pas été légalement établie (voir Droit à la présomption d'innocence).

Présomption du fait de l'homme : aux termes de l'art. 1353 C. civ., « les présomptions qui ne sont point établies par la loi, sont abandonnées aux lumières et la prudence du magistrat, qui ne doit admettre que des présomptions graves, précises et concordantes (...) ».

Présomption irréfragable (du latin *frago*, casser) : présomption qui ne peut être combattue par la preuve contraire.

Présomption légale : présomption qui est attachée par une loi spéciale à certains actes ou certains faits.

Présomption simple : présomption qui est susceptible d'être contestée par la preuve contraire.

Preuve littérale (ou preuve par écrit) : preuve qui résulte d'une suite de lettres, de caractères, de chiffres ou de tous autres symboles dotés d'une signification intelligible, quels que soient leur support et leurs modalités de transmission.

Preuve par écrit : voir Preuve littérale.

Preuve par témoins : mode de preuve reposant sur une déclaration émanant d'un tiers (qui n'est donc pas partie à un procès) concernant des faits dont il a personnellement connaissance.

Preuve testimoniale : voir Preuve par témoins.

Principe d'égalité des armes: principe garantissant à toute partie à une action civile la possibilité raisonnable d'exposer sa cause au tribunal dans des conditions qui ne la désavantagent pas d'une manière appréciable par rapport à la partie adverse.

Principe de collégialité: principe imposant qu'une décision juridictionnelle soit en principe rendue par un collège de magistrats réunis en nombre impair; ils délibèrent à la majorité absolue des voix; ce principe de collégialité est de nature à garantir la qualité de la justice, car il offre la possibilité d'une discussion, d'un échange d'impressions entre les juges et de contrôle réciproque.

Principe d'égalité: l'égalité entre les individus conduit à accorder à tous les mêmes droits; elle trouve alors à s'appliquer dans chaque branche du droit (par exemple, principe d'égalité devant les charges publiques ou principe d'égalité dans l'accès aux emplois publics); ce n'est qu'en présence de situations différentes que le législateur et le juge peuvent adopter des règles ou des solutions différentes d'un individu à l'autre.

Principe du contradictoire: principe justifiant qu'une personne soit mise en mesure de s'expliquée avant d'être condamnée, justifiant également un échange entre les parties des pièces du procès et permettant au justiciable d'exercer un recours contre toute mesure ou décision prise à son insu.

Principe de légalité des infractions et des peines (*Nullum crimen, nulla poenasine lege) :* principe selon lequel le juge ne peut pas reconnaître d'autres infractions et prononcer d'autres peines que celles qui sont prévues par la loi; tous les citoyens sont informés, en droit pénal, de ce qu'ils peuvent faire ou ne pas faire.

Principe de liberté: on en trouve une définition générale à l'article 2 de la Déclaration des droits de l'homme et du citoyen (« La liberté consiste à pouvoir faire tout ce qui ne nuit pas à autrui: ainsi, l›exercice des droits naturels de chaque homme n›a de bornes que celles qui assurent aux autres membres de la société la jouissance de ces mêmes droits. Ces bornes ne peuvent être déterminées que par la loi »), ainsi qu'une manifestation générale à l'article 5 (« Tout ce qui n›est pas défendu par la loi ne peut être empêché, et nul ne peut être contraint à faire ce qu›elle n›ordonne pas »)

Principe de l'indépendance de la magistrature: cette indépendance, dont le président de la République est garant (art. 64 al. 1er de la Constitution), se traduit notamment par l'inamovibilité des magistrats du sièges, qui sont ainsi mis à l'abri des révocations ou des affectations voulues par le pouvoir politique.

Principe de l'inamovibilité des magistrats du siège (art. 64 de la Const. 1958): voi Principe de l'indépendance de la magistrature.

Principe de réciprocité : principe selon lequel un État est autorisé à refuser l'exécution d'une convention internationale qu'il a signée à l'égard d'un État signataire qui ne la respecte pas.

Principe de territorialité : en vertu du principe de territorialité, la loi s'applique sur l'ensemble du territoire français et régit toutes les personnes et toutes les choses qui s'y trouvent.

Principes fondamentaux reconnus par les lois de la République: normes à valeur constitutionnelle dont l'existence est constatée par le Conseil constitutionnel, à partir de textes législatifs pris sous les trois premières Républiques; sont considérés comme tels la liberté d'association, le droit au respect des droits de la défense, la liberté individuelle, la liberté d'enseignement (qui intègre la liberté de l'enseignement supérieur), la liberté de conscience, le principe de l'indépendance de la juridiction administrative, le principe d'indépendance des professeurs d'université, le principe de la compétence de la juridiction administrative en matière de contentieux des actes de puissance publique, le principe de la compétence de l'autorité judiciaire en matière d'atteinte à la propriété immobilière privée et l'existence d'une justice spécialisée pour les mineurs.

Principe général du droit: règle formulée en termes généraux (par exemple, *principe de l'enrichissement sans cause* ou *principe selon lequel nul ne doit causer à autrui un trouble excédant les* *inconvénients normaux de voisinage*) ; les principes généraux, empruntés à la morale, à l'équité ou au droit naturel, sont découverts par la jurisprudence et « applicables même en l'absence de textes ». On leur accorde le plus souvent une valeur équivalente à celle des lois.

Principes particulièrement nécessaires à notre temps : principes explicitement énoncés par le préambule de la Constitution de 1946, de nature sociale et économique (principe d'égalité entre les hommes et les femmes – al. 3 –, principe de non-discrimination dans le travail – al. 5 –, liberté syndicale – al. 6. –, droit de grève – al. 7 –, principe de participation des travailleurs – al. 8 –, principe de nationalisation – al. 9 –, droit à la protection de la santé et au minimum vital – al. 10 et 11 – et droit à l'éducation et à la formation – al. 13) ou de nature politique (droit d'asile – al. 4 –, engagement de se conformer aux règles de droit international – al. 14 – et acceptation de limites apportées à la souveraineté par des engagements internationaux, sous réserve de réciprocité – al. 15).

Procureur de la République : chef du parquet devant le tribunal de grande instance.

Procureur général : chef du parquet devant la cour d'appel

Procureur général près la Cour de cassation : chef du parquet devant la Cour de cassation

Projet de loi : se dit d'un projet de loi d'origine gouvernementale (alors que le projet de loi d'initiative parlementaire est dit proposition de loi).

Promulgation : acte consistant pour le président de la République à authentifier par sa signature le texte de la loi.

Proposition de loi : se dit d'un projet de loi d'initiative parlementaire (alors que le projet de loi *stricto sensu* est d'origine gouvernementale).

Publication de la loi : étape nécessaire pour donner force obligatoire à la loi. La publication se fait au *Journal officiel.*

Pyramide de Kelsen : construite sur l'idée d'une hiérarchie entre les normes, cette théorie imaginée par Kelsen implique que les normes de niveau inférieur soient conformes aux normes de niveau supérieur (loi conforme à la Constitution, règlement conforme à la loi, jurisprudence conforme à la loi et au règlement...).

Qualité à agir : titre en vertu duquel on agit en justice ; on peut ainsi agir pour soi-même ou, dans le cadre d'une représentation, pour les autres.

Question prioritaire de constitutionnalité : moyen de défense permettant, depuis le 1er mars 2010, de soutenir, à l'occasion d'une instance devant une juridiction administrative comme judiciaire, qu'une disposition législative porte atteinte aux droits et libertés que la Constitution garantit (article 61-1 de la Constitution) ; si le juge en charge de l'affaire en cours l'estime sérieuse, il présente la demande selon le cas à la Cour de cassation ou au Conseil d'État, à qui il revient ensuite de transmettre la question au Conseil constitutionnel.

Récidive : situation de la personne qui, déjà condamnée pour une infraction, commet une nouvelle infraction justifiant le prononcé d'une peine plus lourde.

Réclusion (peine de) : peine criminelle privative de liberté comprise entre 10 ans et 30 ans.

Référé : procédure judiciaire d'urgence tendant à obtenir toutes les mesures qui ne se heurtent à aucune contestation sérieuse ou que justifie l'existence d'un différend.

Règle d'ordre public : voir Règle impérative.

Règle impérative : règle qui ordonne ou interdit une conduite sans que les sujets puissent s'y soustraire par un acte de volonté.

Règlement : acte de portée générale et impersonnelle édicté par le pouvoir exécutif (décret, arrêté).

Règlement communautaire : règle s'imposant aux États membres de l'Union européenne et s'intégrant directement dans l'ordre juridique de chacun d'eux. Les règlements sont de véritables règles de droit immédiatement applicables dans tout État membre, sans qu'il soit nécessaire de les transposer dans les ordres internes.

Règle supplétive : règle que les sujets de droit peuvent écarter par convention, en stipulant autre chose que ce qui est prévu par la loi.

Renvoi : décision par laquelle un juge transmet à une autre juridiction une affaire en vue de son jugement (par exemple, l'ordonnance de renvoi prononcée par le juge d'instruction) ou de son réexamen (par exemple, une décision de renvoi après cassation).

Réparation par équivalent : sanction réparatrice sous forme monétaire venant compenser le défaut d'exécution d'un engagement contractuel.

Réserve d'interprétation : réserve formulée par le Conseil constitutionnel par laquelle il enjoint aux pouvoirs publics et aux particuliers d'appliquer la loi (dont il vient de contrôler la constitutionnalité) conformément à l'interprétation qu'il en donne.

Résolution : sanction entraînant l'anéantissement d'un contrat synallagmatique qu'un juge peut prononcer lorsque l'obligation de l'une des parties ne peut être exécutée soit du fait de sa faute, soit par l'effet d'une cause étrangère.

Révision (recours en) : voie de recours visant, à la suite d'un fait nouveau, à obtenir le réexamen judiciaire d'une affaire.

Risque de la preuve : le risque de la preuve pèse en principe sur le demandeur : celui qui échoue dans sa démonstration va perdre son procès.

Saisie : forme de dépôt d'une chose auprès d'un tiers dans l'attente du règlement d'un litige, par exemple pour garantir le paiement d'une dette.

Saisine : opération consistant à saisir une juridiction.

Sauvegarde de justice : préalable provisoire à l'ouverture d'une curatelle ou d'une tutelle ; elle n'empêche pas l'intéressé de passer seul des actes juridiques, mais lui offre des facilités pour obtenir par la suite la nullité des actes passés sous l'empire d'un trouble mental.

Sentence : rendue par un arbitre, décision qui est susceptible d'un appel devant les juridictions étatiques.

Séquestre : mise sous main de justice d'une chose dont l'usage est contesté.

Serment : affirmation solennelle, pour une partie, d'un fait qui lui est favorable.

Serment décisoire : serment déféré par l'un des plaideurs à son adversaire, qui est sommé de jurer devant le tribunal que sa prétention est fondée, pour « en faire dépendre le jugement de la cause ».

Serment supplétoire : serment déféré par le juge à un plaideur, qui est sommé de jurer devant le tribunal que sa prétention est fondée.

Servitude : droit réel qui procure à son titulaire une partie seulement de l'*usus* de la chose, tel qu'un droit de passage sur le terrain d'autrui.

Siège : voir Magistrats du siège.

Sommation : voir Commandement.

Sources du droit : formes sous lesquelles naissent les règles de droit, les différentes façons dont les règles de droit sont établies.

Stipulation : voir Clause.

Substitut : magistrat chargé d'assister le procureur de la République.

Sursis : mesure judiciaire dispensant la personne condamnée de l'exécution de sa peine.

Système juridique : voir Ordonnancement juridique.

Témoignage : voir Preuve testimoniale ou preuve par témoins.

Testament : acte unilatéral par lequel une personne transmet tout ou partie de son patrimoine à son décès.

Tierce opposition : voie de recours particulière qu'une personne peut exercer à l'encontre d'un jugement qui, sans la concerner directement en tant que partie, lui porte préjudice.

Travail d'intérêt général : sanction pénale consistant à exiger du condamné l'accomplissement d'un travail au profit d'une collectivité publique ou d'une association agréée.

Tribunal administratif : juridiction de droit commun de l'ordre administratif.

Tribunal aux armées de Paris : juridiction chargée, en temps de paix, de connaître des infractions commises par les troupes françaises à l'étranger – contraventions, délits, crimes.

Tribunal correctionnel : tribunal compétent pour connaître des délits.

Tribunal de commerce : tribunal compétent pour connaître des litiges entre commerçants ou sociétés commerciales.

Tribunal des conflits : juridiction chargée de trancher les conflits de compétence entre les juridictions de l'ordre judiciaire et celles de l'ordre administratif.

Tribunaux territoriaux des forces armées : juridictions compétentes, en temps de guerre, pour connaître des infractions commises par les militaires sur le territoire français (sauf si elles sont le fait des maréchaux et amiraux de France, des officiers généraux et assimilés et des membres du contrôle général des armées, qui relèvent du Haut tribunal des forces armées).

Tribunal de grande instance : tribunal doté d'une compétence de principe pour toutes les affaires civiles d'un montant supérieur à 10 000 euros, d'une compétence spéciale pour certaines affaires déterminées par la loi, sans qu'il soit tenu compte de leur montant (brevets d'invention, par exemple), enfin d'une compétence exclusive pour juger des questions relatives à l'état des personnes, c'est-à-dire aux éléments qui concourent à identifier et à individualiser chaque personne dans la société (mariage et régimes matrimoniaux, divorce, nom de famille, filiation, successions, etc.).

Tribunal de police : tribunal compétent pour connaître des contraventions.

Tribunal d'instance : tribunal compétent pour toute affaire civile d'un montant inférieur à 10 000 euros ; il est également compétent pour connaître, quel que soit leur montant, d'une série d'affaires désignées par la loi (baux, élections, tutelles et curatelles...).

Tribunal de première instance des communautés européennes (TPICE) : ancienne appellation de la juridiction communautaire chargée d'aider dans ses missions la CJCE ; désormais désignée comme le Tribunal de première instance, elle connaît notamment du contentieux des recours en carence et en annulation, des actions en responsabilité engagées contre l'Union européenne.

Tribunal des affaires de sécurité sociale : tribunal compétent pour connaître des litiges intervenant entre les organismes de sécurité sociale et les assurés.

Tribunaux militaires aux armées : juridictions compétentes pour connaître, en temps de guerre, des infractions commises par les militaires sur le sol étranger.

Tribunal paritaire des baux ruraux : tribunal compétent pour connaître des litiges entre les bailleurs et les preneurs d'un bail rural.

Tribunal pour enfants : tribunal chargé de connaître de certaines infractions commises par les mineurs (notamment des crimes commis par les mineurs de moins de 16 ans).

Tribunaux prévôtaux : juridictions à juge unique, constituées d'un officier de gendarmerie, que l'on peut mettre en place pour juger les contraventions de la 1re à la 4e classe commises par les militaires et certaines fautes disciplinaires commises par les personnels civils de l'armée.

Tronchet : magistrat qui participa à la commission chargée de rédiger le projet de notre Code civil adopté en 1804.

Tutelle : mode de représentation des majeurs lorsqu'ils sont considérés comme inaptes à exprimer un consentement éclairé. Leur tuteur les représente dans tous les actes de la vie civile, sous réserve des cas où la loi ou l'usage les autorise à agir eux-mêmes.

Ubi societas, ibi jus ; ibi societas, ubi jus : adage que l'on peut traduire ainsi : « il n'y a pas de société sans droit ; il n'y a pas de droit sans société ».

Usage : voir Droit coutumier.

Usufruit : droit réel qui procure à son titulaire, que l'on appelle « usufruitier », le droit d'utiliser (*usus*) et de percevoir les fruits (*fructus*) d'une chose, le droit d'en disposer (*abusus*) revenant au nu-propriétaire.

Usus : se dit du droit d'utiliser une chose.

Verdict : décision rendue par une cour d'assises.

Vices du consentement : faits de nature à altérer le consentement lors de la passation d'un acte (erreur, dol ou violence).

Voies d'exécution : actions et moyens mis à la disposition des créanciers pour obtenir l'exécution forcée des engagements contractés par un débiteur défaillant.

Index

D

Table des matières

Composition Exegraph
Éditions Foucher – Vanves – août 2010 – 01 – MV-AF/EP

Normandie Roto Impression S.A.S., 61250 Lonrai – N° d'impression : 102851 – Imprimé en France